Die Geschichte des Christentums

Owen Chadwick

Die Geschichte des Christentums

Aus dem Englischen
übertragen von Friederike Börner
und Cäcilie Plieninger

Deutsche Verlags-Anstalt Stuttgart

Die Originalausgabe erschien unter dem Titel
»A History of Christianity«
bei Weidenfeld & Nicolson, London

Die Deutsche Bibliothek – CIP-Einheitsaufnahme

Chadwick, Owen:
Die Geschichte des Christentums/Owen Chadwick.
Aus dem Engl. übertr. von Friederike Börner und Cäcilie Plieninger. –
Stuttgart: Deutsche Verlags-Anstalt, 1996
Einheitssacht.: A History of Christianity <dt.>
ISBN 3-421-05041-4

Redaktionelle Betreuung: Karin Schuler
Lektorat: Werner Wahls
Satz: Dr. Ulrich Mihr GmbH, Tübingen
Printed in Italy
ISBN 3-421-05041-4

Inhalt

Einleitung 7

KAPITEL EINS

Juden und Griechen

Das jüdische Erbe 10

Warten auf den Messias 12 – Die »Gottesfürchtigen« 14 – Das Johannesevangelium 18 – Die Offenbarung des Johannes 18

Die Religionen der Nichtjuden 20

Die Sonne 22 – Sonntag 22 – Weihnachten 22 – Die »Heiligen Drei Könige« 25 – Die ersten Heiligen 25 – Die Sibyllen 28

Christliche Lebensformen 29

Kirchen in Privathäusern 29 – Tempel oder Basilika 32 – Die Predigt 32 Die Verwendung des Griechischen im Gottesdienst 33 – Bräuche und Kleidung 33 – Die Verfolgung 34 – Die Ausbreitung des christlichen Glaubens 35 – Dämonen 38 – Gewalt 41 – Bilder in der Kirche 45 – Der Kanon 45 – Die Gebildeten 48 – Justin der Märtyrer 53 – Die Katakomben 54 – Symbole 56

KAPITEL ZWEI

Das christliche Reich

Das Ende der Verfolgungen 58

Konstantin 58 – Die Peterskirche 65 – Die Pilgermassen 66

Mönche und Nonnen 70

Die Kritiker 74 – Unverheiratete Priester 76 – Cassianus und Benedikt 77

Heilige 79

Maria 87 – Der Heiligenschein 90

Die Zeit 92

Die Bekehrung der nordeuropäischen Stämme 92

Die Germanen 92 – Die Kelten 96 – Glocken 97 – Die Engländer 99 – Die Sachsen und Bayern 101 – Die Krönung 104

KAPITEL DREI

Ost-Rom

Konstantinopel 106

Die Hagia Sophia 106

Das Gesetz 111

Die Tradition. 112

Die Ikone 115 – Die Ikonostase 115 – Der Bilderstreit 117

Der Berg Athos 120

Die Mystiker 123

Der Einfluß des Islam 127

KAPITEL VIER

Die westliche Gesellschaft im Mittelalter

Die Päpste. 130

Gesellschaft und Religion 131

Hölle und Fegefeuer 135 – Dante 139

Architektur 143

Prozessionen 143 – Glasmalerei 147

Das System der Pfarrbezirke 148

Das Mirakelspiel 150 – Das Kreuz 152 – Die Bruderschaft 152 – Die Kranken 153 – Die Hospitäler 154 – Die Ehe 154

Die Beichte 156

Der heilige Gral 159

Grausamkeit 159

Folter 161 – Die Inquisition 161

Die Nachfolge Christi 162

Bettelmönche 162 – Mystiker 166

Die Dauer des Mittelalters 170

Die Kardinäle und das Papsttum 176 – Die Sixtinische Kapelle 176 – Leonardos Letztes Abendmahl 178 – Raffaels Madonnen 183

KAPITEL FÜNF

Die Neue Welt und die Reformen der Kirche

Amerika 184

Kalifornien 192

Der Osten 192

Die Reformation 196

Erasmus von Rotterdam 198 – Martin Luther 200 – Dürer und Cranach 204 – Die Protestanten und die Mönche 204 – Die Folgen der Reformation 207 – Der Text der Bibel 208 – Kirchenlieder 210 – Die Radikalen 211 – Ein heiliger Staat 214 – John Bunyan 216 – Die Predigt auf ihrem Höhepunkt 217

Das Oratorium 218

Die katholische Reformation 218

Die neuen Orden 219 – Die spanischen Mystiker 222

Religionskriege 226

Das Barock 227

Bayle und Voltaire 233

Veränderungen christlicher Vorstellungen 238

Der Antichrist 238 – Die Hölle 238 – Der Abstieg Christi in die Hölle 239

KAPITEL SECHS

Das Zeitalter der Moderne

Die Französische Revolution 240

Die Industrielle Revolution und die Kirche 240

Die modernen Kirchenlieder 241

Das »Ende« der Sklaverei 242

Spirituals 243

Die kleiner werdende Welt 246

Der Sozialismus 247

Die Kathedrale und die Atheisten 249 – Die Sainte-Chapelle 250 Der Nationalsozialismus 251 – Der Holocaust 255

Gewissen und Krieg 255

Pazifismus 256 – Das Kriegerdenkmal 257

Der Kalte Krieg 257

China 258

Indien 260

Der Niedergang des Glaubens in Europa 262

Die Befreiung in Lateinamerika 263

Mexiko 264 – Kuba 266 – Nicaragua 266 – Die Befreiungstheologie 267 Die Pfingstbewegung und die Charismatiker 268

Fundamentalismus 270

Afrika 274

Wie geht es weiter? 281

CHRONOLOGIE 286

WEITERFÜHRENDE LITERATUR 294

REGISTER 296

BILDNACHWEIS 302

Einleitung

Alle Religion ist das Sehnen der Menschheit nach dem, was Bestand hat. Deshalb kann das Hauptinteresse der Religion nicht der Geschichte gelten, weil diese der Zeit unterworfen ist und sich jeden Augenblick ändert. Das Hauptinteresse des Christentums, des Judentums oder des Islam gilt Gott, nicht dem, was Christen, Juden oder Muslime in der Vergangenheit über Gott gesagt oder in seinem Namen getan haben.

Anfangs hatten die Christen überhaupt kein Interesse an Geschichte, weil sie davon überzeugt waren, daß mit dem Kommen des Messias alle Geschichte ende. Dennoch beschäftigten sie sich, schon bevor sie merkten, daß das Ende der Welt nicht in naher Zukunft bevorstand, mit Themen, die man historisch nennen kann:

1) Wie und warum starb ihr Messias? Die Passionsgeschichten in den vier Evangelien sind die ersten Versuche der Christen, die unmittelbare Vergangenheit wahrheitsgemäß wiederzugeben.
2) Sobald die Christen von Jesu Taten berichteten, stellten sie fest, daß er im Licht der langen Geschichte und der Erwartungen der Juden gesehen werden mußte. Das Alte Testament (wie sie es später nannten) wurde plötzlich wichtig für sie, vor allem der Bericht über die jüdische Geschichte von Abraham an. Sie mußten wissen, wer Mose, Elija, David, König Salomon oder Jesaja war.
3) Lukas hatte Paulus auf seinen Missionsreisen begleitet. Er beschrieb, wie der christliche Glaube, der zunächst von ein paar Menschen in Jerusalem ausging, sich ausbreitete und schließlich sogar in Rom, der Hauptstadt des großen Reiches, Anhänger fand. Er wußte zwar nicht viel über die frühe Kirche in Jerusalem, dafür aber um so mehr über die Reisen des Paulus. Man kann seine *Apostelgeschichte* als den ersten Versuch eines christlichen Geschichtswerks bezeichnen.

Als die Welt nicht unterging und die Erinnerung an die Apostel in immer weitere Ferne rückte, begannen die Christen in den großen Städten Bischofslisten zu führen. Der Apostel Petrus war der erste Bischof von Rom, ihm folgte X, diesem dann Y und dem wiederum Z und so weiter, bis zu dem Bischof, der am Sonntag in der Kirche predigte. Dies war die erste Datierung von Kirchengeschichte, die allerdings nicht dem Wunsch nach festen Daten entsprang, sondern dem Bedürfnis, die Wahrheit zu belegen und sich als legitime Erben der Apostel auszuweisen. Diese Listen sind noch keine Geschichtswerke im eigentlichen Sinn, aber sie zeigen, daß das Geschichtsbewußtsein und das Wissen über die Vergangenheit an Bedeutung gewannen.

Im dritten Jahrhundert begannen einige Christen darüber nachzudenken, ob sie ihre Geschichte aufzeichnen sollten. Viel konnten sie nicht erzählen, solange sie noch verboten waren. Heute gilt Eusebius, der Bischof von Caesarea in Palästina, als der erste Kirchenhistoriker. Schon vor der letzten der großen Verfolgungen hatte er Material für sein Geschichtswerk gesammelt, und nachdem die Gefahr gebannt war, begann er mit einer Chronik der Weltgeschichte, da die Welt seiner Vorstellung nach jetzt am Wendepunkt angekommen war. Dann wandte er sich der Kirchengeschichte zu, die, wie er selbst sagte, noch niemand behandelt hatte. Es gab gute Büchereien in Jerusalem und Caesarea, und er benutzte die Dokumente, die er dort fand. Wir wüßten sehr viel weniger über die ersten drei nachchristlichen Jahrhunderte, wenn er nicht die in diesen Bibliotheken aufbewahrten Quellen abgeschrieben hätte. Und obwohl er bei der Behandlung seiner eigenen Zeit und der letzten Christenverfolgung weniger zuverlässig arbeitete, erschien er späteren Historikern offensichtlich so wertvoll und unverzichtbar, daß sie mehr als zweihundert Jahre lang ihre Werke immer als Fortsetzungen seiner Kirchengeschichte schrieben.

Zur selben Zeit entstanden auch die ersten Heiligenviten. Viele dieser Lebensgeschichten waren als Predigten gedacht und historisch praktisch wertlos, weil die Verfasser der idealisierten Vorbildfunktion ihrer Protagonisten sehr viel größere Bedeutung beimaßen als der Wahrheit ihrer Darstellung. Es hilft der Geschichtswissenschaft kaum weiter, wenn der Schwerpunkt in einem Bericht über das Leben eines Menschen zum Beispiel darauf liegt, unter welchen Umständen einmal ein Epileptiker an seinem Grab geheilt wurde. Im hohen Mittelalter jedoch erschienen auch einige Viten von Autoren, die die Heiligen gekannt hatten, über die sie schrieben. Johannes von Salisbury stand neben Thomas Becket, als dieser in Canterbury getötet wurde, und berichtete dann darüber – ein Thema von wirklich historischer Bedeutung. Thomas von Celano kannte Franziskus von Assisi und bekam nach dessen Tod den Auftrag, sein Leben zu beschreiben.

Im Osten wie im Westen verdrängten die Sammlungen von Heiligenleben die meisten älteren Geschichten mit vielleicht wertvollen historischen Informationen. In seiner *Legenda Aurea* stellte Jacobus a Voragine, ein Genueser des 13. Jahrhunderts, alle lateinischen Heiligengeschichten und die dazu-

Noli me tangere – »Rühr mich nicht an«, sagte Jesus zu Maria Magdalena, als sie ihn im Garten vor dem leeren Grab antraf. Wahrscheinlich von Martin Schongauer (gest. 1491).

gehörigen Kultstätten zusammen. Das Buch wurde im gesamten Westen unglaublich populär und prägte das Bild der Heiligen bis zur Reformation. Schon viel früher, im zehnten Jahrhundert, hatte Symeon Metaphrastes, ein Beamter am Hof in Konstantinopel, griechische Heiligenviten in seinem *Menologion* zusammengestellt. Er machte seine Sache so gut, daß – sehr zum Bedauern der Historiker – viele ältere Heiligenviten nicht mehr abgeschrieben wurden und dem Vergessen anheimfielen. Wie die *Legenda Aurea* hatte auch das *Menologion* eine enorme Verbreitung. Noch heute besitzen wir wenigstens 603 Manuskripte des Textes.

Auch die Bischofslisten wurden weitergeführt. Die bei weitem wichtigste war das »Buch der Päpste«, *Liber Pontificalis,* das um 530 geschrieben wurde und den Lesern Informationen über die einzelnen Bischöfe Roms geben wollte. Über die frühen Bischöfe wußte der Autor kaum etwas zu sagen und behalf sich mit Erfindungen, zu den späteren Amtsträgern liefert er jedoch auch bruchstückhafte historische Nachrichten. Spätere Autoren fügten Material über die Päpste ihrer Zeit hinzu, und allmählich legten sie auch mehr Wert auf historische Genauigkeit. Ein Bild im vorliegenden Band zeigt den päpstlichen Bibliothekar Platina in der Vatikanischen Bibliothek. Sein Beitrag markiert den Höhepunkt der Arbeit am *Liber Pontificalis* und verdient beinahe – wenn auch noch nicht ganz – die Bezeichnung »wissenschaftlich«.

Nach der Christianisierung ihrer Völker traten germanische Autoren an, um den Ablauf dieser Bekehrung zu erklären, und erstaulicherweise entstanden daraus die beiden besten regionalen Kirchengeschichtswerke, die bis dahin geschrieben worden waren: Gregor von Tours schrieb die Geschichte der Franken, Beda Venerabilis die Geschichte der englischen Nation.

Bis zur Renaissance war die Annalistik die gebräuchlichste Form der Geschichtsschreibung. Ein Kloster oder eine Kathedrale (wie in Reims) oder ein Bischofssitz (wie in Hamburg) verzeichnete in seinen Annalen Jahr für Jahr die Ereignisse seiner Geschichte. Diese Einträge waren zeitgenössisch und lieferten so unschätzbare Informationen für spätere Historiker. Mönche erweiterten die Annalen zu größeren Geschichtswerken. Ordericus Vitalis, ein englischer Benediktiner, der in der Normandie lebte, begann die Annalen seines Klosters zu schreiben und fügte später eine Geschiche der normannischen Eroberung Englands in sein Werk ein. Das Ergebnis ist auch heute noch sehr nützlich. Solche von Mönchen zusammengestellte Annalen konnten sowohl die Profan- wie auch die Kirchengeschichte umfassen, wie an zwei herausragenden englischen Beispielen deutlich wird: Ohne die Werke der Benediktiner Wilhelm von Malmesbury und Matthäus Parisiensis von St. Albans wären wir kaum in der Lage, die Geschichte Englands zu schreiben.

Auf solche Werke gestützt, konnten die Gelehrten der Renaissance die Grundlagen für eine wissenschaftliche Beschäftigung mit der Kirchengeschichte legen, wobei auch der Buchdruck, der die Quellentexte leichter verfügbar machte, eine wichtige Rolle spielte. Es war eigentlich nur ein neuer Schritt in dem seit Jahrhunderten, seit Eusebius von Caesarea oder früher, feststellbaren Bemühen um authentische Geschichtsschreibung, die nun endlich möglich wurde.

Der lutherische Pastor Matthias Flacius, ein in Deutschland lebender Kroate und ein sehr streitbarer Charakter, sorgte für eine echte Umwälzung in der Geschichtsschreibung. Annalen haben zwar durchaus ihren Wert – vor allem dokumentieren sie die Reihenfolge der Ereignisse, was sehr wichtig ist –, aber der Jahreszeitraum, den sie jeweils betrachten, ist zu kurz, um größere Zusammenhänge zu beleuchten. Jahrhunderte sind als Betrachtungszeitraum geeigneter. In den *Magdeburger Centurien*, die Flacius anregte, aber nicht selbst schrieb, und die in Basel 1559–1574 veröffentlicht wurden, gab es plötzlich Raum, jeweils ein Jahrhundert Raum, um Geschichte thematisch abzuhandeln, das Leben der Menschen, ihre religiösen Ideale zu beschreiben und so eher eine Analyse der Geschehnisse als nur eine reine Darstellung zu liefern. Die moderne Geschichtsschreibung hatte begonnen. Die *Magdeburger Centurien* wurden über zweihundertfünfzig Jahre lang als grundlegendes Werk benutzt, weitaus länger als die meisten Bücher zum Thema Geschichte.

Heute wissen wir viel mehr über den Buddhismus, den Hinduismus und den Islam. Die Welt hat furchtbare Barbareien gesehen, und die Christen bringen dem jüdischen Glauben wieder größere Wertschätzung entgegen. Die Beschäftigung mit den »primitiven« Kulturen Afrikas und Lateinamerikas hat uns gezeigt, daß sie ganz und gar nicht primitiv sind und nicht länger zur Seite geschoben werden dürfen, und die Völker haben eine moralische und religiöse Vorstellung der »Menschenrechte« entwickelt, die durchaus christliche Inhalte hat, aber auf Grundsätzen aufbaut, die nicht allein von Christen akzeptiert werden. Aus alldem ergibt sich die Erkenntnis, daß auch andere Religionen ihre Bedeutung haben, nicht nur für sich selbst, sondern auch für das Verständnis und die Praxis des Christentums.

Dabei kommt auch der Geschichte des Christentums eine neue Bedeutung zu. Das Licht auf der Straße nach Damaskus entstand jenseits von Geschichte und Zeit, es kam aus der Ewigkeit. Doch die Menschheit, der es leuchtete, änderte sich immer wieder und war dennoch fest in ihrer Vergangenheit verwurzelt.

Jeder Versuch, als einzelner Autor einen Überblick über das Ganze zu geben, enthält zwangsläufig ein persönliches Element, persönliche Interessen und Schwerpunkte. Ich bin von der Frage ausgegangen, welche Bedeutung die Offenbarung des Evangeliums für die ganz normalen Menschen hatte, die in ihrer Mehrheit Analphabeten waren, und ob die ihnen schon selbstverständlich gewordenen Ansichten über die Welt ihren Glauben beeinflußten.

Owen Chadwick, Cambridge, Juni 1995

KAPITEL EINS

Juden und Griechen

Das jüdische Erbe

Das Christentum war – nicht nur in seinen ersten Jahren – eine Erscheinungsform des jüdischen Glaubens. Jesus war Jude. Als Hitler und seine Nationalsozialisten ihren wahnsinnigen Feldzug gegen die Juden begannen, standen sie vor einem Dilemma, denn die meisten Deutschen bezeichneten sich als Christen und somit als Anhänger eines Juden. Einige besonders fanatische Nazis behaupteten sogar, Paulus könne nicht als wahrer Christ bezeichnet werden, denn er sei Jude gewesen und habe den Glauben Jesu jüdisch beeinflußt. Daß Paulus Jude war, ist auch gar nicht zu bestreiten; er selbst betonte dies voller Stolz.

Die ersten Christen lasen die Bibel, doch verstanden sie darunter ebenso wie die Juden nur das Alte Testament, denn das Neue Testament gab es noch nicht in der heutigen Form. Sie lasen dieselben Texte wie die Juden, legten sie allerdings im Sinne des Glaubens Jesu aus. Einige christliche Führer wollten damals verhindern, daß die Christen weiterhin die Heilige Schrift der Juden lasen, weil sie kein christliches Buch sei. Manche erklärten, der Gott des Alten Testaments sei der Gott der Gerechtigkeit, der des Neuen Testaments der Gott der Liebe; der alttestamentliche Gott lehre »Auge um Auge, Zahn um Zahn«, der neutestamentliche dagegen die Vergebung; es handle sich also nicht um denselben Gott. Diese Kritiker setzten sich nicht durch, die junge Christengemeinde wollte die Bibel der Juden behalten. Auch als später das Neue Testament als eine Sammlung von Apostelbriefen und Berichten über die Worte und Taten Jesu zur Verfügung stand, mochten sie auf die älteren Texte nicht verzichten.

Der junge David von Andrea del Castagno (gest. um 1457); unten liegt Goliaths Kopf.

Ihre Gebete entnahmen sie ebenfalls dem Alten Testament. Ihre Loblieder stammten aus dem Hymnenbuch der Juden – dem Psalter König Davids, dem 73 der 150 Psalmen zugeschrieben wurden. Die Israeliten waren überzeugt, daß die Sammlung auf seine Anregung hin entstanden war. Diese Psalmen wurden im Tempel in Jerusalem und in den Synagogen gesungen. Es waren Lieder von der Gnade Gottes, die das Herz rührten, die Sünde beweinten und aus tiefster Seele Dank sagten. Die Psalmen faßten einige Lobpreisungen und Bekenntnisse in Worte, die auch im Mittelpunkt des christlichen Betens standen:

Der Herr ist mein Hirte, nichts wird mir fehlen.
Lobe den Herrn, meine Seele, und alles in mir
seinen heiligen Namen!

In ihnen hallten auch die grausamen Schlachtrufe der Zeit wider, in der die Juden in Palästina um ihr Land kämpften:

Wohl dem, der deine Kinder packt und sie
am Felsen zerschmettert!

Die Christen verwendeten diese Lieder über den Tod nicht mehr für einen Krieg gegen einen anderen Stamm, sondern im übertragenen Sinne für den Kampf gegen ihre geistlichen Feinde und gaben ihnen damit ihre eigene Bedeutung.

Schon bald waren nicht mehr alle ihrer Abstammung nach Juden, und die meisten von ihnen gaben auch den jüdischen Brauch der Beschneidung auf. Andererseits blieben sie dem jüdischen Glauben insofern treu, als sie weiterhin die heiligen jüdischen Schriften mit ihren Gebeten und Liedern verwendeten. Die frühen Christen benutzten aus dem Alten Testament vor allem die Psalmen und das Buch des Propheten Jesaja, der ihrer Meinung nach die Ankunft Christi prophezeit hatte. Ihr Gott war der Gott der Juden: Er hatte die Erde erschaffen und sie

Die Darstellung der Schöpfung in einer der ersten deutschen Bibelübersetzungen (hier Gen 1).
Die 1483 von Anton Koberger in Nürnberg gedruckte Bibel war ein Meilenstein der Druckkunst.
Besonders bemerkenswert ist das hinter dem Wald hervorschauende Einhorn.

Pfingsten, der Entstehungstag der Kirche, in einem Fresko von Giotto (gest. 1337). Auf den Köpfen der Apostel sind feurige Zungen zu sehen, ein Symbol für die Eingebung, das Evangelium zu verbreiten.

bei ihrer Flucht aus Ägypten durch das Rote Meer geführt; er lebte hoch oben in den Wolken über dem Berg Sinai; er zeigte ihnen, wie sie leben sollten und was richtig und falsch war; er führte und beschützte sie und nannte sie sein auserwähltes Volk.

Warten auf den Messias

Alle gläubigen Juden warteten auf den Retter ihres Volkes, auf einen Messias, die Offenbarung Gottes, der diese Welt voller Leid in das Reich Gottes verwandeln würde. Wie er dabei vorgehen würde, wußten sie nicht; vielleicht würde es nicht ohne Kämpfe abgehen. In jedem Fall jedoch würde es eine von Gott gelenkte Handlung sein. Sie hatten eine sehr festverwurzelte Vorstellung von Gott: Er ist Gott, der einzige Gott; neben ihm gibt es keinen anderen. Er ist der »heilige« Gott, das heißt, er ist anders, schwebt weit über der Erde und wird nicht von ihrem Staub beschmutzt. Er herrscht über die Menschen und richtet über sie, wenn sie Böses tun. Er haßt Kriege und Mörder, Diebe und Tyrannen. Dennoch ist er ein barmherziger Gott und wird eines Tages kommen, um den Menschen aus der Hölle herauszuhelfen, zu der sie ihre Städte und Häuser gemacht haben. Die Juden erfuhren dies alles aus den Büchern der alttestamentlichen Propheten – Jesajas, Jeremias und anderer. Der Gott dieser Propheten aus der Zeit zwischen 750 und 600 v. Chr. war auch der Gott der Christen.

Sie übernahmen die jüdischen Feste wie Ostern und Pfingsten und begründeten sie neu im Werk Jesu. Wie groß der jüdische Anteil am christlichen Glauben war, sieht man an der ersten Fassung des christlichen Glaubensbekenntnisses. Die Juden konnten als erste aus tiefstem Herzen sagen: »Ich glaube an einen Gott, den allmächtigen Vater.«

Sie orientierten sich an einem Gesetz, das Gott ihnen, wie sie glaubten, auf dem Berg Sinai gegeben hatte. Dieses Gesetz (wörtlich: Weisung) forderte sie unter anderem dazu auf, Gutes zu tun: Die Juden durften weder töten noch stehlen und sollten ihren Freunden sowie den Kranken, Alten und Bedürftigen helfen. Ein anderer Teil des Gesetzes bestand aus Regeln für die Ernährung sowie für Riten und Formen des Gottesdienstes. Diese Regeln sollten keine Anhaltspunkte für ein möglichst gutes, Gott wohlgefälliges Verhalten liefern, sondern sie dienten dazu, das Volk besonders herauszuheben, das er ausgewählt hatte, um der Welt zu helfen.

Einige dieser Regeln trennten die Juden von ihren nichtjüdischen Mitmenschen. Sie beschnitten ihre Söhne, sie aßen kein Schweinefleisch, sie hielten den Samstag als Tag der Anbetung heilig, und sie konnten bei einem Heiden nicht als Gäste an einem Essen teilnehmen.

Zur Zeit von Jesu Geburt war Palästina noch die Heimat der Juden. Jerusalem war ihre heilige Stätte und würde es auch immer bleiben. Juden, die nicht in Palästina lebten, besuchten die heilige Stadt von Zeit zu Zeit oder schickten, wenn sie nicht dorthin reisen konnten, Geld an den Tempel. Allerdings war Jerusalem, die »Tochter Zion«, zur damaligen Zeit nicht mehr das alleinige Zentrum des jüdischen Lebens, denn unter der griechischen und römischen Herrschaft waren Juden in andere Städte im gesamten östlichen Mittelmeerraum gezogen. Viele lebten in der großen Handelsstadt Alexandria, es gab Gruppen in allen syrischen und kleinasiatischen Städten, einige in Griechenland, mehr noch in Rom. Manche ihrer Denker sprachen und schrieben nun eher Griechisch (die im Osten verbreitetste Sprache) als Hebräisch oder Aramäisch, die Sprachen Palästinas und Syriens. Deshalb konnte sich der christliche Glaube zunächst so stark ausbreiten.

Alle Bücher des Neuen Testaments wurden mit hoher Wahrscheinlichkeit von Männern jüdischer Herkunft verfaßt, doch alle in griechischer Sprache: manche in einem schlechten Griechisch, einige in der Umgangsprache der Griechen im Osten, der *Koine* (»gemeinsame Sprache«), und immerhin zwei in gutem Griechisch. Kein einziges wurde zuerst in Hebräisch geschrieben. Man hat angenommen, das Matthäusevangelium habe Matthäus, der zunächst Steuereinnehmer in Palästina und später ein Jünger Jesu war, in Hebräisch verfaßt und ein anderer Christ habe die uns vorliegende griechische Übersetzung angefertigt. Begründet wurde dies damit, daß das Matthäusevangelium, verglichen mit den drei anderen Evangelien, die Geschehnisse um das Leben und Sterben Christi am stärksten aus der jüdischen Perspektive heraus beschreibt. Heute gilt es jedoch als fast

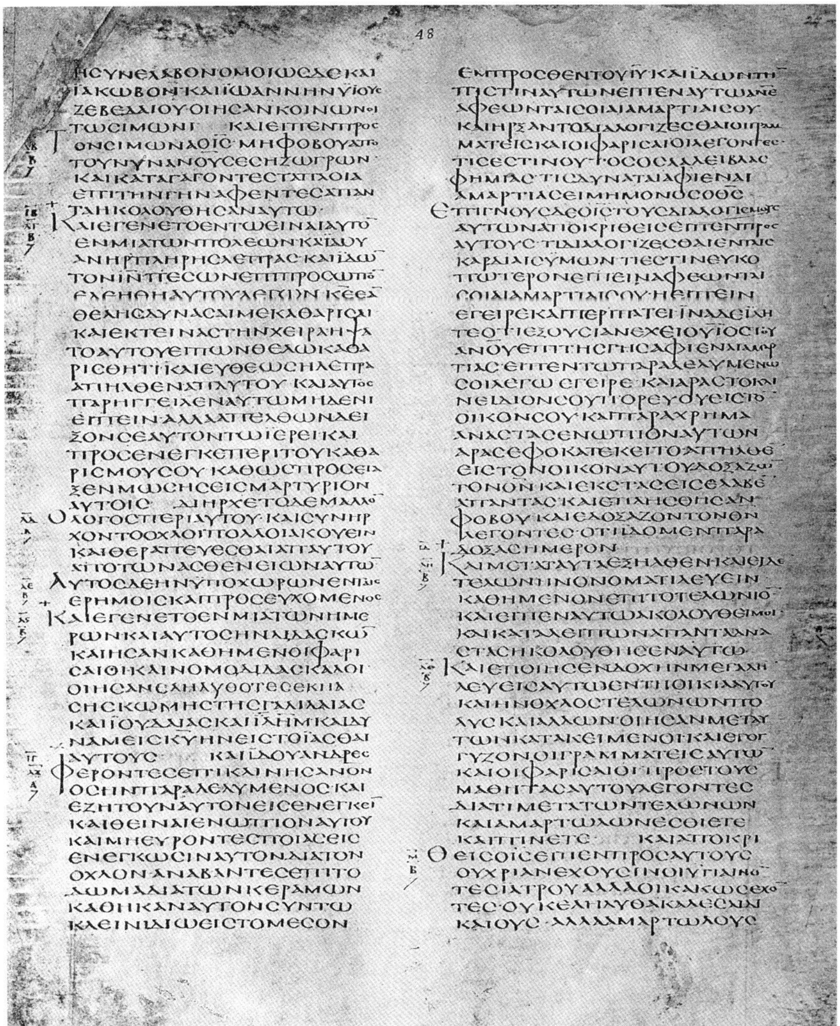

Eine griechische Bibel aus dem frühen fünften Jahrhundert in Unzialen; der Codex Alexandrinus, eine der drei wichtigsten christlichen Handschriften. Er wurde in Ägypten geschrieben und gelangte von dort wahrscheinlich zum Berg Athos und dann nach Konstantinopel; Patriarch Kyrillos Lukaris schenkte ihn schließlich König Jakob I. von England; heute befindet er sich in der British Library. Es ist sehr schwierig, einen solchen Text ohne Wortzwischenräume laut vorzulesen. Diese Seite beginnt mit dem Lukasevangelium 5,10, dem Fangen der Fische.

sicher, daß es nie einen hebräischen Text gegeben hat und alle Bücher des Neuen Testaments in Griechisch geschrieben wurden. Wer auch immer das Matthäusevangelium verfaßt hat, es war nicht der Steuereinnehmer, der sich von seinem Tisch erhob, um Jesus nachzufolgen.

Die Juden machten es sich in der griechischsprachigen und von den Römern beherrschten Gesellschaft selbst schwer, indem sie sich strikt weigerten, ihr Verhalten den geltenden Normen anzupassen. Aufgrund der Gepflogenheiten ihres Glaubens unterschieden sie sich deutlich von ihren Mitmenschen. Zum Beispiel kannten sie neben Gott keine anderen Götter. Die römischen Kaiser hielten sich allerdings selbst für Götter und bestanden darauf, daß die Untertanen ihnen als Zeichen ihres Gehorsams Opfer darbrachten. Ein symbolischer Tropfen Weihrauch genügte, doch selbst damit erkannte der Opfernde an, daß es neben Gott noch andere Götter gab. Nur wenige nahmen dieses banale Ritual ernst, es war ähnlich automatisiert wie heute in manchen Ländern das Aufstehen beim Erklingen der Nationalhymne. Doch die Juden konnten dem Kaiser nicht opfern; ihr Gesetz verbot es. In den Augen ihrer Umwelt waren sie also unzuverlässige Untertanen Roms, und das war gar nicht so falsch, denn sie warteten auf die Ankunft des Messias, der sie vor der strengen Herrschaft und den Steuern Roms erretten würde. Kaiser Caligula verlangte sogar, daß im jüdischen Tempel von Jerusalem sein Bildnis aufgestellt wurde; das beste Mittel, um zu erreichen, daß die Juden die römische Herrschaft als Tyrannei betrachteten.

Man könnte annehmen, daß sich die Christen, die sich ja vom Glauben der Juden getrennt hatten, nicht so sehr an einer Caligula-Statue im Tempel stießen. Doch das Gegenteil war der Fall: Paulus schrieb seinen Anhängern in Thessalonike von einem stolzen Widersacher, »der sich in den Tempel Gottes setzt und sich als Gott ausgibt«. Die Aufstellung der Statue erschütterte ihn so sehr, daß er sie für ein Zeichen des bevorstehenden Weltendes hielt.

Die »Gottesfürchtigen«

Die in der griechischen Welt lebenden Juden stellten fest, daß die Griechen sich von ihrem Glauben angezogen fühlten. Überall in den Städten wucherten die verschiedensten Religionen und Glaubensrichtungen, doch die Grenzen der Moral waren ähnlich weit gesteckt wie im ausgehenden 20. Jahrhundert. Die geistige Gesundheit des jüdischen Glaubens bewegte etwas in den Köpfen der Griechen: der eine Gott, die Fürsorge für die Kranken und Armen, das strenge Gesetz, Gutes zu tun und Böses zu meiden, die strikten Regeln für das Sexualverhalten und der sorgende Gott, der sich nicht nur im Diesseits um die Menschen kümmert. In vielen kleinasiatischen und griechischen Städten begannen die Juden Anhänger unter den Griechen zu sammeln. Diese mußten sich nicht unbedingt beschneiden lassen oder die jüdischen Bräuche aufs genaueste beachten; sie waren deshalb aber auch keine vollwertigen Mitglieder der jüdischen Gemeinschaft. Während der Gebete saßen sie im hinteren Teil der Synagoge, hörten die Bibellesungen und die Psalmengebete und machten sich den Glauben zu eigen, ohne wirklich Juden zu werden. Sie wurden »Gottesfürchtige« genannt. Die Juden öffneten so ihren Glauben, um die gesamte griechische Welt zu seinen Wahrheiten und Formen der Gottesverehrung zu bekehren.

Mehr noch taten die Christen, indem sie das Judentum, einen Glauben für wenige Auserwählte, in einen Glauben für alle verwandelten. Die meisten frühen Christen waren entweder Juden oder »Gottesfürchtige«. Sie übernahmen den Glauben des Alten Testaments, trugen ihn neben dem Glauben an Jesus weiter und bekehrten im Laufe von drei- bis vierhundert Jahren die Völker des Römischen Reiches. Während dieser ganzen Zeit gab es Christen, die nicht nur ihrer Abstammung nach Juden waren, sondern auch an den jüdischen Bräuchen festhielten und streng das Gesetz achteten. Sogar Paulus, der sich am stärksten dafür einsetzte, den Glauben der Juden auch für Nichtjuden zu öffnen und ihnen den Zugang zum Glauben zu ermöglichen, ohne auf der Einhaltung aller Riten zu bestehen, hielt an seiner jüdischen Vergangenheit fest: »Sie sind Hebräer – ich auch. Sie sind Israeliten – ich auch. Sie sind Nachkommen Abrahams – ich auch. Sie sind Diener Christi – jetzt rede ich ganz unvernünftig –, ich noch mehr.«

Nicht alle Judenchristen dachten wie Paulus. Die Beschneidung etwa ist für Juden ein so wichtiger Ritus, daß noch im Jahre 1993 einige Leichenbestatter in Israel russische Immigranten vor der Bestattung beschnitten. Auch einige frühe Christen nichtjüdischer Herkunft ließen sich beschneiden, um den Frieden innerhalb der christlichen Bewegung zu sichern und keine Kluft zwischen Judenchristen und Heidenchristen entstehen zu lassen. Paulus allerdings fand dies nicht richtig, denn seiner Überzeugung nach war das Herzstück des Glaubens die Liebe, nicht der Ritus. Doch selbst er ließ trotz aller Skrupel seinen griechischen Gefährten Timotheus beschneiden, damit er leichter als Christ unter Juden missionieren konnte. Auch heute noch wird in manchen christlichen Kirchen die Beschneidung praktiziert, beispielsweise in Äthiopien. Einige andere afrikanische Völker, bei denen die Beschneidung Bestandteil eines früheren Kultes war, behielten sie auch als Christen bei und stellten die europäischen Missionare damit vor ein genauso heikles Problem wie die frühen Judenchristen den Paulus.

Mit den Judenchristen begann die Kirche. Die zwölf ursprünglichen Apostel waren Juden, ebenso die, die später ins Apostolat berufen wurden: Paulus, Markus und Barnabas. Jerusalem war das Zentrum der jungen Gemeinde. Ihr Leiter war »Jakobus, der Herrenbruder«, der möglicherweise tatsächlich der Bruder Jesu war und seine wichtige Stellung mit dieser Verwandtschaft begründete. Eine Zeitlang wirkte allerdings auch Petrus in Jerusalem, und in der Erinnerung der Apostel blieb er ihr Führer.

Christliche Gruppen wie diese erste in Jerusalem, deren Mitglieder der Abstammung nach Juden waren, sich an das Gesetz hielten, sich beschneiden ließen, kein Schweinefleisch aßen und den Sabbat achteten, gab es noch drei- oder vierhundert Jahre lang, vor allem in Palästina und Syrien. Allmählich jedoch gerieten sie in die Isolation. Den anderen Juden waren sie Verräter, und den bald zahlenmäßig überlegenen Heidenchristen schien es unnötig, daß sich wahre Christen an das jüdische Gesetz hielten.

Die ersten Christen betrachteten sich nicht als eine jüdische Sekte und wollten den jüdischen Glauben auch nicht durch ihren neuen ersetzen. Sie glaubten, daß sie die wahren Vertreter des Judentums seien und daß der Messias der Juden gekommen sei. In ihrer Hoffnung auf den Messias warteten einige Juden auf einen mächtigen Mann, der sie befreien würde. Jesus dagegen starb qualvoll; er hatte das jüdische Volk nicht befreit, sondern schien versagt zu haben. Dennoch paßte dieser Christus, der voller Schmerzen scheiterte, zu den Hoffnungen einiger gelehrter Juden, denn schon die alten Propheten hatten den Messias mit Leid in Verbindung gebracht:

Die Darbringung des Jesuskindes im Tempel, hier gemalt von Juan de Borgoña (gest. um 1535 in Spanien), zeigte, daß die frühen Christen eine Kontinuität zwischen ihrem Glauben und dem der Juden sahen.

> Er wurde verachtet und von den Menschen gemieden, ein Mann voller Schmerzen, mit Krankheit vertraut … Aber er hat unsere Krankheit getragen und unsere Schmerzen auf sich geladen. Wir meinten, er sei von Gott geschlagen, von ihm getroffen und gebeugt.
> (Jesaja 53,3–4)

Die christliche Form des Gottesdienstes entsprach im Grunde der alten jüdischen: Man las aus der Bibel, ein Lehrer erklärte, wie die Worte auf die Fragen der Menschen oder die weltlichen Bedürfnisse anzuwenden seien, die Psalmen wurden voller Freude gesungen, man bedauerte die Fehler und Ungerechtigkeiten, dankte Gott, betete für diejenigen, die leiden mußten und bat Gott um seinen Segen.

Doch nun war ein neuer Ritus hinzugekommen. Es gab einen Messias, der am Kreuz gestor-

DISPONO VOBIS SICVT DISPOSVIT MIHI PATER MEVS REGNVM VT EDATIS ET BIBATIS

Domenico Ghirlandaios *Letztes Abendmahl*, gemalt um 1490. Johannes schmiegt sich an die Brust Jesu, Judas Iskariot trägt keinen Heiligenschein, oben im Fenster sitzt ein Pfau, das Sinnbild der Ewigkeit. Der lateinische Text ist Lukas 22, Vers 30: Jesus verspricht, daß sie in seinem Reich an seinem Tisch essen und trinken werden.

ben war und einige Stunden vor seinem Tod – beim letzten Abendmahl – seinen Jüngern den Auftrag gegeben hatte, sie sollten die Erinnerung an seinen Tod bewahren, indem sie wie bei diesem Mahl Brot aßen und Wein tranken. Dieser Ritus wurde nun zum Mittelpunkt des Gottesdienstes; einige Juden kannten ihn schon zuvor, doch jetzt hatte er für die Judenchristen durch den Tod auf dem Kalvarienberg eine herausragende Bedeutung gewonnen. Erst viel später wurde dafür der ursprünglich aus der Rechtssprache stammende lateinische Begriff *Sakrament* (Hinterlegung einer Kaution) verwendet: Eine äußerliche Handlung hat Bedeutung für die Seele und besitzt die Kraft, sie zu beeinflussen.

Durch diesen Ritus unterschied sich der christliche Gottesdienst vom jüdischen. Die Jünger hatten das Grab Jesu an einem Sonntag leer vorgefunden; deshalb feierten sie das Abendmahl meist am Sonntag und nicht am Samstag, dem jüdischen Sabbat. Den Judenchristen blieben sowohl der Samstag als auch der Sonntag heilig; in der äthiopischen Kirche gilt das bis heute. Doch die wachsende Mehrheit der Heidenchristen heiligte den Sabbat nicht mehr und hob ihn höchstens noch als Fastentag hervor. Der Sonntag dagegen war für die meisten ein Arbeitstag. Deshalb wurde das Abendmahl manchmal abends gefeiert, wahrscheinlich auch, weil Jesus es zu dieser Tageszeit eingesetzt hatte.

Die Christen liebten die Texte des Alten Testaments. Bis heute können wir an den Wänden von Gräbern und Heiligtümern alttestamentliche Sprüche finden, die in einem christlichen Sinn verstanden wurden. Abraham und Mose, Gideon und Samuel, David und Jeremia wurden auch für Christen entscheidende Vorbilder, obwohl sie lange vor Jesus gelebt hatten. In den Grabkammern der römischen Katakomben finden sich Darstellungen von Daniel in der Löwengrube, von den drei Männern im glühenden Feuerofen, von Abraham, der Isaak opfert, und von Jona, der von dem großen Fisch gerettet wird. In ihren Gebeten verwendeten die Christen manchmal auch bei den Juden gebräuchliche Ausdrücke, obwohl nicht alle ihre Bedeutung kannten. Am Ende eines Gebetes sagten sie *Amen* – »wahrlich« oder »so sei es« – und stimmten damit dem Inhalt des Gebetes zu. Ihren Lobpreis sangen sie mit dem Wort *Halleluja* – »Preist Gott«.

Das Porträt von Johannes dem Evangelisten in den Evangelien des Grimbald, verfaßt um 1020. Der Adler ist das Symbol des Johannes. Der Text wurde wahrscheinlich in Winchester geschrieben, denn am Ende des Buches befindet sich ein Brief des Erzbischofs von Reims an König Alfred, in dem er Grimbald, einen Benediktinermönch, als Abt von Newminster, Winchester, empfiehlt.

Ein Element des jüdischen Glaubens war in diesen ersten Jahren von großer Bedeutung: Die Juden gingen davon aus, daß die Ankunft des Messias zugleich das Weltende sei und Gott dann über die Erde richten werde. Die Christen wußten, daß der Messias erschienen war, und warteten deshalb auf das Ende. Sie überlegten zum Beispiel, ob es sich trotz der nur noch kurzen verbleibenden Zeit lohne zu heiraten. Und sie kümmerten sich nicht sonderlich um eine Gemeindeordnung, obwohl sie vonnöten gewesen wäre. Es gab keinen Anlaß mehr für eine solche auf die Zukunft hin angelegte Organisation.

Das Johannesevangelium

Am Ende des ersten Jahrhunderts schrieb ein früher Anhänger Christi namens Johannes ein Evangelium voll von Verständnis, Gefühl und Schönheit. Er war möglicherweise einer der zwölf Apostel, der Sohn des Zebedäus. Doch jener Johannes, Sohn des Zebedäus, arbeitete als einfacher Fischer auf dem See von Galiläa, bevor er sich Jesus anschloß, während der Johannes, der das Evangelium verfaßte, einen geschulten Geist besaß und gutes Griechisch schrieb. Achtzehn Jahrhunderte lang setzten die Gelehrten den Evangelisten mit Johannes dem Fischer gleich – und auch in unserem Jahrhundert blieben noch viele kluge Wissenschaftler bei dieser Meinung. Man kann jedoch kaum annehmen, daß ein Fischer, der von Haus aus aramäisch sprach und nur in seinem Handwerk ausgebildet war, die griechische Sprache mit einer solch kontemplativen Kraft einsetzen konnte.

Johannes der Evangelist ging nicht davon aus, daß die Welt bald untergehen würde. Er wollte seinem Volk klarmachen, daß Jesus, der Herr, jetzt lebe und weiterhin leben werde. Paulus hingegen glaubte zunächst an das nahe Ende der Welt. Doch auf seinen Reisen stellte er fest, daß er die Griechen, die auf der Suche nach Gott waren, mit dieser Aussage nicht überzeugen konnte. Er erkannte, daß der Weltuntergang noch nicht da war und daß, selbst wenn er tatsächlich nahe bevorstünde, dies nicht die entscheidende Wahrheit Christi war.

Die Offenbarung des Johannes

Einem anderen Autor namens Johannes wäre es beinahe gelungen, die Ansicht, daß das Weltende doch nicht so bald drohe, umzustoßen.

Der zweite Johannes verfaßt auf der Insel Patmos die Offenbarung;
Ikone (spätes 15. Jahrhundert) aus dem Dreifaltigkeits-Sergios-Kloster in der Nähe Moskaus,
dem größten russischen Heiligtum, das um 1340 vom heiligen Sergios gegründet wurde
und wegen seiner Ikonenschule berühmt ist.

Dieser Johannes schrieb auf der Ägäisinsel Patmos, die damals eine römische Strafkolonie war, die *Apokalypse* oder *Offenbarung*. Johannes haßte Rom als eine Verkörperung des Tyrannen, des Mörders der Heiligen. Diese Tyrannei konnte nur durch ein Eingreifen Gottes enden, der den Tyrannen vernichten, die Welt zerstören und über alles Weltliche richten werde. Das Buch des Johannes zeugt von seiner Hoffnung, die Welt werde bald, in allernächster Zukunft, untergehen.

In den Gemeinden fragte man sich, ob dieser Johannes ein wahrer Apostel sei, der die Wahrheit kannte, und ob sein Buch in der Kirche gelesen werden dürfe. Auf einigen Versammlungen wurde es abgelehnt, auf anderen akzeptiert, weil man auch diesen Johannes für Johannes, den Sohn des Zebedäus, hielt, der Jesus gekannt hatte – und jedes Wort eines Apostels war wertvoll. Es dauerte lange, bis man sich geeinigt hatte und Johannes von Patmos schließlich – erst im vierten Jahrhundert n. Chr. – allgemein anerkannt wurde. Die Offenbarung fand ihren festen Platz im Neuen Testament, weil ihr Verfasser Johannes hieß, weil sie zur Zeit der Apostel geschrieben worden war und weil sie neben der Mahnung zum Durchhalten in Zeiten der Verfolgung auch die Ehrfurcht vor der göttlichen Herrlichkeit in den Worten und Bildern eines Dichters verkündete. Jenen, die dem Schwert des Tyrannen zum Opfer fielen, galt der Ausblick auf das ewige Leben: »Selig die Toten, die im Herrn sterben, von jetzt an.«

Durch die Jahrhunderte hindurch gab es immer wieder Leser, die die Visionen der Offenbarung wörtlich nahmen. Johannes sah zum Beispiel einen Engel, der vom Himmel mit einem Schlüssel und einer Kette herabstieg und den Satan für tausend Jahre fesselte, und so gab es seit dem Bekanntwerden des Textes Sekten, die glaubten, dieser Augenblick stehe kurz bevor. Zweihundert Jahre nach Abfassung des Buches war ein Bischof so fest davon überzeugt, daß das Ende der Welt nahe sei, daß er mit seinem Volk in die Wüste zog, um den Herrn zu treffen. Sie wären verhungert, wenn man sie nicht mit Essen und Wasser versorgt hätte. Einer der fähigsten christlichen Denker dieser Zeit, Hippolyt, sah sich gezwungen, in einem Buch zu beweisen, daß die alttestamentlichen Texte zum Jüngsten Gericht die Menschen nicht dazu auffordern, sich so zu verhalten, als fände es heute oder morgen statt. Noch einige Male ließ eine Krisensituation in Europa die Furcht vor dem Ende der Welt wieder aufleben. Und auch als das Jahr 1000 näherrückte, befürchteten viele, die letzte Posaune werde ertönen. Bis heute gibt es Glaubensgemeinschaften, die gerade die Lehre der Offenbarung zu einem Grundstein ihrer Ethik gemacht haben – die Siebenten-Tags-Adventisten, die Plymouth-Brüder und die Zeugen Jehovas. Im christlichen Afrika schockieren immer wieder Wanderprediger die großen Gemeinden mit der Ankündigung des nahe bevorstehenden Jüngsten Gerichts.

Die Religionen der Nichtjuden

Die Apostel und ihre Begleiter, die sie unter den frühen Christen ausgewählt hatten, missionierten zunächst in den Städten unter den »Gottesfürchtigen«, die mit jüdischen Gruppen in Verbindung standen.

Bald jedoch wandten sie sich auch den Heiden, den Angehörigen der zahlreichen anderen religiösen Kultgemeinschaften zu. Hier trafen die Christen auf Vorstellungen, die mit denen der Juden nichts gemein hatten, und auf eine »natürliche Religiosität«, die sich in völlig verschiedenen Formen ausdrückte. Manche dieser Kulte waren wirr oder absurd, manche geschmacklos, ekstatisch oder auch heimlichtuerisch, bei manchen waren nur Männer zugelassen. Einige wirkten auf den ersten Blick sehr anziehend, wie der Manichäismus, der die Existenz von Leid damit begründete, daß es zwei Götter gebe, einen guten und einen bösen.

Doch auch im Umkreis dieser Religionen und Kulte hatten es die frühen Christen mit Menschen zu tun, die nach göttlicher Wahrheit suchten und die beteten. Gab es hier eine Verbindung, an die sie anknüpfen konnten? In Athen hörte eine Gruppe von Griechen Paulus predigen; seine Lehre schien ihnen neu, und so baten sie ihn, vor ihnen zu sprechen. Paulus hatte einen Altar mit der Inschrift »Dem unbekannten Gott« gesehen und nahm in der Einleitung seiner Rede vor diesen gebildeten und mißtrauischen Zuhörern darauf Bezug. Die meisten hörten höflich zu, blieben jedoch skeptisch. Einige wenige konnte er bekehren; mit einem von ihnen, Dionysios Areopagita, werden wir uns später noch befassen.

Wenn gebildete Griechen zum Christentum übertraten, brachten sie natürlich ihre eigenen

Die Wiesenmadonna (oder *Madonna del prato*) von Giovanni Bellini, gemalt in Venedig um 1485.
Die Künstler jener Zeit verzichteten meist auf den Heiligenschein.

Vorstellungen mit, die nicht aus dem Judentum stammten. Von den Stoikern hatten sie beispielsweise von der Allvernunft in der Welt gehört und davon, daß man sich unter sein Schicksal beugen müsse. Das konnten sie leicht auf ihren neuen Glauben übertragen, in dessen Mittelpunkt ein allgegenwärtiger Gott stand, der die Menschen leitet. Manchmal stellten sie vielleicht fest, daß bestimmte Kultformen ihrer früheren Religion für ihren Glauben immer noch wichtig waren und wollten auf sie in den neuen christlichen Gemeinschaften nicht verzichten. So begannen die Christen Vorstellungen und Riten zu übernehmen, die nicht aus dem Judentum stammten oder in den Apostelbriefen erwähnt wurden, und drückten ihnen ihren eigenen Stempel auf.

Die Kommunion oder das Abendmahl des Herrn zog auch Griechen anderer Glaubensgemeinschaften an.

Die Verehrer des persischen Gottes Mithras beispielsweise (einer Religion, der nur Männer angehören durften) kannten ebenfalls das Ritual eines heiligen Mahls. Im Mittelpunkt des Mithras-Kultes und anderer »Naturreligionen« stand das Leben: die Lebenskraft, die lebenspendende Fruchtbarkeit, das Wunder der Geburt. In ihrer Symbolik ging es um Nahrung, Blut, Geburt und Mutterschaft, um die lebenserhaltende Wärme. Essen bedeutet Leben; beim gemeinsamen Essen wird das Leben in die Hände der anderen gelegt.

Viele dieser Menschen, die nach einem Gott suchten, an den sie glauben konnten, kannten ein heiliges Mahl. Die Christen bezeichneten es oft als ihre »Eucharistie«, abgeleitet vom griechischen *eucharistia,* Danksagung. Zunächst war es Teil eines gewöhnlichen Essens, das sie *agape,* »Liebe(smahl)« nannten.

Das Abendmahl gab jedoch auch Anlaß zu den scheußlichsten Gerüchten. Die Christen trafen sich oft nachts, einerseits, weil sie von Staats wegen verfolgt wurden, andererseits, weil es der einzige Zeitpunkt war, an dem alle zusammenkommen konnten. Sie redeten viel von Liebe, und beim Abendmahl nahmen sie, wie sie selbst sagten, den Leib und das Blut des Herrn zu sich. So entstand das Gerücht, die Riten seien geheim, weil sie mit Sex oder gar Kannibalismus zu tun hätten. Allerdings konnten sich solche Verleumdungen nicht lange halten; das christliche heilige Mahl war für Griechen, die auf der Suche nach der Wahrheit waren, kein Hindernis, weil sie den Ritus bereits aus anderen Kulten kannten.

Ein anderes Beispiel für vergleichbare Kultsymbole ist die religiöse Verehrung einer Mutter: die ägyptische Göttin Isis wurde häufig als Mutter mit einem Baby, das auf ihren Knien sitzt oder dem sie die Brust gibt, dargestellt. Christen, die früher diesem Kult der Isis oder dem der Kybele, einer als Große Mutter bekannten kleinasiatischen Göttin, angehört hatten, vermißten in ihrem neuen Glauben möglicherweise eine gewisse Wärme. Erst ganz allmählich erkannten die Christen offenbar, daß Geburt und Kindheit Jesu sowie der Schoß der Jungfrau Maria geeignete Symbole für zentrale Erfahrungen der Menschheit waren. Als sie in ihren Kirchen Kunstwerke zuließen, kam dieser Zug stärker zum Tragen.

Die Sonne

Das wichtigste von den Christen übernommene Vermächtnis, das nicht von den Juden stammte, war das Symbol des Lichts. Die Sonne ist eine Lebensquelle, die Wärme spendet und ihre Strahlen über die Erde verbreitet, so daß die Menschheit nicht im Dunkeln tappt und strauchelt. Sie steht in einem übertragenen Sinn für das Licht der Wahrheit in einer dunklen Nacht, in der nichts gewiß ist. Der Sonnenkult wurde von vielen Römern praktiziert; in der Morgendämmerung standen sie mit dem Gesicht zur Sonne, um die ersten wärmenden Strahlen beim Gebet auf ihrem Gesicht zu spüren. Sie feierten die Wintersonnenwende, bei der die Sonne ihren Tiefststand erreichte.

Dieser nichtjüdische Kult entsprach den Bedürfnissen des christlichen Gebets. Schon der jüdische Prophet Maleachi hatte geschrieben: »Die Sonne der Gerechtigkeit [wird] aufgehen, und ihre Flügel bringen Heil.« Die Christen begannen, in Richtung Osten zu beten. Sie bestatteten ihre Toten so, daß ihre Gesichter ostwärts schauten. Und als sie schließlich Kirchen erbauten, wurden sie – wo immer möglich – nach Osten ausgerichtet, so daß die Menschen dem östlichen Fenster gegenübersitzen und die aufgehende Sonne sehen konnten. Der erste christliche Hymnus, abgesehen von den Psalmen Davids, ist das griechische *Phos hilaron* aus dem dritten Jahrhundert. Es preist den Gottessohn, der die Ruhmesstrahlen seines Vaters widerspiegelt.

Sonntag

Der Sonntag, *dies Solis* im Lateinischen, war der Tag des Sonnengottes. Ein Christ, der sich darüber Gedanken machte, mußte diesen Namen natürlich ablehnen, und so nannten ihn einige frühe christliche Schriftsteller auf lateinisch *dies dominica,* Tag des Herrn. Der Name fand Eingang in die romanischen Sprachen (italienisch *domenica,* französisch *dimanche*); in den germanischen Sprachen hielt sich der alte Name, da diese Völker erst später christianisiert wurden.

Weihnachten

Die christliche Verehrung der Sonne als Symbol des Lichtes fand in der Datierung des Weihnachtstages ihren Höhepunkt. Eigentlich wußte niemand genau, wann Jesus in Bethlehem geboren wurde. Im Lukasevangelium steht, daß »damals Quirinius Statthalter von Syrien« war, bei Matthäus, daß die Geburt vor dem Tod des Herodes im Jahre 4 v. Chr. lag. Die christlichen Gelehrten stellten zahlreiche Vermutungen an: zunächst glaubten sie, Jesus sei im Frühjahr oder Herbst geboren worden. Doch sie wurden vom immer stärker werdenden Sonnenkult eingeholt: Hier war das wahre Licht der Welt, und wir sollten uns zur Zeit der Wintersonnenwende, wenn die Sonne wiedergeboren wird, an seine Geburt erinnern.

Die Wahl dieses Datums hatte auch einen moralischen Hintergrund: Die Römer begingen die Wintersonnenwende mit einem ausschwei-

Die Ankunft der »Heiligen Drei Könige«, gemalt von Roger van der Weyden um 1450. Hier sind die drei verschieden alt, gehören aber noch nicht unterschiedlichen Völkern an.

Die »Heiligen Drei Könige« auf einem Mosaik aus dem sechsten Jahrhundert in Ravenna (Sant' Apollinare Nuovo). Der obere Teil wurde später restauriert, die Namen (Caspar usw.) stammen erst aus dieser Zeit. »SCS« (= sanctus, Heiliger) wurde wie unser »St.« als Abkürzung vor den Namen gesetzt. Griechen und Römer brachten die phrygische Mütze mit Menschen aus dem Osten in Verbindung. Auch römische Freigelassene trugen solche Mützen, und deshalb übernahmen die Jakobiner sie während der Französischen Revolution als ihr Kennzeichen.

fenden Fest, bei dem viel getrunken wurde. Die Christen glaubten nun, sie könnten diesem Fest eine tiefere Bedeutung geben und versuchten ihre Anhänger dazu zu bringen, daß sie nicht zuviel tranken und aßen und das Fest insgesamt enthaltsamer gestalteten – doch ohne Erfolg. Außerdem versuchten sie die Feiernden dazu anzuhalten, daß sie den Armen, die nicht am Fest teilnehmen konnten, Geld zukommen ließen – damit waren sie erfolgreicher.

Eine Zeitlang begingen die Christen in verschiedenen Regionen das Fest an unterschiedlichen Tagen. Einige feierten am 25. Dezember, andere am 6. Januar, dem Tag eines alten ägyptischen Festes. Das frühere Datum lag näher an der Sonnenwende und setzte sich durch – allerdings erst im fünften Jahrhundert. Die Feier am 6. Januar fiel nicht weg, sondern wurde zum Fest der *Epiphanie,* »Erscheinung« – einige Griechen nannten sie *Theophanie,* »Erscheinung Gottes«. In Spanien, Syrien, Zypern und einigen anderen Ländern war das Fest der Epiphanie zeitweilig wichtiger als Weihnachten. Im Osten wurde der Taufe Jesu und der Hochzeit zu Kana gedacht, im Westen die Anbetung der »Heiligen Drei Könige« gefeiert.

Unser heutiges Weihnachten setzt sich also aus drei Bestandteilen zusammen: der Feier des römischen Volkes, das sich vom Trübsinn des Winters befreien wollte, dem römischen Kult der Sonne und ihres Lichtes und vor allem der Erinnerung an eine Geburt in einer Krippe in der palästinensischen Stadt Bethlehem. Zu dieser harmonischen Mischung traten, viel später, volkstümliche Elemente aus dem Norden, wie zum Beispiel der germanische Weihnachtsbaum.

Die »Heiligen Drei Könige«

Ein Teil des Weihnachtsfestes, der sowohl mit dem 25. Dezember als auch mit dem 6. Januar in Verbindung steht, ist die Erzählung von den sogenannten Heiligen Drei Königen. Der Evangelist Matthäus berichtet, daß Sterndeuter aus dem Osten (er gibt nicht an, wieviele) einem Stern gefolgt seien, um das neugeborene Kind anzubeten und ihre Geschenke – Gold, Weihrauch und Myrrhe – zu überreichen. Die frühen Christen beschlossen aufgrund der Anzahl der Geschenke, daß es drei Männer gewesen sein mußten; und da in einem Vers des Psalters Könige mit Geschenken erwähnt werden (Psalm 72,10), wurden die drei Männer zu Königen. In dieser Gestalt wurde die Erzählung zu einem sehr beliebten Sinnbild, das oft in Stein gemeißelt oder als Wandmalerei in den Kirchen zu finden ist. Später bekamen die drei Geschenke jeweils eine besondere Bedeutung und die »heiligen Könige« ihre Namen: Caspar, Melchior und Balthasar. Sie wurden als Männer der drei Generationen dargestellt, damit jeder, vom Kind bis zum Greis, erkannte, daß auch er Geschenke bringen konnte. In späteren Darstellungen gehörten sie verschiedenen Rassen an, damit alle Menschen das Gefühl hatten, daß auch sie ihre Geschenke Maria in den Schoß legten. Überhaupt wurde die Szenerie der Geburt Christi immer mehr ausgeschmückt, so zum Beispiel mit Ochse und Esel, die in der Bibel nicht erwähnt werden. Das früheste uns bekannte Bild der Krippe befindet sich auf einem Grab aus dem vierten Jahrhundert; dort stehen Ochse und Esel schon dabei. Die Gelehrten vermuten, ein Text aus dem Alten Testament habe die Künstler beeinflußt: »Der Ochse kennt seinen Besitzer und der Esel die Krippe seines Herrn« (Jesaja 1,3). Doch das ist nur Spekulation.

Oft wurde die Krippe als ein geflochtener Korb unter einem einfachen Dach dargestellt. Manchmal fand die Szene in einer Höhle statt, manchmal waren Hebammen dabei. Die östlichen Künstler zeigten Maria als schwache Frau, die sich zurücklehnte; die westlichen zeigen sie meist vor dem Kind sitzend und betend. In der westlichen Überlieferung stand mit der Zeit die Zuneigung zwischen Mutter und Kind im Mittelpunkt. Die Landschaft wurde erst nach der Bekehrung Norddeutschlands und Skandinaviens verschneit dargestellt.

Ausschnitt aus Giottos *Geburt Christi*, aus der Arenakapelle in Padua, gemalt um 1305. Wenn Jesus mit einem Heiligenschein dargestellt wird, so hat dieser in der Regel ein Kreuz im Inneren.

Die ersten Heiligen

Eine weitere gängige religiöse Vorstellung ist die Verehrung einer heiligen Person. Wenn jemand Gott nahe zu sein scheint, berührt die göttliche Anwesenheit auch jene, die diesem Menschen begegnen.

Die verfolgten frühen Christen verehrten die Märtyrer, die den Glauben und den Mut hatten, für Christus in den Tod zu gehen, und schrieben nieder, was sich bei den Prozessen vor den römischen Gerichtshöfen abspielte. Einige dieser Märtyrerakten gehören in ihrer Einfachheit zu

Das Diptychon von Wilton. Der junge König Richard II. von England wird der Jungfrau Maria von seinen Schutzheiligen (von links: König Edmund mit seinem Pfeil, König Eduard der Bekenner mit seinem Ring und Johannes der Täufer mit seinem Lamm) vorgestellt. Die Engel tragen Richards Zeichen, den weißen Hirsch. Die Flagge des heiligen Georg läßt auf einen Kreuzzug schließen, doch zu dieser Zeit, um 1395, war die Begeisterung für die Kreuzzüge schon erloschen. Es ist eines der schönsten Gemälde des Mittelalters und stammt von einem unbekannten Künstler.

den erhabensten Texten der Christenheit: Laut Gesetz müssen jene sterben, die dem Kaiser kein Opfer darbringen wollen; doch der Richter sieht vor sich auf der Anklagebank rechtschaffene Männer und Frauen und hat nicht das Bedürfnis, sie zu verurteilen. Er versucht, ihnen die Sache zu erleichtern: nur so eine Kleinigkeit, ein bißchen Weihrauch. Doch sie weigern sich: »Der Angeklagte sagte: ›Ich bin Christ.‹ Und die anderen sagten das gleiche.«

Die Kirche machte also die Märtyrer zu ihren Helden; sie vergaß auch nicht, ihre Todestage zu feiern, und so bildete sich mit der Zeit ein Kalender heraus, nach dem mutiger Männer und Frauen gedacht wurde. Ihre Gräber wurden zu heiligen Stätten, an denen spätere Generationen beteten.

Die Heiden waren es gewohnt, viele kleine Götter in vielen kleinen Schreinen anzubeten, und so stellte sich die Frage, ob die Christen am Grab eines Märtyrers zu Gott beteten, wie die Apostel es sie gelehrt hatten, oder zu dem Märtyrer im Grab, der im Jenseits weiterlebte und ihnen vielleicht helfen konnte. Unter den christianisierten Heiden verschwammen die Grenzen hier natürlich. Dennoch war diese Form der Verehrung gestattet, denn die Heiligen waren die Diener Christi, die für ihn gestorben und jetzt im Reich Gottes in seiner Nähe waren.

Michelangelos Sibylle (»die Libysche Sibylle«) in der Sixtinischen Kapelle in Rom. Michelangelo verwandelte eine ursprünglich heidnische Prophetin in eine christliche.

Die Sibyllen

Die antiken Schriftsteller beschreiben zahlreiche Sibyllen, doch zunächst gab es nur eine einzige, eine Prophetin, die sich an die griechische Welt wandte und entweder an der Küste Kleinasiens oder in Cumae bei Neapel lebte. Sie sprach in Ekstase. In Cumae wurden ihre Worte in Versen auf einzelne Blätter geschrieben und als Sibyllinische Bücher gesammelt. Sie wurden im Kapitol in Rom aufbewahrt, wo sie bei einem Brand den Flammen zum Opfer fielen. Der Senat ließ daraufhin im Osten neue Bücher beschaffen, die bis zum Ende des Römischen Reiches im Apollotempel auf dem Palatin aufbewahrt wurden. Im sechsten Jahrhundert schließlich wurden die Prophezeiungen – mit einigen späteren Ergänzungen – in fünfzehn Büchern gesammelt. Vieles davon ging im Mittelalter verloren, so daß man heute nur noch acht Bücher kennt.

Es hört sich seltsam an, daß eine griechische Orakelpriesterin zu einer christlichen Prophetin wurde, doch die Bücher enthielten Schriften aus den unterschiedlichsten Quellen. Die ältesten waren jüdisch, es gab sehr frühe christliche Lieder, darunter einen Hymnus auf Christus und sein Kreuz. Das achte Buch enthält ein Lied, das auf jüdische und sehr frühe christliche Wurzeln zurückgeht und in dem mit dem Fall des gottlosen Roms gedroht und der Sieg Christi prophezeit wird. Die Sibylle blieb also als christliche Prophetin in Erinnerung. Das *Dies irae,* dieser gewaltige Hymnus vom Jüngsten Gericht, der von einem Schüler des heiligen Franziskus von Assisi geschrieben wurde, begann mit den Worten:

Dies irae, dies illa
Solvet saeclum in favilla
Teste David cum sibylla

Tag des Zornes! Tag der Klage
wird die Welt in Asche zünden,
wie Sibyll und David künden.

Die frühen christlichen Kirchenväter benutzten die Prophezeiungen der Sibylle als Argumentationshilfe, um ihren Glauben den Römern schmackhaft zu machen. Im Mittelalter wurden den Sibyllen Prophezeiungen über Christus in den Mund gelegt. Die Sibylle wurde von Dante erwähnt und von Raffael gemalt, Michelangelo stellte an der Decke der Sixtinischen Kapelle im Vatikan fünf Sibyllen dar. Sie waren zu einem Symbol geworden für die Kontinuität des Glaubens beim Übergang von den alten Religionen zur neuen.

Ausgemalte Gräber aus den römischen Katakomben der heiligen Märtyrer Petrus und Marcellinus.

Christliche Lebensformen

Kirchen in Privathäusern

Zum Gebet versammelten sich die Juden in einem besonderen Haus, der Synagoge. Die Christen konnten in der ersten Zeit, als viele von ihnen Juden oder Gottesfürchtige waren, die Synagoge manchmal für ihre christlichen Gottesdienste mitbenutzen, doch trafen sie sich gewöhnlich im Haus eines Gemeindemitglieds, möglichst beim Besitzer eines großen Hauses, denn sie brauchten einen großen Raum. Wenn die Zahl der Christen in einer Stadt stieg, kauften sie sich meist ein Haus, das auf einen Treuhänder eingetragen werden mußte, den *episcopus* – »Aufseher« oder »Verwalter«. Er war gleichzeitig der Leiter der Versammlung, und somit bekam *episcopus* im Lauf der Zeit auch die Bedeutung »Bischof«.

Diese »Hauskirche«, deren Zimmer von der Gemeinde zu einem möglichst großen Versammlungsraum umgestaltet wurden, bildete den ersten Kirchentyp. Belege für eigens erbaute Gotteshäuser gibt es erst aus der Zeit um 200 n. Chr., und zwar aus Edessa an der östlichen Grenze Syriens. Von einer Kirche bei Antiochia in Syrien wurde im vierten Jahrhundert behauptet, sie sei zu Zeiten der Apostel erbaut worden, doch das kann nicht stimmen, denn die Gemeinden trafen sich noch lange nach dem Wirken der Apostel in Privathäusern.

Das deutsche Wort »Kirche« ist ebenso wie das englische *church*, das schottische *kirk* und das russische *zerkow* abgeleitet vom griechischen Wort *kyriakos*, »zum Herrn gehörig«. Das Adjektiv bezog sich zunächst auf das »Abendmahl des Herrn« – also die Heilige Kommunion – und den Tag des Herrn. Seit 300 n. Chr. wurde der Name als Substantiv verwendet, *kyriakon*, »das Haus des Herrn«, die Kirche. Die Gemeinde wurde *ekklesia* oder, in der bekannteren lateinischen Schreibweise, *ecclesia* genannt. Wenn Paulus sich in Briefen an die verschiedenen christlichen Gemeinden wandte, sprach er sie unterschiedlich an: »An alle in Rom (oder in Philippi oder in Kolossä), die von Gott geliebt sind, die berufenen Heiligen«;»an die *ecclesia* Gottes, die in Korinth (oder in Thessalonike) ist« oder, wenn er sich an Christen in einer ganzen Landschaft wandte: »an die *ecclesiae* in Galatien«.

Das Wort bedeutet eigentlich »die Berufenen« oder »die Auserwählten«. Seit etwa 400 n. Chr. bezeichnete es auch das Gebäude, in dem sich die Christen trafen.

Während in den germanischen und slawischen Sprachen das Wort für Kirche vom frühchristlichen *kyriakon* abgeleitet ist, verwenden die romanischen und keltischen Sprachen Ablei-

Mosaik aus dem fünften Jahrhundert aus Santa Costanza, Rom. Christus übergibt Petrus und Paulus das Wort. Vermutlich liegt ein früheres Mosaik zugrunde, denn die beiden Apostel tragen keinen Heiligenschein. Unten fließt das Wasser des Lebens.

tungen vom Begriff *ecclesia*, beispielsweise *église* im Französischen und *eglwys* im Walisischen.

Als die Gemeinden für die Hauskirchen zu groß wurden, schien es sicherer, sich nicht mehr in der Stadt zu treffen. Die römischen Christen wählten jedoch nie – was man lange Zeit glaubte – die Katakomben außerhalb der Stadt zum Versammlungsort, denn sie bestanden in der Hauptsache aus schmalen unterirdischen Gängen mit Gräbern, und nur kleine Gruppen konnten dort Gottesdienste abhalten, zum Beispiel wenn jemand bestattet oder eines Toten gedacht wurde.

Die verschiedenen Gemeinden einer Stadt entstanden, wenn die für eine Hauskirche zu groß gewordenen Gruppen sich aufteilten und sich an verschiedenen Orten trafen. Wenn ein Heide die Christen fragte, warum sie nicht alle zu einem Gottesdienst zusammenkamen, antworteten sie, Gott sei nicht nur an einem Ort, sondern überall.

Es gab noch keine allgemein geltende Vorstellung, wie eine Kirche auszusehen habe, zumal sie zur Zeit der Verfolgungen sowieso nicht als solche zu erkennen sein durfte. Zunächst brauchte man nur Kirchen von der Größe einer Kapelle, und so konnte ihr tatsächlicher Zweck vor den Augen der Passanten noch leicht verborgen werden. Doch auch als die Geheimhaltung nicht mehr nötig war, dauerte es noch einige Zeit, bis Kirchen eindeutig als solche erkennbar waren.

Der Altar von San Vitale, Ravenna, aus dem sechsten Jahrhundert. Zunächst waren die Altäre hölzerne Tische, heute sind sie meistens aus Stein.

Tempel oder Basilika

Für die Bauweise standen zwei Modelle zur Auswahl: Das erste war der griechisch-römische Tempel, für die meisten Christen keine angenehme Vorstellung. Es war etwa so, als würde ein moderner Architekt eine Kirche bauen, die wie ein Kino oder eine Börse aussieht. Andere Christen, und zwar nicht wenige, übernahmen Vorstellungen oder Riten aus ihrer alten Religion, und sie empfanden es insofern als selbstverständlich, daß eine Kirche wie ein Tempel aussah. Einige Gruppen waren froh, sich in ehemaligen Tempeln treffen zu können, und als der Parthenon auf der Akropolis in Athen (um 550) in eine Marienkirche umgewandelt wurde, sah niemand ein Problem darin, im Gegenteil, die Christen zeigten sich erfreut, daß aus einem Tempel toter Götter wieder ein Gebetshaus geworden war.

Das zweite Modell für eine Kirche war die *basilica,* eine öffentliche Halle, die als Markt, Gericht oder Rathaus benutzt wurde. Bevor die Gemeinden öffentlich auftreten und größere Gotteshäuser bauen konnten, nannten sie ihre Kirchen selten *basilica,* denn das Wort implizierte eine gewisse Größe und einen offiziellen Status. Das griechische Wort *basilike* bedeutete »königlich« und bezog sich somit zunächst auf staatliche Gebäude. Diese Halle wurde bald zur typischen Bauform der Kirchen, bis das Wort *basilica* sogar seine ursprüngliche Bedeutung verlor und mit »Kirche« gleichgesetzt wurde. Der Grundriß der Basilika war rechteckig. Die ursprünglichen Markt- und Gerichtshallen hatten an der Stirnseite eine Apsis, in der ein Thron für den Vorsitzenden und Bänke für seinen Rat standen. Die ersten Kirchen waren ähnlich aufgebaut: In der Apsis saß auf einem Stuhl in der Mitte der Bischof und schaute Richtung Westen auf die Gemeinde; seine Priester und Diakone umgaben ihn im Halbkreis.

Vor dem Bischof stand ein Tisch mit Brot und Wein für das Abendmahl. Dieser Tisch wurde bald *altare* genannt, ein lateinisches – und heidnisches – Wort für den Platz, an dem den Göttern Opfer gebracht wurden. Zunächst diente häufig der Eßtisch des Hauses, in dem sie sich trafen, als Altar, doch auch nachdem die Gemeinden an die Öffentlichkeit getreten waren, verwendeten sie weiterhin einen Holztisch. Die ersten steinernen Altäre waren die Märtyrergräber, auf denen das Abendmahl anläßlich der Todestage gefeiert wurde. Jahrhundertelang standen Kerzen nur auf dem Altar, um den Raum zu erleuchten, denn als einzige Lichtquelle wurde die Sonne verehrt.

Zunächst gab es noch keine Kanzel. Da jedoch die Christen wie die Juden Worte aus der Bibel vorlasen und auslegten, mußte der Raum so gestaltet sein, daß die Menschen den Sprecher gut hören konnten; also brauchte man einen erhöhten Platz. Aus dem gleichen Grund wurde auch der Bischofsstuhl auf ein Podium gestellt. Das griechische Wort für Sitz war *kathedra,* die Wurzel des Wortes »Kathedrale« für eine Bischofskirche. Näher zur Gemeinde hin befand sich ein erhöhter Platz zum Vorlesen, genannt *ambo* – vom griechischen *ambon,* Bergspitze. Von dort aus las und erklärte der Bischof oder ein von der Gemeinde gewählter Sprecher den Bibeltext. Große Kirchen hatten bald zwei Podeste: Vom einen wurde der Text verlesen, vom anderen ausgelegt.

Die Apsis bildete die geeignete Umgebung für ein Kunstwerk. Es ist unklar, wann die Christen erstmals wagten, das Antlitz Gottes zu malen; eigentlich war ihnen mit den jüdischen Geboten auch das Bilderverbot weitergegeben worden, und der Versuch, Gott darzustellen, galt als besonders sündhaft, denn Gott ist Geist und zu bedeutend und heilig, als daß er angemessen abgebildet werden könnte. Sie wurden von den Heiden verspottet, weil sie in ihrer Kirche kein Bildnis Gottes besaßen, aber sie erwiderten ihnen, die Menschen seien die Abbilder Gottes und in einer Kirche dürfe es nichts von Künstlerhand Geschaffenes geben. Die Konvertiten, die der Kirche zuströmten, hatten jedoch ein starkes Bedürfnis nach religiösen Kunstwerken. Die Menschen begannen, an ihren Kleidern kleine christliche Bildchen zu tragen, und Künster bemalten die Märtyrergräber mit den Porträts der dort Bestatteten, obwohl einige Kritiker sich dagegen aussprachen. Im norditalienischen Aquileia schmückte bald schon ein Mosaik von Jona und dem Fisch den Boden einer Kirche.

Die Predigt

Der Bischof oder ein Priester »predigten« von der Kanzel herab. Eine solche Ansprache war nicht einfach ein Vortrag, sondern ein Teil der göttlichen Anbetung und insofern eng mit dem Gebet verbunden. Paulus hatte in seinen Briefen das Evangelium Christi zu den darin enthaltenen moralischen Forderungen in Beziehung gesetzt, und nach seinem Vorbild sollte der Prediger von den Glaubenswahrheiten sprechen und sie auf das Leben seiner Zuhörer beziehen.

Die Predigt wird offensichtlich seit frühester Zeit als eine Art Gebet aufgefaßt, wie wir an einem aus Antiochia stammenden Bericht zum angemessenen Verhalten in der Kirche ablesen können. In dieser reichen Handelsstadt, in der die Christen übrigens auch zum ersten Mal als solche bezeichnet wurden (Apg. 11,26), existierte eine der ersten großen christlichen Gemeinden. Der dortige Bischof war genauso einflußreich wie jene in Rom oder Alexandria, und seine Stimme hatte sogar mehr Gewicht als die des Jerusalemer Bischofs, denn Jerusalem war beim jüdischen Aufstand 70 n. Chr. verwüstet worden.

Um 270 war Paulus von Samosata Bischof von Antiochia. Er predigte so kraftvoll und überzeugend, daß die Gemeinde klatschte und jubelte. Einigen erschien der Applaus selbstverständlich und angemessen, doch Besuchern aus anderen Städten und einigen Einwohnern Antiochias gefiel der Lärm nicht, weil er ihrer Meinung nach dem Geist des Gebets und den Anstandsformen des Gottesdienstes zuwiderlief.

Die Verwendung des Griechischen im Gottesdienst

Zunächst wurden alle Gottesdienste außer denen der Judenchristen auf Griechisch gehalten. Sogar in Rom oder im weit entfernten Gallien wurde die griechische Sprache verwendet, denn die ersten Christen dort waren Händler aus der griechischen Welt, die den Glauben als Gottesfürchtige kennengelernt hatten. Die Apostel Paulus und Petrus kamen nach Rom und lehrten und predigten dort auf Griechisch. Auch später, als die Muttersprache der meisten Gemeindemitglieder Latein war, wurden die Gebete immer noch griechisch gesprochen. Die Christen hatten den Brauch so übernommen; das Neue Testament war griechisch geschrieben worden, das Alte Testament lasen sie in griechischer Übersetzung. Eine Zeit lang wurde die griechische Sprache deshalb auch im Westen als heilig empfunden. Im oströmischen Reich, wo alle griechisch sprachen, hielt sich diese Einstellung jahrhundertelang.

Um 200 n. Chr. begann die Gemeinde von Rom, die Gebete in Latein zu sprechen, damit das Volk sie verstehen konnte. Manche griechischen Worte waren jedoch zu so festen Bestandteilen des Gebetes geworden, daß sie auch noch beibehalten wurden, als das Lateinische schon zur Norm geworden war. So sagte man weiterhin *Kyrie eleison*, »Herr, erbarme dich«, und nannte das Pfingstfest *pentecoste*, abgeleitet vom griechischen »fünfzig«, weil Pfingsten fünfzig Tage nach Ostern gefeiert wurde. Das Fest vom 6. Januar behielt seinen griechischen Namen *Epiphanias*. Als die Künstler begannen, die Kreuzigung zu malen, schrieben sie oben auf das Kreuz die Buchstaben IHS, die ersten drei Buchstaben des Namens Jesu in Griechisch – das H ist das griechische Zeichen für ein Eta, ein langes E. Manche Menschen im Westen verstanden das nicht und schrieben statt Jesus »Jhesus« oder dachten, die Buchstaben stünden für *Iesus Hominum Salvator*, »Jesus, Erlöser der Menschen«, oder für *In Hoc Salus*, »In diesem ist Heil«.

Bräuche und Kleidung

Die Bräuche innerhalb der Kirche unterschieden sich je nach den Wünschen der jeweiligen Gruppe. Einige Gemeinden hielten eine besondere Kleidung für nicht notwendig, denn wenn ein Diakon oder eine Diakonin einem Kranken Brot und Wein an sein Bett oder den Armen Geld oder Essen brachten, durften sie auf der Straße nicht durch ihre Kleidung als Christen auffallen. Doch in der Kirche selbst verstärkte das Gefühl der Ehrfurcht allmählich den Wunsch nach Feierlichkeit, deshalb mußte die Kirche sauber sein und Zeit für Stille bieten. Es sollten keine Kinder oder Hunde im Raum umherrennen. Allmählich setzte sich die Vorstellung durch, daß die Leiter des Gottesdienstes eine besondere Kleidung tragen sollten, und man dachte dabei an die Farbe Weiß als Zeichen der Reinheit oder zumindest der Hoffnung auf Reinheit. In der Offenbarung tragen die Erlösten im Himmel weiße Gewänder, um Gott anzubeten. Doch das Weiß der Gewänder entsprach auch der gewöhnlichen römischen Kleidung, so daß die Christen nicht durch ein besonderes »Ornat« wie etwa einen Chorrock auffielen. Es wurde nicht erwartet, daß die feierlichen kirchlichen Gewänder sich von anderer feierlicher Kleidung unterschieden.

Dies zeigt sich am Meßgewand, das der Bischof oder Vorsteher bei der Eucharistiefeier trug. Das Gewand gehörte zur gewöhnlichen

Festtagskleidung eines Römers (oder einer Römerin). Mit der Zeit wurde diese Kleidung charakteristisch für den Klerus, weil sie gleichblieb, während sich die Mode weiterentwickelte; genauso wie die englischen Richter noch die Perücken aus dem 18. Jahrhundert und die Universitätsmitglieder am Promotionstag die Kleidung aus der Renaissance tragen.

Die Verfolgung

Mehr als zweihundertfünfzig Jahre lang war die christliche Bewegung verboten – eine lange Zeit. Doch auch zu diesen Zeiten wurden die Christen nicht immer und nicht überall verfolgt, denn es hing von zahlreichen Zufällen ab, ob der Pöbel einer Stadt gegen die geheime Gesellschaft der Christen aufgebracht wurde: Die Zunft der Silberschmiede von Ephesus war beispielsweise wütend darüber, daß sie weniger Statuen verkaufte, und versuchte den Mob gegen Paulus aufzuhetzen (Apg. 19). Zudem kam es darauf an, ob der örtliche römische Richter gerecht oder übermäßig brutal vorging, ob ein Heereskommandant verärgert war, weil die Christen nicht in seiner Armee dienen wollten, oder ob ihre Weigerung, die Statue des Kaisers zu verehren, als Verrat empfunden wurde. Solange es nur wenige Christen gab, waren es vor allem lokale Gründe, aus denen sich eine Christengemeinde gezwungen sah, dem Tod ins Auge zu blicken. Doch nach zweihundert Jahren waren sie so zahlreich und erlangten in so vielen Städten Einfluß, daß die Kaiser sie als Bedrohung für den Staat empfanden, als eine große Gruppierung mit gesellschaftsfeindlichen Ideen. Zwischen 250 und 313, dem Jahr, in dem sie schließlich offiziell anerkannt wurden, versuchten die Kaiser in drei Verfolgungswellen, sie zu beseitigen, und die Zahl der Märtyrer stieg dabei steil an.

Die Verfolgung einer Religionsgemeinschaft hat immer positive und negative Auswirkungen. Negativ ist natürlich, daß die besten Führer getötet werden oder ins Exil gehen. So schuf die jahrhundertelange Verfolgung der Juden mit den Ghettos auch eine besondere Ghettomentalität, und als die Mauern um die Ghettos höher wurden, wuchsen auch die geistigen Mauern gegenüber der Welt, die Mauern der Thora. So erging es auch den frühen Christen. Auch wenn die Märtyrer Helden waren, eigneten sich die Ansichten eines Märtyrers sicherlich nicht besonders, wenn es bei der christlichen Mission darum ging, auf den Nächsten zuzugehen. So wie die verfolgten Juden sich immer stärker hinter der Thora verschanzten, sorgten auch die verfolgten Christen sich immer mehr um ihre Worte und Riten und verachteten beispielsweise andere Gemeinden, weil sie Ostern an einem anderen Tag feierten. Wenn ein Prediger sagte: »Gott litt am Kreuz«, hielten sie diese Ansicht für frevelhaft, weil er damit die Vorstellung vertrat, daß Gott leiden könne. Sie fühlten sich genötigt, gegen solche Prediger, die in ihren Augen Irrlehren verbreiteten, hart durchzugreifen.

Das aus dem Griechischen stammende Wort »Orthodoxie« bedeutet Lehre des Richtigen und Wahren. Den Christen war das Evangelium von den Aposteln überliefert worden, und nun sollte niemand neue Evangelien verkünden, die nicht mit den Lehren der Apostel übereinstimmten. Wenn man verfolgt wird, klammert man sich an das, was man kennt, und an die Gebete und Vorstellungen, derer man sich sicher ist. Die Verfolgung macht die Orthodoxie noch orthodoxer.

Verfolgung führt auch zu Spaltung. Während des Kalten Krieges behandelte der rumänische Präsident Ceauşescu sein Volk und vor allem die christlichen Gemeinden mit äußerster Brutalität. Dennoch bezeichneten die Patriarchen ihn über Jahrzehnte hinweg als großen Staatsmann und Retter der Nation, um ihr Los und das der Gläubigen zu lindern. Konnten die Christen ihrem Patriarchen noch vertrauen, nachdem Ceauşescu gestürzt und hingerichtet worden war? Die einen sagten, er habe der Kirche geholfen, indem er sie durch seine Lippenbekenntnisse vor dem Schlimmsten bewahrt habe; die anderen erklärten, er habe die Kirche verraten, und forderten seine Absetzung. Durch ähnliche Streitereien entstanden auch Spaltungen unter den frühen Christen.

An vorderster Front standen dabei die Führer, die Bischöfe. Zeitweilig konnten sie sich verstecken und im geheimen weiterarbeiten. Doch oft hatten sie das Gefühl, der Hirte dürfe seine Schafe nicht im Stich lassen, wenn der Wolf am Tor auftauche. Gab es also eine Möglichkeit, sich nach außen fügsam zu zeigen und gleichzeitig die Arbeit in der Gemeinde fortzuführen? Wenn der Statthalter die Bibel und die Gebetbücher verlangte, um sie zu verbrennen, durfte der Bischof sie übergeben, oder war das schon Verrat oder gar Schlimmeres? Wenn ein Bischof andere Bücher auslieferte und behauptete, es seien die Bücher der Kirche, war das Verrat, weil er zumindest dem Anschein nach bereit war, die heiligen Bücher aufzugeben? Solche Fälle führten in Afrika im vierten Jahrhundert zu einer langwierigen Auseinandersetzung innerhalb der Kirche, dem donatistischen Streit, der das Christentum in dieser Region schwächte. In Alexandria hielt sich der Bischof Petrus während der Verfolgung versteckt, während Meletius, der mutige (oder unvorsichtige) Bischof eines Nachbarbistums, herumreiste und dessen Arbeit fortführte. Als Petrus sein Versteck schließlich verließ, entstand ein erbitterter Streit darüber, ob Meletius sich richtig verhalten habe, und daraus entwickelte sich das meletianische Schisma. Auf diese Weise spaltete die Verfolgung die Kirche.

Tertullian, ein nordafrikanischer Kirchenvater der Zeit um 200 n. Chr., behauptete dagegen: »Das Blut der Märtyrer ist der Same der Kirche.« Ist das richtig? Welche Auswirkungen auf den Glauben hatte es, wenn der Staat verfügte, Christsein sei gesetzwidrig und werde mit dem Tod bestraft? Zu viele Männer und Frauen, die dem Willen des Staates folgten und ihre Überzeugungen aufgaben, haben durch die Jahrhunderte bewiesen, daß Gewalt den Glauben töten kann. Durch die Verfolgung sahen sich die Christen gezwungen, ihren Glauben mit keinem Wort zu verraten. Oder sie argumentierten, die heidnischen Götter seien nur Träume: Niemand müsse vor dem leeren Ritus zurückschrecken, bei dem sie diese Götter mit einem Kopfnicken anerkannten, obwohl sie sie mit dem Herzen ablehnten. Einst gab es in Nordafrika große christliche Gemeinden, doch der Islam hat sie fast alle beseitigt. In Japan wurde das Christentum von brutalen Warlords, regionalen Heerführern, beinahe ganz ausgelöscht. Der Terror der Jahre 1792 bis 1794 während der Französischen Revolution stürzte die französische Kirche in eine Krise, von der sie sich nie mehr ganz erholt hat; seitdem fehlt ihr die allgemeine Unterstützung des Volkes. Auf dieser Ebene hat auch die römische Gesetzgebung die Kirche der Apostel und ihrer Nachfolger geschädigt. Die Behauptung, das Märtyrerblut sei der Same der Kirche, ist nur eine Seite der Medaille.

Verfolgung hat allerdings ganz sicher auch positive Auswirkungen. Menno Simons (1496–1561), ein katholischer Priester, gründete die führende Religionsgemeinschaft unter den frühesten Täufern, die wir heute als Mennoniten kennen. Er beobachtete einmal, wie die niederländische Polizei einen Täufer tötete, nur weil sein Glaube verboten war, und wurde in diesem Augenblick zu einem Streiter für eine fundamental neue Überzeugung.

Die ersten Christen sammelten die Gerichtsakten der Märtyrer und gaben sie zum Lesen weiter. Wenn sie keine Aufzeichnungen zu einer Gerichtsverhandlung fanden, dachten sie sich einen Bericht aus, damit die Menschen die Glaubensfestigkeit dieses oder jenes Märtyrers kennenlernten. Andererseits erschütterten Masochisten oder Geistesgestörte, die das Martyrium suchten, den Glauben der frühen Christengemeinden, die die römische Ansicht, Selbstmord sei der ehrenwerte Akt eines mutigen Mannes, nicht akzeptieren konnten. Sie betrachteten jene, die sich nach dem Tod für den Glauben sehnten, als eine Art Selbstmörder.

Dagegen bewunderten sie die »Bekenner des Glaubens«, Männer und Frauen, die dem Tod mutig entgegengetreten waren, dann aber der Hinrichtung aufgrund einer Begnadigung oder einer Änderung der politischen Haltung den Christen gegenüber entgangen waren. Diese Bekenner verfügten über eine gewisse Macht in den Gemeinden, und wenn sie mit einer Äußerung des Bischofs nicht einverstanden waren, hörte man auf sie. Durch die Jahrhunderte kam es immer wieder zu Disputen zwischen den »offiziellen« Leitern der Kirche, die die Gemeinde gewählt hatte, und den »inoffiziellen«, die vom Volk verehrt wurden. Ein Märtyrer zeichnete sich meist durch andere Eigenschaften aus als der Führer einer Gemeinde.

Die Ausbreitung des christlichen Glaubens

Warum verbreitete der Glaube sich so schnell? Der jüdische Glaube an den einen Gott, der die Welt erschaffen hatte und sie regierte, der von Männern und Frauen verlangte, Gutes zu tun und die Eltern zu ehren; der Glaube, der die Frauen schützte, indem er den Männern befahl, ihnen treu zu sein, und der forderte, daß man sich um die Armen und die Schwachen, die Kranken und die Witwen und Waisen kümmerte – dieser jüdische Glaube war auch der Glaube der Christen. Seine Klarheit stach ab vom Durcheinander der Religionen in der griechischen und römischen Welt mit ihren zahllosen geheimnisvollen und mythischen Kulten.

Ob die Bekehrten sich durch das Versprechen auf ein Leben nach dem Tod angezogen fühlten, ist schwer zu sagen. Zwar gab es auch nach gängiger heidnischer Vorstellung ein Leben im Jenseits, jedoch nur als düsteren Schatten im Hades. Wir können heute nicht mehr nachvollziehen, ob der Glaube an ein Leben nach dem Tod unmittelbarer wurde, weil die Apostel entdeckten, daß das Grab Jesu leer war, und sie seine Gegenwart mit einem ehrfürchtigen Schaudern spürten. Religiöse Gefühle sind gewöhnlich unabhängig von historischen Ereignissen. Dies gilt allerdings nicht für die Juden nach dem Holocaust und ebensowenig für die frühen Christen, die durch den Anblick des Kreuzes in ihren Versammlungsstätten ständig an die Kreuzigung erinnert wurden. Die neu Bekehrten müssen sich jedoch eher durch die Hoffnung, die bei christlichen Bestattungen zum Ausdruck kam, angezogen gefühlt haben.

Neben dem Tod spielt auch das Schuldgefühl in der Religion eine zentrale Rolle, zumal es manchmal mit ihm verbunden ist, denn Schuld ist ein Element der Trauer: »Hätte ich nicht zu Lebzeiten mehr für die Verstorbenen tun können?« Wahrscheinlich sind nur wenige Konvertiten allein aus diesem Grund in die Kirche eingetreten, denn den Durchschnittsmenschen plagen selten tiefe Schuldgefühle oder das Bedürfnis nach Vergebung. Doch berühmte Konvertiten, darunter Paulus und Augustinus, kamen auf diesem Weg zum Glauben.

Natürlich konnte in einer ungerechten Welt ein Glaube, der Gerechtigkeit in einer zukünftigen Welt versprach, zahlreiche Menschen anziehen. Sie beteten: »Es komme das zukünftige Königreich, es werde Frieden, es werde Gerechtigkeit, *maranatha*« – sie beließen dieses aramäische Wort für »der Herr komme« (vgl. 1 Kor. 16, 22) in ihren Gebeten. Als sie später kein schnelles Ende der Welt mehr erwarteten, glaubten sie, *maranatha* müsse »Der Herr ist gekommen« bedeuten.

Tertullians berühmtester Ausspruch stammt aus seiner Charakterisierung eines Heiden, der ausrief: »Seht, wie sich diese Christen untereinander lieben!« Das stimmte natürlich nicht immer, und wir verfügen über genügend Belege ganz gewöhnlicher menschlicher Sünde, angefangen mit der Bestechung Judas Iskariots. Dennoch war die Bemerkung nicht völlig abwegig, denn die frühen Christen hatten ein System der Fürsorge für Arme und Kranke, Witwen und Waisen eingerichtet. So etwas hatte es bisher nur in einigen kleinen jüdischen Gemeinschaften gegeben, und es rief sogar bei jenen Erstaunen und widerwillige Bewunderung hervor, die die Christen ansonsten verachteten.

Natürlich zog auch dieses Wohlfahrtssystem Konvertiten an. Wenn eine Witwe hungerte, erhielt sie als Mitglied der Kirche Almosen, die vielleicht, je nach dem Wohlstand der Gemeinde, nur gering waren, sie aber immerhin vor dem Verhungern bewahrten.

Außerdem waren da noch die Wunder, Träume und Visionen, wobei die Krankenheilung als die bei weitem wichtigste und häufigste Form des Wunders betrachtet wurde. Galen war der beste Arzt in römischer Zeit, und doch zeigte sich wahrscheinlich nur bei einem von zehn Kräutern, die er verschrieb, irgendeine Wirkung – und diese Medizin konnten sich nur die Wohlhabenden leisten. Für die gewöhnlichen Menschen war der Glaube oft das einzig mögliche Heilmittel.

Relief auf einem Sarkophag. In der Mitte sitzt der lehrende Christus.

Zug zum Kalvarienberg, von Simone Martini (um 1340). Teil eines Altarbildes.
Durch einen perspektivischen Trick und die Darstellung eines so engen Tores, daß es aussieht, als würden die Menschen herausgedrückt, wies er den Massen eine Schlüsselrolle bei dem Ereignis zu.

Dämonen

Daß es Dämonen geben mußte, ließ sich durch die tägliche Anschauung belegen. Manche Menschen warf eine ihnen anscheinend innewohnende Kraft in epileptischen Anfällen zu Boden, ließ sie ihre Augen rollen, mit den Zähnen knirschen und sich auf die Zunge beißen. Die Griechen nannten die Epilepsie die »heilige Krankheit« oder die »Krankheit der Dämonen«, weil offensichtlich nicht die Seele des Leidenden selbst, sondern ein böser innewohnender Geist sein Verhalten steuerte. Nur der hellsichtige Arzt Hippokrates erkannte, daß die Epilepsie eine Krankheit wie jede andere ist. Den Menschen war auch aus ihrer eigenen Erfahrung heraus klar, daß die Macht eines göttlichen Geistes den Dämon austreiben konnte, so daß der Kranke geheilt und sein Geist wieder gesund wurde. Von den Juden übernahmen die Christen die Vorstellung, die heidnischen Götter seien böse Dämonen, und so wurden aus medizinischen wie aus religiösen Gründen Dämonenaustreibungen durchgeführt.

Wenn also Dämonen existierten, und das war aufgrund des Verhaltens der Kranken offensichtlich, so konnten sie auch andere Unglücksfälle auslösen: Überschwemmungen, Erdbeben und Dürrekatastrophen genauso wie alltägliche Unfälle. Dämonen waren unsichtbar, doch man ging davon aus, daß sie die Gestalt eines Menschen, eines wilden Tieres, eines Vogels oder einer Schlange annehmen konnten und daß sie in der Regel nachts erschienen.

Dämonen mußten exorziert werden. Vorchristliche Exorzisten erschreckten die Dämonen mit einem gellenden Schrei, redeten in einer fremden Sprache oder deklamierten Texte aus einem heiligen Buch. Manche Menschen behängten sich mit Amuletten oder Talismanen, andere trugen an ihrem Körper Texte aus einem heiligen Buch oder das Symbol eines guten Gottes. Die sicherste Heilung versprach das Handauflegen, bei dem der Kranke sich durch die Berührung des Gesunden beruhigte. Die Exorzisten waren erfolgreich genug, um die Menschen von der Existenz der Dämonen ebenso zu überzeugen wie davon, daß sie durch

Ein Mönch treibt einen Dämon aus; aus einer Handschrift des Hrabanus Maurus in der Abtei Montecassino. Links steht die Kapitelüberschrift De exorkismo. Auf dem Monte Cassino, einem Berg nördlich von Neapel, stand ein alter Tempel, den der heilige Benedikt zum Mutterhaus aller westlichen Klöster machte.

Die Taufe Christi von Piero della Francesca (gest. 1492), dem heitersten italienischen Maler christlicher Motive. Jesus wird mit einer Muschel voll Jordanwasser getauft, er taucht nicht selbst in den Fluß ein.

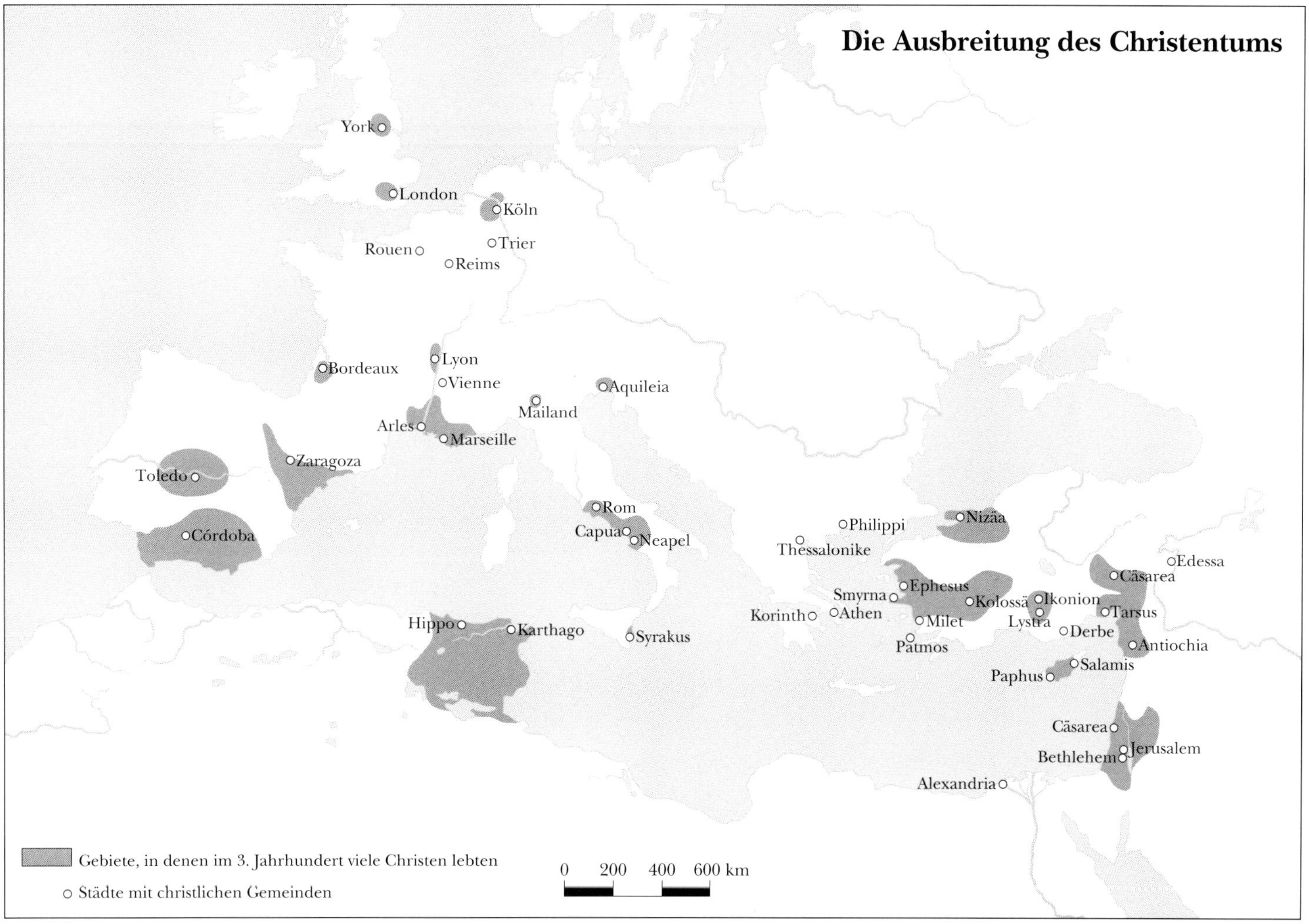

göttliche Macht ausgetrieben werden konnten. Auch Jesus bediente sich dieser Macht über einige Krankheiten, um zu heilen. Er sprach von seinem Vater als dem Gott, der der Macht der Dämonen für alle Zeit ein Ende machen werde. So war auch die Heilung der Besessenen ein Zeichen für das bevorstehende Reich Gottes.

Ab 240 n. Chr. fügte die Kirche der Taufliturgie einen Ritus hinzu, mit dem der Teufel ausgetrieben wurde, denn das Kind sollte sein Leben frei von bösen Mächten beginnen. Eine frühe Wendung lautete: »Verfluchter, entweiche!« Seit der Reformation werden zum Beispiel erwachsene Täuflinge und die neuen Kirchenglieder in der Evangelisch-methodistischen Kirche gefragt: »Entsagst du dem Bösen und vertraust du allein auf die Gnade Gottes?«.

In der Ostkirche dominierte die Vorstellung vom Sieg Christi über die Mächte der Finsternis, und somit spielte die Angst vor Dämonen keine so große Rolle. Damit war der Osten auch weitgehend immun gegen die furchtbaren Hexenverfolgungen, die den Westen im 16. Jahrhundert erschütterten. Allerdings fanden auch die griechischen Mönche in ihren Überlieferungen Berichte über Erfahrungen mit dämonischen Mächten: Die Eremiten waren allein in die Wüste Ägyptens gezogen, um dort gegen die geistigen Dämonen zu kämpfen, die ihnen in ihrer Einsamkeit auflauerten.

Im lateinischen Westen übernahmen die Christen die alte heidnische Angst vor Dämonen stärker, möglicherweise, weil die Gesellschaft chaotischer war oder weil die germanischen Stämme ihre Furcht vor Baum- und Quellgöttern in den christlichen Glauben einbrachten. Man dachte darüber nach, wie wohl die bösen Geister in die Welt gekommen waren, wenn doch Gott gut war und die Welt gut geschaffen hatte. Daraus entstanden Geschichten vom gefallenen Satan oder Luzifer, die Milton in seinem Epos *Paradise Lost* in Verse faßte. Darin war

der Anführer der Dämonen ein ursprünglich treuer Diener Gottes, der im Übermut gegen seinen Herrn rebellierte und deshalb aus dem Himmel geworfen wurde. Daraufhin setzte er seine Macht ein, um der Erde zu schaden. Die Erzählung basierte auf dem Sündenfall des Menschen im Alten Testament (Genesis 3) und den Visionen der Offenbarung im Neuen Testament. Es bestand durchaus die Gefahr, daß man den Erzdämon als Helden darstellte, der in einem Krieg gegen eine feindliche Übermacht kämpfte. Doch das war eine Idee, mit der sich nur die Gebildeten beschäftigten. Den meisten Menschen war es völlig egal, woher die Dämonen kamen; sie waren nur davon überzeugt, daß es sie gab und machten sich Sorgen darüber, wie sie sie loswerden konnten.

Nach dem Zerfall des Römischen Reiches wandten die Menschen in Frankreich, Italien und Spanien ihre Aufmerksamkeit den Heiligen, ihren Gräbern und ihren Reliquien zu, um die Macht des Bösen abzuwenden und sich von Krankheiten heilen zu lassen. Wir müssen uns vorstellen, daß es damals in jeder Provinz Heiligtümer wie heute in Lourdes gab, so daß man meist nicht weit reisen mußte, wenn man Heilung suchte. Es gab noch keine Pfarrbezirke, die die Seelsorge organisierten. Das Land war mit Heiligengräbern übersät, und sie zogen mehr Gläubige an als jede Kirche. An jedem Grab wartete eine Schlange von Besessenen; man hörte dort die Dämonen heulen, wenn sie sich wanden und von dem Heiligen, dem Mittler der göttlichen Macht, ausgetrieben wurden, man sah die Lahmen ihre Krücken wegwerfen und wieder gehen, man beobachtete die Leidenden, die den Staub des Grabes mit Wasser zu einer Medizin vermischten. Der oder die Heilige mochte bei Gott im Himmel sein, aber er oder sie war auch auf Erden und konnte mit einem Gebet um Heilung oder Teufelsaustreibung wohlgestimmt werden. Die Reliquien wurden hinter einem schützenden Gitter aufbewahrt, manche konnten berührt oder sogar geküßt werden. Die unsichtbare Welt der Heiligen war den Christen nie wieder so nahe wie damals. Heute spüren nur noch einige christliche Gruppierungen in Afrika diese Nähe zum Unsichtbaren. An manchen Heiligenschreinen erfuhren angeblich vor allem Geisteskranke Hilfe. Im Mittelalter war das Grab der heiligen Dympna berühmt, einer irischen Prinzentochter, die bei Gheel in Belgien bestattet worden war. Die Behandlung war ungewöhnlich: der Kranke mußte einen Bogen unter dem Grab der Heiligen durchschreiten. Noch heute befindet sich in Gheel eine berühmte psychiatrische Klinik.

Gewalt

Auch die Juden kannten das göttliche Gebot »Du sollst nicht töten«, waren aber der Meinung, daß man sein Volk verteidigen dürfe, und unterschieden folglich zwischen Mord und der Tötung auf Befehl des Staates. Die ersten Christen machten diese Unterscheidung nicht; sie ächteten alle Formen des Tötens, egal ob durch Krieg, Todesstrafe oder Mord. Jesus hatte die Vorstellung von einem nach irdischen Maßstäben mächtigen, kämpferischen Messias zerstört. Anscheinend wollten die Galiläer ihn zu ihrem König machen, doch es zeigte sich, daß er nicht diese Art von König sein würde. Als Petrus bei Jesu Gefangennahme im Garten Gethsemane das Schwert zog, um ihn zu verteidigen, entgegnete Jesus: »Steck dein Schwert in die Scheide; denn alle die zum Schwert greifen, werden durch das Schwert umkommen« (Matth. 26,52).

Jesus vertrieb die Geldwechsler aus dem Tempel und handelte damit wie ein Polizist. Er akzeptierte, daß man der Regierung gehorchte und daß Regierungen nicht ohne Gewalt bestehen konnten. Nach Aussage des Johannesevangeliums war er der Meinung, Pontius Pilatus, der römische Statthalter in Jerusalem, habe seine Macht von Gott erhalten.

Im Römischen Reich dienten die Soldaten auch in den Polizeitruppen. Durfte ein Christ also Soldat werden? Solange es nur wenige Christen gab, stellte sich dieses Problem kaum: Einige Christen waren Sklaven, die sowieso nicht in die Armee eintreten durften, und mindestens die Hälfte waren Frauen. Die römische Armee bestand zudem nicht aus Wehrpflichtigen, sondern aus Freiwilligen. Die Christen mußten also erst dann dienen, wenn ihre Stadt oder Provinz angegriffen wurde. Das jedoch kam vor: Ein gewisser Maximilian wurde 295 in Numidien hingerichtet, weil er sich weigerte, ins Heer einzutreten. Er wurde wie ein Märtyrer bestattet und seine Geschichte in den Gemeinden vorgelesen. In Cäsarea wurde ein Soldat zum Zenturio befördert, doch dann denunzierte ihn jemand als Christ. Ihm wurden drei Stunden Zeit zum Nachdenken gegeben, und er wandte sich an seinen Bischof, der ihn vor die Entscheidung zwi-

Der Garten Eden aus den Stundenbüchern von Bedford. Gott ist immer doppelgesichtig dargestellt, das dritte Gesicht der Dreieinigkeit ist nicht zu sehen. Lange Zeit wurden die Gebetbücher mit Randverzierungen oder Initialen geschmückt; ihren Höhepunkt erreichte diese Kunstform im 14. und 15. Jahrhundert. Dieses Buch wurde um 1420 für Anne von Burgund angefertigt, die John Plantagenet, Herzog von Bedford, heiratete, Statthalter Englands und ab 1422 Regent von Frankreich.

Die Vertreibung der Geldwechsler aus dem Tempel, gemalt von El Greco; diese dritte Fassung ist die ausgereifteste.

schen dem Evangelium und seinem Schwert stellte, woraufhin er zurückkehrte und hingerichtet wurde. Im Jahre 298 quittierte in der Provinz Mauretanien ein Zenturio den Dienst, weil er am Geburtstag des Kaisers ein Opfer darbringen sollte; auch er wurde getötet.

Als die Zahl der Christen wuchs, plagte sie mehr und mehr der Zweifel. Es war schwierig, eine Arbeit zu finden, und so fragten sie sich, ob sie in der Armee ihren Lebensunterhalt redlich verdienen könnten. Mußten Soldaten, wenn sie konvertierten, aus der Armee austreten? Alles lief auf die Frage hinaus, ob Krieg und Todesstrafe in moralischer Hinsicht mit Mord gleichzusetzen seien. Um 200 waren die meisten christlichen Führer noch dieser Ansicht. Tertullian sagte, Christus habe Petrus aufgefordert, sein Schwert einzustecken, und das gelte auch für alle späteren Christen. Laktanz erklärte, die Menschen seien heilige Geschöpfe, und deshalb dürfe niemand sie vorsätzlich töten.

Klemens von Alexandria nannte die Christen die »friedliche Rasse«. Sie warteten auf ein Zeitalter ohne Kriege, in dem die Staaten keine Waffen mehr produzierten und die Schwerter zu Pflugscharen würden. Sie glaubten ernsthaft – und diese Illusion sei ihnen verziehen –, es würde Frieden herrschen, wenn alle Menschen Christus folgen und das Evangelium annehmen würden.

Durfte man sich dann gegen einen tyrannischen Staat erheben? Tertullian erklärte, die Christen würden zwar vom Staat schlecht behandelt und seien jetzt zahlreich genug, um eine Revolution zu wagen, doch sie würden sich nicht auflehnen, denn »in unserer Religion ist es besser getötet zu werden als zu töten«. Die erste uns bekannte Revolte fand nicht vor Anfang des vierten Jahrhunderts statt, als die armenischen Christen sich gegen ihre Verfolger erhoben, doch ist nicht ganz klar, ob sie vor allem als Christen oder als Armenier verfolgt wurden. Ein bekehrter Soldat sollte also die Armee verlassen; für den Fall, daß er dabei blieb, forderten einige Christen seinen Ausschluß aus der Kirche.

Als Origenes von Alexandria vorgehalten wurde, die christlichen Ansichten führten ins Chaos und stürzten die zivilisierte Gesellschaft in die Barbarei, antwortete er, Gott bezwecke etwas mit der Kultur des Römischen Reiches und werde es durch seine Macht erhalten.

Durfte man dann vielleicht Verwaltungsbeamter oder Richter werden? Man konnte ein Urteil fällen, solange es um Geld oder Besitz ging, aber die Todesstrafe zu verhängen war unmöglich. Dennoch gab es gegen Ende der Zeit, zu der das Christentum verboten war, sogar christliche Provinzgouverneure. Bei den Mitchristen löste das ein solches Unbehagen aus, daß die Synode von Elvira in Spanien beschloß, daß Christen während ihrer einjährigen Amtszeit als Bürgermeister der Kirche fernbleiben mußten.

Die verschiedenen Gemeinden waren durchaus unterschiedlicher Meinung, denn ihre Prinzipien waren nicht konsequent. So akzeptierten sie einerseits den Staat als gottgegeben, andererseits gehörte zu den Staatspflichten natürlich auch die Bestrafung von Unrecht, und alle stimmten darin überein, daß Verbrecher verurteilt werden müßten. Obwohl die Christen sich im allgemeinen gegen die Todesstrafe wandten, sprach Athenagoras von Athen ungefähr im Jahr 160 sogar von einem Mann, der zu Recht zum Tode verurteilt worden sei. Insgesamt jedoch hatten nur wenige Christen, und zweifelsohne auch nur wenige Nichtchristen, Vertrauen in die Rechtsprechung der römischen Gerichte.

Als das Christentum im vierten Jahrhundert nicht mehr verboten war, änderte sich das moralische Empfinden grundlegend. Die Christen priesen die Fähigkeiten von militärischen Führern oder sangen Hymnen auf ihre Siege. Und wenn es jetzt einem Christen erlaubt war, Soldat zu werden, mußte es ihm auch erlaubt sein, im Krieg Feinde zu töten. Um 350 unterschied Athanasius von Alexandria erstmals zwischen dem gottlosen Töten und dem Töten des Feindes durch einen Soldaten, das akzeptabel sei und gelobt werden dürfe.

Die ursprüngliche Abscheu gegenüber jeder Form von Gewalt hinterließ ihre Spuren, und so gab es immer auch christliche Gruppierungen, die die Vorstellung zu töten nicht ertrugen. Damals war die Vorstellung weitverbreitet, daß besondere Amtsträger – Bischöfe, Priester oder Diakone – kein Blut vergießen sollten, weder als Richter, die Verbrecher zum Tode verurteilten, noch als Soldaten in der Armee. (Diese Regel bestand auch schon bei einigen vorchristlichen Völkern, nach deren Anschauung Krieg und heilige Dinge nicht vermischt werden sollten und die ihren Priestern deshalb verboten, Soldaten zu werden.) Im Mittelalter wurde das Verbot weitgehend mißachtet, die Bischöfe organisierten damals sogar kraft ihres Amtes die Verteidigung ihrer Städte. Papst Julius II., der von 1503 bis 1513 amtierte, führte zwei Angriffe gegen norditalienische Städte.

Doch viele Christen verurteilten solche kriegerischen Kleriker. Erst als Napoleon die Wehrpflicht einführte, nach der jeder Mann, auch ein Geistlicher, in der Armee dienen mußte, änderte sich die Situation. Allerdings schlossen die meisten protestantischen Staaten und auch einige katholische die Geistlichen vom Kriegsdienst aus und kamen damit der öffentlichen Meinung entgegen, die sich auf die Aussagen Jesu zur Gewaltlosigkeit stützte.

Einige christliche Denker, darunter so gegensätzliche Männer wie Augustinus und Martin Luther, vertraten eine Zwei-Reiche-Lehre, um diese Widersprüche aufzulösen. Ihrer Vorstellung nach existiert zum einen ein vollkommenes Reich, dessen Spiegel die Kirche ist, in dem es keine Gewalt gibt und in dem Frieden herrscht. Zum anderen ist da das Reich der gefallenen Menschheit, in dem Männer und Frauen sich versündigen und kämpfen und in dem strafende Gesetze die Harmonie herstellen müssen, damit die Menschen dem wahren Reich näherkommen. Als Christ lebt man in der vollkommenen Welt und sollte keinen Krieg führen, als Teil einer gefallenen Rasse muß man sich dafür einsetzen, daß sich das Leben der sündigen Menschheit bessert. Die Lehre der zwei Reiche barg ihre Gefahren, denn nach ihr konnte man ungerechte Gesetze damit rechtfertigen, daß schlechte Menschen kontrolliert werden müßten oder daß der Staat ohne sie nicht bestehen könne.

Bilder in der Kirche

Den frühen Christen bereiteten Bilder Unbehagen, denn sie waren sich des zweiten Gebots, des Verbotes, »sich ein Bild zu machen« (vgl. Ex. 20,4), wohl bewußt. Doch allmählich überwanden sie ihre Zweifel und bemalten die Wände ihrer Kirchen mit biblischen Szenen. Um 400 waren Darstellungen von alttestamentlichen Erzählungen wie etwa der Geschichte von Abraham, der seinen Sohn Isaak opfert, schon häufig zu finden. Damals sammelten sogar die Bischöfe Gelder, um die Kirchenwände durch Gemälde zu verschönern. Sie mußten sich dafür zwar oft noch gegenüber Kritikern rechtfertigen, konnten die Bilder aber mit dem Argument verteidigen, daß sie das Gebet förderten und den Analphabeten halfen.

Manchmal rückte man ab von der Darstellung Gottes, doch dann traten Heilige an seine Stelle, deren Bilder geküßt und angebetet wurden oder sogar abergläubische Verehrung genossen. Schon bald wurde hoch oben in die Apsis der *Pantokrator*, der Allherrscher, gemalt, der – allein oder auch inmitten eines Himmels mit Wolken, Bäumen und Engeln – auf die betenden Menschen hinunterschaute. Noch vermieden es die Künstler, Christus darzustellen, oder malten ihn als Lamm. Manchmal war der Heilige der Kirche sein Begleiter. In der zwischen 432 und 440 erbauten Kirche Santa Maria Maggiore in Rom wurden verschiedene Szenen aus Jesu Kindheit dargestellt, doch das war für eine Marienkirche nicht ungewöhnlich.

Dieses neue Betätigungsfeld stellte für jeden Künstler eine Herausforderung dar, egal, ob er Christ war oder nicht. Es muß schlechte Bilder von Gott gegeben haben, die schnell wieder verschwanden. Sicher fand eine natürliche Auslese statt. Doch auch einige Meisterwerke haben nicht überlebt, weil sie in Verfolgungen, Kriegen und Aufständen zerstört oder von einer armen Gemeinde vernachlässigt wurden oder einfach dem schlechten Geschmack zum Opfer fielen. Später wurden sie zum Teil einfach übertüncht, weil viele Menschen sich durch sie vom Gebet abgelenkt fühlten oder immer noch der Meinung waren, jegliches Abbild Gottes, der Geist ist, müsse von der Wahrheit weit entfernt sein und könne nur zu der falschen Vorstellung führen, daß Gott ein uralter Mann sei, der in den Wolken wohne. Deshalb sei es besser, die Ostwand der Kirche weiß zu lassen.

Der Kanon

Das griechische Wort *kanon* bedeutet Richtschnur und damit im übertragenen Sinn jede Form von Regel oder Norm. Die »kanonischen Bücher« legten also »Glaubensregeln« fest und unterschieden sich somit von anderen Büchern, die zwar auch gut und nützlich sein konnten, aber nicht die gleiche Autorität besaßen.

Zum Zeitpunkt von Jesu Tod hatten die Juden noch nicht genau festgelegt, welche Bücher zum Alten Testament, zu ihrer Bibel, gehören sollten. Solange es das Neue Testament noch nicht gab, nannten die Christen die hebräische Bibel natürlich auch noch nicht »Altes Testament«; erst um

175 taucht die Bezeichnung in einem Buch des Bischofs Melito von Sardes in Kleinasien auf, der den christlichen Glauben in seinen Büchern überzeugend verteidigte. Von Anfang an unterschieden die Christen jedoch den Alten Bund zwischen Gott und seinem Volk, der durch Abraham und Mose geschlossen worden war, vom Neuen Bund durch seinen Sohn. Das in den Evangelien verwendete griechische Wort *diatheke* bedeutet sowohl Bund als auch Testament. Bevor es die Bezeichnung »Altes Testament« gab, nannten die Christen die Bücher einfach »die Schriften« oder »die Schrift« und fügten bald Adjektive wie »heilig« hinzu. Manchmal nannten sie das Alte Testament auch »das Gesetz«, weil die Juden vor allem der darin enthaltenen Thora, den fünf Büchern Mose, die größte Bedeutung beimaßen. Doch egal, wie sie es nannten, wichtig ist, daß sie sich ständig damit beschäftigten und daß es sowohl ihr Griechisch als auch ihre religiösen Vorstellungen beeinflußte.

Anfangs brauchten sie kein Neues Testament, weil noch genügend Augenzeugen der Ereignisse am Leben waren. Deren Berichte wurden mündlich überliefert, und so kristallisierten sich einprägsame Erzählungen und Wendungen heraus. Nach dem Tod der Augenzeugen erkannten die Christen, daß sie diese Geschichten aufschreiben und sammeln mußten, und man sieht den drei ersten Evangelien sehr deutlich an, daß sie aus einzelnen Erzählungen und Berichten zusammengesetzt wurden. Hinzu kamen Briefe von kirchlichen Führern wie beispielsweise die Briefe des Paulus an seine Gemeinden. Sie wurden im Gottesdienst vorgelesen, abgeschrieben und als Hilfestellung an andere Gemeinden weitergeleitet, bis sie schließlich in die »Schrift« aufgenommen wurden.

Doch neben Paulus schrieben auch andere Christen Briefe oder »Evangelien«, also Darstellungen des Lebens Christi. Die Gnostiker wollten mit ihren Evangelien beweisen, daß Jesus kein menschliches Wesen sei; Geschichtenerzähler schrieben Evangelien, die mit unglaublichen Wundern gespickt waren. All diese Texte mußten sorgsam aussortiert werden. Um einem »Petrusevangelium«, das plötzlich in einer Gemeinde auftauchte, anzusehen, daß es nicht der Wahrheit der Apostel entsprach und auch ganz sicher nicht von dem Apostel Petrus verfaßt worden war, mußte man sich gut in den heiligen Texten auskennen.

Der Pantokrator in der Kathedrale von Monreale, die 1174 bei Palermo auf Sizilien erbaut wurde. Die griechischen Buchstaben in der ersten Zeile bedeuten links IS (»Jesus«) und rechts XΣ (»Christus«) und in der zweiten und dritten Zeile O (»der«) und PANTOKRATOR (»Allherrscher«).

Abraham will seinen Sohn Isaak opfern; Gott hält ihn zurück und schickt statt dessen einen Widder als Opfergabe. Diese alttestamentliche Erzählung wurde von den Christen oft verwendet, wenn es darum ging, ein Opfer darzustellen. Hier Brunelleschis Wettbewerbsentwurf für die Bronzetüren des Florenzer Baptisteriums aus dem frühen 15. Jahrhundert.

Nach rund 150 Jahren war ungefähr klar, welche Bücher zum Neuen Testament gehören sollten und welche nicht apostolisch waren, obwohl sie diesen Anspruch erhoben; nach 350 Jahren schließlich stand die Auswahl endgültig fest. Noch um 180 n. Chr. verfügten die Christen nicht über eine vollständige Liste der Bücher, die in der Kirche gelesen werden sollten, und weil ihr Glaube noch verboten war, konnten sie kein allgemeines Konzil zu dieser Frage abhalten. So entschieden die Gemeindeführer nach eigenem Ermessen. Die vier Evangelien stammten eindeutig in ziemlich direkter Überlieferung von den Aposteln und verdienten die höchste Autorität, obwohl es um das Johannesevangelium einige Meinungsverschiedenheiten gab. Auch die meisten Paulusbriefe waren leicht einzuordnen, während über alle übrigen Texte eine gewisse Zeit diskutiert wurde. Mindestens ein Brief, der fälschlicherweise eine »apostolische« Verfasserschaft vorgab, schlüpfte durchs Netz und gelangte als zweiter Brief des Petrus ins Neue Testament.

Ein Manuskript aus dem achten Jahrhundert, das in entsetzlichem Latein auf der Basis eines heute verlorenen griechischen Textes verfaßt wurde und dessen Anfang fehlt, enthält eine frühe Zusammenstellung von Büchern. Das Original wurde wahrscheinlich um 200 in Rom geschrieben. Die Liste ist unter dem Namen »Kanon Muratori« bekannt, da sie im 18. Jahrhundert von dem Historiker Ludovico Muratori in der Bibliotheca Ambrosiana in Mailand entdeckt wurde. Sie ist der früheste Beleg für das Neue Testament als »abgeschlossene« Sammlung, stimmt jedoch nicht ganz mit dem heutigen Kanon überein. Das Neue Testament bestand demnach damals aus den vier Evangelien, zwölf Paulusbriefen, dem Judasbrief und zwei (nicht den heutigen drei) Johannesbriefen; die beiden Petrusbriefe, der Brief an die Hebräer und der Brief des Jakobus fehlen in der Liste. Der Verfasser sprach sich dafür aus, die »Offenbarung des Petrus« aufzunehmen, obwohl er einige Zweifel an der Echtheit anmeldete; der »Hirte des Hermas«, ein gefälliges römisches Buch über die Vergebung, sollte dagegen außen vor bleiben. Er schlug anscheinend vor, die »Weisheit Salomos« aus dem griechischen Alten Testament in das Neue Testament zu übernehmen und akzeptierte die »Offenbarung des Johannes«. Von diesem Zeitpunkt an bestand die Bibel aus zwei Teilen – dem Alten und dem Neuen Testament. Doch immer noch wollte die Ostkirche im Gegensatz zur westlichen den Hebräerbrief mit einschließen, während es bei der »Offenbarung des Johannes« genau umgekehrt war. Im Jahr 400 hatte der Osten die Offenbarung akzeptiert und der Westen den Hebräerbrief, so daß über den Kanon des Neuen Testaments Einigkeit herrschte.

Die Gebildeten

Die ersten Nachfolger Jesu waren galiläische Fischer und ein Steuereinnehmer; sie folgten einem Zimmermann. Sie hatten keine umfassende wissenschaftliche Bildung, in die sie ihren Glauben einbetten konnten, und waren überrascht, als auch gebildete Juden wie Paulus entdeckten, daß sie der Welt den wahren Glauben verkündeten. Der Verfasser des Johannesevan-

Daniels Vision von den vier Tieren, die dem Meer entsteigen, aus der Silos-Apokalypse. In dem 954 gegründeten Benediktinerkloster Silos in Nordspanien entstanden wunderschöne Handschriften. Die Sammlung wurde verkauft, als die spanischen Klöster in den Jahren 1835–1837 aufgelöst wurden, und dabei ging die Apokalypse an das Britische Museum in London. Im Jahre 1880 kehrten die Benediktiner nach Silos zurück, und sie führen das Kloster auch heute noch.

Das Fangen der Fische im See Genezareth, gezeichnet von Raffael in einem Entwurf für einen Wandteppich. Die menschlichen Figuren sind außergewöhnlich plastisch dargestellt, während die Größe des Bootes überhaupt keine Rolle zu spielen scheint.

geliums war gebildet, ebenso der seltsame Unbekannte, der den Brief an die Hebräer schrieb. Paulus' Begleiter Lukas war Arzt, doch in diesen frühen Tagen der Medizin hieß das nicht unbedingt, daß er auch über eine besondere Bildung verfügte.

Nach und nach schlossen sich den Gemeinden Angehörige der Mittelschicht an, später auch Mitglieder der Oberschicht und sogar des kaiserlichen Hofstaates. Die Belesenen unter ihnen stellten philosophische Fragen und diskutierten unterschiedliche Weltanschauungen.

Der dominierende griechische Philosoph war Platon, und die von ihm geprägte Philosophenschule der Stoa war der Ausbreitung des Christentums förderlich. Die Stoiker lehrten, daß wir der Natur nur dann einen Sinn geben können, wenn eine Weltseele dem ganzen Universum Leben einhaucht und Lebenskraft spendet. Sie gingen davon aus, daß diese Seele »persönlich« und »bewußt« sein müsse, so wie auch die Menschen bewußt lebten. Diese Seele leite die Geschicke der Welt im großen wie im kleinen und entspräche somit in etwa der Idee eines vorgegebenen Schicksals, dem die Menschen machtlos gegenüberstünden.

Die Stoiker verachteten die Mythen der alten Götter, konnten mit dem Orakel von Delphi nichts anfangen und hielten wenig von Wundern, die sich nicht mit ihrer Vorstellung von einem die Welt regierenden Naturgesetz vertrugen. Ebenso verspotteten sie die Auguren, die anhand von Tiereingeweiden entschieden, ob die Zeichen für eine Reise, eine Schlacht oder eine Heirat günstig standen. Und sie wiesen den Glauben, man könne die Götter durch Riten und Opfer milde stimmen, verächtlich zurück. »Willst du die Götter freundlich stimmen?«, fragte Seneca, einer der berühmtesten Stoiker. »Dann sei ein guter Mensch. Wer ihren Weg geht, hat ihnen angemessen gehuldigt.« Dennoch befürworteten die Stoiker, daß die Menschen die Riten, die Teil des öffentlichen Lebens waren und die die anderen von ihnen erwarteten, pflichtgemäß ausführten.

Ihr Idealtypus des Menschen war selbstbeherrscht und mutig, denn er hing nicht an seinem Leben, er war aufrichtig und stets bereit, sich für Bedürftige aufzuopfern und seine Pflichten zu erfüllen. Die Stoiker verurteilten ein Leben aus reinem Eigennutz, sie empfanden es als Eitelkeit, in der erschaffenen Welt etwas zu benötigen, da ein Bedürfnis den Willen fesselt,

Statue des stoischen Philosophen Chrysippos (gest. 206 v. Chr.) aus dem dritten Jahrhundert v. Chr. Er war ein begabter Denker, schrieb jedoch in einem langweiligen Stil. Die frühen christlichen Intellektuellen debattierten mit den Platonikern und Stoikern und lernten von ihnen.

der doch immer frei sein muß. Ein weiser Mensch ist »gleichmütig« und besitzt echten »Seelenfrieden«.

Andererseits schauten sie mit ihrer elitären Lebensphilosophie auf die breite Masse herab, von der sie nicht erwarteten, daß sie ihre Vernunft oder ihr tugendhaftes Verhalten annahm. Obwohl ihr Idealbild edel war, konnte es auch gefühllos und reserviert wirken, denn die Gleichgültigkeit gegenüber erschaffenen Dingen konnte sich auch auf die menschlichen Leidenschaften erstrecken, die doch eine Quelle edlen Verhaltens waren. Die Stoiker waren freundlich, aber nicht zärtlich, und zogen die Freundschaft der Liebe vor.

Ein Stoiker mußte im Gegensatz zum Christen danach streben, heldenmütig zu sein. Beim Gebet ging es ihm nicht um Reue, er brauchte keine Vergebung. Demut hielt er für falsch, und Wendungen wie »Herr, erbarme Dich meiner« waren ihm fremd. Idealerweise fürchtete er sich nicht vor dem Tod und gestand jedem zu, Selbstmord zu begehen. Die Christen hingegen betrachteten das Menschenleben als heilig und insofern Selbstmord als Mord, selbst wenn der Täter dadurch die Leiden einer unheilbaren Krankheit verkürzen oder dem Schafott entgehen wollte. Plinius der Ältere behauptete sogar, es sei ein Beweis der Fürsorge der Natur für die Welt, daß sie voller Kräuter sei, die den Menschen ohne Schmerzen ins Grab bringen. »Wenn ich zwischen einem qualvollen Tod und einem schnellen Ende wählen kann«, fragte Seneca, »warum sollte ich dann nicht den schnellen Weg wählen?« ... »Wenn dein Leben gut ist, dann lebe weiter. Wenn nicht, hast du ein Recht, dorthin zu gehen, wo du herkamst.«

Dennoch müssen die Ideen der Stoiker bei einigen Christen Interesse geweckt haben, da sie mit dem Verstand nach dem suchten, was die Christen mit dem Herzen gefunden hatten. Umgekehrt fühlten sich sicher auch einige Stoiker vom Christentum angezogen. Die einen wie die anderen glaubten an einen Gott, der der Welt ihren Geist verlieh und die Menschen führte; beide glaubten an die bedingungslose Pflicht, gut zu handeln und gut zu sein, und an die moralisch motivierte Bereitschaft zum Selbstopfer. Sie glaubten an den »Gleichmut«, der die Menschen davon abhalten soll, irgend etwas auf dieser Welt so sehr zu lieben, daß dadurch ihr Blick vom Höchsten abgelenkt wird. Für Stoiker wie für Christen waren alle Menschen Brüder und Schwestern, die vor Gott gleich sind, denn nur die Tugend, nicht Geld, Abstammung, Kaste oder Rasse, kann einen Menschen über einen anderen erheben. Für beide entstammen die besten Eigenschaften des Menschen dem über allem schwebenden Geist. »Ohne Gott«, sagte Seneca, »ist niemand gut. ... Ein Gott (ich weiß nicht welcher) steckt in jedem guten Menschen.«

In der römischen Welt wurde die Stoa stärker religiös geprägt und trug weniger Züge einer Vernunftsphilosophie. Epiktet schrieb: »Wenn du die Türe schließt und den Raum abdunkelst, behaupte nicht, du seist allein. Du bist es nicht, denn Gott ist dort.« Oder an anderer Stelle: »Ich bin alt und lahm und kann nichts tun. Doch ich kann Gott rühmen. Wäre ich eine Nachtigall, so würde ich singen. Wäre ich ein Schwan, würde ich mich wie ein Schwan verhalten. Doch ich bin des Verstandes mächtig. Es wurde mir auferlegt, Gott zu preisen. Das ist meine Aufgabe, ich werde versuchen, nicht damit aufzuhören. Ihr solltet es mir gleichtun.« Ein Christ bearbeitete die Schriften Epiktets für den Gebrauch im Gebet, und viel später gab Johannes Calvin sogar Senecas *Über die Barmherzigkeit* als christliche Lektüre heraus.

Im zweiten Jahrhundert, als sich ältere Menschen noch an jene erinnerten, die die Apostel gekannt hatten, bemühten sich die Christen erstmals darum, die heidnischen Gebildeten zu erreichen, die sich an ethischen Fragen interessiert zeigten, und bezeichneten ihren Glauben deshalb als Philosophie. Sie räumten ein, daß auch andere philosophische Richtungen die Wahrheit lehrten. Da, wie sie sagten, alle Wahrheit von Gott ausgehe, müßten Platon oder die Stoiker sie über die Juden und das Alte Testament kennengelernt haben. Insofern kämen die Wahrheiten aus der gleichen Quelle. Platon beispielsweise müsse von dem Propheten Jeremia in Ägypten unterrichtet worden sein. (In Wirklichkeit hatte keiner dieser heidnischen Philosophen auch nur ein Wort aus dem Alten Testament gelesen.) Heidnische Lehrer hielten die Behauptung, die christliche Religion sei eine Philosophie, für absurd, doch sie ist ein Zeichen dafür, daß die ersten christlichen Denker vorsichtig begannen, eine gemeinsame Grundlage mit den heidnischen abzustecken.

Trotz der Geringschätzung von seiten der Heiden fühlten sich die christlichen Philosophen stark; sie wußten, daß das, was sie in ihrem Glauben über Gott lernten, mit dem, was ihnen ihre Vernunft sagte, übereinstimmte. Einst hatte es eine Religion der menschlichen Natur gegeben, und sie hatten sie wieder ans Licht gebracht. Christus verkörperte den *Logos,* das »Wort« zu Beginn des Johannesevangeliums, das die letzte Rechtfertigung für die Menschheit und die Welt war. Wenn sie heidnischen Philosophen diese Ideen unterbreiteten, ließen sie die neutestamentlichen Vorstellungen, die nicht in die Argumentation paßten, meist einfach weg.

Justin der Märtyrer

Justin war einer dieser seltenen Fälle. Er war ein gebildeter Mensch, der zu seinem Glauben fand, weil er ihm als die vernünftigste Lebensphilosophie erschien. Er wurde in Palästina geboren und hatte wahrscheinlich schon in seiner Jugend von den Christen gehört, kam jedoch aus einer griechischen Familie und war kein Jude. Er beschrieb, wie er loszog, um die verschiedenen damals gültigen Anschauungen auszuprobieren, und wie er die Stoiker, die Peripatetiker und die Pythagoreer befragte. Schließlich gelangte er zu der Überzeugung, daß die Schüler Platons der Wahrheit am nächsten kamen.

Dann traf er zufällig einen alten Christen, der sein Vertrauen in die Platoniker zerstörte und ihn dazu brachte, sich mit den Propheten des Alten Testaments zu befassen. Justin erkannte, daß diese Propheten, die den Messias vorausgesagt hatten, und die Christen, die verkündeten, der Messias sei gekommen, die von ihm gesuchte Wahrheit besaßen. Um 150 n. Chr. kam er nach Rom und unterrichtete in der Nähe eines öffentlichen Bades Philosophie. Das war eine relativ sichere Art, das Christentum zu verbreiten, denn ein Lesepult aufzustellen, Fragen zu stellen und Fragenden Auskünfte zu geben, war nicht gesetzwidrig, während die Teilnahme an einem Gottesdienst als Kapitalverbrechen geahndet wurde.

Die Christen der Zeit verehrten die Lehrer fast genauso sehr wie die Propheten. In der berühmten Schule von Alexandria, die angeblich vom heiligen Markus gegründet worden war, lehrten zwei Nachfolger des Justin, Klemens und sein Schüler Origenes, die beide versuchten, Verbindungen zwischen dem Christentum und den besten Ideen der früheren philosophischen Schulen herzustellen.

Interessierte Heiden hörten sich in den christlichen Schulen Vorlesungen an, und Mamaea, die nichtchristliche Mutter des Kaisers Alexander Severus, lud Origenes sogar nach Antiochia ein, um seine Vorträge hören zu können. Gelegentlich fanden öffentliche Debatten zwischen den Leitern von heidnischen und christlichen Philosophieschulen statt.

Diese Vorlesungen wurden später nach dem griechischen Rechtsbegriff für Verteidigungsrede, *apologia,* »Apologien« genannt und sollten die Nichtchristen von der Wahrheit der christlichen Lehre überzeugen. So wurden diese frühen christlichen Philosophen als »Apologeten« bezeichnet. Auch die Juden pflegten sich auf diesem Weg mit Nichtjuden auseinanderzusetzen, und die Christen zögerten nicht, auf das vielfältige Schrifttum der jüdischen Lehrer zurückzugreifen. Am meisten überzeugte die frühen Christen die alte jüdisch-christliche Gewißheit, der Messias habe die jahrhundertealten Hoffnungen und Prophezeiungen erfüllt. Es zeichnet die frühen Christen aus, daß sie sich fast nie des Arguments bedienten, das für die besser informierten Apologeten des 18. Jahrhunderts so grundlegend war, daß nämlich die Wunder des Christentums der Beweis seiner Wahrheit seien.

Links steht Eusebius, der Bischof von Caesarea (gest. 339), der Verfasser der ersten Kirchengeschichte, rechts Ammonius, der Bischof von Alexandria, der vor allem durch seinen Kampf gegen verschiedene Häresien bekannt wurde. Die Pfauen über ihnen symbolisieren die Ewigkeit. Die Buchmalerei stammt aus der Rabulashandschrift, einem um 586 auf Syrisch geschriebenen Evangeliar aus Mesopotamien.

Justin wußte, daß viele Lehren der heidnischen Philosophen gut waren, denn sie waren seiner Ansicht nach vom Logos inspiriert, der die göttliche Vernunft in der Welt ist. Seiner Meinung nach sollten die Menschen die von einem Griechen wie Sokrates vertretene Weisheit in diesem Lichte sehen, denn Sokrates sei ein Christ vor Christus gewesen, der wie dieser für seine Wahrheit den Märtyrertod starb.

Seine Schule bot ihm einige Zeit Schutz, doch 165 wurde er gefangengenommen und getötet. Sein Tod bewegte seine Anhänger so sehr, daß er seitdem als Justin der Märtyrer bekannt ist.

Als die Gemeinden größer geworden waren, gab es in einer großen Stadt wie Rom drei oder vier Schulen wie jene des Justin, denen die Kirchen häufig die Verbreitung häretischer Ideen vorwarfen. Jeder, der Bücher las, konnte eine Schule gründen, und viele Lehrer liebten dunkle Worte, die niemand verstand, die sich aber geheimnisvoll und fromm anhörten. Das Wort *gnosis*, »Erkenntnis«, wurde als der Schlüssel zum Rätsel Gottes angesehen, und die Lehrer der Gnosis benutzten dieses Wort für alles Unbekannte, nicht Entschlüsselbare und mit großer Wahrscheinlichkeit Unwahre. Bald bezeichnete man sie als *Gnostiker*, was zu einer Beleidigung wurde, obwohl es einfach »Wissender« hieß. Dennoch waren manche von ihnen fähige Denker und behandelten schwierige Fragen, beispielsweise warum es in der Welt Schmerz gibt, obwohl sie von einem guten Gott erschaffen worden ist.

Gleichzeitig mit Justin lehrte der Gnostiker Valentin in Rom, der sich sogar Hoffnungen auf den römischen Bischofsstuhl machte. Er war ausgesprochen redegewandt und zog die Massen an, doch seine Worte hatten mit der Wahrheit nicht viel zu tun. Andere Gnostiker verbreiteten Mythen, die nicht mehr Sinn ergaben als die Zauberformeln einer Hexe. Über diese Lehren war wenig bekannt, bis im Jahre 1945 beim ägyptischen Nag Hammadi nördlich von Luxor ein Krug mit dreizehn gnostischen Papyruskodizes gefunden wurde.

Wie alle Philosophen vertraten auch diese Lehrer nicht immer ein und dieselbe Meinung, so daß schließlich die Bischöfe, die sich um die Orthodoxie sorgten, den Begriff »Schule« beleidigend verwendeten. Dies war auch das erste Anzeichen für die im Christentum noch heute andauernde Auseinandersetzung zwischen denen, die die Gottesdienste leiten, und jenen, die über Gott nachdenken und ihn als Teil allen Wissens verstehen wollen. Nur wenige Lehrer waren auch Bischöfe. Anfangs mochten die Menschen es, wenn die Lehrer, auch wenn sie Laien waren, in den Gemeinden sprachen, doch das schlechte Verhältnis zwischen Bischöfen und philosophischen Schulen machte dem ein Ende. Seit dem dritten Jahrhundert durften nur noch Priester und Bischöfe in der Kirche sprechen.

Die Katakomben

Die Christen bestatteten ihre Toten normalerweise auf Friedhöfen. In Rom, Neapel, Syrakus, auf Malta und an einigen anderen Orten war jedoch der Boden für unterirdische Gänge mit in die Wände eingelassenen Gräbern geeignet. Sie hießen auf Lateinisch *catacumba*, abgeleitet vom griechischen Begriff für den »Platz bei der Höhle«, was darauf schließen läßt, daß die ersten Katakomben der Ausbau eines schon bestehenden Tunnels waren.

Später entstand die Legende, die Gemeinden seien während der Christenverfolgungen gezwungen gewesen, sich im Untergrund zu treffen. Dies entspricht jedoch nicht der Wahrheit. Die Christen trafen sich dort nur bei Bestattungen und Gedenkgottesdiensten für die Märtyrer und auch nur in kleinen Gruppen, da es in den Gängen der Katakomben sehr eng war. Über den Inhalt der in die Wände eingelassenen Gräber wissen wir fast nichts, weil Grabräuber über Jahrhunderte hinweg alle Wertgegenstände geplündert haben. Auch Geistliche beteiligten sich an diesen Räubereien, und zumindest einmal wird von einem Mann berichtet, der sich gegen Geld sogar die offizielle Erlaubnis verschaffte, unter der Erde herumstöbern zu dürfen.

Die Katakomben beherbergen die frühesten erhaltenen christlichen Kunstwerke und Symbole. Einige Wandmalereien und Steinmetzarbeiten an den Gräbern werden auf das Jahr 230 datiert. Diese ersten Kunstwerke sind sehr klein, ihre Darstellungen sind nicht traurig, sondern fröhlich und friedvoll und zeugen vom Glauben an ein Leben nach dem Tod. Weder Daniel in der Löwengrube noch Jona, der über Bord geworfen wird, zeigen Zeichen von Angst. Die Bilder sind ziemlich unbeholfen und deuten eine Erzählung eher an, als daß sie sie ausführen, was die Interpretation zusätzlich erschwert. Ein beliebtes Bild war ein Mensch mit zu Gott ausgestreckten Armen, der als »Orant« bekannt ist (abgeleitet vom lateinischen Wort *orans*, was »betend« heißt).

Wandmalerei aus dem dritten Jahrhundert in den Priscilla-Katakomben in Rom; dargestellt wird eine agape, ein »Liebesmahl«, das die frühen Christen manchmal mit dem Abendmahl feierten.

Der gute Hirte, ein Ausschnitt aus einem Mosaik des späten fünften Jahrhunderts, das sich in Ravenna im Mausoleum der Galla Placidia befindet. Ravenna, das aufgrund seiner Lage in einem Sumpfgebiet gut verteidigt werden konnte, war zwischen 402 und 476 Hauptstadt des Weströmischen Reiches und später des italienischen Königreiches. Daher ist es reich mit großartigen Kunstwerken ausgestattet.

Eine Inschrift aus dem dritten Jahrhundert aus den Katakomben; sie ist einer verstorbenen Frau gewidmet: »Romana in Frieden«. Hier taucht schon das Monogramm XP auf (Chi-Ro = Chr, die ersten Buchstaben von Christus). Auf frühen Lampen oder Krügen ist manchmal ein Hase oder Kaninchen abgebildet. Möglicherweise symbolisierte es Schnelligkeit und somit die Kürze des menschlichen Lebens.

Ein Ambo (die frühe Form der Kanzel) aus dem sechsten Jahrhundert; er steht in der St. Johannes-und-Paulus-Kirche in Ravenna.

Symbole

Das Kreuz ist das in den Katakomben am häufigsten dargestellte Symbol, aber daneben gibt es noch zahlreiche andere.

Das Symbol des Fisches steht für ein Akronym: Das griechische Wort für Fisch war ΙΧΘΥΣ, in lateinischen Buchstaben ICHTHYS, die Abkürzung für **I**esous **CH**ristos **TH**eou **Y**ios **S**oter, also »Jesus Christus, Gottessohn, Erlöser«. Das Symbol des Fisches stammt noch aus dem vorchristlichen Mythos, weshalb auch die Geschichte des Jona, der von einem großen Fisch vor dem Ertrinken gerettet wird, so beliebt war. Der Fisch stand für das Leben in stürmischer See und für die sterbende Seele, die über die Meere zur Insel der Seligen gebracht wird. Er wurde auf Wänden, Gräbern, Siegeln und Ringen oder gar als Lampe in Fischform dargestellt, manchmal wurde er mit dem Symbol des Taufwassers verbunden.

Auch den Anker findet man auf Gräbern und Ringen; er stand, ebenso wie das Schiff, für einen sicheren Hafen, wobei letzteres vielleicht zusätzlich noch die Kirche symbolisierte, die die Seelen in Sicherheit bringt.

Das Bild der Palme stammte noch aus der vorchristlichen Kunst. Sie stand für den Sieg, wie beispielsweise heute noch in der Redewendung »ihm gebührt die Palme«. Deshalb wurde sie auch zum Symbol für den Sieg des Glaubens. Die von den Evangelisten erwähnte Taube war zunächst kein allgemein gebräuchliches Symbol, wurde aber später in Darstellungen der Taufe und als Zeichen der zu Gott schwebenden Seele verwendet.

X und P, die griechischen Buchstaben CH und R, wurden zu einem Monogramm zusammengesetzt: Der Name Jesu sollte das Böse abwehren. Das Monogramm wurde bekannt, als Konstantin, der erste christliche Kaiser, es als Siegeszeichen verwendete und auf die Schilde seiner Soldaten malen ließ.

Der erste und der letzte Buchstabe des griechischen Alphabets, A und Ω, Alpha und Omega, bildeten das Zeichen für Anfang und Ende, das im lateinischen Westen zu »A und O« wurde. Das Symbol stammt aus der Offenbarung des Johannes (Vers 1,8). Seit etwa 250 findet man die beiden Zeichen auf Münzen, Ringen, Gräbern und Lampen.

Ein später sehr beliebtes Symbol, das in der Kunst aus der Zeit der Christenverfolgungen jedoch nur einmal belegt ist, war der Pelikan. Man glaubte, der Vogel füttere seine Jungen mit Blut aus seiner Brust – möglicherweise weil seine Brust rötlich gefärbt ist oder eher, weil nicht genau beobachtet wurde, wie ein Pelikan die Brut aus dem Kehlhautsack an seinem Schnabel fütterte. Er symbolisierte das Leiden Christi, das seinem Volk Leben bringt.

Der Vogel Phönix existierte nur in der Legende, der zufolge er sich selbst verbrannte und aus der Asche wieder jung erstand. Im vorchristlichen Ägypten wurde er mit der aufgehenden Sonne in Verbindung gebracht, viele der frühen christlichen Schriftsteller deuteten seine Legende als eine Parabel auf das Leben nach dem Tod.

In frühchristlicher Zeit war der Pfau, der später eher für Prahlerei und Eitelkeit stand, ein Symbol des ewigen Lebens. Auf Bildern des Paradieses waren häufig zwei (oder mehr) Pfauen dargestellt, oft standen sie bei einem Gefäß, das das Wasser des Lebens enthielt.

Diese Symbole waren die Themen der frühesten christlichen Kunst, und manche von ihnen dienten dem gewöhnlichen Volk in Amulettform dazu, sich vor bösen Mächten zu schützen.

Pfauen, Symbole der Ewigkeit, trinken aus einem Kelch das Wasser des Lebens, eine Taube ißt Trauben. Das Marmorrelief aus der Lombardei entstand im siebten Jahrhundert.

KAPITEL ZWEI

Das christliche Reich

Das Ende der Verfolgungen

Konstantin

Obwohl das Christentum noch verboten war, erklärten christliche Apologeten immer wieder, daß nur schlechte Kaiser der Kirche schaden würden. Die Christen beteten für den Staat und waren stolz auf seine Stärke; sie wußten, daß ein mächtiger Staat den Menschen ein angenehmes Leben ermöglichte, daß Gott der Urheber dieser Macht sei und daß sie die Pflicht hätten, die Gesetze einzuhalten, solange diese Gesetze nicht schlecht seien.

Die letzte, von 303 bis 313 dauernde Verfolgung allerdings ließ zumindest die in Ägypten und im Osten wohnenden Christen daran zweifeln, ob sie angesichts der vielen Hinrichtungen dort diesen Staat wirklich unterstützen sollten. Im Westen dagegen war Kaiser Constantius Chlorus nicht an einer Christenverfolgung interessiert. Sein Sohn Konstantin lernte sogar, seine Macht auf christlicher Stärke zu errichten. Nachdem er mit seinem Heer die Alleinherrschaft im Westen erlangt und erst recht nachdem er in den Jahren 324 und 325 den Osten dazugewonnen hatte, begann er, die Kirchen mit Geschenken, Stiftungen und Grundbesitz auszustatten. In Rom ließ er den Lateranpalast umbauen sowie die Basiliken St. Peter und St. Paul errichten. Rom wurde während seiner Herrschaft jene christlich geprägte Stadt, die sie bis zum heutigen Tag geblieben ist. Die Christen hatten nun keine Schwierigkeiten mehr, den Kaiser als von Gott gesandt zu betrachten.

Bald wurde den Regierenden klar, daß die Bischöfe einen Status brauchten, der ihrem Einfluß auf die öffentliche Meinung angemessen war; so wurden sie beinahe in den Rang von staatlichen Beamten erhoben. Ein Jahrhundert später dachte Augustinus in seinem berühmten Buch »Der Gottesstaat« über das Verhältnis von Kirche und Staat nach. Darin kam er, trotz seiner Bemerkung, ein Reich ohne Gerechtigkeit gliche einer Räuberbande, zu dem Ergebnis, geistliche und weltliche Macht bildeten hier auf dieser Erde eine nicht aufzulösende Einheit. Später meinte man: Der Staat herrsche über die Körper, die Kirche über die Seelen der Menschen. Kaiser Theodosius I. (379–395) verbot den heidnischen Glauben, bestrafte christliche Häretiker und untersagte heidnische Opfer. So wurden innerhalb von siebzig Jahren die Christen von einer verfolgten Minderheit zu Mitgliedern der einzig rechtmäßigen Religion im römischen Staat.

Aus einem zwischen 800 und 850 entstandenen fränkischen Gesetzestext geht hervor, daß Konstantin dem zu seiner Zeit amtierenden Papst Silvester I. ausgedehnte Gebiete übertragen habe. In dieser sogenannten »Konstantinischen Schenkung« wird geschildert, wie der Kaiser vom Aussatz befallen wurde. Die heidnischen Priester sagten, er müsse ein Bad im Blut unschuldiger Kinder nehmen, doch Petrus und Paulus erschienen ihm in einem Traum und teilten ihm mit, daß Silvester, der während der Verfolgungen auf den Berg Sorata geflohen war, ihn heilen könne. Nach seiner Genesung verfügte der Kaiser, daß dem römischen Bischofssitz der Primat über alle Kirchen der Welt zustehen und seine Bischofskirche am Lateran die ranghöchste Kirche sein sollte. Er unterstellte seinen Grundbesitz in »Judäa, Griechenland, Kleinasien, Thrakien, Afrika, Italien und auf den Inseln« dem seelsorgerlichen Amt des Papstes und verlieh ihm die kaiserlichen Insignien – Diadem, Purpurmantel und Zepter. Außerdem erhob er den römischen Klerus in den Senatorenrang und setzte als Zeichen des Respekts fest, daß der Kaiser bei Prozessionen das Pferd des Papstes am Zügel führen solle. Er übertrug dem Papst weltliche Macht über Rom sowie über sämtliche Provinzen und Städte in Italien und im römisch beherrschten Westen; und er beschloß, Konstantinopel zu gründen und dort zu leben, weil es nicht richtig war, daß ein weltlicher Kaiser in der Stadt des Oberhaupts der christlichen Religion regierte. Damit das Geschenk allen Nachfolgern des Papstes erhalten bliebe, legte er eine Abschrift seiner Anordnung am Grab des heili-

Eine Darstellung der Geburt Christi aus dem Oströmischen Reich; in der Ostkirche liegt Maria gewöhnlich bei der Krippe, die vor der Höhle aufgestellt ist. Die untere Abbildung zeigt Konstantin mit seiner Mutter Helena; aus einem griechischen Evangeliar des 11. Jahrhunderts.

gen Petrus nieder. Das alles stand in der Urkunde, die im Frankenreich fünfhundert Jahre nach Konstantin gefunden wurde und möglicherweise von einem Geistlichen in Rom oder im Westfränkischen Reich verfaßt worden war. Wenn er damit das Ziel verfolgte, Grundbesitz für den Papst zu erlangen oder ihn mit mehr Macht auszustatten, hatte er sich mit seiner Geschichte wenig Mühe gegeben; jeder, der sich so etwas ausdenken konnte, mußte eigentlich über ein ausreichendes Wissen verfügen, um zu begreifen, daß seine Fälschung völlig unrealistisch war. Er muß gewußt haben, daß es ein kühner Traum war, den Papst zum König Spaniens, des Frankenreichs, des Rheinlands und Britanniens machen zu wollen. Die Gegner der päpstlichen Macht glaubten, daß der Herrschaftsanspruch des Papstes über die Kirche sich vor allem auf diese Schenkung stützte und daß es den Niedergang des Papsttums bedeuten würde, wenn sich die Schenkung als Fälschung erwies – was erst im 15. Jahrhundert geschah. Die Entdekkung sollte ihre Auswirkungen auf die Reformatoren des 16. Jahrhunderts haben.

Päpste machten von der Schenkung verständlicherweise wenig Gebrauch; ihre Macht sollte als ein Geschenk Gottes, das durch den heiligen Petrus auf sie übergegangen war, betrachtet werden und nicht als ein Geschenk des Staates. Ein Staat konnte schließlich wieder zurückfordern, was er geschenkt hatte.

Konstantins Gründe für die Zulassung des Christentums liegen auf der Hand. Eine Gesellschaft hat einen moralischen Einfluß auf die Menschen, die von Natur aus nicht sehr religiös sind. Sie beeinflußt die Gesetze, die Schulen und deren Unterrichtsfächer sowie die anerkannten Regeln des Familienlebens. Ein einzelner Mann oder eine einzelne Frau kann einen anderen Menschen bekehren; eine Gesellschaft kann eine andere Gesellschaft beeinflussen. Schwarzafrika wäre heute nicht jener christliche Kontinent, zu dem es sich in weiten Teilen entwickelt hat, hätte es nicht seinen Glauben sowohl von einzelnen, im Alleingang handelnden Europäern als auch durch eine gemeinsame, übergreifende, auf Konstantin zurückgehende Kultur empfangen. Im Laufe der vierhundert Jahre nach Konstantin wurden die germanischen Stämme von Gibraltar bis zum Baltikum zum Christentum bekehrt und veränderten somit das Gesicht der christlichen Kirche. Zum größten Teil wurden sie nicht durch die Missionsarbeit einzelner Männer oder Frauen bekehrt – obgleich das Ansehen einiger Heiliger sicherlich eine Rolle spielte –, sondern in großen Gruppen; die Bekehrung eines Stammes führte zur Bekehrung eines weiteren Stammes, und die Triebfeder des Ganzen war die unwiderstehliche Macht des Römischen Reiches, in dem es sich für einen zivilisierten und gebildeten Menschen gehörte, Christ zu sein.

Nur wenige Christen wußten jedoch, was Zivilisation oder Bildung überhaupt bedeutete. Im vierten Jahrhundert müssen etwa drei Viertel der Reichsbewohner Analphabeten gewesen sein. Ihre »Lehren« waren sehr einfach. Gott ist der Herrscher. Er ist wie das Licht. Er kann Dämonen besiegen. Er kann die Kranken heilen. Er kann uns eine gute Ernte gewähren. Er verspricht uns, daß wir nach diesem Leben in den Himmel kommen.

Doch das Problem war, daß diese einfachen Menschen nicht immer einfach waren, wenn es um die christliche Lehre ging. So kam es vor, daß sie auf den Straßen mit Psalmengesang und laut gerufenen Bibelsprüchen gegen einen angeblichen Ketzer protestierten. Eigentlich sollten sie vor der Taufe als »Katechumenen« eine Unterweisung erhalten (*katechein* ist das griechische Wort für »unterrichten«; Paulus hatte dieses Wort für den Bibelunterricht und, daraus abgeleitet, *katechumen* für eine Person, die im Glauben unterrichtet wird, verwendet). Einige angehende Christen wurden gründlich im Glauben unterwiesen; immer mehr jedoch schob sich die Praktizierung der Zeremonien in den Vordergrund, so daß etliche angehende Christen keine Unterweisung erhalten hatten. Die taufenden Priester vertrauten darauf, daß Gott in der Taufe wirkte und den Charakter eines Menschen besserte. In ihren Augen war das Sakrament viel wichtiger als die Unterweisung. Die große Mehrheit derer, die sich nun für Christen hielten und sich als solche bezeichneten, wußte also kaum, was diese Bezeichnung überhaupt bedeutete.

Vielen Intellektuellen bereitete der Glaube Kopfzerbrechen. Noch immer gab es eine »Suche der Philosophen«, wie etwa zwei Jahrhunderte früher bei Justin dem Märtyrer. Das gemeine Volk wurde christlich, doch das hieß nicht, daß die Wahrheitssuche des gebildeten Menschen beendet war. Die Wege, auf denen die Menschen Gewißheit erlangten, waren schwer zu beschreiben. Basilius von Caesarea (gest. 379) verwandte viel Zeit auf seine Studien; dann plötzlich erblickte er den Messias; es war ein strahlender Anblick, und Basilius spürte sofort, daß seine ganzen Studien Zeitverschwendung waren. Hilarius, der spätere Bischof von Poitiers (gest. 367), wurde als Platoniker erzogen und gelangte durch logisches Denken zu der Überzeugung, daß es nur einen Gott geben könne, einen ewigen Schöpfer. Dann las er das Alte Testament, in dem von einem Schöpfergott die Rede ist, und das Neue Testament, in dem »das Wort«, griechisch: *logos*, die Vernunft der Welt repräsentiert, und er spürte, daß er gefunden hatte, was er suchte. Wenn man diesen Vorgang so schildert, hört sich das alles sehr gelassen an, doch in Wirklichkeit war Hilarius von Seelenqualen gepeinigt. Marius Victorinus lehrte in Rom die Philosophie Platons und übersetzte einige Werke von Platon und Aristoteles ins Lateinische. Etwa im Jahr 355 stellte sich eines Tages heraus, daß dieser berühmte Platoniker Christ war, was ganz Rom in Erstaunen versetzte. Augustinus (354–430) hatte eine christliche Mutter und einen heidnischen Vater, doch er fühlte sich vom Christentum abgestoßen, teils wegen seiner Sittenlehre (so hätte er sich zum Beispiel von seiner Konkubine trennen müssen), doch mehr noch, weil er Teile der Bibel gelesen hatte, die ihm nicht gefielen. Eine Zeitlang war er Anhänger der manichäischen Lehre, die von der Existenz zweier gegensätzlicher Götter ausging. In Mailand gelangte er durch Bischof Ambrosius und durch sein eigenes Studium der Platoniker zu einer intellektuellen Ausprägung des Christentums – doch wiederum keineswegs auf einem ruhigen und gelassenen Weg, sondern wirklich unter Seelenqualen. 386 durchlebte er gerade einen irrationalen, krisenhaften Augenblick, als er plötzlich eine Kinderstimme im Nachbargarten sagen hörte: »Nimm und lies, nimm und lies.« Er schlug die Bibel auf, und sein Blick fiel auf einen Text, der genau seine Situation ansprach (Röm 13,13–14). Dann wurde ihm in Ostia, der Hafenstadt Roms, eine Erfahrung zuteil, die, wie er spürte, eine Vision Gottes und der göttlichen Wahrheit war. Er war so dankbar und dennoch so verwirrt über all diese Ereignisse, daß er ein Buch zu schreiben beschloß, die *Bekenntnisse*, in denen er sich selbst Rechenschaft ablegte über die Entwicklung seiner Persönlichkeit.

All diese Menschen waren hochgebildet, zwei von ihnen lehrten Philosophie. Ihr Weg zum Glauben war nicht gerade typisch. Zweifellos wissen wir über solche berühmten Konvertiten mehr als über Philosophen, die sich gegen das Christentum auflehnten.

Der Staat war nun anders strukturiert. Konstantin befreite die christlichen Soldaten (obgleich diese damals nicht sehr zahlreich gewesen sein dürften) sonntags vom Dienst. Dies hatte keineswegs zur Folge, daß die Soldaten scharenweise zum Christentum übertraten: Ein Vierteljahrhundert später kämpfte die Armee begeistert auf der Seite des nichtchristlichen Kaisers Julian, und man hat ausgerechnet, daß etwa die Hälfte der militärischen Befehlshaber während des Jahrhunderts nach Konstantin noch immer dem heidnischen Glauben anhing. Das war von Bedeutung, denn das Heer blieb ein wichtiger Faktor; es hatte in der Vergangenheit die neuen Kaiser durchgesetzt und sollte diese Funktion bald wieder übernehmen.

Die Christen erhielten allmählich weitere Privilegien: Ihre Kirchen wurden von Steuern befreit; für den Bau einer neuen Kirche erhielt die Gemeinde, zumindest in einigen Regionen, mühelos staatliche Subventionen, Ziegel oder Steine. Das kirchliche Fürsorgesystem für mittellose junge Frauen, Witwen und Kranke wurde vom Staat unterstützt. Und als sich die heidnischen Tempel zu leeren begannen, erklärte der Staat die darin enthaltenen Schätze zum Besitz der Allgemeinheit.

Jetzt konnten auch die Kirchenoberhäupter in der Öffentlichkeit zusammenkommen. Während der Verfolgungen hatten sie sich ein System ausgedacht, nach dem man örtliche Treffen von Bischöfen, sogenannte »Synoden«, abhielt (von griech. *synodos* »Versammlung«). Dieses System konnte nun gefahrlos praktiziert werden, und sogar allgemeine Konzilien wie das von Nicäa im Jahr 325 wurden möglich. Es standen so viele neue Fragen zur Entscheidung an, daß diese Synoden häufig zusammentraten. Sie gehörten zu den ersten regierenden Systemen in der europäischen Geschichte, die auf dem Vertretungsprinzip beruhten, und schon sie bewiesen, daß in Ausschüssen immer gestritten wird, selbst wenn alle ihre Mitglieder nur das Beste wollen. Die Synoden bewirkten viel Gutes; sie regelten Fragen der Kirchenordnung und der kirchlichen Lehre, wobei sich letzteres natürlich als das sehr viel Schwierigere erwies. Es waren keineswegs immer angenehme Treffen, und einige Bischöfe nahmen nur widerwillig an ihnen teil.

Vision des heiligen Augustinus, von Carpaccio, um 1500. Beachtenswert ist das hell erleuchtete Bücherregal, das Fehlen des Heiligenscheins, eine Sammlung von Gegenständen aus Bronze. Das Betpult weist bereits moderne Formen auf. Bischofsstab und Mitra sind abgebildet, obwohl Augustinus noch nicht Bischof war. Hier wird er als der Gelehrte dargestellt, der plötzlich eine Erleuchtung hat und auf etwas horcht.

Die jüdische Überlieferung lehrt, das mosaische Gesetz sei vollständig von Feinden verbrannt worden (586) und Gott habe Esra befohlen, es sofort neu zu schreiben; hier sieht man Esra bei der Arbeit. Bemerkenswert ist der Bücherschrank, zu dieser frühen Zeit ein seltenes Exemplar; siebtes bis achtes Jahrhundert, aus Jarrow, Bedas Kloster in der Nähe von Durham.

Normalerweise kam der Staat für ihre Reisekosten auf. Und die Bischöfe forderten auch, daß der Staat die Stimmen der Minderheiten in den Ausschüssen zum Schweigen brachte.

Für die Kirche waren alle anderen Götter Dämonen und stellten eine Gefahr für den Staat dar, Irrlehren zerstörten in ihren Augen sowohl die Wahrheit als auch die Kirche. Man kann natürlich die Polizei rufen, um bei einer Bischofswahl einen Aufruhr zu unterbinden. Aber gehört es in irgendeiner Weise zu den Aufgaben des Staates, dafür zu sorgen, daß die Kirche ihren Aufgaben richtig nachgeht? Kann man nach der Staatsgewalt rufen, um eine Synode zu einer Übereinkunft zu zwingen, einen Ketzer zu verbannen oder die Zerstörung eines Tempels anzuordnen? Im Jahr 385 wurde der erste von einem christlichen Staat verurteilte Ketzer, der Spanier Priscillianus, mit sechs Gefährten auf Befehl des westlichen Kaisers in Trier hingerichtet. Häufig jedoch entgingen die Ketzer den immer strengeren Edikten der Kaiser, da der Staat Schwierigkeiten hatte, die Einhaltung seiner Gesetze durchzusetzen.

Es war nun möglich, christliche Literatur zu veröffentlichen und zu verbreiten. Dies war jedoch nicht so wichtig, wie es zunächst klingen mag, da so viele Menschen Analphabeten waren; dennoch konnten Texte eine große Reichweite haben. Athanasius, oder jemand, der sich selbst Athanasius nannte, verfaßte eine Lebensbeschreibung des ersten Einsiedlers, des heiligen Antonius. In Trier und Mailand tauchten Abschriften des Werkes auf, und das Abschreiben christlicher Manuskripte begann zu einem Gewerbe zu werden und ging einher mit der Einführung des Buches. Früher waren die Texte auf lange Schriftrollen geschrieben worden. Der *codex,* ein Buch mit zusammengebundenen Seiten, wurde während des zweiten Jahrhunderts n. Chr. erfunden.

Jetzt konnte man Kirchen im Stadtzentrum, am Marktplatz, bauen und die Predigten direkt auf dem Platz halten. Dieses Heraustreten der Kirchen an die Öffentlichkeit stellte eine große Herausforderung für Baumeister und Architekten dar. Zunächst war eine Basilika lediglich ein rechteckiges Gebäude aus Steinmauern mit einem hölzernen Dach; dann wurde sie durch Seitenschiffe verbreitert, und Steinsäulen trugen das Dach über dem zentralen Teil des Gebäudes. Danach machte man die Wände, die über den Seitenschiffen aufragten, durch eine Reihe kleiner Fenster lichtdurchlässig; die Fenster waren entweder einfach offen oder mit Selenit, einem durchscheinenden Stein, verglast, denn zu dieser Zeit hatten die Glasmacher, obwohl sie im Herstellen von Vasen und Schmuck schon sehr geschickt waren, noch Schwierigkeiten mit der Herstellung von Scheibenglas, was dazu führte, daß dieses Produkt selten und teuer war. Hinter dem Altar im Osten, wo der Bischof neben den Presbytern auf seinem Stuhl saß, mußte eine halbkreisförmige Apsis angebracht werden; diese wurde zunächst im Inneren des rechteckigen Kirchenraums errichtet, später jedoch außen angebaut. Die Seitenschiffe waren im Vergleich zum Mittelschiff, das von oben erhellt war, ziemlich dunkel, die Außenwände ohne jeden Schmuck. Im Inneren jedoch waren schon die früheren Hauskirchen ausgeschmückt gewesen, und dieser Schmuck wurde in den neuen, größeren Räumen noch kunstvoller; es gab Mosaikfußböden, aber noch keine Bilder.

Für eine Stadtkirche waren drei Schiffe fast zu wenig. Die erste große Kirche, die in der neuen christlichen Welt gebaut wurde, war die römische Bischofskirche am Lateran. Sie war fünfschiffig, so groß wie die größten Staatsgebäude, und beeinflußte den Baustil anderer Bischofskirchen in Tyrus und Antiochia sowie den der Grabeskirche in Jerusalem.

Auf dem Friedhof außerhalb der Stadt waren auch die Märtyrer bestattet worden. Deshalb wurden viele besonders schöne frühchristliche Kirchen nicht in der Stadt, sondern außerhalb über den Gräbern der Märtyrer erbaut. Konstantin ließ fünf »Friedhofskirchen« entlang der römischen Stadtmauern errichten, wenn auch vermutlich zum Teil eher für seine Familienangehörigen als zur Erinnerung an die Märtyrer. Die bedeutendste dieser Märtyrerkirchen war die über dem Grab des heiligen Petrus, und so war bald nicht mehr die Lateranbasilika neben der damaligen Papstresidenz die wichtigste Kirche in Rom, sondern die Peterskirche, die außerhalb der Stadtmauern lag.

Die Peterskirche

Die Peterskirche steht an der Stelle eines ehemaligen heidnischen Friedhofs am Fuße des Vatikanischen Hügels, der nicht zu den berühmten sieben Hügeln der eigentlichen Stadt gehört. Es ist durchaus wahrscheinlich, daß Petrus hier bestattet wurde. Sein Grab wurde zu einem Wallfahrtsort, und schon bald errichtete man eine kleine Gedenkstätte. Als das Christentum staatlich legitimiert wurde, ließ Konstantin über dieser Gedenkstätte eine Kirche errichten; im Westen schnitt man die Höhe des Vatikanischen Hügels an, und im Osten mußte eine Plattform aufgemauert werden. Wegen der starken Hanglage konnte der Altar nicht im Osten der Kirche stehen, denn die Vorhalle mußte sich zum abfallenden Gelände hin öffnen; von dort führten Stufen auf den vorgelagerten freien Platz hinunter. Hundert Jahre später wurde entlang der Straße, die zur Brücke über den Tiber führte, ein überdachter Weg angelegt. Die Kirche war größer als der Lateran, doch lange nicht so groß wie der heutige Petersdom. Wie die Laterankirche hatte sie fünf Schiffe und eine Apsis, doch wies sie ein neues Bauelement auf: ein hell erleuchtetes Querhaus, das die zahlreichen Menschen aufnehmen sollte, die zum Grab des Apostels pilgerten. Dieser Anbau wurde zu einem gängigen Gestaltungsmerkmal späterer Kirchen, insbesondere wenn sie über Märtyrergräbern errichtet wurden. Die beiden Flügel nannte man »Transepte«, vom spätlateinischen *transseptum*, »eingezäunter Platz«.

Bald war die Ausstattung der Kirche abgeschlossen. Die Gedenkstätte des heiligen Petrus wurde mit einem Hochaltar gekrönt, die Wände mit Farben und Mosaiken verschönert, die große Bewunderung hervorriefen. Im achten Jahrhundert entstanden Fresken mit biblischen Geschichten sowie Porträts von Heiligen und Päpsten, weitere reich geschmückte Gräber kamen hinzu, ebenso andere kostbare Reliquien; in einer Kapelle wurde das Schweißtuch aufbewahrt, mit dem die heilige Veronika das Gesicht Jesu abgewischt haben soll, als er sein Kreuz zur Kreuzigung trug; auf dem Tuch erschien der Abdruck seines Gesichts. Die vorliegende Fassung der Veronika-Legende entstand im 13. Jahrhundert, doch in ihrer Grundform reicht sie viel weiter zurück. Es hieß, daß ein Taschentuch, auf dem das Antlitz Jesu abgebildet war, dem König Abgar von Edessa in Syrien geschickt wurde und daß Veronika (auf griechisch »Berenike«) Abgars Tochter war. Sie wurde als Verkörperung des Mitleids zu einer der beliebtesten Heiligenfiguren.

Da die Peterskirche ein wichtiges Ziel westlicher Wallfahrten war, beeinflußte sie den Kirchenbau in ganz Westeuropa bis nach Schottland, Irland und Skandinavien. Doch zu Beginn des 16. Jahrhunderts war dieses Überbleibsel des alten Rom nicht mehr geräumig genug, um die riesigen Pilgerscharen aufzunehmen, und das Gebäude verfiel immer mehr. Papst Julius II. (1503–1513) beauftragte deshalb den Architekten Donato Bramante mit dem Entwurf einer neuen Kathedrale, die die größte der ganzen Christenheit werden sollte. Später arbeitete Raffael den Entwurf weiter aus, nach ihm Michelangelo und die besten italienischen Architekten dieser Generation. Der Bau ging nur schleppend voran: 1506 wurde der Grundstein gelegt, und erst 120 Jahre später wurde der Dom geweiht. Die kreisförmigen Kolonnaden vor dem Kir-

Ein seltenes Bild des alten Lateran, der ursprünglichen Bischofskirche von Rom; hier ist sie dargestellt, weil der Papst (Innozenz III.) geträumt haben soll, daß der heilige Franziskus die wankende Kirche stütze. Von Giotto oder einem seiner Schüler in Assisi.

cheneingang wurden 30 Jahre später, ab 1656, von Bernini angelegt. Der einzig unverändert gebliebene Gebäudeteil war das Grab des heiligen Petrus.

Bischofskirche von Rom war immer noch der Lateran, und der Papst residierte im Lateranpalast. Kurz nach dem Bau von Alt-St. Peter ließ sich der Papst auch eine Residenz dort in der Nähe errichten; die späteren Päpste behielten sie aus Bequemlichkeit, doch erst seit einer Erweiterung im Jahre 1377 wohnten sie auch darin. 1308 war der Lateranpalast durch einen Brand zerstört worden. Von 1580 an residierte der Papst normalerweise im Quirinalspalast, bis dieser während der Einigung Italiens 1870 vom piemontesischen Heer eingenommen wurde; seitdem diente er als Palast der italienischen Könige und später der Staatspräsidenten. Die Päpste wohnten also nur von 1377 bis 1580 im Vatikan, und dann wieder von 1870 an, weil ihnen damals keine andere Residenz zur Verfügung stand. 1929 gründete Mussolini die Vatikanstadt als einen von Italien unabhängigen Staat und fügte auch Castel Gandolfo hinzu, das Landgut in den Albaner Bergen, das den Päpsten seit dem 16. Jahrhundert als Sommerresidenz diente und ihnen die Möglichkeit gab, der Hitze Roms zu entfliehen.

Die Pilgermassen

Bald brauchte man eine Vorhalle, um die Pilgerscharen zu beherbergen, oder einen Ort, wo reuige Sünder ihre Gebete verrichten konnten, ohne das Mittelschiff zu betreten; deshalb errichtete man vor den Portalen häufig ein »Atrium« (ursprünglich der offene Hauptraum eines römischen Hauses). Um 500 herum begannen Steinaltäre die Holztische, wie sie in den Hauskirchen verwendet worden waren, abzulösen.

Taufen fanden zu bestimmten Zeiten statt, gewöhnlich in der Nacht zu Ostern, was bedeutete, daß viele Katechumenen gemeinsam getauft wurden. Deshalb verfügten einige Kirchen über ein separates Gebäude, das »Baptisterium«, das kreisförmig angelegt war und in dessen Mitte sich ein Taufbecken befand. Bald drängten sich weitere Gebäude um die Kirche: ein Hospiz für Pilger, ein Hospital für Kranke, Häuser für die Geistlichen, Armenhäuser und sogar Bäder.

In den großen neuen Kirchen stellte das Verhalten der Besucher den Klerus vor Probleme; die Geistlichen waren es nicht gewohnt, große Menschenmassen unter Kontrolle halten zu müssen. Ein Teil des Volkes hatte früher in den nichtchristlichen Tempeln getanzt und fand es deshalb ganz natürlich, auch in den neuen Kirchen zu tanzen; der Klerus jedoch betrachtete dies als pietätlos und heidnisch. Für einige Kirchgänger war es ganz normal, den Priestern nach Lesung und Predigt Beifall zu klatschen, andere wiederum empfanden es als respektlos, nach einer Predigt zu applaudieren. Einige brachten Weinflaschen mit in die Kirche, und diese Idee fand nur allzu großen Anklang. Den Priestern war nicht klar, wie schnell sich eine Menschenmenge in einen randalierenden Mob verwandeln konnte. Man brauchte nur von der Kanzel aus zu verkünden, daß alle nichtchristlichen Götter Dämonen seien, und schon konnte es passieren, daß die Menschen aus der Kirche strömten, um den nächsten Tempel niederzubrennen.

Der neue Kirchenraum bescherte der Kunst eine Blütezeit. Diese Kunst war jedoch nicht

Veronika mit ihrem Schweißtuch; ein spätes Werk des El Greco, um 1580, Toledo. Eine beliebte Legende des Kreuzwegs.

Der Eingang der Grabeskirche in Jerusalem. Konstantin sorgte dafür, daß das Gelände des Kalvarienberges und des freistehenden Grabes, das bereits von Pilgern besucht wurde, eine Kirche erhielt. Die Kirche wurde dreimal von Plünderern durch Feuer zerstört; 1808 fiel sie einem Brand zum Opfer, so daß der Großteil des Gebäudes aus dem Jahr 1810 stammt; der Glockenturm auf der linken Seite wurde von den Kreuzrittern errichtet.

immer religiöser Natur; so gab es einen Presbyter namens Nepotian, der die Kirchenwände sehr gekonnt mit Blumen bemalte. Die Katakomben blieben noch hundert Jahre nach Konstantins Herrschaft in Gebrauch, und die schönsten Kunstwerke darin stammen aus dieser Zeit. Doch sei es, daß das Graben zu teuer wurde oder daß die Wünsche der Angehörigen sich änderten und sie nicht länger in die Dunkelheit hinabsteigen wollten, um ihre Verstorbenen zu besuchen – auf jeden Fall wurden die römischen Katakomben seit dem fünften Jahrhundert nicht mehr benutzt; die religiöse Kunst blieb von da an den Kirchen vorbehalten. Sie entwickelte sich allerdings nur langsam; die alte jüdische Tradition des Bilderverbots beeinflußte das Christentum noch immer stark.

Fünfzig Jahre nach Konstantin begannen die Menschen das Porträt – sei es ein Bild oder eine Statue – als Kultgegenstand wieder stärker zu schätzen. Früher hatten sie Statuen der Hausgötter in ihren Räumen aufgestellt; nun wollten sie ein christliches Bild zum religiösen Mittelpunkt des Hauses machen. Diese Veränderung vollzog sich zunächst in den Wohnhäusern, doch auch die Kirchen mußten geschmückt werden, und so waren Gemälde, die Christus und die Heiligen darstellten, bald weit verbreitet. Das Volk begann, für diese Bilder oder Statuen die gleichen Gefühle zu hegen, die es der kleinen Statue im eigenen Haus entgegenbrachte – man spürte, daß eine göttliche Macht anwesend war, die ihren Segen spendete und Gutes bewirkte.

Ein Vierteljahrhundert nach Konstantins Tod bestieg noch einmal ein nichtchristlicher römischer Herrscher den Thron. Kaiser Julian, der vom Dezember des Jahres 361 an anderthalb Jahre an der Macht war, wurde zwar christlich erzogen, doch während seiner späteren Ausbildung unter heidnischen Lehrern schwor er im Alter von zwanzig Jahren heimlich dem christlichen Glauben ab. Sobald er den Thron bestiegen hatte, ließ er die alten Tempel wieder öffnen und opferte in ihnen nach alter Sitte. Um die heidnischen Riten wieder zum Leben zu erwekken, erwies er auch der Muttergöttin Kybele mit ihrer Vorliebe für blutige Opfer seine Verehrung. Außerdem war er Anhänger des Sonnenkultes und betätigte sich bei kultischen Feiern selbst als Altardiener. Er ließ das Christusmonogramm (XP) vom römischen Feldzeichen entfernen, forderte von den christlichen Priestern ebenso hohe Steuern wie von allen anderen Untertanen und untersagte nach halbjähriger Regierungszeit den Christen die Lehrtätigkeit an Schulen. Viele Soldaten opferten bereitwillig Weihrauch auf heidnischen Altären, um sich für einen geringfügig höheren Sold zu revanchieren.

Dennoch wirkte Kaiser Julians Religion merkwürdigerweise in einigen Bereichen fast christlich, weil auch er die Ideale der Platoniker anstrebte: Dazu gehörte der Wunsch, am vollkommenen Wesen Gottes teilzuhaben; das Vertrauen in die göttliche Vorsehung; der Versuch, den Körper von der Wollust zu läutern; Mäßigung im Essen und Trinken; die Suche nach Erkenntnis; Hoffnung auf das zukünftige Leben; der Glaube, daß die Macht des Herrschers ihm von Gott anvertraut sei; die Hochschätzung der Seele gegenüber dem Körper. Kaiser Julians Sittenkodex für seine neuen heidnischen Priester entsprang denselben Idealen, die auch vom christlichen Klerus gelehrt wurden.

Doch Julians Plan funktionierte nicht. In Antiochia und anderen Orten kam es zu Ausschreitungen, als er versuchte, einen heidnischen Tempel neu errichten zu lassen. Er begriff kaum, was in den Köpfen der Menschen vorging. Bei seiner Ankunft in Aleppo hielt er vor dem örtlichen Senat eine heidnische Predigt. Die Senatoren, zum Großteil Christen, nahmen seine Worte kühl, wenn auch höflich auf. Und sie waren nicht unglücklich, als Julian schließlich bei einer Schlacht in Mesopotamien ums Leben kam. Seitdem hatte Rom nie wieder einen nichtchristlichen Kaiser.

Dennoch war auch dreißig Jahre nach Julian der hoch auf einem Hügel thronende Tempel des Serapis noch immer das wichtigste Gebäude Alexandrias. Bücherliebhaber schätzten den Tempel wegen seiner guten Bibliothek, und auch einige Christen hingen an ihm, weil sich die alte Vorstellung von einem Zusammenhang zwischen dem Serapis-Kult und dem Steigen und Fallen des Nils, der Lebensader Ägyptens, nicht so schnell ausrotten ließ. Im Jahr 390 hatte sich der Tempel in eine Festung verwandelt, die von den Tempeldienern gegen die Angriffe christlicher Eiferer verteidigt wurde. Die Stadt fragte die Regierung um Rat, und Kaiser Theodosius I., der Große, ordnete das Ende des Serapis-Kultes an. Der Tempel wurde eingerissen, ohne daß sich Widerstand regte, und man baute eine Kirche auf dem Hügel; die Bibliothek und die übrigen Gebäude blieben

Ein Benediktiner bemalt die Jungfrau mit dem Kinde; aus einer Handschrift des Buches der Offenbarung in der Lambeth Palace Library, London, verfaßt um 1260. Die Handschrift stammt wahrscheinlich aus dem Kloster des heiligen Augustinus in Canterbury, einer Abtei, die von Augustinus von Canterbury gegründet wurde und bis zur Reformation existierte.

erhalten. Im Amphitheater verbrannte man die riesige Serapis-Statue unter dem Geschrei der Volksmenge.
Die klügeren unter den Bischöfen verboten der Menge, heidnische Tempel niederzubrennen. Augustinus zum Beispiel betrachtete eine solche Tat als unrecht. Bekehrt die Heiden, sagte er, dann werden sie sich uns anschließen und aufhören, ihre alten Götzen zu verehren.

Theodosius bestrafte das Tieropfer auf den Altären als Hochverrat; er verbot sogar die kleinen Hausgötter sowie das Ausgießen von Wasser, Wein oder Weihrauch vor den Götterstatuen. Doch viele Bewohner der ländlichen Gebiete wußten nichts von der Verordnung, oder sie kümmerten sich nicht darum und erhielten ihre alten Bräuche aufrecht. Die meisten besaßen in ihrem Haus einen Schrein, und nur ganz allmählich verwandelte sich die Figur in der Nische von einem alten Hausgott in die Jungfrau Maria oder eine andere christliche Heiligengestalt, die von der Familie verehrt wurde.

Heiden der oberen Schichten konnten noch immer hohe Ämter bekleiden, ihr Glaube war kein Grund für einen Ausschluß aus dem politischen Leben. In einigen, wenn auch nicht in allen Städten konnten heidnische Schriftsteller noch immer unbesorgt ihre Bücher veröffentlichen – die breite Masse las ohnehin keine Bücher.

Mönche und Nonnen

In den Schriftrollen vom Toten Meer stößt man auf eine jüdische Sekte, die es für Männer zu einer Bedingung des vollkommenen Lebens macht, ohne Frauen zu leben. Allerdings befolgte nur eine Elite der Gruppe diese Regel. Sie befanden sich in einem ständigen Ringen um den wahren Glauben, und sie durften sich nicht abwenden und im Zuhause oder in den Armen einer Gattin Erleichterung und Trost suchen. Möglicherweise waren sie mit den Essenern verwandt, Juden, die wie Mönche lebten, schweigend ihre Mahlzeiten einnahmen und sich weiß kleideten.

Die biblischen Apostel kannten die Vorstellung, daß die Ablehnung der Ehe zur Heiligkeit notwendig sei, noch nicht. Niemand behauptete, Jesus sei deswegen vollkommen gewesen, weil er, im Gegensatz zu seinem wichtigsten Apostel Petrus, nicht geheiratet habe.

Die ersten christlichen Gruppen, die im Zölibat lebten, bestanden aus Frauen. Es gab einen Frauenüberschuß, und die Kirche wandte sich strikt gegen die Sitte, ungewollte Babys, gewöhnlich Mädchen, »auszusetzen« und dem Tod zu überlassen. Einige dieser unverheirateten Frauen, die besonders zahlreich in den Städten waren, wurden von den Gemeinden dazu eingesetzt, den Priestern zu helfen. Sie begannen, sich zu organisieren, kamen zu bestimmten Zeiten in der Kirche zusammen, um zu beten und die Kirchenräume sauber zu halten; sie kümmerten sich um Kranke und Kinder. Ihre Regeln entwikkelten sich zu einer Lebensform; einige von ihnen machten sich als Lehrerinnen der Mädchen einen Namen, andere als seelsorgerliche Beraterinnen.

Sie waren noch keine Nonnen, da sie nicht zusammen lebten. Sie wohnten zu Hause und halfen ihren Eltern, oder sie bewohnten mit einem anderen unverheirateten Mädchen ein Zimmer in der Stadt. Doch ihre Lebensform ähnelte mehr und mehr der des Klosters, und sie verrichteten die gleiche Arbeit wie später die Nonnen. Sie nahmen an den im Gottesdienst stattfindenden Prozessionen teil oder sangen im Chor Psalmen; einige Frauenchöre waren bekannt, auch wenn nicht alle Menschen sie guthießen. Zunächst kleideten sich diese Frauen ganz normal, doch bald begannen sie, einen besonderen Stil herauszubilden, so daß sie gleich aussahen und auf diese Weise auffielen.

Wenn ihre örtliche Kirche von Gewalt bedroht war, hatten sie meist ein hartes Schicksal zu erwarten. Wie andere Frauen dieser Zeit konnten sie allein nicht weit reisen, ohne Angst vor einer Vergewaltigung haben zu müssen, und so war ihre Welt sehr klein. Wenn sie eine Wallfahrt zu einer weit entfernten heiligen Stätte unternahmen – was viele taten –, reisten sie in Gruppen und mit Begleitung. Später verkleideten sich manche allein reisenden Frauen als Mönche, um vor Übergriffen sicher zu sein. Es kam sehr oft vor, daß eine fromme Frau und ein frommer Mann in Liebe zusammenlebten, ohne jedoch ein sexuelles Verhältnis miteinander zu haben; dieses Zusammenleben, in dem die Tugend der beiden ständig auf die Probe gestellt wurde, führte zu scharfer Kritik von seiten der Bischöfe, die eine solche Frau als *subintroducta* bezeichneten, das heißt, als ein Mädchen, das heimlich ins Haus gebracht wird. Ihr Zorn war in den meisten Fällen ungerechtfertigt, und oft arbeitete die Frau lediglich als Haushälterin des Priesters. Dennoch drängten die westlichen Bischöfe darauf, daß unverheiratete Frauen in einer Gemeinschaft – dem zukünftigen Kloster – leben sollten, während die Bischöfe im griechischen Osten es aus demselben Grund allmählich lieber sahen, daß die Priester verheiratet waren.

Als sich die Frauen in Gruppen zusammenschlossen, lernte eine größere Zahl von ihnen lesen und schreiben, denn eine solche Gemeinschaft brauchte Mitglieder, die aus der Bibel vorlesen und darüber sprechen konnten. Sie hatten kein Gelübde abgelegt, doch allgemein war man der Auffassung, die Frauen hätten sich verpflichtet, Gott auf diese Weise zu dienen. Ursprünglich konnten die Mädchen jederzeit aus der Gemeinschaft austreten, wenn ihnen dieses Leben nicht mehr gefiel oder wenn sie heiraten wollten. Bald jedoch widersetzte sich die Kirche diesem Ansinnen und vertrat die Ansicht, daß das Leben der Frauen allein Gott geweiht sei. Es hieß, sie seien eigentlich schon mit Christus verheiratet.

In der zweiten Hälfte des vierten Jahrhunderts begannen solche Frauen, in einem feierlichen Ritual, das dem einer Hochzeit ähnelte, »den Schleier zu nehmen«; es war ein Akt, der wie die Taufe an hohen kirchlichen Festtagen vollzogen wurde. Der Brautschleier stammt schon aus vorchristlicher Zeit; er war damals jedoch noch nicht weiß, sondern rot.

Schon vor dem dritten Jahrhundert n. Chr., also noch zur Zeit der Verfolgungen, betrachtete man die ägyptische Wüste als eine geeignete Umgebung für ein einsames, Gott geweihtes Leben. Dieses merkwürdige Verhalten gibt noch immer Rätsel auf. Hunderte von Menschen fanden sich dazu bereit, in die Wüste zu ziehen – nicht allzuweit weg von einer Oase, um sich mit Wasser versorgen zu können –, allein in einer Höhle oder Zelle zu leben, Matten oder Körbe zu flechten, um das Geld für das kärgliche Essen, das ihnen angemessen schien, zu verdienen und den ganzen Tag im Gebet zu verbringen. Bald begann man, sie auf griechisch *monachoi* zu nennen (*Monachos* heißt »allein, einsam«). Diese Einsiedler waren die ersten Mönche, und seitdem ist das Eremitenleben (Wüste heißt auf griechisch »eremos«) ein Bestandteil der christlichen Tradition geblieben.

In dieser Flucht aus der »Welt« lebte der Geist der Märtyrer fort, die sich gegen den römischen Staat erhoben hatten. Ohne die frühchristlichen Märtyrer hätte es die späteren Mönche wohl nicht in dieser Form gegeben. Möglicherweise spielte auch der Wunsch, der Verfolgung oder gar den Steuereintreibern zu entrinnen, eine Rolle, denn die römische Regierung hatte einen so großen Geldbedarf und so wenige Mittel, daß die Steuerlast erdrückend war. Doch dies sind nur Vermutungen, um den hastigen Aufbruch in die Wüste zu erklären; in den zeitgenössischen Dokumenten gibt es keinerlei Beweis dafür.

Für die Frauen war ein Eremitendasein mit seinen Gefahren nicht möglich. Selbst bei den Männern gab es eine nicht geringe Rate an gewaltsamen Todesfällen. (Auch der berühmteste Einsiedler des 20. Jahrhunderts, Charles de Foucauld, der in der Sahara bei einer Oase im südlichen Algerien in der Einsamkeit seine Gebete verrichtete, wurde 1916 von Tuaregs ermordet.) Deshalb schlossen sich die Eremiten zu Kolonien zusammen, auch wenn sie noch immer getrennt lebten. Die ersten Kolonien entstanden in der Nitria (Wadi Natroun) und der Cellia, der Wüste außerhalb von Kairo. Die berühmte Eremitenkolonie auf dem Berg Athos im Norden Griechenlands wurde im zehnten Jahrhundert auf der felsigen Halbinsel gegründet und machte den Berg bis auf den heutigen Tag zu einem heiligen Bezirk; Frauen ist der Zugang verboten. Die Abgeschiedenheit, die Felsen sowie die Größe der Kolonie tragen erheblich zur Sicherheit der Mönche bei.

Doch die Einsiedler mußten sich nicht allein aus Gründen der Sicherheit zusammenschließen. Auch sie wurden alt und pflegebedürftig. Sie wollten sonntags am Gottesdienst teilnehmen. Und sie stellten bald fest, daß ihre Lebensweise Diebe auf der Flucht ebenso anzog wie die »Hippies« des frühen Mittelalters, die die »Welt« aus anderen Gründen als dem Bedürfnis zu beten verschmäht hatten, und auch Verrückte, für die es keine Irrenanstalten gab. Außerdem kamen sie zu der Überzeugung, daß sie ihre Ideale nur verfolgen konnten, wenn sie sich entsprechende Regeln gaben.

Sie machten die Erfahrung, daß kaum jemand die ganze Zeit beten kann und daß man sich durch den bloßen Aufenthalt an einem Ort, an dem man niemals eine Frau treffen wird, noch lange nicht von der Wollust befreit; sie fanden heraus, daß man der Gier nicht entrinnt, auch wenn man nur Wasser, ein wenig Brot, ein paar Bohnen, eine Decke sowie Feder und Papyrus braucht. Sie entdeckten, daß endlose Muße nicht den inneren Frieden, sondern Langeweile und Melancholie erzeugt. Bald wurde klar, daß ständige Einsamkeit eine Gefahr für das geistige Wohlbefinden darstellt. Diese Beweggründe ließen aus den frühen Eremiten Mönche werden.

Es entstanden zwei Formen des Mönchtums. Die einen blieben Eremiten, die einer gemeinsamen Regel und einem Abt unterstanden; sie trafen sich zum Sonntagsgottesdienst und zu anderen wichtigen Gelegenheiten, doch einen Großteil der Woche verbrachten sie noch immer allein. Diese Lebensform ist bis zum heutigen Tag das Ideal vieler Mönche der Ostkirche sowie bestimmter Orden in der Westkirche geblieben, insbesondere des Kartäuserordens, der in den Ausläufern der Alpen an dem Ort gegründet wurde, der heute »Grande Chartreuse«, das heißt »Das große Haus der Kartäuser« genannt wird. In der Ostkirche wurde das griechische Wort für »Gasse«, *laura*, das sich auf die Verbindungsgänge zwischen den einzelnen Zellen bezog, für solche lockeren Gruppen von Mönchen, die einem gemeinsamen Superior unterstanden, verwendet.

Den zweiten Typ bildete das Kloster, wie es in den westlichen Ländern üblich ist – eine Gruppe unverheirateter Männer, die in einer Gemeinschaft zusammenleben, zusammen beten und gemeinsam die Mahlzeiten einnehmen. Sie gehorchten einer schriftlich niedergelegten Regel und unterstanden einem gewählten Abt. Ihren Lebensunterhalt verdienten sie durch gemeinsame Arbeit, zunächst mit Landwirtschaft, dem Abschreiben von Büchern oder vielleicht auch mit einer Schule. Später kümmerten sie sich meist um die geistlichen und seelsorgerlichen Bedürfnisse eines nahe gelegenen Dorfes, und noch später wurden einige von ihnen Gelehrte. Das griechische Wort für diese Art von Gemeinschaft war *koinobion*, »Gemeinschaftsleben«, auf lateinisch *coenobium.*

Der Hauptunterschied zwischen diesen beiden Formen der Religiosität lag in der Art der Gottesverehrung. Die Eremiten praktizierten das stille, unablässige Gebet des einsamen Menschen; die Zönobiten hingegen hielten mehrmals am Tag und in der Nacht Gottesdienste ab, in denen gemeinsam gebetet und gesungen wurde. Da die meisten Männer und Frauen ohnehin nicht die ganze Zeit beten können, genügte es, sie oft in der Kirche zu versammeln und am gemeinsamen Gebet teilnehmen zu lassen, um sie für den ganzen Tag seelisch zu erbauen. Möglicherweise litten sie ebenso sehr unter Langeweile wie die Eremiten, wurden melancholisch und sehnten sich vielleicht sogar nach der Freiheit der »Welt«; doch in der Gruppe konnte einer solchen Unzufriedenheit leichter abgeholfen werden. Außerdem hatten die Mönche im Alter jemanden, der sie versorgte.

Unter den jungen Eremiten, die in die Wüste zogen, kam es dagegen des häufigeren zu seelischen Zusammenbrüchen, so daß man sich veranlaßt sah, jungen Männern, die nicht wenigstens einige Jahre in einem Zönobium gelebt hatten, das Eremitentum zu verbieten.

Das Leben in der Gemeinschaft bildete auch das Modell für die Gruppen unverheirateter Frauen, die als Nonnen in einem Kloster lebten – auf lateinisch *claustrum*, was ursprünglich ein Schloß oder einen Riegel bezeichnete und sich von *claudere*, »schließen«, herleitete. Die Idee, sich selbst einzuschließen, entsprang in erster Linie dem Bedürfnis, sich ungewollte Besucher vom Hals zu halten und auch in gefährlichen Gegenden sicher zu leben. Auch der Name »Konvent« war üblich, vom lateinischen *conventum*, eine Zusammenkunft von Menschen. Der lateinische Begriff *abbatia*, »Abtei«, bezeichnete dagegen nur Gemeinschaften, an deren Spitze ein Abt (vom aramäischen *abba*, »Vater«) stand. Ursprünglich war der Abt lediglich irgendein frommer Mann, der als Berater fungierte. Bis zum sechsten Jahrhundert gab es keine Äbtissinnen.

Die Mönche betrachteten den heiligen Antonius (gest. 365) als ihren Urvater, den ersten Eremiten in Ägypten, der dort mit Dämonen wilde Kämpfe ausfechten mußte. Nachdem er diese schreckliche Erfahrung durchgestanden hatte, gründete er eine Eremitenkolonie und gab ihr eine Regel. Dann kehrte er wieder zum Leben in der Einsamkeit zurück, das jedoch nicht mehr ganz so einsam sein konnte, weil er sich zu diesem Zeitpunkt schon einen Namen als seelsorgerlicher Berater gemacht hatte und auch weiterhin seine Aufgabe darin sah, Besuchern mit seinem Rat zu helfen. Das erste Kloster mit einer festen Mönchsgemeinschaft soll der heilige Pachomius (292–346) im oberägyptischen Dorf Tabennisi gegründet haben; die von ihm aufgestellten Regeln sind die frühesten erhaltenen.

Auch andere entwarfen Regeln für ein klösterliches Leben. So lebte der im griechischen Osten, in Caesarea in Kleinasien, geborene Basi-

Die drei Kirchenväter Gregor, Basilius und Johannes Chrysostomus; aus der Cappella Palatina in Palermo, die 1131–43 erbaut wurde und mit prächtigen Mosaiken ausgestattet ist; die Namen sind in griechischen und lateinischen Buchstaben geschrieben, da Sizilien von beiden Kulturen geprägt war.

Ein Bild aus dem 14. Jahrhundert, das eine Vorstellung gibt von dem Leben der ersten Einsiedler in Ägypten, draußen in der Nitria und Cellia, der Wüste westlich von Kairo. Es zeigt die Ursprünge des christlichen Mönchtums mit lockeren Regeln, die jedem gestatteten, sein Leben auf seine Weise Gott zu weihen. Obwohl das Bild es vermuten läßt, lebten die Mönche nicht in der Nähe des Nils.

lius (gest. 379) ebenfalls eine Zeitlang als Einsiedler in Ägypten, wurde jedoch vor allem durch sein späteres Wirken als Bischof bekannt. Schon zuvor hatte er allerdings in Caesarea Klöster gegründet und Regeln für sie verfaßt. Obwohl diese Regeln von seinen Nachfolgern im Osten sehr locker ausgelegt wurden, betrachteten sich die östlichen Mönche stets als Basilianer, im Gegensatz zu den Mönchen im Westen, deren erste Regeln vom heiligen Benedikt (gest. 547) stammten.

Basilius und Benedikt gemeinsam war allerdings der gesunde Menschenverstand. In den Anfängen des Mönchtums hatten einige Eremiten sonderbare Verhaltensweisen an den Tag gelegt; sie saßen auf Säulen (die sogenannten »Styliten«) oder behängten sich mit schweren Ketten, um den Körper zu besiegen, so daß der dann freie Geist nach Ewigkeit streben konnte. Basilius und Benedikt dagegen verfaßten ihre Regeln so, daß es auch für gewöhnliche Menschen relativ leicht war, sie zu befolgen; auf diese Weise machten sie die Klöster zu einem normalen Bestandteil des Lebens.

Die Kritiker

Die Welle des Idealismus war von kritischen Stimmen begleitet; man fürchtete um das Gute in der Welt, als so viele Menschen diese verließen. Vigilantius, einem spanischen Priester, der auf der französischen Seite der Pyrenäen sein Amt ausübte, gefiel es nicht, daß die Verehrung des Volkes sich auf die Märtyrergräber konzen-

trierte, und er mißbilligte die Riten, die früher bei der Götzenanbetung ihren Platz hatten und die man nun an christlichen Gräbern beobachten konnte. Er wies darauf hin, daß diese Körper nichts als Staub und Asche seien und daß die Seelen, die man verehrte, oben im Himmel weilten; er zweifelte daran, daß die Wunder, die sich angeblich an den Gräbern ereigneten, echt waren. Ebenso wenig gefiel ihm, daß so viele Menschen allen sexuellen Begierden abschworen, denn er glaubte, daß einige nicht in der Lage waren, ihr Gelübde einzuhalten; und er mißbilligte, daß sehr viele ihr gesamtes Geld abgeben und Christus zuliebe arm sein sollten, denn seiner Ansicht nach konnten sie mehr Gutes tun, wenn sie das, was ihnen gehörte, behielten und die Zinsen dazu benutzten, den Armen zu helfen. Wir brauchen gute Männer und Frauen, sagte er, die uns helfen, die Heiden zu Christus zu bringen. Ist es richtig, daß so viele solcher Menschen fortgehen, um Mönche oder Nonnen zu werden? Und wie sollen wir dann die Heiden bekehren? Er wandte sich gegen den Brauch, gesammeltes Geld nach Jerusalem zu schicken, wo es doch in seinem eigenen Land so viele arme Menschen gab. Seinen Gegnern, die behaupteten, daß es dem Menschen helfe, in ein Kloster zu gehen, weil er dort keine Huren treffe und nicht mit anderen Menschen in Berührung komme, mit denen er sich womöglich streite, entgegnete Vigilantius, dies sei ein Akt der Feigheit; ein Christ könne sich dem Teufel gegenüber behaupten, indem er die Rüstung Gottes anlege.

Diese Argumente wurden zwar von Vigilantius' Bischof und einigen anderen akzeptiert, aber sie hielten die Menschen keineswegs davon zurück, ihre Frömmigkeit in der allgemein üblichen Art und Weise auszudrücken.

Ein Kritiker, der offensichtlich für mehr Unruhe sorgte – nach der Zahl der wichtigen und bekannten Christen zu urteilen, die sich Mühe gaben, seine Argumente zu widerlegen –, war Jovinianus. Er war Mönch gewesen, hatte jedoch das einsame Leben aufgegeben – nicht allerdings den Habit und das Zölibat – und war nach Rom gekommen. Dort verfaßte er ein Buch gegen die monastische Lebensform; es war in schwülstigem Latein geschrieben und las sich sehr schwer. Zwar verurteilte er die Frauen nicht, die sich entschieden hatten, Nonnen zu werden, doch sprach er viel von der Freiheit statt vom Leben nach der Regel; vor Gott stehe man als Jungfrau nicht besser da denn als Witwe oder Ehefrau. Er rühmte die glücklichen Ehen, die in der Bibel gepriesen werden, er zitierte das Hohelied mit seinem Lobpreis der sexuellen Vereinigung, und er verurteilte weitere Formen der Abstinenz: In Gottes Augen sei es keineswegs besser, sehr wenig zu essen, vielmehr solle man gut essen und Gott Dank dafür sagen. Der Schöpfer habe die Erde mit Pflanzen und Fleisch ausgestattet, damit genug zu essen da sei. Es gebe eine Menge Arbeit auf der Welt, man brauche Kraft, um sie zu bewältigen.

Seine Aussagen fanden mehr Anklang als die des Vigilantius; einige junge Frauen, die beschlossen hatten, Nonnen zu werden, änderten ihre Meinung und heirateten. Menschen in Rom und Mailand sowie in ein paar anderen Städten unterstützten ihn, doch zwei Konzile erklärten seine Lehre für falsch. Letztendlich hatten seine Ideen wenig Einfluß.

Unverheiratete Priester

Sobald die moralische Überlegenheit des ehelosen Lebens gegenüber der Ehe allgemein anerkannt war, mußte es zwangsläufig eine Bewegung geben, die die Priester an einer Heirat hinderte. Bereits beim großen Konzil von Nicäa 325 schlug jemand ein Heiratsverbot für Bischöfe, Priester, Diakone und Subdiakone vor. Der Vorschlag scheiterte jedoch, und man hörte auf Bischof Paphnutius, weil er ursprünglich als Eremit in Ägypten gelebt hatte und sich bei der letzten Christenverfolgung als tapfer erwiesen hatte. Paphnutius hatte erklärt, daß die Genehmigung dieses Vorschlags nur zu einem unmoralischen Verhalten führen könne und daß es genüge, wenn Geistliche nicht mehr heiraten dürften, nachdem sie die Priesterweihe empfangen hatten.

Doch sechzig Jahre später erreichte die Idee Rom. Das ganze Jahrhundert hindurch gewann die Überzeugung, daß Priester unverheiratet sein oder zumindest keine Kinder haben sollten, immer mehr Anhänger. Auch der heilige Ambrosius, Bischof von Mailand, befürwortete diese Ansicht, obwohl er wußte, daß sie nicht leicht durchzusetzen sein würde. In den großen Städten konnte man möglicherweise eine ausreichende Zahl unverheirateter Geistlicher finden, doch in den ländlichen Gemeinden gab es sicherlich nicht genügend.

Im Jahr 385 wirkte es keineswegs absurd, als Papst Siricius, der behauptete, der heilige Petrus wohne in ihm, entsprechende Disziplinarregeln für die Kirche aufstellte. Er ordnete an, daß kein Bischof, Priester oder Diakon Geschlechtsverkehr haben dürfe. Während des folgenden Jahrhunderts wurde diese westliche Regel zwar in der Theorie durchgesetzt, doch erwies sie sich in den ländlichen Gebieten als undurchführbar und auch in den Städten als wenig praktikabel. In den Konzilstexten, die durch das häufige Wiederaufgreifen des Gesetzes zeigen, daß es nicht eingehalten wurde, nannte man die Ehefrau eines Bischofs *episcopa*, die Ehefrau eines Priesters *presbytera*. Die Ostkirche hielt das Gesetz bis zu einem gewissen Grad ein, indem sie die Bischöfe zumeist aus den Reihen der Mönche auswählte; ein Priester durfte verheiratet sein (aber er durfte nach der Priesterweihe nicht mehr heiraten), ein Bischof hingegen mußte immer ledig sein. Einige Jahrhunderte lang heirateten die Kleriker in den meisten westlichen Ländern weiterhin, und bis zum 11. Jahrhundert bemühte man sich nicht wirklich um eine Durchsetzung der Regel; der einzige Erfolg des Gesetzes bestand später darin, daß es zur Entstehung der protestantischen Bewegung beitrug. Die Protestanten vertraten die Überzeugung, daß das Recht der Ehe eine Freiheit sei, die dem Priester genauso wie anderen Christen und Christinnen zustehen sollte.

Diese Forderung nach einem zölibatären Leben war das überraschendste Nebenprodukt der Welle des Idealismus, die in Ägypten ihren Ursprung hatte und während der ersten Zeit

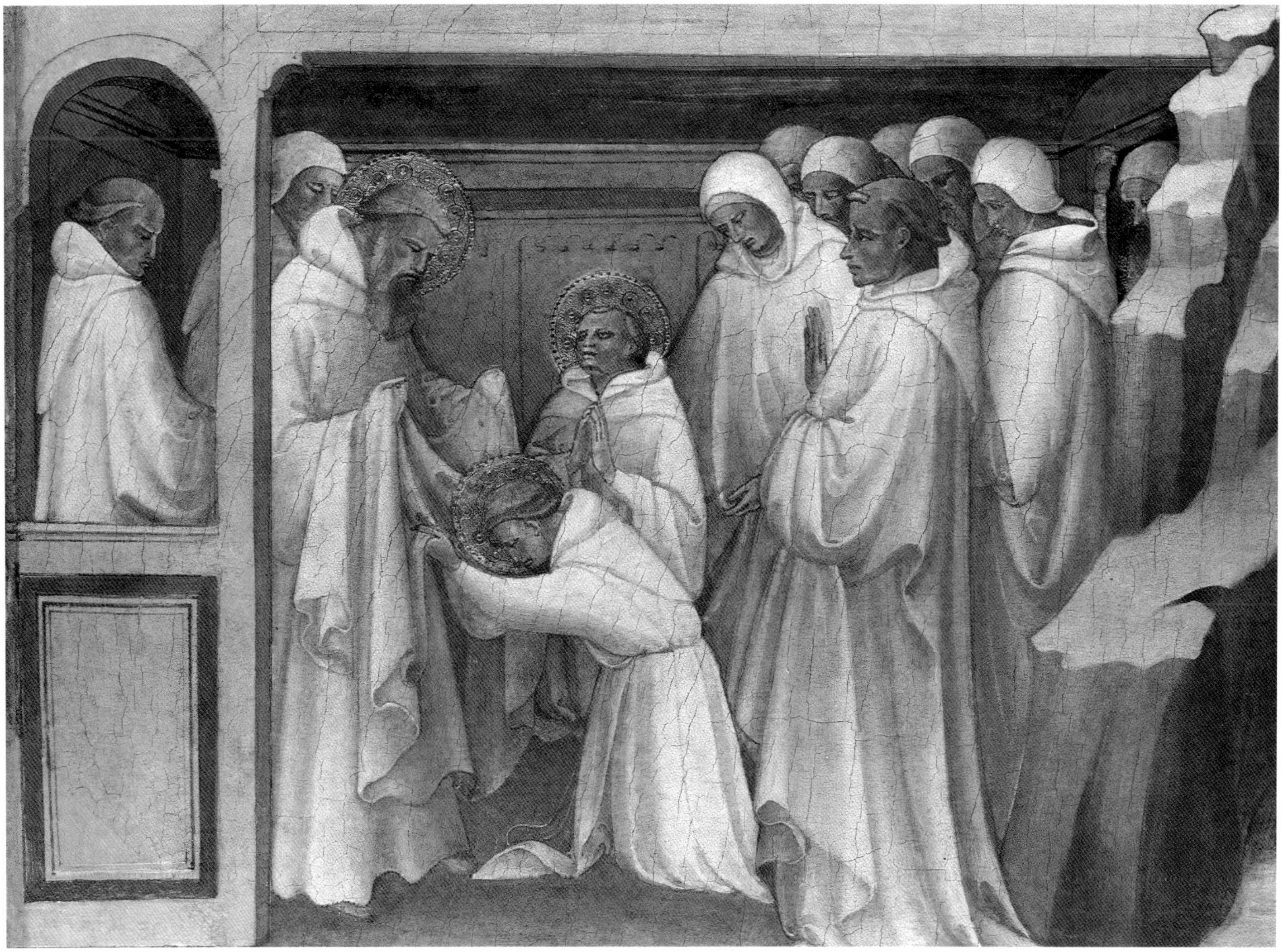

nach dem Ende der Verfolgungen über die Kirche hinwegrollte.

Cassianus und Benedikt

Die ägyptischen Ideale verbreiteten sich nach Westen, nach Nordafrika, Gallien und Spanien. Wichtigste Leitfigur war ein exilierter Mönch in Marseille, der zuvor mit ägyptischen Eremiten asketische Studien betrieben hatte. Der um 432 verstorbene Johannes Cassianus befaßte sich als erster ernsthaft mit der Moral und der Psychologie des mönchischen Lebens. Seine *Gespräche* sind Vorträge über das Beten, das beschauliche Leben und ähnliche Themen; er legte die Worte ägyptischen Eremiten, die er gekannt hatte, in den Mund. Das Buch wendet sich verstärkt den seelischen Vorgängen zu; gleichzeitig ist es die scharfsinnigste psychologische Studie über die Reinheit des Herzens und des Gebets, die in der antiken Welt verfaßt wurde. Cassianus' Nachfolger, die ebenfalls Regeln aufstellten, benutzten das Werk ausgiebig.

Ein Unbekannter, den wir von den ersten Worten seines Textes her als »Der Meister« kennen, verfaßte eine Regel für lateinisch sprechende Mönche; diese Regel wurde von Benedikt zu einem großen Teil übernommen und verbessert. Benedikt ließ sich zunächst in Subiaco nahe Rom und später in Montecassino bei Neapel nieder. Dort starb er um 545.

Die Benediktinerregel ist einfach und schlicht gehalten. Benedikt nennt sie »eine kleine Regel für Anfänger«. Verglichen mit den asketischen Leistungen der frühen Eremiten ist sie das auch tatsächlich, und sie wurde zur klassischen Regel aller westlichen Mönche. Auch Orden, die ihre eigenen Regeln abfaßten, benutzten sie als Grundlage.

Obwohl die Benediktinerregel Vernunft propagierte und auf Mäßigung drängte, bewahrte

Der heilige Benedikt kleidet zwei der ersten Benediktiner, Maurus und Placidus, ein; von Lorenzo Monaco, um 1420. Maurus soll als Nachfolger Benedikts Abt von Montecassino gewesen sein. Monaco war Lehrer von Fra Angelico und Kamaldulensermönch. Der 1012 gegründete Orden von Camaldoli war ein Eremitenorden.

Ein mit Edelsteinen geschmückter Reliquienschrein aus dem neunten Jahrhundert, der sich heute in Wien befindet. In ihm sollen sich angeblich die Überreste eines bedeutenden Heiligen, des Stephanus, befinden.

sie die frühen Ideale: Wir brauchen Männer und Frauen, die viel beten und die all unsere Bedürfnisse zu Gott tragen. Das ist das wichtigste Ziel eines Mönchs: *opus Dei*, das Werk Gottes. Um dieser Aufgabe gerecht zu werden, müssen die Mönche aus dem weltlichen Leben heraustreten. Sie sollen sich in einer Gruppe zusammenschließen, weil das Leben in der Einsamkeit die Psyche der meisten Menschen gefährdet. Sie sollen ihr Bett oder ihre Schreibfeder nicht als Eigentum beanspruchen; sämtliche Bedürfnisse des Lebens werden durch den Gebrauch, jedoch nicht durch den Besitz der Dinge befriedigt. Sie sollen ihren eigenen Willen unterdrücken und jemand anderem alle Entscheidungen überlassen, indem sie einen Abt wählen, dem zu gehorchen sie dann moralisch verpflichtet sind. Sie brauchen etwas zu essen, deshalb müssen sie außerhalb der festen Gebetsstunden auf den Feldern arbeiten. Diese Vorstellungen wurden in das Ordensgelübde umgesetzt, das der Mönch ablegte, wenn er seine Seele der klösterlichen Lebensform weihte: Armut, Gehorsam und Keuschheit waren die wichtigsten Forderungen.

Aus Sicherheitsgründen wurden Frauenklöster in der Stadt oder am Stadtrand gebaut oder aber auf dem Lande neben einer Mönchsgemeinschaft. Diese zweite Klosterform wurde »Doppelkloster« genannt. Solche Anlagen ließen Bedenken aufkommen, da die Leute glaubten, daß Mönche und Nonnen sich gegenseitig stören würden. Aber wenn die Nonnen den Frieden der Felder und Wälder genießen und nicht in einer Stadt leben sollten, war dies die einzige Möglichkeit, die ihnen Sicherheit versprach. Im Westen stand die Äbtissin und nicht der Abt an der Spitze der ganzen Klostergemeinschaft; dies zeigt, daß die Mönche dort lebten, um den Nonnen zu helfen. Im neunten Jahrhundert wurden diese Doppelklöster durch eine Reform im Frankenreich abgeschafft. Doch schon bald entstanden wieder neue, denn sie befriedigten ein Sicherheitsbedürfnis; es wurden spezielle Orden gegründet, die dieses System praktizierten. Die Doppelklöster waren im Westen nicht offiziell verboten, doch die Menschen waren auch nicht gerade begeistert von ihnen, und als die Straßen schließlich nicht mehr so häufig von Räubern unsicher gemacht wurden, verschwanden sie nach und nach.

Die Entstehung der Klöster sorgte für eine große Veränderung des kirchlichen Lebens. Im Jahr 200 n. Chr. bestanden die christlichen Gemeinden aus zumeist kleinen Gruppen, die ihre Gebete in Hauskirchen verrichteten und sich um Kranke und Arme kümmerten; sie hielten sich vor der Polizei versteckt und riskierten, festgenommen, vor Gericht gestellt und hingerichtet zu werden. Der Mittelpunkt ihrer Gebete war die Kirche. Dreihundert Jahre später waren viele besonders engagierte Christen nicht länger ein Teil des städtischen oder dörflichen Lebens, sondern hatten sich statt dessen in Klöster zurückgezogen.

Heilige

Für die frühen Christen waren alle ihre Gemeindemitglieder »Heilige«, und die Kirche hieß »die Gemeinschaft der Heiligen«. Zunächst betrachteten sie Paulus und Petrus nicht als Heilige in der modernen Wortbedeutung. Das griechische Wort *hagios* bedeutet »heilig, gottgeweiht«. Jeder Christ galt als Jünger, somit war jeder *hagios*. In der heidnischen Welt wurden Heroen kultisch verehrt, doch die Christen konnten sich mit dieser Form der Verehrung nicht anfreunden; es gibt keine frühen Beweise für einen Heiligenkult. Sie betrachteten Christus als die einzige Person, durch die man zu Gott beten durfte und von der man eine Antwort auf sein Gebet erbitten konnte.

Bald starben die ersten Märtyrer, Stephanus, der allererste, bereits im Jahr 35 n. Chr. Polykarp, der Bischof von Smyrna, wurde um 155 im Alter von etwa neunzig Jahren verhaftet – er kannte vielleicht noch einige der ersten Apostel. Er weigerte sich, dem Glauben abzusagen und wurde deshalb verbrannt. In einem Bericht der Gemeinde von Smyrna heißt es, man habe seine Gebeine, »die kostbarer sind als Juwelen oder Gold«, zusammengetragen und sie in ein geschmücktes Grab gelegt. »Und an diesem werden wir durch die Gnade Gottes und nach bestem Wissen und Gewissen in Freude zusammenkommen, um den Tag seiner ›Geburt‹ für den Himmel, das heißt, den Tag seines Märtyrertodes, zu feiern.« Diese Aufzeichnung ist der erste Hinweis darauf, daß die Christen ihre Heiligen feierten.

Die christlichen Gelehrten erklärten, der Heilige sei im Himmel, Gott hingegen überall. Doch für die einfachen Menschen war das Grab der Ort, am dem sie noch immer in Kontakt zu dem Märtyrer treten konnten, der zu Gott gegangen

Der heilige Hieronymus im Gehäus, in Bethlehem, wo er die Bibel ins Lateinische übersetzt; diese Übersetzung wurde später »Vulgata« genannt und in der ganzen lateinisch sprechenden Welt benutzt. Hieronymus wird gewöhnlich mit einem zahmen Löwen abgebildet. Jedoch besaß er weder ein Stundenglas noch ein Kruzifix, noch einen Kardinalshut in dieser Form. (Das erste Kruzifix ist knapp zweihundert Jahre nach ihm belegt.) Von Dürer, 1511

war, ähnlich wie bei der Heiligenverehrung der Juden oder beim Heroenkult der Griechen. Sie spürten, daß sie den Geist des Verstorbenen dort auf irgendeine Weise noch vorfinden konnten. So empfingen sie das Sakrament am Grab und nahmen dort auch häufig eine Mahlzeit ein. Als sie sich schließlich nach dem Ende der Verfolgungen in der Öffentlichkeit treffen konnten, zog die Menschenmenge, die am Todestag des Märtyrers zusammenkam, Händler an, die ihre Waren zum Verkauf anboten, so daß um die heiligen Stätten herum ein Markt entstand.

Zunächst galten nur die Märtyrer als Heilige. Angeblich endeten alle elf Apostel als Märtyrer, obwohl man es bei den meisten nicht beweisen konnte. Die Christen suchten nach ihren sterblichen Überresten; der bedeutendste Fund, im Jahr 415, waren die Gebeine des heiligen Stephanus, des ersten Märtyrers, in einem Grab nicht weit von Jerusalem. Doch zu diesem Zeitpunkt waren Märtyrer und Bekenner nicht mehr die einzigen Heiligen. Die Flucht in die Wüste brachte einen neuen Heldentyp hervor, die Mönche, Eremiten und Nonnen, die ebenso wie die Märtyrer für ihren Glauben litten.

Zur Zeit der Märtyrer verspürte man noch kein Bedürfnis, die Lebensgeschichte eines Heiligen schriftlich festzuhalten. Man benötigte lediglich drei Fakten: den Namen, den Tag und Monat der Hinrichtung (das Jahr war unwichtig) und den Ort, an dem die Hinrichtung stattfand. Als man später begann, *Heiligenleben* zu verfassen, waren diese Texte (im Unterschied zu den *Märtyrerakten*) mehr Predigt als Geschichtsschreibung; einige der frühesten waren tatsächlich Predigten. Hieronymus etwa erfand Biographien von Menschen, über die er fast nichts wußte. Die Lebensbeschreibungen schlossen oft auch Ereignisse aus der Zeit nach dem Tod des Heiligen mit ein – Heilungen am Grab oder vielleicht die »Überführung« der Leiche vom Sterbeort in eine Kirche. Im sechsten Jahrhundert schließlich begann man, das Wort »Sankt« vor den Personennamen zu setzen.

In den frühen Jahrhunderten wurden Tote einfach dadurch zu Heiligen, daß die Menschen in großen Scharen an ihre Grabstätten pilgerten. Schließlich sahen sich die Bischöfe gezwungen, Gebete an diesen Orten zu billigen. Verehrungswürdige Frauen und Männer wurden also vor allem durch die Erinnerung, die sie im Volk genossen, und nur in zweiter Linie auf Anordnung von oben heilig gesprochen. Nach den Märtyrern galt die Liebe des Volkes vor allem den Mönchen und Nonnen, dann folgten (mit großem Abstand) die Bischöfe. Doch allmählich begann man sich zu fragen – wie es die Bischöfe schon lange taten –, ob einigen Personen die Gebete an ihrem Grab wirklich zustanden, ob also die Verehrung des Volkes immer berechtigt war. Unter Karl dem Großen versuchten die westlichen Bischöfe erstmals, einen Weg zu finden, um einen Heiligen »anzuerkennen«. Im Jahr 1000 etwa begann der Papst, bestimmte Heiligenkulte zu erlauben. Zweihundert Jahre später wurden seine Entscheidungen in der Westkirche zum Gesetz. Die Menschen schufen sich jedoch weiterhin ihre Heiligen, ohne sich im geringsten um die Entscheidungen Roms zu scheren.

Auch in späteren Jahrhunderten wurden Mönche und Nonnen häufiger zu Heiligen als andere Menschen, doch jetzt gab es dafür auch

Ein Reliquienschrein, der einen Arm Karls des Großen enthalten soll; die Außenseite zeigt angeblich sein Porträt.

Der Bemaler der Marienstatue macht seine Sache nicht gut, deshalb nähert sich ihm der Teufel. Aus einem Gesetzbuch des frühen 14. Jahrhunderts, das wahrscheinlich nicht in England geschrieben, wohl aber dort mit Bildern ausgeschmückt wurde; im 15. Jahrhundert gehörte es der Priorei St. Bartholomew's in London.

andere Gründe: Nicht mehr allein die Hochschätzung der Menschen war ausschlaggebend, sondern mehr und mehr auch die langwierige Prüfung ihres Wirkens, bevor der Kult legitimiert wurde. Gemeinschaften von Mönchen und Nonnen starben nicht aus und konnten sich somit lange für die Heiligsprechung ihres Kandidaten einsetzen – und sich die dafür notwendigen Ausgaben leisten.

In den schwierigen Jahrhunderten nach dem Zusammenbruch der römischen Zivilisation im Westen gab es einen Unterschied zwischen östlichen und westlichen Heiligen. Im relativ beständigen Osten blieb alles wie vorher: Die Heiligen waren Mönche, die der Welt entsagten, fromme Christen in ihren stillen Klöstern. Im chaotischen Westen wurden große Führer und mächtige Männer verehrt und schließlich zu Heiligen ernannt, zum Beispiel Papst Gregor der Große, Kaiser Karl der Große (der nach heutigen Maßstäben keinesfalls ein Heiliger war) oder König Edward der Bekenner von England – Männer der Tat, die den Frieden repräsentierten oder als Symbolfiguren für einen vergangenen und wieder ersehnten Frieden standen.

Die Menschen hatten eine bestimmte Vorstellung von einem Heiligen, und alle ihre Heiligen sollten diesem Bild entsprechen. Also verfaßten Mönche Heiligenviten, die bis auf geringfügige Abweichungen stets auf ein und derselben Biographie basierten; überall wurde von den gleichen Tugenden berichtet. Wir verfügen bis in die Zeit des Franziskus von Assisi im frühen 13. Jahrhundert über sehr wenige Heiligen-Biographien, die »lebensecht«, ein Stück wirkliche Geschichte sind. Von da an endlich bekamen die Heiligen menschliche Züge – obwohl die schematischen Vorstellungen nie ganz auszurotten waren.

Jetzt tauften die Leute ihre Kinder gerne auf den Namen eines Heiligen. Und man erwartete, daß in jeder Kirche unter dem Altar eine Reliquie aufbewahrt wurde, was allerdings auch keine allzu großen Schwierigkeiten bereitete. Um die Leichen vor Dieben zu schützen, räumte man zum Beispiel die römischen Katakomben aus, die sich als wahre Fundgrube verehrungswürdiger sterblicher Überreste erwiesen.

Durch die Reliquienverehrung änderte sich auch die Gestaltung des Kirchenraums. Wenn die Überreste des Heiligen nun am Altar aufbe-

Der heilige Christophorus, wie immer mit Stab in der Hand, trägt das Christuskind über den Fluß;
aus einem französischen Gebetbuch, das am Tag des heiligen Christophorus, dem 25. Juli, aufgeschlagen ist.

wahrt werden mußten, gab es in der Mitte der Apsis keinen Platz mehr für den Bischof; dieser mußte also auf einen an der Seite der Apsis aufgestellten Thron ausweichen. Der Heilige war der »Patron« dieser Kirche, der Schirmherr dieser Gemeinde.

Bestimmte Berufsstände und auch schwierige Phasen im Leben eines Menschen bekamen ihre besonderen Heiligen; der heilige Nikolaus war der Schutzpatron der Kinder und der Seefahrer, die heilige Margareta die Schutzpatronin der Hebammen und der gebärenden Frauen. Eine Form dieses Patronats wurde sogar von den Kirchenoberhäuptern gefördert: Manche heidnischen Götter besaßen Heiligtümer, in denen man sie um Hilfe anflehen konnte, und solche heiligen Stätten zogen bisweilen große Menschenmassen an. Die Bischöfe gingen dazu über, die Menge nicht gegen das Heiligtum aufzuhetzen und es zerstören zu lassen, sondern es zu bewahren und den Altar mit Überresten eines Heiligen auszustatten, dessen Fähigkeiten in etwa mit denen des heidnischen Gottes identisch waren.

Äskulap zum Beispiel war der griechische Gott der Heilkunde; er besaß Tempel, die Nichtchristen und sogar einige Christen in der Hoffnung auf Heilung aufsuchten oder in die sie ihre Kranken brachten. Äskulap zu vernichten, als wäre er ein böser Dämon, wäre etwa so gewesen, als risse man ein Hospital ab, in dem bedeutende Heilungen gelangen. Deshalb tat ein Bischof das einzig Richtige, wenn er Äskulap durch einen oder mehrere Heilige, die im Volksglauben Heilkraft besaßen, ersetzte. Das Volk ging also auf der Suche nach Heilung weiterhin in den alten Tempel, man erflehte die Heilung nun jedoch von einer christlichen Macht.

Hier zeigte sich, genau wie beim Sonnenkult, ein Stück natürlicher Religiosität, die die Bekehrten nicht von der Kirche übernahmen, sondern vielmehr in diese mit hineinbrachten.

Die gläubigen Christen fühlten sich als Pilger, als Teil eines riesigen Heeres von Männern und Frauen, die vor ihnen dem Himmel entgegenschritten; ihr Gebet war ein kleiner Teil eines Lobpreises, der in einer anderen Welt auf reinere Art fortgesetzt wurde; auf diese Weise schufen sie eine Verbindung zwischen Himmel und Erde. Sie stellten sich vor – oder versuchten zumindest, sich vorzustellen –, der Tod sei ein Tor und das Grab ein heiliger Ort; die göttliche Macht sei der Idee nach zwar überall in der Schöpfung gegenwärtig, lasse sich in Wirklichkeit jedoch nur an bestimmten Punkten der materiellen Welt antreffen – in den Sakramenten, an den Märtyrergräbern, in den Bildern und Geschichten, die untrennbar mit dem Gottesdienst oder mit der kollektiven Erinnerung des Volkes verbunden sind, und in den Begegnungen der Menschen.

Wir wollen uns drei bestimmten Heiligen zuwenden, die über die Jahrhunderte hinweg sehr geschätzt wurden. Von allen dreien wußte man zunächst lediglich die drei grundlegenden Fakten: daß sie Märtyrer waren, wo und an welchem Tag des Jahres sie gestorben waren. Doch bald wucherten die Legenden über sie.

Georg, der Schutzheilige der Soldaten, lebte in Palästina. Das früheste Bild von ihm stammt aus dem sechsten Jahrhundert; er wird als Fußsoldat dargestellt, ohne Pferd und Drachen. Die griechischen Christen verehrten ihn als Schutzheiligen, und schon im Jahr 1100 waren auch einige westliche Kirchen dem heiligen Georg geweiht. Die Kreuzritter, die in Palästina kämpften, machten Bekanntschaft mit seinem Heiligenkult und nahmen ihn mit zurück in ihre Heimat. König Richard Löwenherz von England wählte ihn als seinen Patron, und 1222 wurde er der Schutzheilige von England. Die meisten Ritterorden unterstellten sich ihm, so etwa der Hosenbandorden in England im Jahre 1308. Inzwischen wurde er auf Bildern und Statuen auch als Drachentöter dargestellt, der das Symbol der bösen Mächte durchbohrt. Er war der Patron nicht irgendeines Krieges, sondern des Kampfes für ein gerechtes Ideal.

Christophorus ist der Schutzheilige der Reisenden; sein griechischer Name bedeutet »Christusträger«, und seine Geschichte entwickelte sich aus diesem Namen. Doch es dauerte tausend Jahre, bis irgend jemand ihm größere Verehrung entgegenbrachte. Der Legende nach bekam er von einem Einsiedler den Auftrag, Reisende über einen Fluß zu tragen; ein Kind bat, hinübergebracht zu werden, und das Gewicht auf Christophorus' Schultern wurde so schwer, daß er, als er das andere Ufer erreichte, wußte, daß er das Christuskind getragen hatte. Auf allen Bildern, auf denen er dargestellt ist, trägt er einen Stab, um das Gewicht aushalten zu können. Da er seinen Herrn sicher über den Fluß getragen hatte, wurde er der Schutzpatron aller Reisenden.

Cäcilia gilt etwa seit dem Jahre 500 als die Schutzheilige der Musik, obwohl sie eigentlich,

Die heilige Cäcilia mit ihrer Orgel; ein Ausschnitt aus einem Gemälde von Carlo Dolci, Mitte des 17. Jahrhunderts. Dolci malte gerne zarte Gesichter.

Der heilige Georg, von Paolo Uccello, um 1450; Uccellos Lieblingsmotiv waren Tiere, und so wählte er mit Vorliebe religiöse Themen, in denen Tiere vorkamen. Ihn faszinierte die perspektivische Darstellung.

wie die Legende berichtet, zunächst gerade keine Musik hören wollte. Während ihres Martyriums spielte die Orgel in der Arena, und sie hielt sich die Ohren zu, als sie dem Tod entgegenging. In der Renaissance wurde sie als Musikliebhaberin betrachtet, und man begann, sie mit einer Orgel darzustellen; Raffael malte sie so in Bologna. Da Musik jeden Menschen irgendwie berührt, wird ihr Name noch immer in hohen Ehren gehalten.

Maria

Im fünften Jahrhundert begannen sich die Bischöfe über Maria, die Mutter Jesu, zu streiten. War es richtig, von Maria als der »Mutter Gottes« zu sprechen? Eigentlich ging es in diesem Streit mehr um die Natur Jesu als um Maria. Einige behaupteten, Gott könne nicht geboren worden sein, und deshalb müsse man richtigerweise »Maria, die Mutter Jesu, in dem Gott wohnte« sagen; wenn man sie die Mutter Gottes nenne, hieße das, die wahre Menschwerdung Jesu zu bestreiten und eine überaus wichtige Botschaft des Evangeliums zu ignorieren. Andere wiederum meinten, wenn man von Maria als von der »Mutter Jesu, in dem Gott wohnte« spreche, spalte man Jesus in Gott und Mensch auf, anstatt ihn als eine Einheit, als Gott-im-Menschen zu betrachten. Das Volk liebte Maria als Heilige und hing an der Bezeichnung »Mutter Gottes«. Die Bischöfe interessierten sich mehr für die Natur Jesu, die Laien dagegen mehr für die Natur der Maria. Beim Konzil von Ephesus im Jahr 431 akzeptierten die Bischöfe schließlich den Ausdruck »Mutter Gottes«.

Abgesehen von dieser Debatte drückte sich die Liebe der Menschen zu Maria auch in Gebeten und im Bau von heiligen Stätten aus. In Rom wurde die Kirche Santa Maria Maggiore errichtet und bald darauf mit prächtigen Mosaiken ausgeschmückt. Im siebten Jahrhundert gab es im Kalender bereits mehrere Marienfeste: Mariä Verkündigung, der Tag, an dem der Engel ihr offenbarte, sie werde ein Kind gebären, das der Sohn Gottes sei; der Tag ihrer Geburt (den allerdings niemand kannte, genauso wenig wie den Geburtstag Jesu); Mariä Reinigung, ein nach der Geburt übliches Ritual; und ihr Todestag. Doch niemand mochte an ihren Tod erinnert werden, und so wurde dieser Tag im Osten »Dormitio« oder »Entschlafung« genannt; im Westen nannte man ihn seit dem achten Jahrhundert »Mariä Himmelfahrt«.

Die Jungfrau mit der heiligen Anna, Entwurf von Leonardo da Vinci. Im Protevangelium des Jakobus, einer sehr frühen Marienlegende, die vielleicht sogar schon aus dem späten zweiten Jahrhundert stammt, wird zum ersten Mal berichtet, daß die Mutter Marias Anna hieß.

Die Kirche Santa Maria Maggiore in Rom, erbaut 432–440. Sie ist mit prächtigen Mosaiken ausgestattet. Eine Legende berichtet, daß es eines Nachts im Sommer schneite; Maria hinterließ am Ort der späteren Kirche Fußspuren im Schnee, und so wurde dieser Platz ausgewählt. Um 600 n. Chr. fand man Holzteile, die man für Späne der Wiege von Bethlehem hielt und deshalb verehrte.

Ein religiöses Bedürfnis erfüllte das Christentum bisher nicht: Gott wurde als Vater bezeichnet, und Jesus, die Apostel sowie alle Bischöfe waren männlichen Geschlechts – die Muttergöttin dagegen hatte kein Ebenbild. Doch jetzt nahm die Mutter der Christenheit ihren Platz ein; sie wurde zum Inbegriff all dessen, was menschliche Instinkte und Religion miteinander verband – Geburt, Mutterschaft, Stillen, Einfachheit und die tiefsten natürlichen Gefühle zwischen zwei Menschen. Als sich die Marienverehrung auf der ganzen Welt ausbreitete, nahm sie verschiedene Formen und Bezeichnungen an. Eine Zeitlang versuchten die Christen erst gar nicht, die heidnischen religiösen Vorstellungen zu läutern, indem sie etwa das Heiligtum einer Muttergöttin übernahmen und es in eine Kirche der Heiligen Jungfrau verwandelten; erst im fünften Jahrhundert betrachteten die Kirchenoberhäupter solche Maßnahmen als einen großen Schritt hin zur Christianisierung eines Volkes. Einige Konvertiten waren zuvor Anhänger von Kulten gewesen, in denen das höchste Wesen eine Göttin war, wie zum Beispiel im ägyptischen Isis-Kult, und es bestand eine künstlerische Kontinuität zwischen den Bildern der alten Göttinnen einerseits und den christlichen Bildern der Madonna mit dem Jesuskind andererseits. Schon seit dem sechsten Jahrhundert äußerte sich diese Neigung in der Vielzahl der Namen: Maria wurde »Mutter der Gnade«, »Mutter der Kirche« oder »Mutter des Erbarmens« genannt. Die Griechen nannten sie sogar *Panagia*, »Allheilige«. Beim Konzil von Konstantinopel 553 legten die Bischöfe fest, daß sie immer Jungfrau geblieben war, das heißt, daß sie nach der Geburt Jesu keine Söhne oder Töchter mehr zur Welt gebracht hatte, sondern einzig und allein Gott eine Mutter gewesen war.

Diese religiösen Instinkte regten zu herrlichen Werken christlicher Kunst an, und sie ließen den Wunsch entstehen, Maria von der Erfahrung der Sündhaftigkeit aller Männer und Frauen freizusprechen; im spätmittelalterlichen Denken sprach man von ihrer »unbefleckten Empfängnis«; das heißt, man stellte sich vor, daß sie anders als die übrige Menschheit nicht zur Sünde verdammt sei. Nach einer jahrhundertelangen Debatte erklärte Papst Pius IX. im Jahr 1854 diese Vorstellung zur für alle Christen gültigen Glaubenswahrheit.

Michelangelos Pietà in der Peterskirche zu Rom; die berühmteste Pietà in einer Zeit, in der diese Darstellung der Mutterliebe in den Kirchen sehr begehrt war.

Da keine sterblichen Überreste vorhanden waren, mußten Bilder deren Platz einnehmen; das Volk verehrte Maria, indem es ihre Porträts und Ikonen anbetete. Eine Zeitlang machten sich die Bischöfe Gedanken darüber, ob die Menschen zu Maria und den Heiligen genauso wie zu Gott beten sollten. Das zweite Konzil von Nicäa im Jahr 787 entschied, daß man Gott Anbetung, den Heiligen dagegen Verehrung zuteil werden lassen solle.

Maria war auch wichtig, weil man sie dazu benutzen konnte, die Menschen nach den herrschenden Tugendidealen zu erziehen; in ihr wirkte Tugendhaftigkeit nicht langweilig, sondern bezaubernd; sie verkörperte die Tugenden der Selbstaufopferung, des Mitleids, der Liebe, des Pflichtgefühls, der Demut und der Reinheit. Diese moralische Funktion der Maria wird in Predigten und Kirchenliedern der Zeit deutlich.

Bald nach 1100 sprach man immer öfter das *Ave Maria* (»Gegrüßet seist du, Maria«) als Gebet. Als die Liebe zu Jesus sich in der Verbundenheit mit dem Leidenden auszudrücken begann, wurde auch Maria immer häufiger als Leidende dargestellt. Das Bild der *Pietà* (ital. »Mitleid«) entsteht – die Mutter, die in ihren Armen den leblosen Körper ihres vom Kreuz abgenommenen Sohnes hält. Im Neuen Testament wird diese Szene nicht beschrieben, aber sie könnte sich durchaus so abgespielt haben. Ursprünglich war die Pietà nicht traurig, sondern von momentaner Ekstase erfüllt, und Marias Antlitz wurde fröhlich dargestellt. Doch bald wurde die Pietà zum Inbegriff der um ihr Kind trauernden Mutter. Zweihundert Jahre vor der Entstehung des berühmtesten Exemplars, Michelangelos *Pietà* im Petersdom in Rom, tauchte das Motiv erstmals auf. Die meisten westlichen Kirchen des späteren Mittelalters verfügten über ein Gemälde oder eine Skulptur zu diesem Thema. Im 20. Jahrhundert wurde das Motiv der *Pietà* dann – mit gutem Grund – häufig auf Kriegerdenkmälern verwendet.

Das Angelusgebet – das dreimal tägliche Ave Maria zum Läuten einer Kirchenglocke – geht auf das 12. Jahrhundert zurück. Der Rosenkranz ist ein paar Jahrzehnte älter: eine Schnur mit Perlen, die der Gläubige durch die Finger gleiten läßt und für die er jeweils ein Ave Maria oder ein Vaterunser spricht, um so eine »Gebetskette« zu bilden.

Im Zuge der modernen Diskussion über die Gleichstellung der Frau entbrannte ein heftiger Streit um Maria. War die Marienverehrung eine Möglichkeit, dem weiblichen Geschlecht einen höheren Stellenwert zu geben, da jetzt auch eine Frau zu einer bedeutenden Gottheit wurde? Wenn ja, hat die Reformation den Frauen durch die Abschwächung dieses Symbols geschadet? Oder war die Marienverehrung im Gegenteil ein Kult der Mutter und des Heims, der Demut, der hilflosen Trauernden und der Keuschheit, also ein falsches Vorbild für die Frauen? Wie dem auch sei, sicher ist, daß sie die sanfteren Tugenden verkörpert.

Der Heiligenschein

Schon heidnische Künstler pflegten auf ihren Bildern die wichtigsten Männer und Frauen durch einen ihr Gesicht umgebenden, meist goldfarbenen Lichtring auszuzeichnen. Das griechische Wort *halos* bezeichnete unter anderem die Scheibe der Sonne oder des Mondes. In der

Die Flucht nach Ägypten, von Juan de Borgoña (um 1525), einem Künstler, der sich gut auf die Darstellung von Kindern verstand.

lateinischen Welt wurde dieser Ring oft *nimbus*, »Wolke« genannt. Er war den erhabenen Persönlichkeiten vorbehalten: Göttern, Halbgöttern und später den römischen Kaisern. Seine Verwendung wurde mit dem Kult des Lichts als einer besonderen Gabe Gottes in Verbindung gebracht und ist auch unter Hindus und Buddhisten bezeugt. Als man begann, Christus zu malen, stattete man ihn fast von Anfang an mit einem Lichtring aus; wenn die Künstler das Lamm als sein Symbol verwendeten – weil sie sich aus Ehrfurcht scheuten, sein Antlitz zu zeichnen –, versahen sie das Lamm mit einem solchen Ring. Erst während des fünften Jahrhunderts begann man, auch andere Personen mit einem Heiligenschein darzustellen, insbesondere Maria, doch dann auch weitere Heilige und Engel. Noch später erhielten ihn alle hohen Persönlichkeiten der Kirche, also Bischöfe oder Äbte, sogar noch zu ihren Lebzeiten; dann war er jedoch meist nicht rund, sondern viereckig. Sobald auch andere Personen mit dem Heiligenschein dargestellt wurden, bezeichnete man den Lichtring Christi mit einem Kreuz.

Die Zeit

Im dritten Jahrhundert v. Chr. beschlossen die Griechen, Ereignisse ausgehend vom ersten Jahr, in dem der Name des Siegers der Olympischen Spiele bekannt war, das heißt vom Jahr 776 v. Chr. aus, zu datieren. Die Römer nahmen die angebliche Gründung der Stadt Rom im Jahr 753 v. Chr. als Ausgangspunkt – ein Datierungssystem, das auch von den ersten nichtjüdischen Christen benutzt wurde. Die Juden hatten ein vernünftigeres System: Das Alte Testament gab ihnen die Möglichkeit, bis zur Erschaffung der Welt zurückzurechnen – bis ins Jahr 3761 v. Chr. –, und hier fanden sie den Ausgangspunkt ihrer Zeitmessung. Viele frühe Christen benutzten den jüdischen Kalender. 1253 Jahre nach der Gründung Roms, also im Jahr 500 n. Chr., entbrannte zwischen Rom und Alexandria ein Streit über das korrekte Datum des Osterfestes. In Rom lebte ein gelehrter Mönch, dessen Geburtsort im heutigen Rumänien lag: Sein Name war Dionysius, doch er wurde meist nur Exiguus, »der Kleine« genannt. Ihn fragte man wegen des Osterfestes um Rat, und 525 legte er ein Verzeichnis der Ostertermine der künftigen Jahre an und schuf damit ein neues System der Zeitrechnung, weil er die Geburt Jesu zum Ausgangspunkt nahm. Allerdings verrechnete er sich beim Geburtsdatum um ein paar Jahre.

Die Kirchen gewöhnten sich nur langsam an das neue System. Die Engländer übernahmen es als erste, vor allem in Chroniken. Im frühen achten Jahrhundert benutzte Beda Venerabilis es; im Frankenreich wurde es ungefähr ein Jahrhundert später eingeführt. In der Neuzeit glaubten Diktatoren, die das Christentum schwächen wollten, das dionysische Datierungssystem trage dazu bei, christliche Ideen in der Gesellschaft zu verbreiten, und versuchten, es zu ersetzen; die französischen Revolutionäre legten ihr »Jahr Eins der Revolution« fest, und später versuchten auch Lenin in Rußland und Mussolini in Italien, ihre eigenen Systeme durchzusetzen. All diese Pläne erfreuten sich jedoch keiner großen Beliebtheit; zudem waren sie unbrauchbar, weil sie nicht weit genug zurückreichten.

Dionysius legte auch den Jahresanfang neu fest. Für die meisten Römer begann das Jahr an den »Kalenden des Januar«, das heißt am ersten Januar; daher kommt das Wort »Kalender«. Dionysius dagegen erklärte, das christliche Jahr solle nicht mit dem Geburtstag Jesu beginnen, sondern neun Monate vorher, am 25. März, an Mariä Verkündigung. Diese Zeitmessung war in Europa sehr verbreitet und wurde sogar bis ins 18. Jahrhundert hinein benutzt, in Pisa bis 1745 und in England bis 1752; noch immer verwirrt sie Historiker, die feststellen wollen, in welchem Jahr ein bestimmtes Ereignis, das zwischen dem 1. Januar und dem 25. März stattfand, nun anzusiedeln ist. Doch die Verwendung des ersten Januars als Jahresanfang war zur Gewohnheit geworden, von der man nie ganz abging. Schließlich wurde sie wieder eingeführt.

Die Bekehrung der nordeuropäischen Stämme

Die Germanen

Vom dritten Jahrhundert an begannen germanische Stämme aus dem Norden innerhalb der Grenzen des Römischen Reiches zu siedeln. Oft wurden die Germanen als Söldnertruppen Roms angeworben und erhielten als Belohnung ein Stück Land auf Reichsboden. Die Gründe dieser Völkerwanderung liegen noch immer im dunkeln, doch wahrscheinlich wurden die Germanen von den Tataren und Magyaren, die aus den Steppen des südlichen Rußlands nach Norden zogen, aus ihren Heimatländern vertrieben. Im Jahr 406 schließlich fiel die römische Grenze am Rhein, und bald darauf entstanden auf Reichsboden von germanischen Herrschern regierte Königreiche: Die Vandalen siedelten in Afrika, die Westgoten in Spanien, die Franken in einem Großteil des heutigen Frankreichs, die Angeln und Sachsen in Britannien, die Ostgoten in Italien, und später die Lombarden im größten Teil Norditaliens.

Die Plünderung Roms durch den Westgoten Alarich im Jahr 410 war für die Menschen ein Wendepunkt in der Geschichte, denn Rom galt als die »Ewige Stadt«, und sie konnten sich keinen funktionierenden Staat ohne Rom als Hauptstadt vorstellen. Die Katastrophe schwächte die Kirche im Westen allerdings nicht, denn jetzt, nach dem Ende der alten politischen Macht, war sie die Institution, die noch immer die überkommenen Ordnungsvorstellungen aufrechterhielt. Die Kirchen waren jedoch nur in den Städten sowie in Klöstern, die mittlerweile höhere Mauern besaßen, relativ sicher; auf dem Land lauerte die Gefahr.

Die Germanen, die innerhalb der Reichsgrenzen siedeln durften, begannen, die Religion anzunehmen, die sie bei den Menschen, unter denen sie nun lebten, kennengelernt hatten. Sie assoziierten mit dem Namen »Rom« Bildung, Frieden, Straßen und große Häuser, und sie akzeptierten den Grundsatz, der besagte, daß man entweder Barbar oder Christ sei. Ulfilas war ein Gote, der nördlich der römischen Grenze an der Donau lebte. Seine Mutter war bei einem germanischen Überfall aus Kleinasien verschleppt worden; sie war Christin und hatte auch ihn im christlichen Glauben erzogen. Ulfilas ging nach Konstantinopel und wurde dort Lektor in der Kirche, bis man ihn dann etwa im Jahr 341 zum Bischof der Goten weihte. Sieben Jahre lang übte er sein Amt nördlich der Donau aus; dann setzte eine neue Verfolgung ein, und er mußte mit vielen anderen christlichen Goten über die Grenze nach Süden fliehen. Seine Gruppe ließ sich im Gebiet des heutigen Bulgarien nieder, wo er noch dreiunddreißig Jahre als Bischof amtierte und in griechischer, lateinischer und gotischer Sprache predigte; der Gottesdienst wurde zum Großteil in gotischer Sprache abgehalten. Ulfilas wurde vom Kaiser auch als weltlicher Herrscher des gotischen Stammes anerkannt. Er erfand ein Alphabet und übersetzte die Bibel ins Gotische, wobei er jedoch die Bücher der Könige ausließ, damit die Goten nicht den Eindruck bekamen, daß Blutvergießen etwas Positives sei. Von Ulfilas' Übersetzung sind heute nur noch die vier Evangelien erhalten.

Konstantins Mutter Helena empfahl die Taufe dieses Konvertiten; hier sieht man, wie der Bischof den jungen Christen tauft. Beachtenswert sind die Stola und die Kopfbedeckung des Bischofs. Diese Handschrift wurde in Wessobrunn abgeschrieben, einem frühen Benediktinerkloster in Bayern, das später ein bedeutendes kulturelles Zentrum war; 1803 wurde das Kloster aufgehoben, die Bibliothek ging in den Besitz der bayerischen Staatsbibliothek über.

Der von Ulfilas gelehrte Glaube verbreitete sich innerhalb der germanischen Stämme; die Goten waren bei ihrer Einwanderung nach Italien und Spanien Christen; das gleiche galt für die Vandalen bei ihrer Eroberung Nordafrikas und für die Lombarden, die später nach Norditalien einwanderten.

Die weiter nördlich lebenden Stämme blieben von der Christianisierung zunächst unberührt. Die Angeln und Dänen, die in Britannien eindrangen, waren Heiden, ebenso wie die Franken, die nach Nordgallien zogen. 498 ließ sich der Frankenkönig Chlodwig von seiner christli-

Das Kloster Iona vor der Westküste Schottlands. Es wurde um 563 vom heiligen Columba von Irland gegründet; von dort brachte er das Christentum zu den Pikten und Schotten. Obwohl das Kloster ständig von Seeräubern bedroht war, existierte es bis zur Reformation. Die Kirche wurde 1900 restauriert; später wurde das Kloster von der schottischen presbyterianischen Staatskirche als Ordensgemeinschaft und Wallfahrtsort wiederhergestellt.

chen Gattin Chrodechilde nach langem Hin und Her schließlich dazu bewegen, in der Kathedrale zu Reims, dem bedeutendsten Bischofssitz seines Teils des Fränkischen Reiches, die Taufe zu empfangen. Bei dieser Bekehrung soll der Bischof Remigius von Reims erklärt haben: »Bete an, was du verbrannt hast, verbrenne, was du angebetet hast.« Selbst wenn diese Worte so nicht gesprochen worden sein sollten, wurden sie dennoch als Bekehrungsformel berühmt. Der Ausspruch läßt auch erkennen, daß die Römer mit der Bekehrung zum Christentum nicht eine Verbesserung, sondern die Vernichtung der früheren germanischen Religion im Auge hatten.

Bei den Germanen entstand eine bisher unbekannte Form der kirchlichen Organisation: die »Eigenkirche«. Der Grundherr, gewöhnlich ein Germane, bisweilen auch ein Römer, errichtete auf dem Land einen Gutshof mit einer privaten Kapelle und einem Geistlichen. Es kam ihm nicht in den Sinn, daß diese Kapelle und der Priester der Kontrolle des Bischofs der nächstgelegenen Stadt unterstehen sollten; sie »gehörten« ihm. Die private Kapelle entwickelte sich langsam zur Pfarrkirche des Dorfes, da es die einzige Kirche für die Dorfbewohner war; dennoch unterstand sie der Herrschaft des Grundherrn und nicht der des Bischofs.

Der König besaß viele Landgüter und dementsprechend auch viele Eigenkirchen. Er erließ kirchliche Gesetze, und neue Bischöfe konnten nur aufgrund seiner Entscheidung und mit seiner Zustimmung ernannt werden. Doch es fanden noch immer Bischofssynoden statt, bei denen Regeln festgelegt wurden. Die Bischöfe waren gebildeter als die Könige und Grundherren und hatten somit Einfluß im Staat. Ihre Macht wuchs, weil das Volk ihnen immer mehr Geld und Land zur Verfügung stellte. Die auf ihren Synoden erlassenen Regeln sind ein wertvoller Beleg für den Zustand der Kirche in den frühen germanischen Königreichen mit römischen Untertanen.

Obwohl viele Germanen bekehrt wurden, gab es im Westen noch immer weniger Christen als im Osten. Das Oströmische Reich war stabil, und das Griechische war unter Christen immer noch gebräuchlicher als das Lateinische.

Die Kelten

Von Zeit zu Zeit findet man in der Geschichte des Christentums eine Phase der Frische und Erneuerung. Die russischen Weisen und auch die frühen griechischen und koptischen Mönche machten einen solchen neuen Anfang. Im Westen spürt man diese Atmosphäre, wenn man etwas über die frühesten walisischen, irischen, schottischen und northumbrischen Eremiten und Pilger liest; sie alle waren Mitglieder der sogenannten keltischen Kirche.

Vom römischen Britannien sind nur noch ein paar Kirchenfundamente sowie christliche Symbole auf altem Silber oder auf Mosaiksteinen erhalten. Als das Imperium an Stärke einbüßte, gingen die Römer fort und ließen Britannien in der Hand der Angeln, Sachsen und Dänen. Ein Teil der Briten blieb im Land und diente unter den neuen Herrschern. An Orten wie St. Albans oder Lichfield übten sie weiterhin ihre Religion aus. Andere suchten im Westen Zuflucht, im Sumpfgebiet von Somerset um Glastonbury herum, auf der Halbinsel Cornwall, etwa in Tintagel, am Bischofssitz Whithorn in Galloway, oder auch noch weiter westlich in Irland oder nördlich in Schottland. Man kennt sie von primitiven Inschriften, alten Friedhöfen, ein paar geschnitzten Kreuzen und anderen religiösen Gegenständen. Da die Briten gegen Heiden kämpften, war die Religion für sie eine verbindende Kraft; dies erklärt zum Teil die Blütezeit der keltischen Kirche in einer Epoche, in der Recht und Ordnung zusammengebrochen waren und jedes Haus der Bedrohung durch Überfälle von See her ausgesetzt war.

Der Brite Patrick entstammte einer christlichen Familie und lebte nahe der Westküste Englands, wahrscheinlich in Cumbria. Mit sechzehn wurde er bei einem Überfall irischer Piraten nach Irland verschleppt und zum Sklaven gemacht. Er konnte fliehen, beschloß jedoch, nach Irland zurückzukehren, um den Iren seinen Glauben zu bringen. Seine beiden kleinen Schriften, ein kurzer Brief an einen Fürsten nahmens Coroticus und eine knappe Verteidigungsschrift über sein eigenes Leben, die als sein »Bekenntnis« überliefert ist, sind die einzigen literarischen Zeugnisse, die wir über das irische Christentum in seinen Anfängen besitzen. Es ist sehr wahrscheinlich, daß er das Zentrum seiner irischen Missionsarbeit in Armagh errichtete. Dort war später der Sitz des Primas von Irland, auch wenn es nie die größte Stadt des Landes gewesen ist. Häufig geht das wichtigste Bistum eines modernen Staates auf die Zeit zurück, in der die heutige Hauptstadt noch nicht christianisiert war. Canterbury und nicht London ist das Zentrum der englischen Kirche, und St. Andrews, nicht Edinburgh, das der schottischen; das gleiche gilt für Uppsala in Schweden und Trondheim in Norwegen.

Im 19. Jahrhundert fand man in Dublin in einer alten Handschrift einen Hymnus, der unter dem Titel »Der Brustharnisch des heiligen Patrick« bekannt ist. Der Anfang lautet:

> Ich gürte mich selbst an diesem Tag
> mit dem großen Namen der Dreifaltigkeit...

Die Handschrift geht etwa auf das zehnte Jahrhundert zurück; allem Anschein nach war der Hymnus damals sehr verbreitet, und man glaubte, er stamme tatsächlich aus der Feder des heiligen Patrick.

In den frühen keltischen Königreichen gab es keine Städte, das Leben war höchst unsicher; die Menschen drängten sich in Siedlungen um die Klöster herum zusammen. Die Hochschätzung des monastischen Lebens zeigte sich auch in der Kirchenorganisation: Äbte waren ebenso wichtig wie Bischöfe, oft sogar wichtiger. Als einzigartige religiöse Übung galt die »Pilgerfahrt«, bei der ein frommer Mensch sich in eine unbekannte Gegend aufmachte, um in Einsamkeit und Ruhe Gott zu suchen.

Eine solche Suche endete zum Beispiel auf der Insel Iona vor der Westküste Schottlands, wo Columba landete, der von Nordirland aus aufs Geratewohl losgesegelt war. Die Suche Aidans, eines Mönches aus Columbas Kloster, der einer Einladung Oswalds, des Königs von Northumbrien, folgte, endete in einem Kloster auf der Insel Lindisfarne vor der northumbrischen Küste, später *Holy Island* genannt. Ein weiterer irischer Mönch, Gallus, gründete das berühmte Kloster St. Gallen in der Schweiz.

Diese Kelten waren von einer erstaunlichen Wißbegierde erfüllt. Man hätte erwartet, daß Menschen mit einfachen Idealen, die ein Einsiedlerleben führten, sich nicht viel aus Büchern machten. Doch das Gegenteil war der Fall: Sie halfen den Kirchen des Westens, das wenige erhalten gebliebene Wissen der Griechen wiederzuentdecken. Sie schrieben Bücher für den Gottesdienst, darunter das irische *Book of Durrow*, das ungefähr auf das Jahr 700 zurückgeht, und das etwas spätere *Book of Kells*, das heute in Dublin aufbewahrt wird. Die Buchmalereien, die die Evangelien im *Book of Kells* schmücken, sind mit einer Kunstfertigkeit und einem Geschmackssinn gestaltet, die das Buch zu einem der schönsten Beispiele früher christlicher Kunst machen. Die Liebe zur Gelehrsamkeit, die für die Kelten charakteristisch war, übertrug sich auch auf ihr Umfeld. Es ist ziemlich bemerkenswert, daß der für mindestens drei Jahrhunderte beste Historiker Europas, Beda, in einem Mönchskloster in Jarrow lebte, weit nördlich in einem Land, dem Stammesfehden und Piraterie zu schaffen machten. Erst ein Jahrhundert nach seinem Tod wurde Beda der einzigartige Titel »Venerabilis« (»Der Ehrwürdige«) verliehen.

Die Kelten hatten Schwierigkeiten mit den Bräuchen der lateinischen Kirche; sie behielten ihr altes Osterdatum bei, und Priester und Mönche trugen einen ungewöhnlichen Haarschnitt. Die Tonsur, das heißt das Scheren eines Teils des Haupthaars, war lange Zeit Brauch in verschiedenen östlichen Religionen gewesen. Die Kelten rasierten zunächst den vorderen Teil ihres Haupthaares aus, später paßten sie sich dem lateinischen Brauch an. Erst die Protestanten schafften die Tonsur ab, und auch bei den Katholiken kam sie in der Neuzeit allmählich aus der Mode; 1972 gab die römisch-katholische Kirche den Brauch auf, einige Mönche behalten ihn allerdings noch immer bei.

Obwohl man sich auf der Synode von Whitby 664 darauf einigte, die lateinischen Bräuche zu übernehmen, blieben einige Kelten noch über hundert Jahre lang bei ihrem alten Ostertermin und trugen ihr Haar in alter Manier. Die Waliser hatten sich in Glaubensdingen völlig isoliert, wahrscheinlich weil sie den jüngsten Beschlüssen der Engländer einfach nicht zustimmen wollten – wie so oft waren religiöse Bräuche auch ein Zeichen der Unabhängigkeit eines Volkes. Lange nachdem andere Länder die Vulgata, die weitaus bessere Bibelübersetzung des heiligen Hieronymus, anerkannt hatten, benutzten die Waliser weiterhin den älteren Text der lateinischen Bibel. In Dewi oder David hatten sie ihren besonderen Heiligen; er wurde mit der Abtei St. David's in Verbindung gebracht, und so entwikkelte sich hier ein Wallfahrtsort. Die Waliser behielten ihn als Einsiedler in Erinnerung.

Da die politischen Verhältnisse in den keltischen Ländern instabil waren, bildeten die Kirchen unabhängige Zentren kleiner Königreiche oder großer Besitzungen. Trotz gelegentlicher Unruhen in der Bürgerschaft hatten sie genug Geld, um schönes Altargerät, Bronze für die Glocken sowie Silber für Reliquienschreine und Bischofsstäbe zu erwerben. Der Bischofsstab wurde zuerst in Konstantinopel eingeführt, und im Jahr 700 benutzten ihn auch die spanischen Bischöfe bei ihrem Einzug in die Kirche. Um die Jahrtausendwende erhielten alle westlichen Bischöfe während des Rituals der Weihe einen Stab. Später glaubte man im Westen, dieser Stab solle darauf hindeuten, daß der Bischof der Hirte seiner Herde sein müsse, und gab ihm deshalb die Form eines Hirtenstabs.

Kein Bischof trug damals eine Mitra. Sie wurde erst später eingeführt, nachdem Pilger in Rom einen Papst mit einem Hut dieser Form gesehen hatten. Die Protestanten betrachteten sie als leeren Pomp und schafften sie zunächst ab, führten sie allerdings später wieder ein.

Diese außergewöhnliche keltische Welt, die noch immer von alten römischen Vorstellungen – wie zum Beispiel die Weissagung durch Beobachtung des Vogelflugs – geprägt war, wandelte sich allmählich, als die Europäer Einzug hielten – die Franzosen zogen in die Bretagne, die Normannen nach Cornwall, später nach Wales und Irland, englischer Einfluß drang bis nach Schottland vor. Was blieb, war eine Erinnerung an ein »Zeitalter der Heiligen«, mit Heiligenlegenden, Gedichtzeilen, die, wie man glaubte, auf die Heiligen zurückgingen, und der halbvergessenen Überlieferung von frommen Männern, die im Wald oder in den Bergen lebten und Kranke, die zu ihnen kamen, heilten und in einer friedlichen Umgebung ihren Gott priesen. Eine Erinnerung an fromme Frauen im Wald konnte es nicht geben, denn das Leben in der Wildnis war zu gefährlich; selbst für die Männer war es ziemlich riskant. Ein Nonnenkloster mußte zu einem »Doppelkloster« mit einer Mönchsgemeinschaft nebenan gehören. Doch man erinnerte sich an Äbtissinnen, deren wichtigste Vertreterin Brigida, die Äbtissin von Kildare, war; sie wurde von den Iren verehrt, obwohl man eigentlich nichts Sicheres über sie wußte.

Glocken

Die Kelten liebten Kirchenglocken. Die Glocke wurde im Fernen Osten, wahrscheinlich in China, lange vor Christi Geburt erfunden und

Das Porträt des heiligen Matthäus im Book of Kells (um 800), einem Meisterwerk früher irischer Kunst, das heute in Dublin aufbewahrt wird.

fand ihren Weg nach Westen, nach Ägypten und dann nach Rom. Kleine Glocken konnten als Warnsignal benutzt werden; sie wurden an den Halsbändern der Schafe angebracht, oder sie dienten dazu, die Wache zu alarmieren, die Familie zu einer Mahlzeit zu versammeln, das Zaumzeug der Pferde zu schmücken. Größere Glocken in Tempeln riefen magische Assoziationen hervor. Sie erzeugten einen reinen Klang, mit dessen Hilfe man meinte, Dämonen fernhalten zu können.

Im Bacchus- und im Mithraskult wurden die Glocken kräftig geläutet, um die Anbetenden in Ekstase zu versetzen; deshalb lehnten die frühen Christen den Gebrauch von Glocken zu religiösen Zwecken ab. Doch als das Reich christlich wurde, verloren die heidnischen Traditionen an Bedeutung, und bereits 380 riefen Glocken die Menschen zum Gottesdienst in die Kirche. Im Westen allerdings setzten sich die Glocken erst durch, als die keltischen Missionare sie benutzten. In Dublin gibt es heute noch eine »Glocke des heiligen Patrick«.

Diese frühen Glocken waren meist ziemlich klein. Einige entstanden in den Gießereien der frühen Benediktinerklöster in Deutschland. Die Menschen hatten gern Glocken in ihren Kirchtürmen, weil sie glaubten, der Klang schütze das Gebäude vor Blitz und Feuer; wenn sich ein Gewitter ankündigte, läuteten sie die Glocken. Die Priester benutzten sie, um allen, die nicht in die Kirche kommen konnten, den unmittelbaren Beginn des Gottesdienstes mitzuteilen. Oder sie wurden durch die Glocken darauf aufmerksam gemacht, daß jemand gestorben war und demnächst bestattet würde (die »Totenglocke«), so daß sie für die Seele, die auf dem Weg zu Gott war, ein Gebet sprechen konnten. Seit der keltischen Zeit wurden die Kirchenglocken in einem besonderen Ritual gesegnet.

**Der heilige Cuthbert segelt mit zwei Begleitern.
Seit 664 lebte er mit einer Gruppe keltischer Mönche in Lindisfarne
vor der northumbrischen Küste, später als Einsiedler auf den Farne-Inseln.
Cuthbert wurde vor allem in Nordostengland verehrt.
Dieses Bild stammt aus einer Handschrift des 12. Jahrhunderts.**

Die Engländer

König Ethelbert von Kent heiratete eine Christin aus dem Frankenreich. Papst Gregor der Große nutzte die Gelegenheit und sandte den Abt Augustinus mit vier Mönchen, »um die Engländer zu bekehren«. Er konnte auf Erinnerungen an ein christliches Britannien unter den Römern aufbauen. Die Kelten kamen von Schottland nach Northumbrien und Yorkshire, und die von Rom gesandten Missionare zogen von Kent aus nach Norden; so dauerte es nur ein paar Jahr-

Edgar, 944–975 König von England, bei der Anbetung Christi. Er wurde zwei Jahre vor seinem Tod in Bath gekrönt. Dieses erste bekannte Krönungszeremoniell in England hat bis heute Spuren im britischen Ritus hinterlassen. Edgar wurde in Glastonbury als Heiliger verehrt, wobei man allerdings über einige seiner Taten großzügig hinwegsehen mußte.

zehnte, bis die Angelsachsen den christlichen Glauben angenommen hatten.

An diesem Beispiel kann man besonders gut sehen, wie die Völker des Nordens durch das Christentum in ein internationales Europa integriert wurden. Die englische Kirche wurde von Theodor, einem griechischen Mönch aus Tarsus in Kleinasien, organisiert; er wurde gesandt, um Erzbischof von Canterbury zu werden und starb im Jahre 690. Damals war der griechische Einfluß auf den Römischen Stuhl besonders groß. So wie die durch Ulfilas Bekehrten in gotischer Sprache zu Gott gebetet hatten, benutzten die Engländer bald das Angelsächsische in ihren Gottesdiensten. Bedá selbst schrieb zwar auf Latein, doch wußte er eine ergreifende Geschichte über einen ungebildeten Kuhhirten namens Caedmon im Nonnenkloster von Whitby zu berichten: Die Äbtissin entdeckte, daß er die Gabe besaß, religiöse Gedichte zu schaffen. Erzählte man ihm Geschichten aus der Bibel, so konnte er diese in angelsächsische Lyrik umsetzen. So schuf Caedmon die erste englische Dichtung; sie handelte von der Erschaffung der Welt, von Adam und Eva, von der Flucht Moses durch das Rote Meer, von der Geburt, dem Tod und der Auferstehung Christi und vom Jüngsten Gericht. Wir besitzen leider nur noch ein kleines Fragment dieser Dichtung, das in Bedas Handschriften überliefert ist.

Ein Teil der frühen religiösen Dichtung aus England besteht aus metrischen Fassungen biblischer Geschichten und liest sich nicht gerade spannend. Dagegen verfaßte ein Unbekannter ein geradezu geniales Gedicht, das erst im 19. Jahrhundert in einer italienischen Handschrift entdeckt wurde: »Der Traum vom Kreuz«. Die Handschrift stammt aus dem zehnten Jahrhundert, doch das Gedicht ist noch früher geschrieben worden. Es ist die faszinierendste Betrachtung über das Kreuz, die jemals in englischer Sprache geschrieben wurde.

Die Sachsen und Bayern

Die Sachsen saßen im nordwestlichen Teil des germanischen Stammesgebietes, zwischen Rhein und Elbe. Sie waren ein kriegerisches heidnisches Seefahrervolk, und die Franken führten unter Karl dem Großen einen langen Grenzkrieg gegen sie. Immer wenn Karl der Große eine Schlacht gewann – was häufig der Fall war –, nahm er ihnen das Versprechen ab, daß sie ihre Götter aufgeben und zum Christentum übertreten würden. Einige von ihnen ließen sich auch tatsächlich taufen, und einige ließen zumindest Reue über ihre bisherigen Schandtaten erkennen; doch sobald sein Heer fort war, machten sie weiter wie zuvor. Nach einem neuen sächsischen Überfall mit schweren Verlusten auf fränkischer Seite kündigte Karl der Große schließlich an, er werde alle Sachsen töten, wenn sie sich nicht christianisieren ließen. Er gründete Bistümer, verbot die Riten der heidnischen Götter und befahl den Sachsen, sich taufen zu lassen und ihren Zehnt zu bezahlen. Die einzige Folge war ein weiterer großangelegter Überfall auf die Franken, woraufhin der Kaiser tatsächlich 4000 Sachsen bei Verden an der Aller enthaupten ließ. Der Krieg ging weiter, die Sachsen steckten die neuen Kirchen in Brand, ermordeten die christlichen Priester und bauten die Heiligtümer ihrer Götter wieder auf.

Karl der Große ließ ein Blutbad unter den Sachsen anrichten, weil sie Franken umgebracht hatten, nicht weil sie sich weigerten, Christen zu werden. Allerdings ahnte er, daß sie als Christen den Franken weniger Widerstand entgegensetzen würden – was sich später als richtig erwies. Er selbst war ein frommer Christ und hatte großen Einfluß auf die Kirchensynoden; er war überzeugt, daß Gott ihm seine Macht verliehen hatte. Von Päpsten und anderen Geistlichen hielt er allerdings nicht besonders viel. Nach und nach unterwarf er den südlichen Teil Sachsens und nahm junge Sachsen mit ins Frankenreich, wo sie als Christen erzogen wurden. 847 gab es bereits neun sächsische Bistümer und in Corvey und Fulda zwei Abteien, die als Zentren höherer sächsischer Bildung galten.

Zur alten Liturgie des Frankenreiches im siebten Jahrhundert gehörte auch das folgende Gebet: »Laßt uns beten für die christlichsten Könige, daß Gott alle barbarischen Völker ihrer Macht unterstellen möge auf daß wir dauerhaften Frieden haben.« Hundert Jahre später betete eine Synode in Frankfurt, daß »der allmächtige Gott die barbarischen Völker unserem König unterstellen möge, und daß sie somit schließlich die Wahrheit erkennen und wissen werden, daß der lebendige Gott ihr Schöpfer ist«. Sogar in Rom betete man, daß der Kaiser alle Barbarenvölker besiegen möge.

Die Bekehrung der Sachsen war immerhin erfolgreich genug, um die späteren sächsischen Herrscher zu wichtigen Stützen des germani-

Die Taufe König Haralds von Dänemark 826 in der Nähe von Mainz. Er erbat vom fränkischen Kaiser militärische Hilfe, um sein Königreich zurückzugewinnen. Bemerkenswert ist die Form des Taufbeckens für die Erwachsenentaufe. Der König trug ein weißes Gewand, er wurde in Wasser getauft und mit Öl gesalbt. Der Kaiser war als Taufpate zugegen.

schen Königreiches werden zu lassen, das seinerseits zu einem Eckpfeiler des neuen, sich vom Mittelmeerraum her ausdehnenden christlichen Europas wurde. Die Sachsen im Norden bekehrten auch die Dänen und die Schweden allmählich zum christlichen Glauben. Die Frage, die sich im vierten Jahrhundert in Rom gestellt hatte, mußte nun für die germanischen Völker beantwortet werden: Sollte man alle Menschen erst einmal per Gesetz zu Christen erklären und dann darauf vertrauen, daß die christliche Sozialisation mit der Zeit aus vielen von ihnen auch wahre Gläubige machen würde? Oder mußte man zugeben, daß diese Methode ein sicherer Weg war, die Kirche moralisch zu verderben?

Die Bischöfe, die nach Sachsen gesandt wurden, um die Konvertiten zu unterrichten und zu führen, waren zugleich kaiserliche Amtsträger; insofern waren sie mit den späteren deutschen Fürstbischöfen, die weltliche Macht und geistliche Autorität in sich vereinten, vergleichbar. Damals begannen auch die Päpste als weltliche Herrscher in Italien zu walten – der Ursprung des Kirchenstaates, der nach einer Unterbrechung von 1870 bis 1929 noch immer in der Vatikanstadt Bestand hat.

In Sachsen arbeiteten richtige Missionare unter der Leitung von Bonifatius und anderen aus England gesandten Angelsachsen. Bonifatius wurde von den Friesen getötet, Kilian in Würzburg ermordet. Und dies waren sicher nicht die einzigen Todesfälle.

Als Angelsachsen konnten sich diese Missionare in der Sprache des Volkes einigermaßen verständlich machen. Bonifatius' »Gesetze« sind noch erhalten und lassen die Glaubensgrundsätze erkennen, die er den frisch Bekehrten vermitteln wollte. Das Taufzeremoniell mußte in korrektem Latein abgehalten werden. Die meisten Sachsen verstanden damals kein Latein, doch für Karl den Großen war es die heilige Sprache der Bibel, der Messe und der Gebete. Der Priester mußte den Konvertiten also zuerst in deutscher Sprache klarmachen, daß sie dem Teufel abschwören und ihre Sünden bekennen sollten. Das Althochdeutsche wurde außerdem für das Vaterunser und das Glaubensbekenntnis, für Predigten (von denen einige niedergeschrieben wurden und erhalten sind), für Choräle sowie für einige Lesungen aus den Evangelien verwendet. Die Missionare versuchten, den Sachsen das Glaubensbekenntnis und das Kreuz nahezubringen, die Notwendigkeit des richtigen Handelns, das Jüngste Gericht, das alle Menschen erwartet, und die Bräuche des Fastens und des Almosengebens.

Durch ihre Missionsarbeit wurde das Althochdeutsche zur Schriftsprache. Das schönste literarische Werk dieser Zeit war ein Gedicht namens *Heliand*, »Der Heiland« (um 830), eine Umsetzung vieler Geschichten aus den Evangelien in altsächsische Verse. Die Germanen hatten Mühe, die Demut und Gewaltlosigkeit der Evangelien zu akzeptieren; der anonyme Verfasser des *Heliand*-Gedichtes konnte einfach nicht glauben, daß Jesus auf einem Esel in Jerusalem eingeritten war.

Bayern stand dem römischen Gesetz und der römischen Kultur sehr viel näher als Sachsen. Bereits im frühen achten Jahrhundert hatten westliche Missionare hier einige Klöster und Kirchen gegründet. Einer von ihnen, Emmeram,

Der Garten Eden; aus einem Deckengemälde einer frühen norwegischen Stabkirche; spätes 13. Jahrhundert.

Die Kaiserkrone; später hieß es, es sei die »Krone Karls des Großen«; sie stammt jedoch aus dem späten zehnten Jahrhundert; links der Spruch »Durch mich regieren die Könige«; rechts König Salomo als Idealbild des weisen Herrschers. Heute ist die Krone Teil der Kronjuwelen in Wien.

errichtete ein Kloster in Regensburg, ein anderer, Korbinian, eines in Freising. Beide Klöster wurden zu tragenden Säulen des südgermanischen Christentums. Karl der Große eroberte Bayern, verleibte es seinem Reich ein und ernannte in Salzburg den ersten Erzbischof. Er mußte kaum Gewalt anwenden, um das Land zu christianisieren. Das Resultat war eine Reihe blühender Klöster, in denen viele Handschriften kopiert und Bibliotheken errichtet wurden.

Christliche Sachsen und Bayern stießen jetzt in die von slawischen Völkern bewohnten Gebiete vor. Die Bayern hatten schon vor der Eroberung ihres Landes durch Karl den Großen eine Mission der Slawen geplant und zu diesem Zweck zwei Klöster gegründet. Von Regensburg aus gingen sie zu den Tschechen in Böhmen, von Salzburg aus zu den Slowenen und von Passau aus zu den Slowaken. 845 begrüßte der Enkel Karls des Großen, Ludwig der Deutsche, in Regensburg vierzehn tschechische Herrscher, die sich dort taufen lassen wollten. Doch die meisten Slawen lebten im griechischen Einflußbereich und traten zum Christentum über, als sich die Kirche von Konstantinopel und Thessalonike aus nach Norden ausbreitete.

Die Krönung

Macht mußte öffentlich legitimiert werden, und deshalb brauchten die neuen Könige irgendein Ritual der Anerkennung. Die Germanen hoben ihren König auf den Schilden der Krieger empor und legten ihm einen Speer in die Hand und ein Diadem oder Stirnband um den Kopf. Nach der Christianisierung gehörte auch ein Gottesdienst zum Amtsantritt des neuen Königs.

In den Köpfen der Christen lebte immer noch die Vorstellung, daß das Oberhaupt des römischen Staates, der Kaiser, von Gott damit beauftragt sei, den Frieden zu wahren und das Gute zu verteidigen; man glaubte also, der Kaiser habe eine heilige Berufung. Im byzantinischen Staat hat er diese heilige Aura, die seine Person umgab, immer behalten. Die Bibel berichtet, daß es beim Tod König Davids einen Streit darüber gab, welcher Sohn seiner diversen Ehefrauen sein Nachfolger werden sollte. Einer der Söhne, Adonia, sammelte bewaffnete Männer, um seinen Anspruch gewaltsam durchzusetzen. Deshalb nahm mit Davids Zustimmung »der Priester Zadok ein Ölhorn aus dem Zelt und salbte Salomo« zum König (1 Könige 1,39). Dies war offensichtlich der

Ritus, mit dem ein Volk einen König ausrufen sollte. Die Germanen behielten also die Schilderhebung bei, doch zusätzlich vollzogen sie in der Kirche ein Ritual, in dem der ranghöchste Bischof den neuen König salbte und ihm eine Krone auf das Haupt setzte. Dadurch erhielt der König etwas von der Heiligkeit eines Priesters.

Das älteste bekannte Krönungsritual für einen König stammt aus dem englischen »Egbert-Pontifikale«, einem Gebetbuch des achten Jahrhunderts. Während des Gottesdienstes bittet ein Bischof um göttlichen Segen für den König und seine Regierung und gießt dann Öl auf sein Haupt, während der Chor »Priester Zadok« singt, eine feierliche Kantate, die noch immer bei Krönungen gesungen wird, wenn auch jetzt nach einer anderen Melodie. Dann legen ihm die Bischöfe und hohen Adligen ein Zepter in die Hand, bekrönen sein Haupt mit einem Helm und setzen ihn auf einen Thron. Wenig später wurde das Ritual geringfügig geändert: Eine Krone ersetzte den Helm, man steckte dem König einen Ring an den Finger, und der Krönungsakt wurde nun auch für die Königin vollzogen. Dieses Ritual wurde so wichtig, daß sowohl in England als auch im Frankenreich Legenden entstanden, die berichteten, daß das Öl durch ein Wunder vom Himmel herab gekommen sei. Von einer Taube, die ein heiliges Gefäß, die *Sainte-Ampoule* (lateinisch *ampulla*, Salbenfläschchen), trug, wurde es ins Frankenreich gebracht; das Gefäß wurde in Reims aufbewahrt. Alle französischen Könige wurden mit Öl aus der *Sainte-Ampoule* gesalbt, bis das Gefäß 1793 von Revolutionären zertrümmert wurde. In England wurde das heilige Öl angeblich von der Jungfrau Maria zu Thomas Becket gebracht.

Im Jahr 800 wollten sowohl der Papst als auch der Frankenkönig Karl der Große das weströmische Reich wiederherstellen. Für beide Machthaber war eine Krönung notwendig, um ihr Vorgehen vor dem Volk zu legitimieren. So wurde Karl der Große an Weihnachten in der Peterskirche zu Rom von Papst Leo III. zum Kaiser gekrönt. Zuerst setzte der Papst ihm eine Krone auf das Haupt, dann rief das Volk ihn zum Kaiser aus, und zuletzt huldigte der Papst dem neuen Kaiser. Es war das letzte Mal, daß ein Papst einem Kaiser huldigte.

Nicht nur die Krönung war ein heiliges Ritual, sondern auch die Krone selbst galt als heilig. Die älteste und heiligste aller Kronen ist die Eiserne Krone der Lombardei, mit der zunächst die lombardischen Könige gekrönt wurden, später all diejenigen, die Anspruch auf die Herrschaft Italiens hatten, sogar Napoleon. Sie wird im Dom von Monza, in der Nähe von Mailand, aufbewahrt. Der eiserne Reif wurde nach einer späteren Legende aus einem Nagel vom Kreuze Christi geschmiedet, so daß die Krone sowohl eine heilige Reliquie als auch ein Machtsymbol war.

Könige und Königinnen konnten gestürzt, neue Republiken gegründet werden; es wurden trotzdem immer noch Herrscher gekrönt, und das Ritual wurde weithin akzeptiert. Im Hundertjährigen Krieg zwischen England und Frankreich war es das höchste Verdienst der Johanna von Orléans, dafür gesorgt zu haben, daß ihr König in Reims gekrönt wurde.

Johanna von Orléans, im Register des Parlamentsrates, 10.-11. Mai 1429. Die Fahne trägt die Aufschrift IHS. Johanna, ein Bauernmädchen, wurde in einer Vision beauftragt, Frankreich von den Engländern zu befreien. Als Siebzehnjährige führte sie sieben Tage nach dieser Eingebung das französische Heer an, um die Belagerung von Orléans aufzuheben; es war die erste Niederlage der Engländer. Auf ihren Wunsch wurde diese Fahne angefertigt. Später geriet sie in Gefangenschaft und wurde als Hexe und Ketzerin verbrannt. 1920 wurde sie heiliggesprochen.

KAPITEL DREI

Ost-Rom

Konstantinopel

Kaiser Konstantin wählte die alte Stadt Byzanz wegen ihrer strategisch günstigen Lage zu seiner neuen Hauptstadt im Osten. Die nach ihm benannte christliche Stadt sollte sich architektonisch am Vorbild Roms ausrichten und durch Kunstwerke aus anderen Städten verschönert werden. Die Stadt wuchs rasch: Bei ihrer Gründung hatte sie 20000 Einwohner, im sechsten Jahrhundert schon eine halbe Million. Der Bischof der Hauptstadt stand an der Spitze der Ostkirche. Jerusalem, wohin die gesamte christliche Welt pilgerte, Antiochia, wo man den Christen ihren Namen gegeben hatte, und Alexandria, dessen erster Bischof der Evangelist Markus gewesen sein soll, wurden zwischen 636 und 642 von den Muslimen erobert. So blieb Konstantinopel als einziger bedeutender Bischofsitz im Osten unter christlicher Herrschaft.

Die zahllosen Kirchen der Stadt versetzten die ersten Kreuzfahrer in ehrfürchtiges Staunen. Darüber hinaus gab es viele Klöster, in denen höhere Bildung vermittelt, Handschriften kopiert oder gute Bibliotheken angelegt wurden. In Krisenzeiten besaßen sie großes politisches Gewicht.

Die Hagia Sophia

Konstantin erbaute neben seinem Palast die erste Kirche der Hagia Sophia, der »Heiligen Weisheit«, die von seinem Sohn Konstantius vollendet wurde. Fünfundvierzig Jahre später mußte sie nach einem Brand wiederaufgebaut werden, und im Jahre 532 brannte sie beim Nika-Aufstand, einer der verheerendsten Unruhen in der europäischen Geschichte, noch einmal bis auf die Grundmauern nieder. Danach ließ Kaiser Justinian die Kirche der Hagia Sophia errichten, wie wir sie heute kennen, damals die größte und zugleich eine der schönsten Kirchen der Christenheit. Als die Türken im Jahre 1453 die Stadt einnahmen, machten

Ein Fresko aus einer koptischen Kirche im ägyptischen Assiut. Die beiden groß dargestellten Heiligen sind die Brüder Kosmas und Damian, die unentgeltlich als Ärzte arbeiteten und nach ihrem Märtyrertod bei Epidemien angerufen wurden. Die drei Heiligen unten sind ihre Brüder; die drei Männer oben mit den phrygischen Mützen wurden in einen Ofen geworfen, verbrannten aber nicht.

Kaiser Justinian. Ausschnitt aus einem Mosaik in San Vitale, Ravenna, sechstes Jahrhundert.
Sein großes Verdienst war die Kodifizierung des römischen Rechts,
das unter dem Einfluß christlicher Prinzipien neu formuliert wurde.

Die große Kuppel der Hagia Sophia in Konstantinopel mit muslimischen Rundschilden an den Pfeilern. Das Gebäude wurde von Justinian als seine Kathedrale erbaut und von den Türken 1453 in eine Moschee, 1934 in ein Museum umgewandelt.

sie aus dem Gebäude eine Moschee. Die Mosaiken, die mit der Darstellung lebender Geschöpfe gegen das muslimische Gesetz verstießen, wurden übertüncht. Im Jahre 1934 wandelte die türkische Regierung die Moschee in ein Museum um und ließ die noch erhaltenen Mosaiken freilegen. Auch die Moschee war eine christliche Pilgerstätte geblieben; im Jahr 1967 besuchte Papst Paul VI. die Hagia Sophia, um dort zu beten.

Im vierten und fünften Jahrhundert waren die Kirchen noch immer rechteckige Basiliken mit Seitenschiffen und einer Apsis. Manchmal, vor allem wenn die Kirche ein Heiligengrab beherbergte, kam noch ein Querschiff hinzu. Gegen Ende des fünften Jahrhunderts finden sich erstmals Kuppeln über der Vierung von Haupt- und Querschiff, die auf einer kreisförmigen Mauer oder auf vier Zwickeln über den Vierungssäulen ruhen. Die Hagia Sophia wurde nach dem zweiten Modell erbaut, und das Ergebnis war so beeindruckend, daß in der Folge alle Basiliken der Ostkirche mit einer Kuppel ausgestattet wurden. Sie ist die erste große Kirche, deren Erbauer wir kennen: Anthemios von Tralles und Isidoros von Milet, zwei Griechen aus Kleinasien; sie waren jedoch keine Architekten, sondern Naturwissenschaftler, ein Mathematiker und ein Physiker.

Die Kirche und später die Moschee überwältigte die Gläubigen mit der Weite des Raumes und der Ruhe, die er ausstrahlte. Selbst heute spürt man trotz der Touristenscharen noch etwas davon. Das Licht flutet von den oberen Kuppeln herein, die zu schweben scheinen. Die gewaltige Hauptkuppel hat einen Durchmesser von 31 bis 33 Metern und eine Höhe von 56 Metern. Aus dem ganzen Reich wurde der schönste Marmor, Porphyr und Basalt herbeigeschafft, um die Wände bis zur Höhe der unteren Kuppeln farbig zu verkleiden.

Viele der alten Mosaiken, die auf dem Höhepunkt der Mosaikkunst gefertigt wurden und wunderschön gewesen sein müssen, fielen der Zerstörung anheim, und wir können uns nur eine Vorstellung von ihnen machen, wenn wir eine westliche Kirche anschauen, die unter byzantinischem Einfluß ausgeschmückt wurde, wie etwa die Kirchen im italienischen Ravenna.

Von Zeit zu Zeit sah sich die Kirchenobrigkeit – oder der Steuerzahler – gezwungen, Geld für Reparaturen, Verstärkungen oder Befestigungen bereitzustellen, um ihre Pracht zu erhalten. Über die Jahrhunderte hinweg mußten immer mehr äußere Strebepfeiler angebaut werden. Die Kirche wurde im Jahre 537 geweiht, doch schon 21 Jahre später stürzte die Hauptkuppel ein. Isidoros' Neffe, Isidoros der Jüngere, baute sie wieder auf und verminderte dabei den äußeren Seitenschub der Kuppel, indem er sie in einem steileren Winkel auf den Wänden aufliegen ließ. Die neue Kuppel stürzte trotz einiger Erdbeben erst nach 426 Jahren ein und wurde dann von dem Armenier Trdat repariert. Im Jahre 1204 plünderten die Soldaten des Vierten Kreuzzugs die Stadt und raubten die Schätze und Reliquien der Kirche. 1346 brach die Kuppel erneut ein und wurde ein letztes Mal wieder aufgebaut. In den letzten Jahrzehnten des byzantinischen Reiches war sie dem Verfall preisgegeben.

Der letzte christliche Gottesdienst in dieser größten aller Kathedralen wurde in der Nacht vom 28. auf den 29. Mai 1453 abgehalten, während die Türken in die Stadt eindrangen. Schon vier Tage später fand der erste muslimische Gottesdienst statt, nachdem die Inneneinrichtung Richtung Mekka ausgerichtet und die Wände hastig mit gelber Farbe übertüncht worden waren. Die Türken bezeichneten die Hagia Sophia stolz als ihre schönste Moschee. Solange sie als Gotteshaus genutzt wurde, waren ihre Kunstobjekte durch die Ehrfurcht der Betenden geschützt, doch nach ihrer Umwandlung in ein Museum fehlte den Kunstwerken dieser Schutz. So verschwanden die Reichsmonogramme, die von den Architekten Justinians an den schweren Türen befestigt worden waren, in den sechziger Jahren des 20. Jahrhunderts.

Man muß sich fragen, ob die Schöpfer dieses wunderschönen Gebäudes eher Gottes oder ihren eigenen Ruhm im Auge hatten. Zyniker berichteten, Justinian habe am Tag der Weihe, von seiner eigenen Tat überwältigt, ausgerufen: »König Salomo, ich habe dich übertroffen!« Selbst wenn man diese Erzählung nicht belegen kann, so zeigt sie doch, wie unwohl damals manchen bei diesem Gepränge war.

Es wird erzählt, daß Wladimir, der Großfürst von Kiew, im Jahre 987 einen Glauben annehmen wollte, aber nicht wußte, welche Religion die wahre sei. Deshalb schickte er Gesandte zu den Muslimen an der Wolga, doch ihnen gefiel nicht, was sie dort sahen. Dann reisten die Gesandten nach Deutschland und Rom, wo ihnen das Christentum schon eher zusagte, doch die Gottesdienste empfanden sie als nicht

Die vier Evangelisten in einem Mosaik aus dem sechsten Jahrhundert aus Ravenna.

glanzvoll genug. Sie kehrten über Konstantinopel nach Hause zurück und erlebten in der Hagia Sophia eine Abendmahlsfeier, die sie – wie viele andere – tief beeindruckte: »Wir wußten nicht, ob das Himmel oder Erde war. Wir haben nie solche Herrlichkeit oder Schönheit gesehen. Wir können es nicht angemessen beschreiben. Wir wissen nur, daß Gott dort mit Sicherheit unter den Menschen weilt und daß dies die beste Art der Verehrung ist. Diese Schönheit ist unvergeßlich.«

Möglicherweise beruht die Erzählung auf den Eindrücken der Russen, die später Konstantinopel besuchten, und sie wird durchaus glaubwürdig, wenn man die Hagia Sophia betrachtet. Der Name »Heilige Weisheit« war für Kirchen im griechischen Osten, in Rußland und Teilen Italiens und Siziliens, die byzantinisch beeinflußt waren, durchaus üblich.

Damals begann das Zeitalter der Mosaiken, Fresken und Ikonen, das in der christlichen Kultur des Ostens ebenso einmalig ist wie die Blütezeit des Westens während der Renaissance. Mosaiken waren zwangsläufig ziemlich formale Kunstwerke, die kaum Fröhlichkeit oder Gefühle ausstrahlen konnten. Das machten sie jedoch durch ihre Größe und Festlichkeit, ihre Harmonie und Symmetrie wieder wett. Die Farbpalette war durch die verwendbaren Materialien eingeschränkt, doch die vorhandenen Farben wurden so vielfältig eingesetzt, daß sie nicht langweilig wirkten.

Die Kunst war wie geschaffen, um religiöse Vorstellungen auszudrücken. So schaute beispielsweise der *Pantokrator*, der Allmächtige, als Sinnbild der göttlichen Einheit von Macht und Barmherzigkeit von der Kuppel der Hagia Sophia und später von vielen anderen Kuppeln in byzantinischen Kirchen herab. Die Künstler spielten gerne auf Beziehungen zwischen dem Alten und dem Neuen Testament an und zeigten oft auf gegenüberliegenden Seiten des Kirchenraumes zwei vergleichbare Erzählungen. Sie setzten einige einfache Motive wie Bäume, Schnee oder den Vogelflug ein, doch in der Regel zeigten sie Personen – Apostel, Heilige oder Engel. Die Bilder waren immer prächtig und heiter. Die Gesellschaft, die sie hervorbrachte, litt vielleicht schlimmste Qualen, doch wenn man die Kirchenwände betrachtete, ahnte man nichts von ihrem Schmerz. Vor den letzten Dingen zeigten die Menschen keine Furcht.

Das Gesetz

Das römische Rechtssystem war im Chaos untergegangen. Es gab zwar Gesetzessammlungen, doch die Kaiser erließen ständig neue Gesetze, ohne sie den bereits bestehenden anzupassen. An den Gerichten und unter den Rechtsgelehrten herrschte Verwirrung. Im neuen christlichen Reich kam Zweifel an den Gesetzen auf, die von Heiden erlassen worden waren, aber die Gesetze der Christen boten ein genauso chaotisches Bild. Nur dreißig Jahre nach dem Tod des ersten christlichen Kaisers forderten die Rechtsgelehrten durchgreifende Maßnahmen.

Kaiser Theodosius II. ernannte einen Ausschuß von Juristen, der eine Gesetzessammlung ausarbeiten sollte. Dieser sogenannte *Codex Theodosianus* trat am Neujahrstag des Jahres 439 in Kraft. Die Kommission war nicht nur befugt, die geltenden Gesetze zusammenzustellen, sondern sollte sie auch den zeitgenössischen Bedürfnissen anpassen. Die Sammlung wurde bewußt als christlicher Gesetzeskodex verfaßt und sollte keine Gesetze aus der Zeit vor Konstantin enthalten. Dennoch gerieten einige vorchristliche Gesetze hinein, zum einen, weil man ohne sie nicht auskommen konnte, zum anderen wegen der nützlichen Legende, daß der große Rechtsgelehrte Papinianus, der nach Britannien kam, als Kaiser Septimus Severus Schottland eroberte und später heimtückisch ermordet wurde, Christ gewesen sei. Diese Behauptung war hilfreich, weil Papinianus von der Überzeugung ausging, daß das Gesetz in erster Linie moralischen Zwekken dienen müsse.

In den Augen der Rechtsgelehrten war jedoch auch die neue Sammlung kaum zu handhaben, denn die Gesetze und ihre Kommentare waren immer noch so umfangreich, daß nicht einmal eine große Bibliothek über alle Bücher verfügte, die ein Gericht benötigte. Zudem widersprachen sich einige Gesetze, was sogar ausgewiesene Experten in Verwirrung stürzte. Neunzig Jahre später erschienen die Rechtsgelehrten vor Kaiser Justinian und baten um eine neue Gesetzessammlung. Eine zweite Ausgabe, die sogenannten *Digesten* oder *Pandekten*, entstand. Sie trat 534 in Kraft. Noch heute ist dieses *Corpus Iuris Civilis*, zu dem neben den *Digesten* auch noch die *Institutionen* und der *Codex Iustinianus* gehören, in manchen Ländern Grundlage der Gesetze, da in ihm das vorchristliche Recht miteinbezogen wurde.

Die Gesetzessammlung legte auch die Richtlinien für den Klerus fest, beispielsweise verbot sie das Spiel, bestand auf der Trennung von Mönchs- und Nonnenklostern und verlangte, daß Bischöfe die Heirat von Geistlichen überwachten. Sie setzte sich stärker für die Benachteiligten ein, verpflichtete die Kirche, sich um Gefangene und Findelkinder zu kümmern, und ermächtigte den Bischof, sicherzustellen, daß die Gelder seines Stadtrates nicht verschwendet wurden. In seiner äußeren Form war dieser Kodex stärker christlich geprägt als jener des Theodosius; jedes Gesetz wurde mit der Anrufung Christi eingeleitet. Auf diese Weise beeinflußten Religion und moralische Grundsätze des Staates den Gesellschaftsaufbau.

Die Tradition

Da unter den ersten Bekehrten viele Griechen waren und das Neue Testament in Griechisch geschrieben wurde, bewahrten die orthodoxen Kirchen im Osten ein seit der Zeit der Apostel ungebrochenes Lebensgefühl. In ihren Augen hatte auch das westliche Christentum hier seinen Ausgang genommen. Sie hielten es für richtig, daß christianisierte Völker – egal ob Slawen, Armenier oder Georgier – die Gottesdienste in ihrer Muttersprache abhielten. Doch Griechisch war für sie immer noch nicht nur die Sprache des Neuen Testaments, sondern die der zivilisierten Welt. Jahrhundertelang betrachteten sie Latein als die Sprache der Barbaren.

Das Wort »Orthodoxie« (Rechtgläubigkeit) zeigte ihre Wertschätzung der Tradition: »Wir haben den Glauben bewahrt, den die Apostel Jesu lehrten.« Als der Bilderstreit mit der Niederlage der Ikonoklasten, die alle Ikonen und Bilder aus den Kirchen verbannen wollten, im Jahre 843 endgültig beigelegt war, feierte man dies mit einem alljährlichen Festtag, dem sogenannten »Fest der Orthodoxie«. Er sollte die Kirche daran erinnern, daß sie stolz darauf sein durfte, die Wahrheit der Apostel zu vertreten, und daß sie die Pflicht hatte, an dieser Wahrheit festzuhalten.

Die östlichen Gottesdienste orientierten sich an der Liturgie des Jakobus, die angeblich auf die frühesten Gottesdienste der Apostel in Jeru-

Graćanica, das größte serbische mittelalterliche Kloster, wurde zwischen 1313 und 1321 erbaut. Dort befand sich die erste Druckerei in Serbien. Die Kirche mit ihren fünf Kuppelgewölben hat im Gegensatz zum Rest der Klosteranlage alle Kriegswirren überstanden.

Die Ostseite der armenischen Kathedrale in Jolfa, erbaut 1606. Die Armenier wurden im dritten Jahrhundert von Gregor dem Erleuchter bekehrt. Sie feiern Weihnachten nicht am 25. Dezember, sondern an Epiphanias am 6. Januar. Der König von Persien (Iran) zwang Tausende von Armeniern, sich in Jolfa anzusiedeln, wo sie eine florierende christliche Gemeinde bildeten. Einige leben heute noch dort.

salem zurückging. Zur Zeit Justinians kam der aus Syrien stammende Hymnendichter Romanos nach Konstantinopel, der die griechische Sprache so vollendet beherrschte, daß ihm der Name Melodos, »Meister der Lyrik«, verliehen wurde. Er schuf die Musikform des *kontakion* (Stäbchen), benannt nach dem Stab *(kontos)*, um den die Schriftrolle mit der Chormusik gewickelt wurde. Das Kontakion war eine mehrstrophige kurze Predigt, die als Hymne gesungen wurde. Vor allem die früheren Kontakia wurden später jedoch kaum noch gesungen, sondern durch den wahrscheinlich in Kreta entstanden *Kanon* ersetzt, was in diesem Fall bedeutete, daß ein Lyrikvers zwischen Verse eines biblischen Lobgesanges eingeschoben wurde. Später wurden nur noch die lyrischen Verse ohne ihren biblischen Rahmen gesungen.

In der orthodoxen Kirche sind im Gottesdienst alle Musikinstrumente verboten, nur Gesang ist erlaubt. Gleiches galt damals auch in den westlichen Kirchen. Die später zugelassenen Instrumente sollten zunächst nur dem Chor helfen, den Ton zu treffen. Seit kurzem ist in einigen orthodoxen Kirchen Amerikas Instrumentalmusik erlaubt.

Die Ikone

Im byzantinischen Osten wurde das Heiligenbild zur Ikone, zu einem Bild, das nicht nur bloßes Porträt oder Schmuck war, sondern den Heiligen wie ein Grab oder ein Schrein »anwesend« werden ließ. Die frühen Ikonen hatten eine ähnliche Funktion wie die Bilder des englischen Königs beziehungsweise der Königin an den Wänden eines öffentlichen Gebäudes, die auch nicht nur ein Abbild der Person, sondern ein Symbol für die Einheit des Staates sein sollen.

Im siebten Jahrhundert wurde die Ikone durch die wachsende Heiligenverehrung zu mehr als einem auf Holz gemalten Bild – jetzt schien sie in geistiger Verwandtschaft zu der dargestellten Person zu stehen und sie zu verkörpern. Die Ikone empfing die an den Heiligen gerichtete Verehrung und die Gebete und übermittelte wiederum dem Betenden den Segen des Heiligen. Ikonen zeigten keine Szenerien, wie sie auf den westlichen Kirchenfenstern mit ihren Glasmalereien dargestellt waren, sondern nur das heilige Bildnis einer Person.

Sie hingen nicht nur in den Kirchen, sondern auch in Kloster- und Gefängniszellen, in Schiffskabinen und natürlich über der Eingangstür des Hauses, um die Bewohner vor dem Bösen zu bewahren. Reisende trugen kleine Ikonen zu ihrem Schutz bei sich. Die Ikonen in den Kirchen wurden bei Prozessionen herumgetragen, Kerzen vor ihnen aufgesteckt. Wie manche westlichen Reliquien konnten sie die Kräfte der Heiligen übertragen. So konnten Menschen, die eine Ikone berührten, geheilt werden – diese Heilkraft ging dann vom Heiligen aus, aber die Ikone übertrug sie auf den Bittsteller. Niemand durfte eine solche Ikone straflos zerstören. Es gab Geschichten über Ikonen, die angeblich nicht von Menschen geschaffen waren, die sogenannten *acheiropoietes*, was auf Griechisch »nicht von Hand gemacht« heißt. In Jerusalem wurde ein Marienbildnis gefunden, das der Evangelist Lukas gemalt haben sollte. So wurde er nicht nur zum Schutzheiligen der Ärzte (auf einer der frühesten Darstellungen trägt er chirurgische Instrumente), sondern auch zu dem der Maler.

Die Ikonostase

In fast allen Kirchen östlicher orthodoxer Tradition findet man heute die Ikonostase, die Wand, die den Altar und das Allerheiligste von der übrigen Kirche abtrennt. Sie ist mit Ikonen besetzt, die von den Kirchenbesuchern geküßt werden. Zuerst waren die Ikonostasen nicht höher als die westlichen Altargitter, doch dann wurden sie, ähnlich dem westlichen Lettner, durch Säulen und Gitterwerk vergrößert. Mit der Zeit wurde die Abschirmung zu einer mit Ikonen behängten Wand, die bis zum frühen 15. Jahrhundert so hoch geworden war, daß sie den Altar verdeckte. Die zweiteilige »Königstüre« in der Mitte wurde nur geöffnet, wenn der Priester im erhebendsten Augenblick der Abendmahlsfeier aus ihr heraustrat; an den beiden Enden der Ikonostase befanden sich Türen für die Diakone, Mesner und Nonnen. Rechts und links von der Königstüre hingen gewöhnlich eine Ikone Christi und eine Marias. Die übrigen Ikonen wurden nach einer geregelten, wenn auch nicht unveränderlichen Anordnung angebracht, bei der man sich an besonderen Handbüchern orientierte. Die frühesten Künstlerschulen in Konstantinopel, Saloniki, Ochrid und später Moskau entwickelten die Ikonenmalerei zu einer Kunstform von einzigartiger Schönheit.

Auf den ersten Blick ließ die hohe Trennwand in den Kirchen des Ostens eine ganz andere Gottesdienstform als im Westen entste-

Die bemalten Kirchen Rumäniens sind in der Christenheit einzigartig; viele der Fresken befinden sich an den Außenwänden. Das Kloster Sucevița wurde im ausgehenden 16. Jahrhundert als letztes in diesem Stil geschmückt. Auf dem Foto ist die Außenseite der Apsis zu sehen.

hen, denn sie verlieh dem Ritus einen geheimnisvolleren Charakter. Westliche Besucher hatten oft den Eindruck, daß sie die Geistlichen zu stark von den Laien abgrenzte. Doch wenn man sich genauer mit der östlichen Liturgie auseinandersetzt, wird schnell klar, daß das nicht der Fall ist. Der Chor und die Kirchendiener können das Allerheiligste ungehindert durch die Türen an den Seiten betreten.

Der Bilderstreit

In einer der ernsthaftesten Auseinandersetzungen innerhalb des Christentums ging es um das Bilderverbot. Es war Teil des jüdischen Erbes – die Juden ließen an heiligen Stätten keine Bilder zu. Das Volk des spätantiken Römischen Reiches dagegen wollte auf religiöse Darstellungen nicht verzichten. Der engstirnige Bischof Epiphanius, der 403 starb, riß einmal in einer Kirche in Palästina einen Vorhang, in den ein Bild Christi hineingewoben war, herunter, doch ein solches Verhalten galt damals schon als altmodisch. Andere Bischöfe glaubten, daß die Ikonen den einfachen Menschen, vor allem den Analphabeten, halfen, ihren Glauben besser zu verstehen, und wünschten sich ihre Kirchen voller Farben und bunter Mosaiken.

Seit dem Jahre 726 waren die orthodoxen Kirchen in *Ikonoklasten*, Bilderfeinde, und *Ikonodulen*, Bilderverehrer, gespalten; in Armenien führte der Streit sogar zum *Schisma*, zur Spaltung der Kirche.

Die Kaiser standen zunächst auf der Seite der Ikonoklasten, da Gott nicht dargestellt werden könne und es deshalb falsch sei, Christus darstellen zu wollen. Maria und die Heiligen seien von der göttlichen Glorie umgeben, die niemand darstellen könne.

Doch das Volk, darunter auch die Mönche, wollte die heiligen Bilder und setzte sich schließlich durch. Auch ein ausgezeichneter Theologe, der 749 gestorbene Johannes von Damaskus, der manchmal als der letzte der frühen Kirchenväter bezeichnet wird, war auf ihrer Seite. Gott habe es durch seine Menschwerdung möglich gemacht, diesen Menschen darzustellen, und er habe die Kunst des Malens geschaffen. Und wenn Gott auf einer Ikone dargestellt werden könne, müsse das auch für jene gelten, die ihm ihren Ruhm verdankten. Schließlich habe Gott Holz und Farbe geschaffen, und insofern sei es nicht falsch, sie zu seiner Ehre zu verwenden.

Die armenische Kirche auf der Insel Ahtamar im türkischen Vansee wurde 915–921 erbaut und jahrhundertelang intensiv genutzt. Als jedoch im Ersten Weltkrieg die Türkei und Rußland feindlichen Lagern angehörten, gerieten die Armenier (als Christen) in den Verdacht, auf der Seite der Russen zu stehen. Es kam zu schrecklichen Massakern, und Ahtamar wurde aufgegeben.

Die Pantokrator-Ikone aus der Uspenskij-Kathedrale, der Kirche der Entschlafung oder des Heimgangs Mariä im Kreml.
Die Kathedrale, in der auch die Zaren gekrönt wurden, wurde zwischen 1475 und 1479 erbaut.
Dort sammelte man die berühmtesten Ikonen aus dem großen Zeitalter dieser Kunst.
Die Pantokrator-Ikone stammt vermutlich schon aus der Kathedrale, die früher an dieser Stelle stand.

Der koptische Abt Menas mit Christus; eine ägyptische Ikone aus dem sechsten oder siebten Jahrhundert. Zwischen den beiden Heiligenscheinen steht das Monogramm X P. Koptisch war die Volkssprache der Ägypter, die nicht griechischer Abstammung waren. Die Kopten wurden Monophysiten (dazu siehe S. 288) und konnten sich im islamisierten Nordafrika besser behaupten als andere Christengemeinden. Sie verfügen auch im heutigen Ägypten noch über einen gewissen Einfluß.

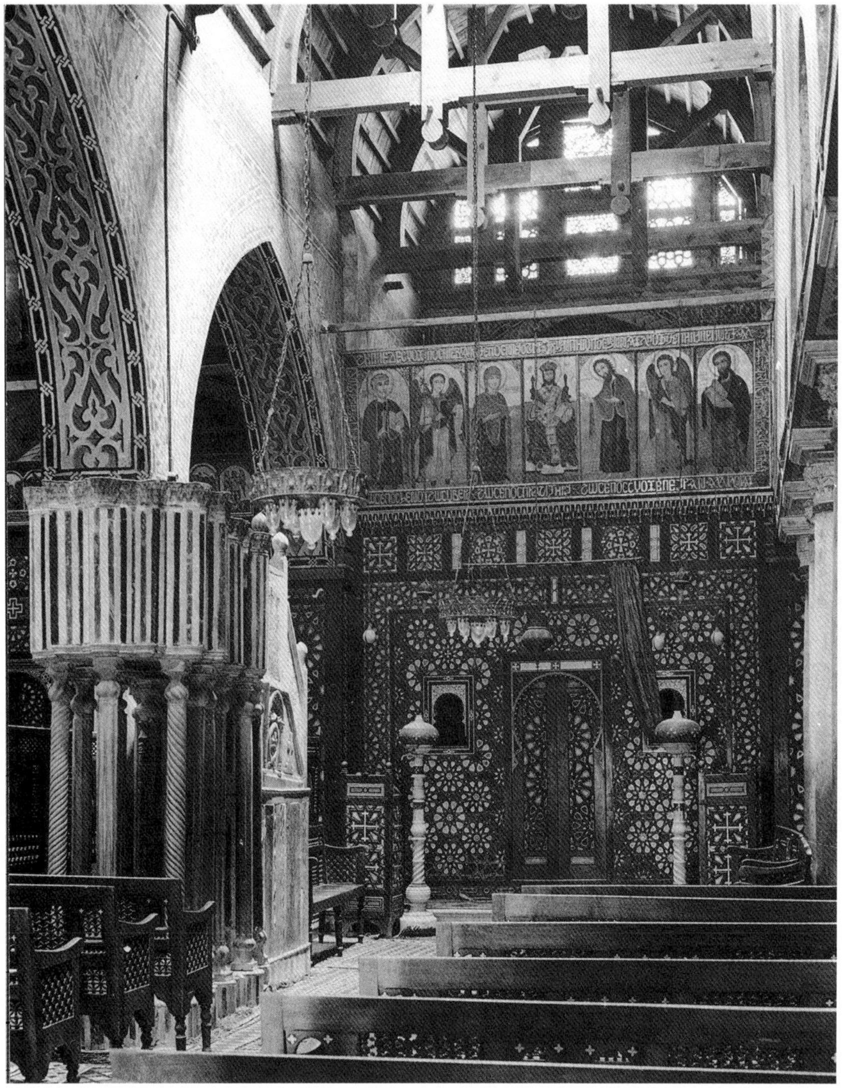

Die koptische Kirche von al-Mu'Allaka in Alt-Kairo (7. Jh.). Die Bilder hängen nicht an der Ikonostase (13. Jh.), sondern stehen auf ihr.

Der Bilderstreit in Konstantinopel: Unten reißen Ikonoklasten eine Ikone herunter, links davon tadeln zwei Heilige einen Patriarchen, der die Ikonen aus der Kirche verbannen wollte. Das Bild an der Seite zeigt links Nikephoros, den Patriarchen von Konstantinopel (806–829), der abgesetzt wurde, weil er sich dem kaiserlichen Ikonoklasmus widersetzte. Die Handschriftenseite stammt aus dem Studion- oder Theodoros-Psalter.

Nach der Beilegung dieses heftigen Streites wurde die Ikone zu einem notwendigen Bestandteil der frommen Andacht im östlichen Christentum. In den Kirchen entwickelte sich eine besondere Anordnung der Bildmotive: In der Kuppel war Christus als Pantokrator dargestellt, in der Apsis Maria und auf der Ikonostase eine veränderbare Ordnung von Ikonen, darunter häufig die Bilder der Heiligen Michael, Georg und Nikolaus. Eine Kirche ohne Ikonen betrachtete das Volk nicht mehr als heilige Stätte.

Der Berg Athos

Wenn wir nach christlichen Gemeinden suchen, die heute noch den Gemeinschaften des vierten Jahrhunderts ähneln, könnten wir vielleicht eine Kapelle der Freien Gemeinde oder eine methodistische Kirche, die in den zwanziger Jahren errichtet wurde, zum Vergleich heranziehen. Wir sollten allerdings auch den Berg Athos besuchen. Bis vor kurzem bewahrten auch andere Klöster des orthodoxen Ostens diese Atmosphäre, wie beispielsweise das von Justinian auf dem Berg Sinai gegründete Katharinenkloster, in dem noch die ursprünglichen, prächtigen Mosaiken vorhanden sind, weil der Sinai zur Zeit der Ikonoklasten unter muslimischer Herrschaft stand. Doch heute stören Flugzeugladungen von Touristen den Eindruck. Einige andere Klöster haben sich die alte Zurückgezogenheit bewahrt, wie beispielsweise das Haus auf der Insel Patmos vor der türkischen Küste, wo Johannes seine Offenbarung schrieb.

Athos, die östlichste der drei Halbinseln im nördlichen Griechenland, streckt sich wie ein langer Finger mit hohen Kämmen und Felsen ins Meer hinein. Man kann sie fast nur zu Fuß oder mit dem Muli erreichen, oder man klettert von einem kleinen Boot aus die steil abfallenden Klippen hinauf. Athos bot sich als natürlicher Rückzugsort vor Feinden an, und den Mönchen diente der Berg als angemessener Platz zum Leben und Beten. Um das Jahr 1000 befanden sich hier ein Kloster und viele Einsiedeleien, und schon fünfzig Jahre später war er als der »Heilige Berg« bekannt. Die Mönche unterstanden keiner Herrschaft, obwohl das Vorgebirge nominell zum Machtbereich des Kaisers (und später des türkischen Sultans bzw. der griechischen Regierung) gehörte. Die Mönche wählten einen Ältestenrat. Sie befestigten ihre Häuser gegen Überfälle von Banditen und umherziehenden Schafhirten. Die Mönche kamen nicht nur aus Griechenland, sondern aus der gesamten christlichen Welt: Rußland, Georgien, Serbien und Italien. Noch um 1912 waren mehr als die Hälfte der Mönche Russen, doch nach der Russischen Revolution sank ihre Zahl stark. Frauen, weibliche Tiere oder bartlose Jugendliche durften den Berg nicht betreten.

Die Mönche gestalteten ihr Leben unterschiedlich: Es gab die Eremiten, die »zönobitischen« Klöster mit Gemeinschaftsleben, die »idiorrhythmischen« Häuser, in denen die Mönche zwar zusammen wohnten, aber jeder für sich betete und lebte und nur der sonntägliche Gottesdienst gemeinsam begangen wurde, und schließlich die sogenannten *skiti,* kleine Gruppen von Eremiten, deren Hütten sich um eine Kapelle gruppierten und die von einem Supe-

Der heilige Nikolaus auf einer russischen Ikone aus dem 16. Jahrhundert. Christus überreicht ihm die Bibel, Maria eine Stola.

rior geführt wurden. Heute gibt es auf dem Berg Athos zwölf zönobitische und acht idiorrhythmische Klöster; die Skiten und Eremiten sind einem der großen Häuser zugeordnet.

Nach Jahren des Niedergangs in der Ära des Kommunismus in Osteuropa ziehen die Klöster heute allmählich wieder Männer an, die in aller Stille beten wollen. Heute ist auch dieser Berg nicht mehr ganz verschont von den Touristen, die alle modernen Klöster heimsuchen, aber immer noch ohne jede städtische Besiedlung oder gar Industrie. Es gibt nur die bis zu 1800 Meter hohen Berge und rundum das Glitzern der Ägäis. Diese Gemeinschaften gehören zum tiefverwurzelten Erbe der christlichen Kultur und Frömmigkeit im östlichen Mittelmeer und der slawischen Welt.

Eine frühe Fotografie (1869) des Katharinenklosters auf dem Berg Sinai, eines der beiden historisch bedeutsamsten Klöster der Christenheit. Der Sinai war schon früh eine Pilgerstätte und wurde fast ständig von griechischen Mönchen bewohnt. Dazu waren diese starken Befestigungen nötig.

Die Mystiker

Mystik ist die Erfahrung einer unmittelbaren Gemeinschaft mit Gott. Es geht dabei nicht darum, etwa Bücher über Jesus zu lesen und daraus auf das Wesen Gottes zu schließen, sondern zum Gebet niederzuknien und dabei die Nähe Gottes zu erfahren, der einem gegenübertritt, neben einem steht oder in einem ist. Die frühen Christen machten solche Erfahrungen. Wenn sie versuchten, diese Augenblicke zu beschreiben, konnten sie keine angemessenen Worte finden und waren sich dessen auch bewußt. Jene, die Schriften der Platoniker und Stoiker gelesen hatten, erkannten, daß nicht nur Christen solche Erfahrungen machten, und beschrieben sie deshalb mit den Begriffen der alten Philosophen, beispielsweise als »Betrachtung Gottes«.

Darstellung der Verklärung im Katharinenkloster auf dem Berg Sinai: Mose und Elija erscheinen Jesus, und die drei Apostel Petrus, Jakobus und Johannes sind von der Vision überwältigt. Das Mosaik hat großen Seltenheitswert, da es im Sinai keine Ikonoklasten gab und es deshalb auf die Zeit des Kaisers Justinian zurückgeht. In anderen Teilen des Ostens wurden die meisten Bilder während des achten Jahrhunderts zerstört.

Felsenkirchen und Zellen, die im türkischen Kappadokien in kegelförmige Vulkanfelsen gehauen wurden. Einige von ihnen stammen schon aus dem sechsten Jahrhundert. Später bildete sich dort ein blühendes religiöses Zentrum. Einige Zellen waren bewohnt, bis die Griechen 1923 aus Kleinasien vertrieben wurden.

Das Gregoriu-Kloster an der Westküste des Berges Athos in der nördlichen Ägäis ist eines der zwanzig Klöster auf dem heiligen Berg. Es gehört zu den zönobitischen Häusern mit Gemeinschaftsleben und ist gegen Angriffe vom Meer her befestigt.

Auch Augustinus, der viele Werke der Schüler Platos kannte, hatte in der römischen Hafenstadt Ostia eine Gottesvision und verwendete die Worte der Platoniker, um sie zu beschreiben.

Im Jahrhundert Justinians (527–565) fand die Sprache der Platoniker über Umwege im Christentum noch stärkere Verwendung. Als Paulus in Athen predigte, war Dionysios, ein Mitglied des hohen Gerichtshofes Areopag, einer der wenigen, die er bekehren konnte. Bald nach 500 n. Chr. erschienen Bücher, die angeblich von jenem Dionysios geschrieben worden waren, und jeder, egal ob Grieche oder Lateiner, glaubte, daß dieser gebildete Konvertit des Paulus tatsächlich der Verfasser war. Wir kennen heute zwar nicht den Namen des Autors, wissen aber, daß er sich auf den Neuplatoniker Proklus bezog, der kein Christ war. Proklus war einer der letzten Leiter der einst berühmten, aber damals schon im Verfall begriffenen Schule von Athen, in der bis zur Schließung durch Justinian im Jahre 529 noch über Philosophie debattiert wurde. Einige dort lehrende Philosophen opponierten gegen das Christentum, andere waren christlich beeinflußt. Die nach Dionysios benannten Bücher bildeten einen Ausgangspunkt für die Mystiker. Er lehrte, daß es zwischen Gott und der Welt eine himmlische Hierarchie von Engeln gebe.

Gott ist vollkommen und unveränderlich, abgesehen davon, daß er ständig schöpferisch

aktiv ist. Er existiert nicht wirklich, da er jenseits des Seins ist, weshalb er auch nie beschrieben werden kann. Dennoch offenbart er sich aus dem Dunkel als in Christus gegenwärtig, so daß wir vom »Gott-Menschen« sprechen können. Ebenso zeigt er sich in der Bibel, die allerdings nur mit Hilfe seiner Gnade verstanden werden kann, und in Form von Symbolen, also den Sakramenten der Kirche, die Reinigung und Erleuchtung vermitteln. Wenn wir Gott jedoch unmittelbar begegnen, so nennt Dionysios das Ekstase; wir erfahren ihn also nicht mit unseren Sinnen, sondern gerade, wenn wir »von Sinnen« sind. Trotz allem können wir diesen Gott nicht kennen, denn Glaube ist mystisches Dunkel.

Diese Vorstellungen machten Dionysios zu einem der einflußreichsten Autoren der folgenden Jahrhunderte. Im neunten Jahrhundert wurden seine Werke ins Lateinische übersetzt und seitdem häufig von den westlichen Denkern verwendet.

Die orthodoxen Mönche waren natürlich lange Gebete und die ständige Verwendung der Psalmen gewohnt. Die meisten anderen Menschen dagegen, abgesehen von Eremiten und ungewöhnlich frommen Christen, beteten nur in der Kirche. In den Bergklöstern und in Konstantinopel entstand eine Bewegung, die sich für ein ständiges privates Gebet im eigenen Zimmer einsetzte.

Den Betenden wurde empfohlen, zu sitzen statt zu stehen, so daß sie länger beten konnten und nicht so viel über ihren Körper nachdenken mußten. Sie sollten den Kopf senken, ruhig atmen und dann regelmäßig, im Takt des gleichmäßigen Atmens, immer wieder das »Jesusgebet« sprechen: »Herr Jesus Christus, Sohn Gottes, erbarme Dich meiner.« Hier lebten die Lehren des Abtes Cassianus (gest. 435) und einiger früher Mönche wieder auf und wurden inbrünstig in die Praxis umgesetzt. Doch es ging nicht nur um eine Form des wiederholten Gebets, sondern auch um die Läuterung der Seele von den acht Todsünden. (In der ursprünglichen Liste, die um 390 in der ägyptischen Wüste aufgestellt wurde, waren acht Todsünden aufgeführt: Eitelkeit, Überheblichkeit, Melancholie, Acedia [Stumpfheit und Gleichgültigkeit], Geiz, Wollust, Völlerei und Zorn. In der späteren Liste Papst Gregors aus der Zeit um 600 wurden die ersten beiden Begriffe zu »Stolz« und die beiden folgenden zu Trägheit zusammengefaßt und der Neid hinzugefügt.)

Die Bewegung wurde unter dem Namen Hesychasmus bekannt, abgeleitet vom griechischen Wort *hesychos* (»still, ruhig, schweigend«), denn die Menschen wählten das stille Gebet. Einige Mönche sahen bei dieser Art von Gebet ein geistiges Licht, das die Seele erleuchtete – eine Vision der Wahrheit über die Welt und die Menschheit. Manche behaupteten, das Licht komme wie die Sonnenstrahlen direkt von Gott. Als Jesus mit seinen drei Jüngern auf den Berg Tabor stieg, »verwandelte« er sich vor ihren Augen in Licht (Mark 9,2–10). Für die Hesychasten wurden das Fest der Verklärung und der Berg Tabor sehr wichtig, denn das Licht, das sie während ihrer Gebete schauten, mußte das Taborlicht sein, also sahen sie es nicht nur mit dem geistigen, sondern auch mit dem leiblichen Auge. Die Bewegung verbreitete sich schnell über den ganzen Balkan bis nach Rußland und hatte bis ins 16. Jahrhundert hinein großen Einfluß. In den Romanen Fjodor M. Dostojewskijs (1821–1881) hinterließ sie sogar noch im 19. Jahrhundert ihre Spuren.

Der bekannteste Hesychast war der im Jahre 1359 gestorbene Gregorios Palamas, der auf dem Berg Athos das stille Gebet kennengelernt hatte und später vor einem türkischen Überfall fliehen mußte. Er wurde Erzbischof von Saloniki, aber sein Bistum wurde immer wieder von den Türken angegriffen und er selbst sogar ein Jahr lang von ihnen gefangengehalten. Er verteidigte den Hesychasmus überzeugend gegen seine Kritiker: Wir können nicht das Wesen Gottes kennen, sondern nur durch sein Wirken (seine Energien) etwas von ihm erfahren. Die Energien sind er selbst, nicht etwas ihm Fernes, und genau sie spüren wir im reinen stillen Gebet. Obwohl nach dem 16. Jahrhundert die Begeisterung für die Bewegung der Hesychasten nachließ, sammelten zwei Griechen gegen Ende des 18. Jahrhunderts alle alten Texte über das Jesusgebet von Cassianus bis zu Gregorios Palamas und späteren Verfassern. Der bedeutendere der beiden, der Mönch Nikodemus vom Berg Athos, wurde von der orthodoxen Kirche erst im Jahre 1955 heiliggesprochen. Seine von ihm *Philokalia* (»Liebe der Schönheit«) genannte Anthologie wurde wie viele andere orthodoxe Bücher während der türkischen Besetzung des Balkans in Venedig veröffentlicht. Sie wurde zunächst ins Slawonische, später ins Russische übersetzt und von den russischen Mystikern hoch geschätzt.

Der Einfluß des Islam

Im Jahrhundert nach Justinians Tod mußte die erfolgsgewohnte christliche Welt, die sich schon bis zu den Germanen, Kelten und Slawen erstreckte, ihre erste einschneidende Niederlage hinnehmen. Um 600 galt Arabien ähnlich wie Irland oder Schottland als eine Region, die in Kürze den christlichen Glauben annehmen werde. Auf der arabischen Halbinsel gab es alte jüdische und vereinzelte christliche Gemeinden.

Doch dann trat Mohammed auf den Plan. Durch Visionen war er zu der Überzeugung gelangt, daß er ein Prophet Gottes sei, und er fühlte sich berufen, für die arabischen Völker ein heiliges Buch zu schreiben. Im Koran geht es um den Glauben an den einen Gott, das bevorstehende Gericht, die Wiederauferstehung, die Barmherzigkeit und die Gültigkeit von religiösen Gesetzen. Im Jahrhundert nach seinem Tod im Jahre 632 eroberten die arabischen Vorkämpfer des muslimischen Glaubens ursprünglich christliche Länder wie Ägypten, Palästina, Syrien, Nordafrika und Spanien. Die Christen hatten seit der Zeit Julians unter christlichen Herrschern gelebt, wenn man von jenen Christen absieht, die über Persien nach China oder Südindien zogen, und den wenigen, die zu den noch nicht bekehrten Völkern im hohen Norden gingen. Nach der Eroberung durch die Araber lebten jetzt plötzlich wieder viele christliche Völker unter nichtchristlichen Herrschern, obwohl gerade in diesen Ländern Städte wie Bethlehem, Nazareth und Jerusalem, Antiochia und Alexandria lagen, Städte, in denen die Kirche ihren Ursprung hatte.

Der Felsendom, der von den muslimischen Eroberern um 700 im alten jüdischen Tempelbezirk erbaut wurde. Den von ihm eingeschlossenen Felsen hielten die Juden für jene Stelle, an der Abraham Isaak opferte, und die Muslime für den Ort, von dem aus Mohammed in den Himmel emporstieg.

Die Geburtskirche in Bethlehem; Konstantin hatte angeordnet, an der Geburtsstätte Jesu eine Kirche zu erbauen, und seine Mutter Helena unterstützte die Arbeit durch eine Pilgerfahrt. In der Kirche wurden zwei Kreuzfahrer-Könige gekrönt; für Pilger war sie eine ebenso wichtige heilige Stätte wie Jerusalem.

In den muslimischen Staaten nahmen die Christen und Juden eine besondere Stellung ein, da sie sich, wie der Islam, auf das Alte Testament beriefen. Den Christen wurde oft vorgeworfen, es zu verfälschen und ihm eine Bedeutung zu geben, die es nicht haben konnte. Zudem behaupteten die Muslime, die Christen glaubten nicht wirklich an *einen* Gott, weil sie von Gott als von einer Dreieinigkeit sprachen. Ihr Brauch, in Kirchen Bilder aufzuhängen, wurde als frevelhaft empfunden. Doch die drei Religionen hatten mit Abraham einen gemeinsamen Stammvater, der die Welt gelehrt hatte, daß es nur einen Gott gab. Die Christen hatten im Verständnis der Muslime die Welt auf die Ankunft Mohammeds vorbereitet, und Jesus galt als ein herausragender Prophet. Deshalb hatten die Christen in den muslimischen Staaten gegen Zahlung einer Steuer das Recht auf Schutz und freie Glaubensausübung. Allerdings durften ihre Kirchen nicht auffallen, jeglicher Versuch, einen Muslim zu bekehren, wurde als Verbrechen geahndet, und ein Christ durfte keine muslimische Frau heiraten.

Die muslimischen Herrscher waren nicht immer so tolerant, doch lange Zeit konnten Christen noch problemlos hohe Ämter in muslimischen Regierungen übernehmen. Die meisten Christen wußten wenig vom Islam. Ein fähiger byzantinischer Theologe, Niketas Byzantios (9. Jh.), veröffentlichte eine *Widerlegung des Korans,* die unter den Gelehrten viel Beachtung fand, aber im einfachen Volk keine Bedeutung erlangte.

Zunächst war diese Toleranz nur einseitig; die christlichen Könige gestatteten ihren muslimischen Untertanen nicht, ihre Religion auszuüben. Sie mußten entweder zum Christentum übertreten oder das Land verlassen. Dennoch gingen die Diplomaten im christlichen Konstantinopel und im muslimischen Bagdad freundlich miteinander um. Im 11. Jahrhundert begannen die westlichen Herrscher in Spanien und Sizilien das von den Muslimen besetzte Land zurückzuerobern. Dort wurde den Muslimen erstmals gestattet zu bleiben, ohne ihren Glauben aufgeben zu müssen. Doch diese großzügige Haltung konnte nicht von Dauer sein, und schon zu Beginn des 16. Jahrhunderts forderte der spanische König alle Muslime auf, zu konvertieren oder das Land zu verlassen. Dieser Befehl entsprach der tatsächlichen Einstellung der christlichen Bevölkerung.

Einige Christen suchten nach der Wahrheit im Islam; ihrer Meinung nach war der Koran eine Mischung aus Wahrem und Falschem. Mit einigen Regeln, vor allem mit dem Recht des Mannes, mehrere Frauen zu heiraten, waren sie nicht einverstanden. Dagegen schätzten sie den unbeugsamen Glauben an einen Gott. Einige verstanden den Sieg des Islams als göttliche Strafe für die Sünden der christlichen Völker.

Es war ein Akt christlicher Frömmigkeit, an die heiligen Stätten in Jerusalem, Bethlehem oder auf den Sinai zu pilgern, und zunächst ließen die muslimischen Herrscher in Palästina diese Reisen gern weiterhin zu. Doch im 11. Jahrhundert schwand ihr Wohlwollen, und Pilgerfahrten wurden gefährlicher. Das westliche Christentum übte mit den Kreuzzügen Vergeltung, durch die Palästina zurückerobert und unter christliche Herrschaft gestellt werden sollte. Dabei spielten ganz unterschiedliche Motive eine Rolle: Die italienischen Häfen beispielsweise suchten den Handel mit dem Osten, die französische Regierung wollte auf diesem Weg die Energien der sich ständig bekämpfenden Ritter auf ein anderes Ziel lenken, und Abenteurer hofften darauf, im Osten Reichtümer zu erwerben. Allerdings hätten die Kreuzzüge ohne das religiöse Motiv, den Wunsch nach freiem Zugang zu den Pilgerstätten, niemals stattgefunden.

Die von den Kreuzfahrern in Palästina, dem Libanon und Syrien gegründeten christlichen Staaten mußten mit ihren muslimischen Nachbarn Handel treiben, und so finden sich dort zum ersten Mal Anzeichen eines wirklichen christlichen Verständnisses für den Islam, vor allem bei Wilhelm von Tyrus. Er war Absolvent zweier westlicher Universitäten, wurde 1175 Erzbischof von Tyrus und verfaßte das beste zeitgenössische Werk über die Kreuzzüge, zugleich eines der besten mittelalterlichen Geschichtsbücher überhaupt.

Schon zur Zeit der ersten Kreuzzüge forderte Petrus Venerabilis, der Abt von Cluny in Frankreich, daß die Menschen sich dem Islam mit dem Wort nähern sollten. Daraufhin versuchte man im Westen herauszufinden, woran die Muslime wirklich glaubten, und der in Barcelona lebende englische Gelehrte Robert von Ketton, der Arabisch und Astrologie studierte, verfaßte im Jahre 1143 die erste lateinische Übersetzung des Koran, die siebenhundert Jahre lang verwendet wurde. Robert selbst hielt allerdings seine Übersetzung für weitaus weniger bedeutsam als seine astrologischen Forschungen.

Die Bettelorden ermutigten einige ihrer Mönche, Arabisch zu lernen. Im 14. wie auch im 19. Jahrhundert wurde das Studium der arabischen und anderer östlicher Sprachen im Westen gefördert, weil die christlichen Missionare für den Osten gewappnet sein sollten. Die Bettelmönche erreichten jedoch nicht viel; so segelte schon Franziskus von Assisi vergeblich nach Ägypten. Dennoch verbreiteten sie in ihren Schriften Kenntnisse über den Islam. Um 1310 veröffentlichte der florentinische Bettelmönch Ricoldo Pennini von Monte Croce, der in den Irak, nach Palästina und Armenien gereist war, eine *Widerlegung des Korans,* die das westliche Wissen über diese Religion erweiterte und später von Martin Luther ins Deutsche übersetzt wurde. Dante hielt den muslimischen Glauben für eine christliche Häresie.

Die Kapelle von Crac des Chevaliers, der uneinnehmbaren Festung der Kreuzfahrerkönigreiche in Palästina und Syrien. Die Könige von Jerusalem übergaben sie den Johannitern. Die Festung hielt sich noch über achtzig Jahre, nachdem Jerusalem unter muslimische Herrschaft geraten war.

KAPITEL VIER

Die westliche Gesellschaft im Mittelalter

Die Päpste

Das griechische Wort *pappas*, das eigentlich »Vater« bedeutet, wurde in der Ostkirche für Äbte, Bischöfe und später für Gemeindepriester verwendet. Als Bezeichnung für einen Papst ist es zum ersten Mal auf dem Grabstein des Papstes Liberius bezeugt, der 366 starb. Im Westen wurde das Wort im fünften Jahrhundert gebräuchlich.

Bald wurden im Westen nur die Bischöfe von Rom als Päpste bezeichnet. Daneben gab es auch andere Titel. Der Patriarch von Konstantinopel nannte sich selbst den Ökumenischen Patriarchen. Der Begriff ist abgeleitet von *oikoumene ge*, die »bewohnte Welt«, und bedeutet »allumfassend«. Papst Gregor der Große empfand diesen Titel als anmaßend und nannte sich, um ein Beispiel zu geben, *Servus servorum Dei*, »Diener der Diener Gottes«, ein Name, der in offiziellen Schriftstücken bis heute Verwendung findet.

Da Petrus, der wichtigste Jünger, einer Überlieferung zufolge der erste Bischof von Rom gewesen sein soll, sahen sich die späteren Inhaber des römischen Bischofssitzes als Erben seiner besonderen Autorität. Rom war demnach nicht nur der wichtigste Bischofssitz Italiens, sondern vertrat auch einen umfassenden Machtanspruch. Und als Konstantin seine neue Stadt am Bosporus zur Reichshauptstadt machte, wurde der Bischof von Rom nicht nur in Kirchenangelegenheiten, sondern auch in der Politik und in sozialen Belangen zur einflußreichsten Macht in Italien. Papst Gelasius I., der mit dem Kaiser in Konstantinopel in Konflikt geriet und sehr viel für die Armen und Hungerleidenden in Italien tat, wurde im Jahr 495 als erster Papst als »Vicarius Christi« (Stellvertreter Christi) angesprochen. Doch erst sechshundert Jahre später wurde dieser Titel allgemein üblich.

Während dieser Zeit hatten die germanischen Stämme von Bayern bis Northumbrien und Norwegen, die Kelten und später die Slawen an der Grenze zu Deutschland das Christentum in seiner lateinischen, westlichen Form angenommen. Sie betrachteten Rom als das Zentrum der Kirche; die Stadt stand nicht nur für den wahren Gottesglauben, sondern auch für Bildung und Kultur. Der Bischof von Rom wurde jetzt gebeten, auch Streitigkeiten in Frankreich, England oder Deutschland zu schlichten. Gregor der Große stärkte die westliche Kirche durch seine Missionsbemühungen in England, der Engländer Bonifatius wiederum bekehrte die Germanen zu Christus. In dem Glauben wohnte aber auch die Überzeugung, daß Rom das Zentrum der Christenheit sei. Karl der Große gründete ein neues lateinischsprechendes Reich im Westen und brauchte einen Papst, um sich krönen zu lassen. Der Kaiser des Ostreiches und seine Bischöfe dagegen verloren durch das Vordringen des Islam an Macht.

Der Schutz des Staates war notwendig, damit die Papstwahlen nicht in die Hände von Betrügern fielen und es möglich war, einen fähigen Mann zum Papst zu wählen und dann auch dafür zu sorgen, daß er seine Aufgaben ohne Angst vor kriminellen Machenschaften so gut wie möglich erfüllen konnte. Doch nachdem das Reich Karls des Großen unter der Regierung seiner Enkel zusammengebrochen war, versank Italien in Anarchie. Ohne die schützende Hand des Staates waren Rom und das Papsttum der Gnade rivalisierender Banden ausgeliefert, die Päpste verloren für die nächsten 150 Jahre den Großteil ihrer Macht. Allerdings gab es auch während dieser Zeit fähige Amtsinhaber, die für Frankreich, Deutschland und die Slawen wichtige Entscheidungen trafen. 882 wurde zum ersten Mal in der Geschichte ein Papst ermordet: Johannes VIII., der persönlich die päpstliche Flotte im Kampf gegen muslimische Plünderer befehligt hatte. Ein Papst wurde auf Befehl seines Nachfolgers im Gefängnis erwürgt. Erst ab 962, als der deutsche Kaiser Otto I. »der Große« das Heilige Römische Reich wiederherstellte, herrschte für kurze Zeit Frieden.

Diese Ereignisse hatten Folgen bis auf den heutigen Tag. Die demütigende Erfahrung, ohne jeden Schutz des Kaisers den römischen

Papst Sixtus IV. mit Platina, dem Geschichtsschreiber der Päpste, in der Vatikanischen Bibliothek. Sixtus förderte Wissenschaft und Künste und nutzte die enormen Geldmittel, die dem Papsttum in der Renaissance zur Verfügung standen, um die Vatikanische Bibliothek zu einer der wenigen erstklassigen Bibliotheken der damaligen Zeit zu machen. 1475 bestellte er Platina zum Bibliothekar.

Banden ausgeliefert zu sein, brachte die Päpste zu der Überzeugung, daß sie ihre Aufgaben nur dann richtig erfüllen konnten, wenn sie von jeglicher weltlichen Gewalt unabhängig waren. Sie mußten sowohl geistlich wie auch politisch ihr eigener Herr werden. Die Idee eines »Kirchenstaates« hatte sich schon im achten Jahrhundert entwickelt, wie die Fälschung der Konstantinischen Schenkung zeigt. Jetzt wurde es zum allgemein anerkannten Grundsatz, daß der Papst in Italien Land besitzen mußte, das auch seiner weltlichen Herrschaft unterstand. Ohne diesen Rückhalt war er nicht frei in seinen Entscheidungen und Maßnahmen für Kirche und Staat. Die Vatikanstadt als winziger eigener Staat verdankt ihre Existenz einzig und allein der Weigerung der Päpste, in weltlichen Dingen jemals Untertanen Italiens zu werden, weil sie sich immer noch an die schon so lange zurückliegenden furchtbaren Jahre erinnern.

Die frühen Päpste behielten ihre Taufnamen; der erste, der einen anderen Namen annahm, war Octavian, ein sehr schlechter Papst, der im Jahre 955 gewählt wurde. Er nannte sich Johannes XII. Beinahe zwanzig Jahre später wurde ein Mann namens Petrus gewählt, der sich, um den Namen des berühmtesten Apostels nicht zu verwenden, Johannes XIV. nannte. Der nächste Papst hieß wirklich Johannes, doch sein Nachfolger, ein Deutscher namens Bruno, fand, sein Name klinge überhaupt nicht päpstlich; er änderte ihn zu Gregor V. Von da an wurde es üblich, bei der Wahl einen neuen Namen anzunehmen, wenn man nicht gerade einen gängigen Papstnamen wie Johannes oder Benedikt trug. Und bald suchten sich die Päpste auch in diesen Fällen einen neuen Namen.

Gesellschaft und Religion

Gregor VII., der von 1073 bis 1085 regierte und auch unter seinem früheren Namen Hildebrand bekannt ist, stellte sehr strenge Regeln für den Klerus auf. Die Historiker sprechen daher von einer »Gregorianischen Reform«. Zu seinen Lebzeiten konnte er diese Regeln kaum durchsetzen, doch in den hundert Jahren nach seinem Tod wurden sie mehr und mehr verbindlich. Man kam überein, daß Priester eine gute Ausbildung

Luca Pacioli, ein Mönch und Mathematiker, auf einem Gemälde von Jaco Bar aus dem Jahre 1495.
Der Franziskaner Pacioli war der erste, der mathematische Lehrbücher
drucken ließ und ein System der doppelten Buchführung lehrte.
Er wurde von Herzog Federigo von Urbino gefördert, der ebenfalls auf dem Bild zu sehen ist.

vorweisen mußten, keine Ehefrauen oder Mätressen haben sollten, ihre Ämter nicht kaufen durften und ihrem Bischof zu gehorchen hatten, der wiederum dem Papst zu Gehorsam verpflichtet war. Es war ein schwieriges Unterfangen, den Bildungsstand der Kleriker zu heben, die oft kaum lesen konnten, obwohl sie doch die Gebete der anderen Gläubigen leiten sollten, die meist völlige Analphabeten waren. Doch langsam zeigten sich Erfolge. Wenn die Geistlichen keine Frauen haben durften, bestand die Gefahr, daß sie vereinsamten, und deshalb führten die Bischöfe sie zu Gemeinschaften zusammen. In den so entstandenen Kanoniker-Orden konnten sie als Gruppe mit dem Rückhalt eines gemeinsamen Hauses zusammen arbeiten.

Lehrer in Paris verwendeten zum ersten Mal den Begriff »Universität« und bezeichneten damit die Gemeinschaft der Lehrer und Studenten. Doch schon lange zuvor hatten sich höhere Schulen gebildet, die wie Universitäten funktionierten und Studenten aus anderen Ländern anzogen: Paris war berühmt für seine theologische Fakultät, Bologna für Recht, Salerno für Medizin. Diese Institutionen der höheren Bildung waren kirchliche Einrichtungen, die möglichst frei von Einmischungen des Stadtrates oder der Regierung arbeiten wollten. Die einzige Möglichkeit, dies zu gewährleisten, bestand darin, die privilegierte Stellung des Klerus auf alle Mitglieder der Universität auszudehnen. Man ging allgemein davon aus, daß jeder Gebildete in irgendeiner Weise Kleriker war. Die Universität als Repräsentantin der Kirchenmacht vergab die Abschlüsse, die nichts anderes waren als die Erlaubnis, selbst zu unterrichten.

Der Mönch Amalrich von Bène bei der Vorlesung. Die Chronik berichtet von den Anfängen der Universität von Paris. Amalrich unterrichtete dort sehr früh die Philosophie des Aristoteles (nach lateinischen und arabischen Übersetzungen). Er war der Meinung, daß Gott zu den griechischen Weisen ebenso wie zu den Christen gesprochen habe und daß der Himmel darin bestehe, ein gutes Gewissen zu haben, während ein schlechtes Gewissen die Hölle sei. Amalrich wurde als Häretiker verurteilt und widerrief.

Christus als Weltenherrscher. In den vier Ecken die geflügelten Evangelisten mit ihren Symbolen: Matthäus mit dem Gesicht eines Mannes, Markus als Löwe (daher der geflügelte Löwe als Symbol Venedigs), Lukas als Stier und Johannes als Adler. Die Handschrift wurde zwischen 1093 und 1097 in der Abtei Stavelot in Belgien angefertigt, einem sehr alten Benediktinerkloster, das wegen seiner Nähe zu den plündernden Normannen immer gefährdet war, später jedoch eine wichtige Rolle bei der Reform des Klosterlebens spielte. Es wurde während der Französischen Revolution zerstört.

An den neuen Universitäten lehrten einige der gebildetsten Männer Europas, und so wurde die Ausbildung des Klerus langsam besser. Das hatte auch zur Folge, daß ein Dorfpriester, der lesen konnte, jetzt stärker aus seiner »Herde« herausstach. Es entwickelte sich eine Distanz, die der zwischen dem Gutsherrn und seinen Landarbeitern entsprach. Die Dorfbewohner konnten ihren Priester nicht länger als »einen von uns« betrachten. Diese Veränderung vollzog sich sehr langsam, aber allmählich wurde deutlich, daß es zwei Arten von Christen gab: die Laien und den Klerus.

Die europäischen Katholiken und die Romantiker des 19. Jahrhunderts betrachteten diese Zeit der »christlichen Gesellschaft« in der Rückschau als ein Goldenes Zeitalter. Es gab viele Mönche und Nonnen, die Kirchen wurden reich mit Opfergaben bedacht, kaum jemand zweifelte die Grundlehren des Glaubens an, in unzähligen Kapellen wurde zum Gebet gerufen; das System der Pfarreien war allumfassend, so daß niemand ohne den Beistand eines Pfarrers blieb, jeder war getauft, es herrschte Frieden, und die Theologen von Petrus Lombardus (gest. 1160) bis Thomas von Aquin (1225–1274) hatten Zeit, ein umfassendes, logisch aufgebautes System des Glaubens zu entwickeln, während Dichter wie Dante (1265–1321) die gesamte Existenz und Geschichte der Welt im Licht einer Vision der Ewigkeit sehen konnten.

Hölle und Fegefeuer

Fast alle Völker besitzen einen starken Gerechtigkeitssinn, der sich auch auf ihre Vorstellungen vom Leben nach dem Tod auswirkt. Es erscheint ihnen unerträglich, daß Massenmörder friedlich und ohne Schmerzen sterben oder daß ihre unschuldigen Opfer, die qualvoll zugrundegegangen sind, nicht doch schließlich Frieden und Glück erlangen. Deshalb übernahmen die frühen Christen auch die Vorstellung einer Hölle von den Juden. Zuerst war sie für die Christen nicht besonders wichtig, denn sie konnten durch Christus gerettet werden.

Ein Mönch auf der Wanderschaft predigt vor dem Kirchenportal. Das Bild aus der Zeit um 1480 stammt aus einer französischen Handschrift der Legenda Aurea, einer hochgeschätzten Sammlung des Dominikaners Jacobus a Voragine (um 1260), mit einer Darstellung des Kirchenjahres und vielen (legendenhaften) Heiligenviten.

Eine mittelalterliche Dorfkirche in England: Sompting in Sussex. Die Pfarrei gehörte den Templern und nach deren Aufhebung dem Johanniterorden. Der ungewöhnliche Turm, in dem einige römische Ziegel verbaut sind, stammt aus sächsischer Zeit. Die Templer bauten das Kirchenschiff um.

Vor allem zwei Menschen jedoch trugen dazu bei, daß die Angst vor dem Höllenfeuer bei den Menschen des Mittelalters immer präsent war: Der eine war der bedeutendste der frühen Päpste, der andere ein unbekannter Fälscher des vierten Jahrhunderts. Letzterer schrieb eine *Vision des heiligen Paulus*, der die Kirche zunächst keine große Beachtung schenkte. Sie wurde nicht in die Heilige Schrift aufgenommen, und auch Augustinus betrachtete sie als Fälschung. Doch zwischen 800 und 1300 wurde sie unzählige Male abgeschrieben und beeinflußte die Vorstellungen vom Leben nach dem Tode sehr stark, Vorstellungen, die auch Dante aufgriff. Die *Vision* beschrieb die Hölle in furchtbaren Schreckensbildern.

Bei dem Papst handelte es sich um Gregor I. (590–604), einen nüchtern denkenden Mann und guten Administrator, der bei der Glaubensverbreitung sehr rational vorging und das Ideal vom Geistlichen als Seelenhirten (liber regulae pastoralis) entwickelte. Allerdings schrieb er auch die *Dialoge*, eine Sammlung seltsamer Mirakel ohne jede Rationalität, die sich von seinen anderen Werken so stark unterscheidet, daß einige Kritiker ihm die Verfasserschaft absprechen. Das Buch enthält unter anderem eine Vision der Strafen, die wir nach dem Tod erleiden werden.

Zu Beginn des 13. Jahrhunderts waren diese Höllenvorstellungen beängstigend geworden. Sie boten Scharen von Bettelmönchen Material für erschütternde Predigten und trugen so vielleicht dazu bei, die ethischen Grundsätze in einem Zeitalter ohne Polizei aufrechtzuerhalten.

Bis in die Moderne hielt man den Glauben an die Hölle weithin für gesellschaftlich notwendig, weil man annahm, daß die Menschen ohne die Angst vor der Hölle nur aus Furcht vor der Polizei vor Verbrechen zurückschrecken würden, und keine Polizeimacht der Welt kann alle Menschen davon abhalten, Verbrechen zu begehen. Einige müssen Gutes tun wollen, weil es gut ist, nicht, weil es gesetzwidrig ist, Böses zu tun. Die Furcht vor der Hölle wurde als der wichtigste Schutz vor einem Zusammenbruch der Gesellschaft betrachtet. Das war mit ein Grund dafür, daß man Atheisten lange für unmoralisch hielt.

Die Vorstellung von einem gnädigen Gott war allerdings schwer mit der von Gott als strengem Richter in Einklang zu bringen. Die Strenge Gottes war Teil des christlichen Gottesbildes, doch für sich allein genommen war sie nicht christlich. Um den Glauben an die Gnade Gottes zu bewahren, schien es notwendig, eine andere Form der Bestrafung einzuführen: das Fegefeuer. Die frühe Kirche kannte einen solchen Ort nicht; Christen kamen in den Himmel. Als immer klarer wurde, daß auch einige Christen Verbrecher waren, mußte man einen Weg suchen, böse Menschen nach ihrem Tod zu läutern; nicht allerdings die wirklich bösen, aber davon gab es auch nur sehr wenige. Es mußte eine Phase der Reinigung geben.

Über dem Kirchenportal oder im Chorbogen fanden sich oft Visionen des Jüngsten Gerichts in Stein oder als Malerei: Die Guten wurden von den Engeln den Freuden des Himmels zugeführt, während Dämonen die Bösen zu den Qualen der Hölle hinabzogen. Die einfachen Leute, die glaubten, daß es nach dem Tod nur zwei Möglichkeiten gab, himmlische Herrlichkeit oder Höllenqualen, sahen sich einem Gott ohne jedes Mitleid mit ihnen oder ihren Angehörigen ausgeliefert. Die Vorstellung einer Züchtigung nach dem Tod – man ist, wenn man stirbt, noch nicht bereit für die Herrlichkeit Gottes, wird jedoch später vielleicht geläutert und sieht Gott dann mit reinen Augen – verbreitete sich nur langsam. Diese Phase der Seelenreinigung wurde vom 11. Jahrhundert an als Fegefeuer – von mittelhochdeutsch *vegen,* »reinigen« – bezeichnet.

Ein Dichter wie Dante glaubte fest an die Existenz des Fegefeuers, doch in der bildenden Kunst tauchte es erst viel später, um 1450, auf. Es ist schwer zu sagen, ob das Fegefeuer zur moralischen Besserung der Gesellschaft beitrug, sicher ist jedoch, daß es den Menschen im Westen zwei Jahrhunderte lang half, den Glauben an die Gnade Gottes zu bewahren.

Himmel und Hölle auf einem Deckenmosaik des 13. Jahrhunderts im Baptisterium in Florenz. Die weiblichen Heiligen stehen seltsamerweise in der zweiten Reihe.

Invidia
Ira

Die sieben Todsünden, ein Gemälde von Hieronymus Bosch, der mit Vorliebe das Thema Sünde behandelte. Von unten gegen den Uhrzeigersinn: Zorn, Stolz, Wollust, Trägheit, Völlerei, Geiz, Neid.

Jetzt eröffnete sich auch die Möglichkeit, einen »Ablaß« für das Fegefeuer zu erwerben – ein Weg für die Lebenden, gestorbenen Angehörigen zu helfen und die Zeit, in der sie unter Schmerzen geläutert werden, zu verkürzen. Man kaufte einfach eine Bescheinigung von den kirchlichen Amtsträgern, mit der bestätigt wurde, daß man etwas Gutes getan hatte – und wenn es nur der Kauf der Bescheinigung war. Das so gesammelte Geld wurde für alle möglichen guten Zwecke gebraucht, etwa für den Bau von Kathedralen oder Brücken. Es gab also hier einen guten Grund, das Fegefeuer zu predigen, der nichts mit dem Wunsch, die Menschen vom Bösen fernzuhalten oder mit ihrem Verlangen nach einem barmherzigen Gott zu tun hatte: Man wollte Geld einnehmen wie heute bei einem Kirchenbasar.

Dante

Dante verkörperte mit seiner genialen Schöpferkraft das Ideal des westlichen Mittelalters. Er spielte eine wichtige politische Rolle in Florenz, einer damals kulturell bedeutenden und reichen Stadt. Bei einem Umsturz wurde die regierende Partei, der er in wichtiger Funktion angehörte, vertrieben, und die neuen Herrscher verurteilten ihn zunächst zur Verbannung, später zum Tode. Da er nicht mehr in seine Heimatstadt zurückkehren durfte, zog er zwanzig Jahre lang in Norditalien von Stadt zu Stadt und verbrachte sehr viel Zeit in Verona und Ravenna, wo er auch starb. Auf Latein verfaßte er ein gutes politisch-philosophisches Buch, *Über die Monarchie*, mit dem er sich in ganz Europa einen Namen machte. Zweihundert Jahre lang kannten ihn die Leser außerhalb Italiens nur als politischen Denker, nicht als Dichter.

Gleichzeitig schrieb er jedoch auf Italienisch und in Versform den ersten Teil seiner *Göttlichen Komödie*, das *Inferno*. Er selbst nannte sein Werk nur *Komödie*, das »*Göttlich*« fügte ein späterer Verleger hinzu. »Komödie« bedeutet in diesem Fall nur, daß es eine Geschichte mit glücklichem Ausgang ist, denn Dante erzählt von einem Besuch in den Reichen des Jenseits: Zuerst beschreibt er die Hölle, dann das Fegefeuer und schließlich das Paradies. Er dichtet, um zu belehren: Die Gesellschaft, so erklärt er, ist in einem furchtbaren Zustand – er persönlich hatte gute Gründe für diese Einschätzung. Welche Mächte können sie bessern, und wie kann das geschehen? Die

William Blakes phantasievolle Darstellung der Beatrice, die Dante von einem Wagen aus anspricht. Blake widmete sich in seinen letzten Lebensjahren der Illustrierung des Dante-Werks. Ein Greif zieht den Wagen; Beatrice steht in einen weißen Schleier gehüllt auf der Wagenplattform und tadelt Dante dafür, daß er so spät diesen Weg geht; Dante (rechts) wirkt beschämt.

Die Kathedrale von Durham mit ihren großen normannischen Säulen. Die Angelsachsen erbauten an diesem Ort eine Kathedrale für das Grab des heiligen Cuthbert (vgl. S. 99). Die Normannen begannen 1093 mit dem Umbau.

Individuen sind schlecht und schaffen eine schlechte Gesellschaft. Welche Macht kann sie dazu bringen, moralisch gut zu handeln?

Diese beiden Fragen lagen seiner Dichtung zugrunde. Es waren irdische Fragen, die jedoch in diesem großartigen Werk im Licht der Ewigkeit beantwortet wurden. Welchen Richterspruch haben Schurken zu erwarten? Was wird den Verbrechen ein Ende machen?

In seiner Jugend war Dante in Beatrice verliebt und betete sie als ideales Wesen an. Er konnte sie jedoch nicht heiraten, und wenig später starb sie. In seiner Vorstellung wurde sie zu einer Phantasiegestalt, zum Ziel, das er unter Einsatz all seiner Fähigkeiten zu erreichen suchte, zur personifizierten Liebe, zum menschlichen Beispiel dafür, wie es ist, zur Rechten Gottes zu sitzen. In seiner Dichtung symbolisiert sie die Erlösung des einzelnen unter der Macht Gottes. Sie war in die geistige Welt eingegangen, doch er liebte sie immer noch.

Als junger Dichter hatte ihn Vergils *Aeneis* stark beindruckt, und Vergil blieb sein Lehrmeister und Führer auf seiner Reise in die Unterweltreiche der Verstorbenen. Damit schuf er einen Rahmen für seine gesellschaftspolitische Botschaft: Als Gegenbild zu den Ungerechtigkeiten seines Zeitalters entwarf er das Ideal einer Gesellschaft, die vollkommen ist, weil sie Gottes Gesetz gehorcht. Für Dante stand Vergil in der langen Tradition des großen Römischen Reiches, der bestmöglichen Herrschaftsform.

In den meisten Dichtungen spielt die Persönlichkeit des Dichters keine Rolle; über Shakespeare etwa wissen wir fast überhaupt nichts. In der *Göttlichen Komödie* dagegen geht es nur um die Gefühle und Erfahrungen ihres Autors, sie ist in einzigartiger Weise persönlich geprägt. Dante verarbeitete sogar seine Erfahrungen mit der Verbannung in den Wanderungen der Seele, die hierhin und dorthin irrt und sich ständig neuen Gefahren ausgesetzt sieht, sich aber

Im Bell-Harry-Turm der Kathedrale von Canterbury befindet sich eines der ältesten Fächergewölbe in Großbritannien, gebaut von dem Steinmetz John Wastell, der auch die Kapelle des King's College in Cambridge errichtete. Abt Augustinus, der die Engländer um 600 zum Christentum bekehrte, baute an dieser Stelle eine Kirche, die später von normannischen Architekten renoviert wurde. Chor und Schiff wurden noch einmal umgebaut. Die Kathedrale von Canterbury war immer die wichtigste Kirche Englands und später der gesamten anglikanischen Religionsgemeinschaft.

allem Anschein zum Trotz nicht auf einer ziellosen Bahn befindet, da sie sich auf eine letzte Bestimmung zubewegt. Diese Seele ist einsam auf ihrer Reise, sie hat einen Führer, aber keine Freunde außer einem fernen, geliebten Ideal. Sie ist nicht demütig, weil der Dichter sich seiner poetischen Kraft bewußt und seines moralischen Urteilsvermögens sicher ist.

Trotz dieses ganz persönlichen Charakters, durch den die *Göttliche Komödie* wie eine mysteriöse Autobiographie voller Anspielungen wirkt, steht nicht die Innerlichkeit im Vordergrund, weil alles in einem von außen hereinfallenden Licht gesehen wird. Keine Dichtung hatte jemals ein weniger irdisches Thema, und dennoch quillt keine andere so über vom Schmutz der Erde, von den Verbrechen und Verrücktheiten der Menschheit, die wir teilweise nur durch Dante kennen. Er konnte den Legenden des Mittelalters und dem Kult zweifelhafter Heiliger nichts abgewinnen. Er bewegte sich unter echten Menschen und hatte ein schreckliches Gespür für das Böse: Italien versank im Chaos, die Päpste hatten keinen Rückhalt mehr, der Kaiser war ein Niemand, die Gerichte korrupt, die Mönche verdorben. Auf den Straßen regierten die Banditen, die Welt wurde immer brutaler, und die Religion war unfähig, daran etwas zu ändern, sie konnte nur trösten.

Doch obwohl er Angst hatte, war er sich der Bestimmung der Welt sicher, glaubte er fest daran, daß Recht, eine gute Regierung und Freiheit möglich waren und sich eines Tages durchsetzen würden. Der Blick auf das Schlechte in der Welt wird durch das Betrachten der Natur relativiert.

Architektur

Die Kirche war reich, in ihrem Auftrag wurden zum Himmel strebende Abteien und Kirchen gebaut. Architekten waren gefragt, und die Gotik löste die Romanik mit ihren wuchtigen Massen ab. Jetzt wollte man schlanke, hohe Kirchen mit emporstrebenden Säulen und Steindächern, die nicht so leicht Feuer fingen. Der neue Stil mit seinen Spitzbögen und kühnen Gewölbedecken genügte beiden Bedürfnissen. Geistliche dachten darüber nach, ob Gebäude durch ihren Aufbau oder ihren Schmuck die Herzen der Gläubigen zu Gott erheben könnten. Einige Zweifler, darunter einer der berühmtesten Heiligen, der strenge Bernhard von Clairvaux (1091–1153), tadelten Mönche und Bischöfe, die durch Mauern und Riten Größe zu vermitteln suchten. Es gab jedoch noch viele andere Gründe für diese Bauten: Städte waren stolz darauf, eine prächtige Kathedrale zu errichten, die die Besucher begeisterte; Dörfer wetteiferten darin, eine höhere oder größere Kirche zu bauen als das Nachbardorf. Niemand dachte bei diesen Akten der Religiosität oder des Bürgerstolzes an die Nachwelt oder daran, wie zukünftige Generationen diese riesigen Bauten unterhalten könnten.

Nur wenige wandten sich gegen diese Prunksucht. Puritaner wollten das Geld lieber den Armen geben, Städter waren es leid, immer wieder um Geld angegangen zu werden, und Menschen, die am Hergebrachten hingen, liebten ihre kleine alte Kirche. Die meisten jedoch befürworteten die Bauten. Einige glaubten sogar, mit ihnen zur Erfüllung einer göttlichen Aufgabe beizutragen. 1145 kam es in Chartres zu einer bewegenden Szene: Menschen aller Volksschichten, vom Adligen bis zum Bettler, zogen mit Steinen beladene Wagen zur Kathedrale und sangen dabei christliche Lieder. Wenn es in der Kirche ein Heiligengrab gab, wie etwa in der Kathedrale von Canterbury das Grab Thomas Beckets, in Rom das des Petrus und der Veronica oder in Santiago di Compostela in Nordspanien das Grab des heiligen Jakobus, kam das Geld durch die Spenden der Pilger leicht zusammen.

Prozessionen

In der frühen Kirche hielten die Leiter des Gottesdienstes feierlich Einzug, eine von heidnischen Festen übernommene Tradition. Außer-

Die heilige Barbara auf einem Gemälde des Jan van Eyck aus Brügge. Der Legende nach wurde sie von ihrem Vater in einen Turm gesperrt, als sie Christin wurde. Als Heilige hilft sie den Menschen, glücklich zu sterben, und ihr Symbol ist ein Turm mit drei Fenstern, weil sie die Baumeister überredet hatte, als Zeichen für die Dreifaltigkeit drei Fensteröffnungen einzusetzen. Ein weiteres Symbol ist ein langer Federkiel, der Grund dafür ist unklar. Weil sie in einem Turm lebte, ist sie auch die Schutzheilige der Bauleute und der Feuerwehr.

Ein Dämon in der Abtei Vèzelay in Burgund. Auch auf den Säulenkapitellen versuchte man Geschichten zu erzählen. Die Benediktinerabtei Vèzelay wurde berühmt, weil man dort angeblich den Leichnam der Maria Magdalena aufbewahrte. Ihr Reliquienschrein wurde zu einem wichtigen Pilgerziel. Bernhard von Clairvaux rief in Vèzelay zum Zweiten Kreuzzug auf, Richard Löwenherz traf hier den französischen König, um mit ihm zum Dritten Kreuzzug aufzubrechen. Das Kloster, ein hervorragendes Beispiel der romanischen Baukunst, blieb bis zur Französischen Revolution in Betrieb.

Pilger auf dem Weg nach Canterbury. Ausschnitt aus einem Glasfenster in Canterbury aus der Zeit um 1280.

Ein Pilgermedaillon, gefunden in den Ruinen der Johanneskirche in Ephesus.

dem gab es formellere Prozessionen, wenn Familie und Freunde einen Toten zu Grabe trugen, und bei der sogenannten »Übertragung« eines Heiligen, dessen Knochen aus seinem Grab in den Schrein umgebettet wurden, der in der Kirche für ihn aufgestellt war. In Jerusalem hatte man begonnen, zu Ostern die *Via Dolorosa*, den Weg Christi zur Kreuzigung, nachzugehen, und auch diese Form der Prozession wurde im Westen übernommen. Die Menschen liebten Prozessionen. Am Palmsonntag gingen sie mit einem Esel, am Festtag der Jungfrau Maria mit ihrer Statue durch die Stadt; mit der Bitte um eine gute Ernte umrundeten sie die Felder, und wenn ein Feind nahte, zogen sie um die Stadtmauern. Bald fand in Kathedralen, Kloster- oder großen Gemeindekirchen jeden Sonntag eine Prozession statt, für die man ein großes Kirchenschiff brauchte.

Alle Umzüge wurden jedoch durch die Fronleichnamsprozession in den Schatten gestellt, die zum ersten Mal 1246 in Liège in Belgien stattfand, um das Sakrament des Abendmahls zu feiern. Dreißig Jahre später fanden in Köln schon sehr aufwendige Fronleichnamsprozessionen statt. Der Priester oder Bischof trug in einem silbernen Behälter, der Monstranz (von lateinisch *monstrare*, »zeigen«), das Brot des Sakraments, die Hostie (von dem lateinischen Wort *hostia*, »Opfer«), voraus.

Aus den ersten Jahrhunderten dieser Zeremonie haben nur wenige Monstranzen überdauert, doch aus dem frühen 15. Jahrhundert sind viele Exemplare erhalten. Im Zuge der Reformation wurden in den protestantischen Ländern fast alle Prozessionen abgeschafft, im katholischen Europa wurden im 18. Jahrhundert viele aufgegeben.

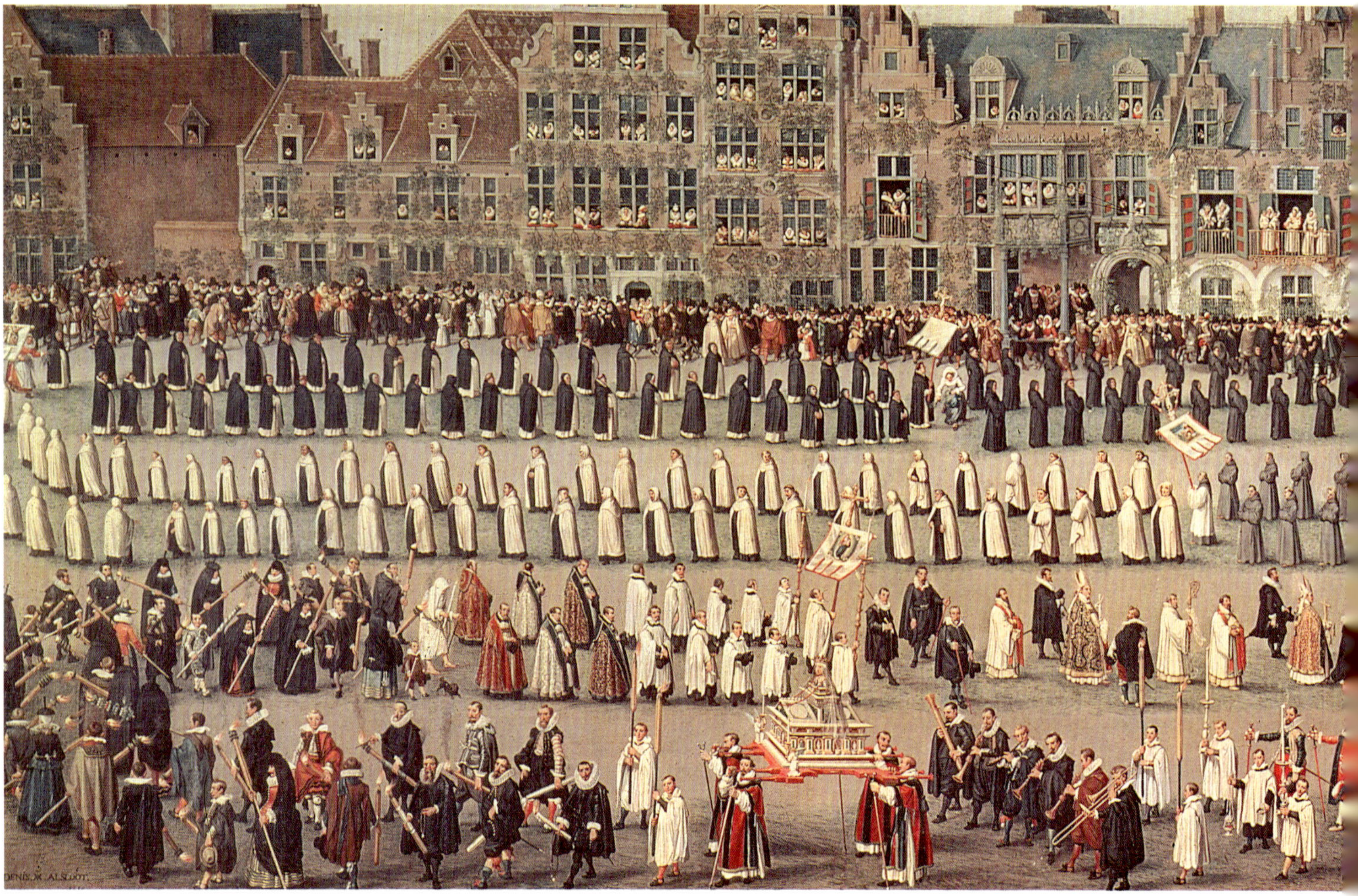

Glasmalerei

Die neuen, hoch aufstrebenden Mauern hatten große Fenster. Von frühester Zeit an waren die Wände der Kirchen mit strahlend bunten Malereien oder Mosaiken geschmückt, doch jetzt entwickelte sich eine großartige neue Kunst. Die frühen Kirchen besaßen Fenster aus lichtdurchlässigen Steinen oder aus Glas, das jedoch nicht klar genug war, um hindurchzusehen. Farbiges Glas wurde schon im siebten Jahrhundert benutzt, allerdings wurde es nicht mit Bildern bemalt. Die früheste heute noch erhaltene echte Glasmalerei stammt aus der Zeit um 1100: Es sind vier Fenster des Augsburger Doms mit Bildern der Propheten Daniel, Hosea und Jona sowie des Königs David.

Die Kunst der Glasmalerei entwickelte sich über eine lange Zeit hinweg. Ab dem 12. Jahrhundert spielten Glasmalereien als Schmuckelemente der Kirchenbauten eine wichtige Rolle. Aus den Jahren nach 1140 stammen einige besonders schöne Beispiele, etwa in Chartres und Canterbury.

Nicht alle waren mit diesen Malereien einverstanden. Die Mönche des heiligen Bernhard, die Zisterzienser, wandten sich zunächst gegen jeden Schmuck und verbannten die Bilder, mußten ihren Widerstand jedoch nach ein paar Jahrzehnten aufgeben. Die Befürworter der Glasmalerei argumentierten, daß sie das Evangelium der Analphabeten sei, die auf diesen Bildern die biblischen Erzählungen kennenlernen konnten. Andere sahen das Ziel der Malerei wie das des ganzen Gebäudes darin, Gott durch Schönheit zu preisen. Die Fenster saßen oft zu hoch in der Wand, als daß die Menschen unten eine Geschichte auf ihnen hätten »lesen« können, aber immer war eine majestätische Darstellung des thronenden Gottes, der Jungfrau Maria oder des Heiligen, nach dem die Kirche benannt war, dabei. Einige Künstler verschlüsselten die Themen ihrer Bilder so, daß man die Geschichte ohne Erklärung nicht verstehen konnte. Die

Der Ommeganck (flämisch für Prozession) in Brüssel. Gemälde von Denijs van Alsloot. Die hier dargestellte Prozession fand 1615 statt, doch ihre Ursprünge gehen bis in das frühe 15. Jahrhundert zurück. Man feierte mit diesem Umzug die Übertragung eines Marienbildes von Antwerpen nach Brüssel. Die ganze Stadt nahm daran teil – die Beamten, die geistlichen Orden und der Klerus begleiten das Bild der Jungfrau Maria.

Ein bemaltes Prozessionsbanner aus dem 14. Jahrhundert.

Glasmalerei trug also wahrscheinlich wenig dazu bei, den Analphabeten das Evangelium nahezubringen, doch die Wirkung auf ihre Herzen war das beste Argument zu ihrer Verteidigung. Der Kleriker Durandus, der sich zu jener Zeit besonders mit den verschiedenen Arten der Gottesverehrung beschäftigte, sagte dazu: »Die Glasfenster einer Kirche sind Schriften Gottes, denn sie lassen die Sonnenstrahlen, also Gottes Strahlen, in die Kirche, und die Kirche ist das Herz aller Gläubigen.«

Das System der Pfarrbezirke

Jeder Christ war einem bestimmten Pfarrbezirk zugeordnet. Dieser wurde von einer Kirche aus betreut, deren Priester sich um die geistlichen Bedürfnisse ihrer Schützlinge kümmern sollten. Das System hatte sich aus den für die Landarbeiter errichteten Eigenkirchen der Grundherren entwickelt. Die Bischöfe versuchten manchmal, die Kontrolle über diese Kapellen von den Grundherren zu übernehmen, meist jedoch ohne großen Erfolg. Auch die Klöster gründeten Kapellen auf ihrem Besitz, die die Bischöfe ebenso wenig kontrollieren konnten. Beide Arten von Kapellen entwickelten sich oft zu Pfarrkirchen.

Wie gut die Geistlichen der Pfarrkirche ein Gebiet betreuten, hing von der Größe und dem Reichtum der Bevölkerung ab. Um 1100 waren große Teile Frankreichs in Kirchspielen und Pfarrbezirken zusammengefaßt. Der Süden Englands war dicht mit ihnen bedeckt, im Norden umfaßten sie größere Gebiete; im Rheinland gab es viele Pfarreien, in Ostdeutschland und Skandinavien dagegen sehr wenige. Die großen Städte bildeten zuerst jeweils einen Pfarrbezirk, der jedoch bald zu groß wurde und aufgeteilt werden mußte.

1215 konnte das Laterankonzil in Rom anscheinend davon ausgehen, daß jeder Gläubige einer Pfarrei zugeordnet war, denn es legte fest, daß jeder wenigstens einmal im Jahr bei seinem Pfarrer zur Beichte gehen solle.

Der Unterhalt der Pfarrkirche und ihrer Pfarrer wurde vor allem aus dem Zehnten bestritten – die Bauern mußten ein Zehntel ihrer Ernte und ihres Viehs oder statt dessen einen entsprechenden Geldbetrag abliefern. Außerdem hatten die Pfarrer ein unregelmäßiges Einkommen aus Legaten und Schenkungen, wenn sie zum Beispiel gegen Bezahlung eine bestimmte Anzahl von Messen für die Seele eines Gestorbenen lasen.

Die Menschen bekamen ein anderes Verhältnis zu dem, was sich in der Kirche abspielte. Im frühen Christentum war die ganze Gemeinde am Gottesdienst direkt beteiligt gewesen, jetzt aber verstanden die Laien noch nicht einmal mehr, was gesagt wurde, denn die Messe wurde auf Latein gehalten. Fast alle besuchten jeden Sonntag den Gottesdienst, weil sie sich dazu verpflichtet fühlten. Zur Kommunion gingen sie nur ein- oder zweimal im Jahr, doch sie sahen dem Priester jeden Sonntag bei der Kommuni-

Das Rosettenfenster auf der Südseite der Kathedrale von Chartres in Nordwestfrankreich, eines der schönsten Werke der Glasmalerei. Es stammt aus dem 13. Jahrhundert. Die Kathedrale wurde über einem alten Druidenheiligtum errichtet.

Eine Messe in St. Denis, der Kapelle der französischen Könige nahe Paris. Der Priester zeigt die Hostie der in Anbetung verharrenden Gemeinde. König Ludwig XII. betet. Denis ist die französische Form des Namens Dionysios. Der heilige Dionysios war angeblich der erste Missionar von Paris und erlitt den Märtyrertod. Im neunten Jahrhundert wurde er mit Dionysios Areopagita gleichgesetzt.

onsfeier zu. Das Zentrum der Messe war nicht mehr die Wandlung von Brot und Wein, weil die Menschen sie nicht sehen konnten, sondern das Emporheben der Hostie und des Kelches über den Kopf des Priesters, die sogenannte Elevation, in der die Menschen die Anwesenheit Gottes sahen und anbeten konnten. Die Gläubigen blieben jetzt meist stumm.

Das führte dazu, daß die Priester die Form des Gottesdienstes nach eigenem Gutdünken gestalten konnten. Sie konnten die Liturgie stärker ausschmücken, weil die Menschen nicht mehr aktiv daran teilnehmen mußten. Es war nicht einmal notwendig, die Gebete so laut zu sprechen, daß alle sie hören konnten.

Das Mirakelspiel

Ein Weg, dem Volk die Religion nahezubringen, war das Schauspiel. Bibelszenen wurden, oft mit Musik, nachgestellt – der Fall Adams, die Hirten und die »Heiligen Drei Könige« an der Krippe, das Gleichnis von den klugen und den törichten Jungfrauen oder die Frauen an Jesu Grab.

Das Schauspiel entwickelte sich aus vier Vorläufern. Erstens gab es Clowns – umherziehende Straßenschauspieler, obszön und witzig, mit Klamauk und Liedern, satirisch und damit antikirchlich. Unser Wort »Pantomime« ist die griechische Bezeichnung für einen solchen Schauspieler (nicht für das Schauspiel), der komische Szenen ohne Worte spielte. Zweitens gab es die Tragödien der alten Griechen, die jedoch damals kaum bekannt waren, drittens gab es das »Schulspiel«, mit dem Latein zum Beispiel anhand einer Komödie des Terenz gelehrt wurde. Dieser Teil der römischen Bildung wurde wiederentdeckt, als die Schulen besser wurden. Schon 970 schrieb die Kanonisse Roswitha von Gandersheim, die durchaus Sinn für Humor besaß, lateinische Lehrdramen für die Schule, um Terenz durch biblische Themen zu ersetzen. Und viertens schließlich gab es religiöse Spiele, die sich vielleicht aus erzählenden Liedern im Gottesdienst entwickelt hatten, später jedoch von städtischen Vereinen auf Karren unter freiem Himmel gespielt wurden. Sie wurden »Mirakel« genannt, weil sie oft von den Wundern der Heiligen erzählten.

Auf diese Weise verbreitete man neben den biblischen Geschichten auch die Legenden bedeutender Heiliger wie etwa die des heiligen Georg oder aber Ereignisse der Kirchengeschichte wie den Bericht über Helena, die Mutter des Kaisers Konstantin, die das Kreuz Christi in Jerusalem fand.

Man führte auch die Passionsgeschichte auf. Ein kleines Relikt dieser Mirakelspiele ist das Passionsspiel in Oberammergau in Bayern. Außerdem wurden Stücke geschrieben, die moralische Lehren propagierten, wie etwa der *Jedermann*, in dem ein Mann in seiner Todesstunde entdeckt, daß sein Seelenheil gerade von den Tugenden abhängt, die er geringgeschätzt hat; es war bis zu Christopher Marlowes *Doctor Faust* das bedeutendste Werk zu diesem Thema.

Giottos Kreuzigung aus der Arenakapelle in Padua, 1305 gemalt.
Hier versucht der Künstler noch nicht, Schmerz auf dem Gesicht Jesu darzustellen.

Das Kreuz

In den neuen, hohen Kirchen, die so viel Platz über den Köpfen der Gemeinde ließen, brauchte man ein Glaubenssymbol, das alle sehen konnten – ein großes Kruzifix. In der Frühzeit des Christentums war Christus meist nicht als Gekreuzigter, sondern als Weltenherrscher oder als Lamm dargestellt worden. Seit dem fünften Jahrhundert kam das Bild des gekreuzigten Christus in Mode, doch wurde er noch nicht als Leidender gezeigt, sondern als über den Schmerz Triumphierender, als Retter, der die Welt vom Kreuz herab regiert. In Nordeuropa begann man im zehnten Jahrhundert, ihn als Toten oder Sterbenden abzubilden, während die Italiener diese Darstellung ablehnten. Ein Kardinal sprach sogar von Blasphemie.

Bernhard von Clairvaux hatte großen Anteil an dieser Veränderung. Er wollte, daß die Menschen sich nicht vor dem richtenden Gott fürchteten, sondern ihn liebten, wie er sie liebt. Deshalb sollten sie nicht den König am Kreuz sehen, sondern den armen Menschen, der für die Menschheit leidet. Auch die wachsende Marienverehrung spielte eine Rolle, denn die Menschen waren gerührt von den Leiden der Mutter unter dem Kreuz ihres Sohnes. Giotto gab dieser Vorstellung um 1305 mit seinen Fresken in der Arenakapelle in Padua Ausdruck. Die erschütterndsten Leidensdarstellungen finden sich während der nächsten anderthalb Jahrhunderte in Nordeuropa. Jesus wird mit Dornenkrone und auf die Brust gesunkenem Kopf dargestellt, die trauernde Maria zu seinen Füßen.

Die Bruderschaft

Laienmitglieder der Pfarrgemeinde konnten einer Bruderschaft angehören, einer Gilde oder einem Klub, dessen Mitglieder zusammen speisten, einander bei Krankheiten und im Alter halfen oder die Begräbniskosten übernahmen. Einige Bruderschaften hatten sogar eigene Hospitäler. Die heutigen *City Companies* (oder Stadtgilden) in London mit ihrer Mischung aus Festessen und karitativer Arbeit entwickelten sich aus Bruderschaften der Handwerkerzünfte, etwa der Tuchhändler, Kürschner oder Goldschmiede. Diese Bruderschaften besaßen eigene Altäre in der Pfarrkirche, sie bezahlten für deren Unterhalt und die an ihnen gelesenen Messen. In großen Städten hatten sie manchmal sogar eigene Kirchen, deren Priester sie finanzierten.

Die ersten Bruderschaften entstanden im Osten, ursprünglich als Gruppen von Freunden, die sich zum Totengedenken zusammenschlossen. Im Westen spielten sie jedoch später manchmal auch eine wichtige Rolle bei der Verwaltung der Stadt und waren Zünften gleichgestellt. Oft hatten sie besondere Abzeichen. In den Prozessionen marschierten sie mit einem Banner oder einem Festwagen voraus. Diese sehr einflußreichen Organisationen waren eine Möglichkeit, der Frömmigkeit der Laien in den mittelalterlichen Pfarrkirchen Ausdruck zu verleihen. In

Paderborn entstand eine Bruderschaft, die sich der Betreuung der Fremden widmete und noch heute existiert.

Die Kranken

Von der Kirche erwartete man, daß sie sich der Armen und Kranken, der Witwen und Waisen annahm. Die Einnahmen aus den großen Ländereien in ihrem Besitz dienten unter anderem auch dazu, den sozial Schwachen zu helfen.

Eigentlich fiel es in den Aufgabenbereich des Bischofs, die Hilfe für Arme und Kranke zu organisieren, doch meist nahmen sich die Mönche dieser Aufgabe an. Zu den Klöstern gehörte oft ein Haus für alte Menschen oder eine Unterkunft für Aussätzige. Ein Mönch, der sogenannte Almosenpfleger, war für Spenden an die Armen verantwortlich, außerdem wurde am Klostertor Suppe ausgegeben. An hohen Festen, etwa an Weihnachten, sammelten sich die Massen vor den Toren der großen Klöster, weil dort Kleidung und Essen verteilt wurden. In Hungerszeiten gingen den Abteien manchmal das Geld oder die Nahrungsmittel aus, und die meisten von ihnen verkauften dann ihr Silber, manchmal sogar einige heilige Altargerätschaften.

Das Problem dabei war, daß die Mittel insgesamt zu beschränkt waren. Hinzu kam, daß die

Das Hospital des heiligen Matthäus in Florenz auf einem Gemälde von Pontormo aus dem frühen 16. Jahrhundert. Das Hospital wurde nicht von bezahlten Krankenschwestern, sondern von den Nonnen selbst betreut. In der Mitte des Saals steht eine kleine Heiligenstatue. Das Gebäude beherbergt heute die Akademie von Florenz; der Säulengang des alten Hospitals ist noch erhalten.

Das Hospital der Johanniter auf Rhodos in der Ägäis, Baubeginn 1440. Wahrscheinlich gab es hier zweiunddreißig mit Baldachin ausgestattete Betten; jeweils zwei Ärzte taten Dienst. Die Johanniter begannen mit einem Pilgerhospiz in Jerusalem, später entwickelten sie sich zu einem bewaffneten Ritterorden, der die Heiligen Stätten beschützen sollte. Nach dem Ende der Kreuzfahrerstaaten in Palästina gründeten sie ihre Zentrale auf Rhodos, von wo die Türken sie später trotz heroischer Gegenwehr vertrieben. Sie zogen sich nach Malta zurück, wo sie ab 1530 bis in die napoleonische Zeit ihr Hauptquartier hatten.

Klöster meist auf dem Land errichtet wurden, während die meisten Armen in den Städten lebten. Hier sprangen die Bruderschaften ein, die sich allerdings meist nur um ihre eigenen Mitglieder kümmerten.

Die Hospitäler

Die Wörter »Hospital« oder »Hospiz« stammen ab vom lateinischen *hospes*, »der Gast«, und bezeichneten zuerst die Häuser, in denen bedürftigen Menschen ein Dach über dem Kopf geboten wurde, wie in den späteren Armenhäusern. Nicht alle Insassen waren krank, und wenn Platz war, wurden auch Durchreisende aufgenommen. Zuerst arbeiteten in diesen Häusern oft Nonnen als Krankenschwestern und Mönche als Aufseher, später übernahmen von den Klöstern bezahlte Männer und Frauen diese Aufgaben. In jenen unruhigen Jahrhunderten gab es nie genug solcher Hospize. Kranke Insassen wurden nicht von Ärzten untersucht, und man nahm nicht an, daß der Aufenthalt im Hospiz der Gesundheit der Patienten mehr nütze als die durch Vermittlung des Hospizkaplans erbetene Hilfe Gottes. Es herrschte eine nicht unbegründete Skepsis gegenüber den Ärzten und ein gesunder Glaube an die Heilkräfte der Natur.

Die Ärzte kannten sich nur auf drei Gebieten einigermaßen gut aus: Einmal hatten sie durch jahrhundertelanges Experimentieren einige wirksame Heilkräuter entdeckt; viele andere Heilmittel hatten überhaupt keine medizinische Wirkung, ließen den Patienten aber wenigstens in dem Glauben, daß etwas für ihn getan wurde. Zweitens gab es sehr erfahrene Hebammen; die einzigen Professorinnen in Europa arbeiteten an der medizinischen Fakultät in Salerno. Und drittens verfügten die Chirurgen über ein annehmbares anatomisches Wissen. Aus religiösen Gründen schreckten die Christen im westlichen Europa davor zurück, mit dem Messer zu operieren; lange Zeit waren die meisten Chirurgen daher Griechen oder Juden.

In Konstantinopel führte das große Pantokratorkloster ein riesiges Hospital mit guten Chirurgen, einer eigenen Frauenabteilung und Anbauten für Leprakranke und Alte.

Ab 1100 gründeten reiche Einzelpersonen, Städte oder Mönchsorden viele weitere Hospitäler, die als Stätten christlicher Nächstenliebe betrachtet wurden. In Frankreich trug das wichtigste Hospital einer Stadt immer den Namen *Hôtel-Dieu*, das Hospiz Gottes. Die Kreuzfahrer, die in Palästina dafür kämpften, daß Jerusalem nicht in die Hände der Muslime fiel, gründeten Ritterorden, deren Angehörige nicht verheiratet sein durften und ähnliche Regeln wie die Mönche zu befolgen hatten, deren Berufung es jedoch war, für die christliche Sache zu kämpfen. Einer von ihnen war der Orden Sankt Johannis vom Spital zu Jerusalem. Seine Mitglieder, die Johanniter, übernahmen zuerst die Aufgabe, die Pilger in Jerusalem zu beschützen; später engagierten sie sich in der Krankenpflege und gründeten Hospitäler. Das beste heute noch sichtbare Beispiel dafür ist das Hospital der nahezu uneinnehmbaren Johanniter-Festung auf Rhodos im Ägäischen Meer.

Die Ehe

Vor 1100 machten sich die Bauern und Handwerker nicht viele Gedanken über die Ehe. Sie akzeptierten das Gebot »Du sollst nicht ehebrechen«; wenn ein Mann und eine Frau zusammen lebten, galten sie vor dem Gesetz als verheiratet, auch wenn sie ihre Gemeinschaft nicht vor dem Altar besiegelt hatten. Bei den oberen Schichten war die Lage anders, weil Geld und Besitz ins Spiel kamen. Dort wurden die Ehen von den Familien geschlossen, die Ehepartner waren oft noch Kinder. Die erwachsenen Verwandten unterzeichneten die Eheverträge und ließen das Paar von Priestern segnen, um damit die spätere Fruchtbarkeit der Ehe zu erbitten. Dieses System der arrangierten Ehen trieb natürlich diejenigen zum Ehebruch, die mit dem von ihren Eltern ausgewählten Partner nicht einverstanden waren. In solchen Fällen reagierten Staat und Kirche meist sehr nachsichtig. Wenn die Ehepartner mächtigen Familien angehörten und keine Kinder hatten, war es für sie so wichtig, einen Erben zu hinterlassen, daß die meisten Menschen Verständnis dafür hatten, wenn sie eine neue Verbindung eingingen.

Wann ist ein Paar verheiratet? Offensichtlich ist ein Gottesdienst nicht unbedingt nötig. Die Eheleute schließen die Verbindung, indem sie den Satz »Ich nehme dich zur Frau« beziehungsweise »Ich nehme dich zum Mann« aussprechen. Das Sakrament spenden nicht der Priester oder das Gesetz, sondern diese beiden Laien. Wenn Kinder, Bigamisten oder Mitglieder derselben Familie die Worte sprechen, sind sie ungültig.

Das Schenken eines Ringes zum Zeichen der Verlobung ist ein vorchristlicher Brauch. Im sechsten Jahrhundert nach Christus wurde der Ring manchmal als christliches Symbol benutzt, vierhundert Jahre später finden wir die ersten Gebete, in denen der Ring gesegnet wird. Manchmal gaben die Ehepartner sich gegenseitig einen Ring, der zuerst die Bedeutung eines Siegels hatte, weil man Siegelringe benutzte, um Dokumente zu unterzeichnen. Der Ring drückte aus, daß der Geber den Ehekontrakt als verbindlich ansah. Die Vorstellung, daß der Ring ein Symbol der Ewigkeit sei, weil er als Kreis kein Ende hat, stammt aus viel späterer Zeit.

Seit dem Ende des weströmischen Reiches verlangten sowohl die Kirche als auch die Rechtsprechung Zeugen für die übereinstimmende Willenserklärung des Paares. Der Priester galt als ein sehr geeigneter Zeuge, da er das vertrauenswürdigste Mitglied der Gemeinde war. Er konnte zuverlässig darüber Auskunft geben, ob die beiden Ehepartner zu eng verwandt waren, ob sie einander wirklich heiraten wollten oder ob einer von beiden vielleicht schon verheiratet war. Seine religiöse Funktion war ein weiterer Pluspunkt: Paare wollten Kinder, und deshalb

Die Hochzeit von Kanaa, Gemälde von Veronese aus dem Jahr 1563. Das Fest ähnelt eher einer venezianischen als einer galiläischen Hochzeit. Die Hochzeit von Kanaa diente als Argument gegen die Moralisten, die behaupteten, daß der Ehestand moralisch niedriger zu bewerten sei als die Ehelosigkeit.

sollte Gott ihren Bund segnen. Manchmal wurde sogar das Ehebett gesegnet. Seit sehr früher Zeit gab es für Eheschließungen eine Art Gottesdienst, doch er gehörte nicht notwendig dazu, und die Armen nahmen das Angebot kaum in Anspruch.

Das System der Konsensehe führte zu Problemen, wenn ein Partner behauptete, daß eine Eheabsicht bestehe, während der andere es leugnete. Rechtsprechung und Kirche drangen auf feste Regeln, also auf eine Eheschließung in der Kirche vor Zeugen und mit einer vorherigen Befragung des Paares durch den Priester. Allerdings konnten sie nicht bestreiten, daß eine gültige Ehe auch ohne Priester oder Zeugen geschlossen werden konnte. Seit 1100 wurde auf mehreren Kirchenkonzilen festgelegt, daß Laien keine Trauungen durchführen dürften. Noch Mitte des 14. Jahrhunderts mußte dieses Verbot wiederholt werden. Daran sieht man, daß die Ehe teilweise, aber sicher nicht völlig aus der weltlichen in die geistliche Zuständigkeit übernommen worden war.

Ein einmal gegebenes Versprechen konnte nicht mehr rückgängig gemacht werden, und so war eine Scheidung nicht möglich. Manchmal jedoch war die Auflösung einer Ehe ein Gebot der Menschlichkeit. Kirchenrechtler fanden dafür oft Wege, indem sie sich auf das Verbot von Eheschließungen in der Familie beriefen, denn es war in den meisten Fällen nicht schwer, entfernte familiäre Beziehungen zwischen Eheleuten aufzuspüren, aufgrund derer man die Trauung für ungültig und damit die Ehe für nichtig erklären konnte – wie es in England auch Heinrich VIII. später versuchte. Das strikte Verbot der Scheidung hatte weitreichende Folgen für die Kirchengeschichte.

Die Beichte

Der Brauch, anderen Menschen die begangenen Sünden zu beichten, hat eine interessante Vorgeschichte. Schon in Naturreligionen und bei eingeborenen Völkern Amerikas und Afrikas, die nie zuvor mit Europäern in Berührung gekommen waren, hatte er seinen festen Platz. Man beichtete einem Freund, Verwandten oder Priester, wenn man einen Mord oder Diebstahl begangen oder ein sexuelles Verbot übertreten hatte, und betrachtete dies als einen Akt der Reinigung und der Versöhnung mit der Gottheit. Im Dschainismus und Buddhismus beichten die Mönche, um die Reinheit des Herzens zu erreichen. Auch die Juden praktizieren die Beichte; auf diesem Weg wurde sie auch Bestandteil des Christentums.

Die frühen Christen hofften, daß ein Bekehrter nach der Taufe, bei der alle Sünden abgewaschen wurden, nie wieder sündigen werde. Zu ihrer Überraschung war das jedoch nicht der Fall, also brauchten sie einen Ritus für die Vergebung der nach der Taufe begangenen Sünden. Diese Vergebung konnte jedoch nur gewährt werden, wenn der Sünder sich reuig zeigte und die Kirche diese Reue erkennen konnte.

Vor Beginn des Sonntagsgottesdienstes beichteten die reuigen Sünder und baten Gott um Vergebung. Bald kleideten sie sich in Sackleinen und bestreuten sich zum Zeichen ihrer Reue mit Asche. Man ging anfangs davon aus, daß man für schwere Sünden wie Mord, Raub, Ehebruch oder Götzenanbetung nur zweimal Vergebung erlangen könne: einmal in der Taufe, ein zweites Mal durch eine öffentliche Beichte; dann jedoch blieb nur noch der Ausschluß aus der Kirche.

Später hielten die Geistlichen diese Regelung für zu streng und setzten der unendlichen Gnade Gottes eine menschlichere Grenze. Im Klerus war diese Änderung umstritten: Einige Bischöfe vertraten die Ansicht, daß man die moralischen Forderungen des Glaubens für nichtig erkläre, wenn man den Menschen die schweren Sünden immer wieder vergebe. Andere Bischöfe erinnerten an Christi Worte, daß wir unserem Bruder nicht siebenmal, sondern siebzig mal siebenmal vergeben sollen. Im Jahre 217 spaltete sich die Kirche in Rom. Die einen folgten dem Bischof Calixtus, der für die mildere Regelung eintrat, die anderen dem Theologen Hippolyt, der vor Laxheit warnte.

Vierunddreißig Jahre später, 251, spaltete sich die römische Kirche noch einmal. Diesmal ging es darum, ob die während der letzten Christenverfolgung des Kaisers Decius aus Angst abgefallenen Gläubigen wieder in die Kirche aufgenommen werden sollten. Cornelius, der Bischof von Rom, trat für eine milde Regelung ein. Sein Kritiker war der hochbegabte Priester Novatian, der den römischen Klerus nach der Hinrichtung des vorherigen Bischofs Fabian geführt hatte und als erster Theologe vor allem auf Latein und nicht nur in griechischer Sprache schrieb. Er argumentierte, daß die Kirche heilig sei; wie könne man also denjenigen, die ihren

Ein Beichtstuhl des 18. Jahrhunderts auf einem Bild von Pietro Longhi, der mit Vorliebe elegante venezianische Szenen malte. Solche Beichtstühle gibt es seit dem 16. Jahrhundert. In der katholischen Kirche war es üblich, vor dem Erhalt der Kommunion und an Ostern zur Beichte zu gehen. Deshalb konnten sich Schlangen vor den Beichtstühlen bilden.

Glauben aufgegeben und die Kirche befleckt hatten, die Rückkehr erlauben? Als Cornelius begann, die Abgefallenen wieder aufzunehmen, weihten drei Provinzbischöfe seinen Gegner Novatian ebenfalls zum Bischof von Rom, und wieder war die römische Kirche gespalten.

Novatians Anhänger nannten sich selbst »die Reinen« und bildeten vierhundert Jahre lang eine große Kirche mit Gemeinden auch in anderen Städten des Reiches. Der »Novatianismus« wurde zum Inbegriff für eine rigorose Einhaltung der christlichen Gesetze und für die Weigerung, Christen, die eine Todsünde begangen hatten, jemals wieder in die Kirche aufzunehmen.

Die Zukunft gehörte jedoch der barmherzigen beziehungsweise schwachen Position – je nach Standpunkt. Es entwickelte sich nach und nach ein richtiges Bußsystem mit einer öffentlichen Beichte zu Beginn des Gottesdienstes. Die Priester erlegten den Büßern von Fall zu Fall Strafen auf: Gib das unrecht erworbene Geld zurück, bleibe dem Sakrament für eine gewisse Zeit fern, sprich mehr Gebete, versprich, eine Woche oder sieben Wochen zu fasten. Wenn diese Bußen abgeleistet waren, kamen die Sünder vor den Bischof, der in einem öffentlichen Akt den vor ihm knieenden Büßern die Hände auf den Kopf legte als Zeichen dafür, daß sie wieder als vollwertige Mitglieder in die Kirche aufgenommen waren.

Gleichzeitig machten Mönche die Erfahrung, daß es ihnen half, anderen, besonders weisen Glaubensbrüdern von ihren moralischen Problemen zu berichten. Diese Überzeugung, daß einige wenige Menschen in der geistlichen Welt mit einer besonderen Weisheit begabt sind, findet sich schon im dritten Jahrhundert und existiert in den östlichen Kirchen noch heute.

Das öffentliche Sündenbekenntnis vor der ganzen Gemeinde wurde allmählich abgeschafft, weil es für alle Beteiligten unangenehm war. Wenn es um sexuelle Vergehen ging, war die Beichte nichts für junge Zuhörer. Wenn jemand einen Mord oder Einbruch beichtete, wurde er aus der Gesellschaft ausgestoßen, auch wenn der Priester verkündete, daß Gott ihm vergeben habe. Allerdings mußte es einen Akt geben, durch den die Vergebung in der Kirche registriert wurde, und dafür eignete sich der Brauch, einen frommen Mann um Rat zu fragen – nur, daß der fromme Mann jetzt ein Priester sein mußte, der die Vergebung im Namen Gottes verkündete.

Diese Tradition findet sich zuerst bei den irischen Kelten. Umherziehende irische Mönche brachten sie nach Mitteleuropa, von wo aus sich das System der privaten Buße im ganzen Westen ausbreitete. Vergebung konnte unbegrenzt oft gewährt werden, wenn eine echte Reue erkennbar war. Doch es wurden schwere Bußen auferlegt, denn die Kelten waren strenge Menschen. Es gab Priester, die in ihrer unbeugsamen Haltung Novatian ähnelten.

Die Buße der frühen Kirche, die zuerst sowohl dem Mitleid als auch der Notwendigkeit entsprang, die Gemeinschaft vor Verbrechen zu schützen, wandelte sich; sie war jetzt weniger eine Sache des zerknirschten Herzens und der Tränen, sondern ähnelte vielmehr dem Bezahlen einer festgelegten Strafe. Diese Gefahr wuchs, als das vierte Laterankonzil im Jahre 1215 in Rom beschloß, daß jeder eine private Ohrenbeichte ablegen mußte, bevor er zu Ostern die Kommunion gespendet bekam. Jetzt wurde es möglich, die Bußleistung in eine Geldzahlung umzuwandeln. Wenn der Priester erklärte, der Büßer habe eine schwere Sünde begangen und müsse zur Sühne nach Santiago di Compostela pilgern, so erklärte der Beichtende vielleicht, er könne den weiten Weg nicht schaffen, weil er zu krank oder gebrechlich dafür sei. Zum Ausgleich bezahlte er dann eine gewisse Summe, die als angemessene Sühne anerkannt wurde.

Angesichts des verbreiteten Mißbrauchs dieses Systems dachte Martin Luther darüber nach, wie es geändert werden könne, und fand sehr viel Verbesserungswürdiges.

Die Praxis der privaten Beichte hat sich als ein freiwilliger Akt in den konservativeren protestantischen Kirchen der Lutheraner und Anglikaner bis auf den heutigen Tag erhalten. Im ersten Jahrhundert nach der Reformation bestanden viele lutherische Kirchen noch auf einer Ohrenbeichte vor der Feier des Abendmahls. Auch andere Kirchen lehrten, daß die Menschen ihre Sünden bereuen sollten, bevor sie die Kommunion erhielten, und schufen deshalb eine »Generalbeichte«, die die Gemeinde zu Beginn des Gottesdienstes laut sprach. Die römisch-katholische Kirche blieb auch nach der Reformation bei der Regel, daß jeder Gläubige vor der Osterkommunion eine private Beichte ablegen müsse. Erst gegen Ende des 20. Jahrhunderts verliert dieser Grundsatz allmählich an Bedeutung.

Die ersten für die Beichte reservierten Schemel tauchten in Italien am Ende des Mittelalters auf. Sie entwickelten sich zu den mit Wänden umgebenen Beichtstühlen, wie sie noch heute in katholischen Kirchen üblich sind.

Der heilige Gral

Eine in Europa weitverbreitete Legende erzählte vom Heiligen Gral, dem Kelch, den Jesus beim Letzten Abendmahl benutzte. Eine spätere Geschichte berichtete, daß in dem Gefäß das Blut aufgefangen worden sei, das bei der Kreuzigung aus seinen Wunden floß. Anscheinend handelt es sich bei diesen Erzählungen um christliche Neufassungen eines früheren nichtchristlichen Mythos wahrscheinlich keltischen Ursprungs. In Deutschland kursierte die Geschichte, daß der heilige Gral ein Edelstein sei, den Engel aus dem Himmel herabgebracht und dem König zur Aufbewahrung übergeben hätten und der das Geheimnis der Unsterblichkeit in sich berge.

In den frühesten Legenden geht es immer um die Suche nach dem Gral: Irgend jemand, etwa ein Mann namens Gawain oder Galahad, setzt sich allen möglichen Gefahren und Versuchungen aus, um ihn zu finden. Die Geschichten waren sozusagen der Ausdruck eines natürlichen religiösen Instinkts. Man idealisierte die ritterlichen Tugenden, die Sorge für die Schwachen und den Kampf gegen das Böse und hoffte, daß ein Ritter wie Galahad wirklich existiere und eine christliche Gesellschaft letztendlich doch möglich sei.

Grausamkeit

Die Römer waren begeisterte Zuschauer bei Gladiatorenkämpfen in der Arena, bei denen es um Leben und Tod ging. Die »Spiele« sprachen die Instinkte an, die heute mit Gewaltfilmen im Fernsehen befriedigt werden. Die römischen Philosophen hatten nichts gegen sie einzuwenden; Cicero hielt es für wichtig, daß die jungen Männer hier Anschauungsunterricht in Mut und Todesverachtung erhielten. Nur ein einziger nichtchristlicher Römer, der stoische Philosoph Seneca, kritisierte diese Form der Volksbelustigung.

Schon sehr früh wandten sich die Kirchenoberhäupter gegen Spiele aller Art und weigerten sich, sie anzuschauen, weil sie nichts mit diesem Blutvergießen zu tun haben wollten. Manche hielten sogar Theater und Wagenrennen für ebenso schlimm wie die Spiele. Ein Wagenlenker, der sich zum Christentum bekehrte, mußte seinen Beruf aufgeben. Und als ein Schauspieler den christlichen Glauben annahm, aber dennoch weiterhin Theater spielen und außerdem eine Schule für junge Schauspieler leiten wollte, machte man ihm klar, daß er die Bühne verlassen müsse. Als er daraufhin erklärte, daß er ohne seinen Beruf seinen Lebensunterhalt nicht verdienen könne, wurde er aus Kirchengeldern unterstützt.

Die frühen Christen waren in diesem Punkt nicht immer einer Meinung. Einige wenige sahen nicht ein, warum sie nicht ins Theater oder sogar zu den Spielen gehen sollten, warum sie nicht als Schauspieler arbeiten oder Wagenrennen fahren sollten.

Der römische Priester Novatian wandte sich gegen das, was er die Lust auf Roheit nannte. Wie ein moderner Kritiker der Gewalt im Fernsehen vertrat auch Laktanz die Meinung, daß das Betrachten von Blut und Grausamkeit das moralische Empfinden verderbe: »Wenn Menschen andere Menschen töten, glauben sie, daß sie spielen – so sehr hat das Menschengeschlecht seine Menschlichkeit verloren.«

Theodoret von Kyrrhos berichtete im fünften Jahrhundert, daß ein Mönch aus dem Osten, Telemachos, nach Rom kam, um den Spielen ein Ende zu machen. Er trat hinaus in die Arena, um die Kämpfenden zu trennen, und wurde daraufhin von der Menge gesteinigt. Der Kaiser Honorius erklärte ihn zum Märtyrer, und die Spiele wurden verboten.

Das sogenannte *Martyrologium Hieronymianum* oder die »Liste des heiligen Hieronymus«, die allerdings nicht von Hieronymus, sondern etwa dreißig Jahre nach seinem Tod in Norditalien angelegt wurde, liefert den ersten zuverlässigen Heiligenkalender, in dem die Märtyrer, die in den verschiedenen Städten verehrt wurden, ebenso aufgelistet sind wie ihre Grabstätten oder die Plätze ihrer Verehrung. Während der Originaltext verloren ist, bieten die aus verschiedenen Orten überlieferten Abschriften unterschiedliche kurze Abrisse über das Leben und Sterben der Märtyrer. Später tauchen auch Märtyrerlisten in Gedichtform auf, die so leichter auswendig zu lernen waren.

In diesen Texten findet sich zwar kein Telemachos, doch erwähnen einige in den Einträgen zum 1. Januar einen Almachius, der sich gegen die Verehrung von Götzenbildern wandte und auf Anordnung des Präfekten der Stadt Rom von Gladiatoren getötet wurde. Hinter diesem Namen muß sich dieselbe Person verbergen. Historiker haben die Existenz des Märtyrers angezweifelt, aber irgend etwas in dieser Art muß passiert sein, bevor Kaiser Honorius die Spiele im Jahre 404 verbot. Bis 681 fanden dennoch Gladiatorenkämpfe in kleinerem Rahmen statt. Da sein Gedenktag mit dem Beginn des neuen Jahres zusammenfiel, erinnerte man sich nicht so häufig an Telemachos, wie er es verdient hätte.

Die Mauren Nordafrikas, die den Stierkampf als Sport betrieben, führten ihn nach der Eroberung Spaniens auch dort ein und veranstalteten Kämpfe in den alten, halb verfallenen Arenen, die die Römer hinterlassen hatten. Die Christen, die an dem Bild vom Ochsen und Esel an der Krippe in Bethlehem hingen, waren seit langer Zeit überzeugt, daß auch die Tiere Geschöpfe Gottes seien und nicht mehr Grausamkeit erdulden sollten als unbedingt nötig. Ein Ochse, ein Lamm oder ein Huhn sollte zum Beispiel möglichst wenig leiden, wenn es geschlachtet wurde. Da einige Christen glaubten, daß Grausamkeit gegen Tiere zu einer Einstellung führte, die auch vor Gewalt gegen Menschen nicht zurückschreckte, verurteilte Papst Pius V. im Jahre 1567 den Stierkampf und exkommunizierte nicht nur die Kämpfer, sondern auch die Zuschauer, ohne daß irgend jemand dies groß zur Kenntnis nahm. Die Anhänger dieser Sportart verteidigten sie mit ethischen Argumenten: Der Stierkampf wurde als Kunstwerk oder als ein Drama dargestellt, das den jungen Leuten Tapferkeit und Mut vor Augen führte. Auch die Farben, die Kostüme und Stickereien sowie der feierliche Einzug gehörten zu diesem Spektakel.

Obwohl die spanischen Bischöfe die Kämpfe verurteilten, gelang es der Kirche nicht, sie abzuschaffen, da das Volk fest entschlossen war, auf diese Unterhaltung nicht zu verzichten. Heute verurteilen Bischöfe die Gewalt im Film, der die Kinder vor den Fernsehschirmen ausgesetzt sind, aber auch sie können kaum erwarten, daß irgend jemand auf ihre Kritik hört.

Die Kirche versuchte auch, die Duelle zu verbieten. Diese Form des Kampfes ließ die Zahl der Kriegstoten sinken, weil sie den Armeen erlaubte, besonders fähige Kämpfer als Stellvertreter nach dem biblischen Vorbild von David und Goliath gegeneinander antreten zu lassen. Im frühen Mittelalter berief man sich auch auf Gott: Aufgrund seiner Vorsehung, so wurde argumentiert, werde der Kämpfer, der im Recht sei, gewinnen, so daß in einem Rechtsstreit die Wahrheit durch einen Zweikampf festgestellt werden könne. Noch 1077 löste ein Bischofskonzil, das sich nicht auf die richtige Form des Gottesdienstes einigen konnte, den Streit durch ein Duell. Im frühen 12. Jahrhundert schrieb ein Mönch in der Normandie ein Gebet, das die Kämpfer vor einem Zweikampf sprechen sollten. In England betete man um den göttlichen Segen für Schwert und Schild von Duellanten, die sich zum Kampf rüsteten.

Doch mit der Zeit empfand man diese Lehre als falsch, und die Zweikämpfe wurden nicht länger als Mittel der Wahrheitsfindung eingesetzt. Das Duell überlebte allerdings im Rittertum, und der Ehrenkodex der Ritter wurde von der Kirche unterstützt, um die Brutalität des Krieges in Grenzen zu halten.

Das Turnier war fast so etwas wie ein Spiel, bei dem Reiter versuchten, einander mit Lanzen aus dem Sattel zu stoßen. Kirchliche und staatliche Autoritäten blieben bei ihrer Verurteilung des Duells, nicht aber alle Ethiker. Manche argumentierten, daß das Ansehen ein integraler Bestandteil einer Person sei und deshalb die Verteidigung des Ansehens ebenso gerechtfertigt sei wie die Verteidigung gegen einen körperlichen Angriff.

Also wurden auch in den folgenden Jahrhunderten Menschen in Duellen getötet. Noch im Jahre 1829 forderte der britische Premierminister Wellington einen Gegner, der ihn der Unehrlichkeit bezichtigt hatte, zu einem Duell heraus, bei dem sich allerdings beide alle Mühe gaben, daneben zu schießen. Im Jahre 1891 exkommunizierte Papst Leo XIII. in einer Enzyklika mit dem Titel *Pastoralis officii* alle Duellteilnehmer, auch die Sekundanten und Ärzte. Im 19. Jahrhundert ging die Zahl der Duelle allmählich zurück, nur in deutschen Universitäten überlebte der Zweikampf als ein vergleichsweise harmloses Spiel unter Studenten, von dem nur Narben im Gesicht zurückblieben. Erstaunlicherweise hielten es die deutschen Bischöfe noch 1955 für nötig, diese Praktiken zu verurteilen. Die christliche Ethik hatte also einen Einfluß auf das Ende des Duells wie auch auf die Ächtung der Gladiatoren.

Eine protestantische Darstellung eines Autodafé der Inquisition, allerdings nicht der spanischen, denn diese Ketzerverbrennung fand in Lissabon statt. Wahrscheinlich zeigt die Szene einen (auch anderweitig bezeugten) Vorfall aus dem Jahr 1682. Das Geschehen ist wohl nicht überzeichnet dargestellt. Man dramatisierte diese Ereignisse bewußt, um den Teilnehmern den Tag des Gerichts drastisch vor Augen zu führen. Die schuldig Gesprochenen tragen konisch zulaufende Mitren, ebenso die hochgehaltenen Puppen, die die in Abwesenheit Verurteilten darstellen. Die Priester sollten den Verurteilten zur Seite stehen.

Folter

Es gab eine bemerkenswerte Ausnahme von der Regel, daß eine christliche Gesellschaft verpflichtet war, Krieg, Mord und Gewalt gegen den Menschen so weit wie möglich einzuschränken.

Die alten Griechen – sogar Aristoteles – und die Römer hielten das Foltern eines Verdächtigen für einen notwendigen Teil der Verbrechensbekämpfung. Der einzige verläßliche Schuldbeweis war das Geständnis, also mußten Verdächtige zu einem Geständnis gebracht werden. Doch schon die frühen Christen erkannten, daß man Unschuldige unter der Folter zum Lügen zwingt. Obwohl die Rechtsgelehrten auf der Notwendigkeit der Folter bestanden, sprach sich Papst Gregor der Große gegen sie aus. (Andererseits erlaubte der unfähige Papst Innozenz IV. 1252 die Folterung von Häresieverdächtigen.) Wenigstens tat die Kirche mit Hilfe des Kirchenrechts alles in ihrer Macht stehende, um die Folter weniger unmenschlich zu gestalten; sie verbot dem Klerus, selbst zu foltern und versuchte gesetzliche Bedingungen für die Prozedur festzulegen: Es mußte zumindest wahrscheinlich sein, daß der Verdächtige das Verbrechen begangen hatte. Später versuchte man durchzusetzen, daß jedem Beschuldigten vor der Folterung die Möglichkeit zur Verteidigung eingeräumt wurde.

Im 18. Jahrhundert war die Folter in den westlichen Staaten generell nicht mehr erlaubt, doch das bedeutete nicht unbedingt das Ende dieser brutalen Praxis. Es ist seltsam, daß eine Gesellschaft, die Anstrengungen unternahm, den Kriegen ein Ende zu machen oder ihrer Grausamkeit Grenzen zu setzen, die Brutalität einzelner einzuschränken und Volksbelustigungen, die die Gewaltbereitschaft förderten, zu verbieten, es für nötig hielt, das Verbrechen mit moralisch verwerflichen Methoden zu bekämpfen. Es ist noch seltsamer, daß die Kirche mit ihrer ethischen Tradition, die letztendlich auf Jesus zurückgeht, ihren Seelsorgern erklärte, daß die Folterknechte der staatlichen Gewalt nicht das Gefühl haben müßten, eine Sünde zu begehen.

Die Inquisition

Die spanische Inquisition wurde zu einem Synonym für Grausamkeit, obwohl die Inquisition keine spanische Erfindung war und schon sehr viel früher entstand. »Inquisition« bedeutet einfach »Untersuchung«, die in diesem Fall dafür sorgen sollte, daß keine Irrlehren verbreitet wurden. Augustinus gelangte zu der Überzeugung, daß eine begrenzte Anwendung von Gewalt gegen Abweichler sinnvoll sei, und seine Meinung wurde vom Kirchenrecht übernommen.

Bis zum Jahre 1007 landete im Westen niemand wegen Häresie auf dem Scheiterhaufen. Spezielle Gerichtshöfe, die sich mit Ketzerei befaßten, wurden zum ersten Mal in Frankreich und Deutschland im 13. Jahrhundert auf Zeit eingerichtet. Die spanische Inquisition wurde im Jahre 1478 eingesetzt und gewann an Macht, als in den Jahren 1492 und 1502 Gesetze verabschiedet wurden, nach denen Muslime und Juden zum christlichen Glauben übertreten oder aber das Land verlassen mußten. Die spanische Inquisition hatte einen besonders schlechten Ruf, weil sie als königlicher Gerichtshof weniger effizient arbeitete als die Untersuchungsbehörden in anderen Ländern. Erst im Jahre 1542 setzte der Papst eine zentrale Inquisition für die gesamte Kirche ein, doch sein Erlaß änderte nicht viel an den Zuständen außerhalb Italiens. Die am wenigsten betroffenen Länder waren Frankreich, Deutschland und die britischen Inseln.

Erst im 18. Jahrhundert hoben die meisten katholischen Länder diese Einrichtung auf, die unter den Rechtsgelehrten auf immer stärkere Ablehnung stieß.

Der heilige Franziskus predigt den Vögeln. Diese Geschichte wird schon in den frühesten Quellen überliefert und ist wahrscheinlich keine Legende. Das Fresko stammt von Giotto oder einem seiner Schüler.

Die Nachfolge Christi

Die frühen Christen wurden Nachfolger Christi, indem sie sein Werk fortsetzten. Natürlich konnten sie ihm nicht in allem folgen, da ihrem Glauben gemäß nur er allein die Menschheit retten konnte. Aber die Vorstellung, daß Menschen, die an Christus glauben, versuchen sollten, auf seinen Wegen zu wandeln, findet sich schon im Neuen Testament. Und je häufiger die Christen an Pilgerfahrten nach Palästina oder an Kreuzzügen teilnahmen, desto intensiver beschäftigten sie sich auch mit dem Leben Jesu und begannen, über Formen der Nachfolge nachzudenken.

Bettelmönche

Franziskus von Assisi (1182–1226) wurde nur 44 Jahre alt. Als Sohn eines reichen Kaufmanns aus Assisi kämpfte er als Zwanzigjähriger in einem Städtekrieg gegen die Nachbarstadt Perugia, lebte ein Jahr in Kriegsgefangenschaft und erkrankte danach schwer. Dennoch gab er sein Ziel, Soldat zu werden, nicht auf, bis er plötzlich in einer Vision Gott als den »König« einer mächtigeren Armee erkannte. In der baufälligen Kirche San Damiano hörte er eine Stimme, auf deren Befehl hin er das Gotteshaus mit den eigenen Händen wiedererrichtete. Er ließ sich dort nieder, kümmerte sich um Aussätzige und verzichtete auf sein Erbe. In der Ebene unterhalb von San Damiano baute er die fast zerstörte Kirche Santa Maria degli Angeli (die sogenannte Portiuncula) wieder auf. Hier hörte er auch einen Priester den Text aus dem Matthäusevangelium lesen, in dem den Aposteln befohlen wird, kein Geld in ihre Börsen zu stecken (Matth. 10,9). Daraufhin wurde er zum bettelarmen Wanderprediger und sammelte einige Anhänger um sich, die sich selbst *fratres minores*, »Minderbrüder« oder »mindere Brüder«, nannten und später als Minoriten bekannt wurden.

Ihre Erweckungspredigt machte großen Eindruck auf die Menschen, die in Scharen herbeiströmten. Franziskus durchwanderte Italien und predigte jedem, der ihn hören wollte, doch er weigerte sich, Priester zu werden.

Das geistige Erbe dieses von persönlicher Frömmigkeit und Inspiration geprägten Mannes mußte von jemandem organisiert werden, der sich mit Regeln, Geld und Besitz auskannte, Dingen, die Franziskus völlig fremd waren. Er wollte Gott ehren, ohne an ein Gesetz gebunden zu sein, und wollte dem Geist seine Freiheit lassen. Doch nur zwölf Jahre nach seinem ersten öffentlichen Auftreten gab es 3000 *fratres minores*, ein Jahrhundert später etwa 30 000. Franziskus hatte ganz und gar nicht den Wunsch, einen solchen Orden zu leiten und übergab diese Aufgabe dem Bruder Elias von Cortona, der damit gut zurecht kam – soweit überhaupt jemand eine Gruppe von Menschen leiten konnte, die sich dadurch in der Freiheit, ihrer Vision zu folgen, eingeschränkt fühlten. Aus der Gruppe freier Laienprediger wurde ein gesetzmäßig konstituierter »religiöser Orden«. Klara von Assisi hatte sich Franziskus in San Damiano

Der heilige Franziskus empfängt die Stigmata, die Wunden der Kreuzigung, auf dem Berg La Verna. Fresko eines Giotto-Schülers. Bei Franziskus wird zum ersten Mal von solchen Stigmata berichtet, doch er ist nicht der einzige geblieben.

Nonnen beim Singen der Psalmen. Dargestellt sind Klarissen, die franziskanischen Nonnen. Interessant ist, daß offensichtlich alle lesen können.

angeschlossen und einen Frauenorden, die Klarissen, gegründet. Hier war die Ordensgründung notwendig geworden, weil Frauen nicht bettelnd umherziehen konnten.

Franziskus selbst zog sich in Einsiedeleien in den Bergen zurück. Für die Kinder in Greccio baute er die erste Weihnachtskrippe in einer Kirche, auf dem Berg La Verna erschienen Stigmata auf seinem Körper, blutende Wunden wie jene, die Jesus bei der Kreuzigung erlitten hatte (*stigma,* im Plural *stigmata,* heißt auf griechisch »Zeichen« oder »Flecken«, vor allem Zeichen auf der Haut). Bei ihm wurde zum ersten Mal von solchen Stigmata berichtet, doch seitdem wurden sie an mehr als dreihundert Menschen beobachtet

Bevor Franziskus in Assisi starb, übergab er den Brüdern seinen berühmten *Sonnengesang.* Zwei Jahre nach seinem Tod sprach der Papst ihn heilig, legte den Grundstein zu der Kirche, die in Assisi für sein Grab gebaut wurde, und beauftragte den Franziskaner Thomas von Celano damit, seine Lebensgeschichte niederzuschreiben.

Sein Werk beeinflußte die Religion des späten Mittelalters wie kaum ein anderes. Die Nachfolge Christi wurde wie nie zuvor als ein ethisches Ideal verstanden, die »heilige Armut« auch von vielen einfachen Menschen als eine Form der Lösung von der Welt hoch geschätzt, und das Betteln in den Straßen der Städte wurde zu einer respektablen Beschäftigung. Ein Grundsatz lautete, daß die tägliche Arbeit um ihrer selbst und nicht um des Geldes willen geleistet werden sollte. Durch die kraftvolle, an die städtischen Massen gerichtete Predigt auf den Straßen wurde eine Art »Erweckungsbewegung« in Gang gesetzt. Und es entstand ein neues Ziel für Pilgerfahrten, die Unterkirche in Assisi.

Die Franziskaner wurden nach der Farbe ihrer Kutten als Graubrüder bezeichnet (heute tragen sie braune Gewänder). Andere Bettelorden mit anderen Zielsetzungen entstanden. Die schwarzgewandeten Dominikaner wurden von dem Spanier Dominikus als Predigerorden gegründet. Um diese Aufgabe gut zu erfüllen, widmeten sie sich intensiven Studien und konnten nicht so unorganisiert in den Tag hinein leben, wie einige Franziskaner es taten. Eine Zeitlang folgten sie dem Beispiel des Franziskus und gaben allen Besitz auf, doch erwies sich schon bald diese Regel als nicht praktikabel. Die weißgekleideten Karmeliten gründeten sich während der Kreuzzüge auf dem Berg Karmel in Palästina und wurden nach der Eroberung Palästinas durch die Muslime ein Bettelorden nach dem Modell des heiligen Franziskus. Doch es sind die Franziskaner, die bis zum heutigen Tag die Heiligtümer in Palästina betreuen und dafür auch oft den Märtyrertod starben. Der vierte Orden waren die Augustiner, manchmal auch Augustiner-Eremiten genannt, weil sie als eine Gruppe von Eremiten begannen und erst später zu einem nach dem Vorbild der Dominikaner aufgebauten Bettelorden wurden. Später war Martin Luther Mitglied dieses Ordens.

Etwa siebzig Jahre nach dem Tod des Franziskus bemalte Giotto oder einer seiner Schüler die Kirche in Assisi mit Szenen aus dem Leben des Heiligen. Diese Bilderfolge sollte das Leben des Franziskus in die Nachfolge des Lebens Jesu stellen. Ein Bild, auf dem Franziskus den Vögeln predigt, wurde besonders berühmt und hat vielleicht auch die Einstellung der Menschen zur Tierwelt beeinflußt.

Über die Lebensgeschichte des Heiligen herrschte einige Verwirrung. Außer kurzen Berichten aus eigener Hand und der offiziellen Darstellung des Thomas von Celano gab es mehrere inoffizielle Heiligenviten, Geschichten über ihn und seine Schüler und Erzählungen, die hundert Jahre nach seinem Tod in einem Legendenbuch mit dem Titel »I fioretti di San Francesco« (»Die Blümlein des heiligen Franziskus«) gesammelt wurden. Bei dem Versuch, aus dieser Mischung aus Wahrheit, Fabel und Propaganda die wahren Züge des Franziskus herauszuarbeiten, kam es häufig zu Disputen unter den Historikern.

Das franziskanische Ideal gab immer wieder Anstöße zu Reformbewegungen; so bildeten sich mit der Zeit vier Orden. Die Hauptschwierigkeit war dabei das Geld: Die Observanten, der zahlenmäßig stärkste Orden, der im Jahre 1368 gegründet wurde, glaubte ohne Geld auskommen zu können; die Konventualen waren anderer Ansicht. Die Spiritualen oder Fratizellen (»kleine Brüder«), die dafür eintraten, daß alle Menschen Franziskus nacheifern sollten, wurden 1317 als Häretiker verboten. Aus einer Reformbewegung unter den Konventualen gingen im Jahre 1528 die Kapuziner hervor, die dadurch auffallen, daß sie sich ihre Bärte wachsen lassen.

Wenige Personen beeinflußten die Geschichte des Christentums so stark wie Franziskus. Die

Menschen schätzten die normalen Mönche weniger hoch als die Bettelmönche, die unter ihnen lebten, und die alten Mönchsorden hatten weniger Zulauf als zuvor. Dabei gab es bald kaum noch einen Unterschied zwischen den alten und den neuen Orden, denn auch die Bettelmönche wurden zu organisierten Gruppen von Männern, die in einem Haus zusammenlebten. So bezeichnete sich Martin Luther, obwohl er einem der ursprünglichen Bettelorden angehörte, schlicht als Mönch.

Franziskus predigte über viele Bibelverse und dachte viel über das Leben Jesu nach. Er brachte Jesus den Menschen auf eine neue Weise nahe und ermöglichte ihnen, die direkte Nachfolge Christi als eine mögliche Lebensform zu erkennen. Diese Welle des Idealismus ließ die Unzufriedenheit mit den Zuständen in der Kirche noch wachsen.

Die Protestanten hielten später wenig von den Idealen des Franziskus und wollten die Bettler loswerden, die das Stadtbild verschandelten. Zwar akzeptierten sie die Pflicht zum Almosengeben, doch sie wollten nicht zulassen, daß auch körperlich gesunde Männer sich ihren Lebensunterhalt mit Betteln verdienten. Sie verwarfen die Idee der »heiligen Armut« und gaben das Geld lieber zum Nutzen der Menschen aus. Sie befürworteten die Vorstellung, daß die Arbeit um der Arbeit willen, als göttliche Berufung, zu tun sei, und formten daraus die sogenannte protestantische Arbeitsethik.

Zu jener Zeit gab es tatsächlich zahllose Bettelmönche, die nicht alle ihres Ordensgründers würdig waren. Noch drei Jahrhunderte nach Luther wurde Franziskus in vielen Teilen Europas geringgeschätzt. Man sah in ihm einen für die gesellschaftliche Ordnung schädlichen Fanatiker. Erst als der französische Protestant Paul Sabatier 1893 eine Biographie des Heiligen veröffentlichte, stieg er wieder im Ansehen der Menschen.

Ein Ergebnis von Franziskus' Wirken war, daß zum ersten Mal jemand eine Beschreibung des Lebens Jesu verfaßte. Zuvor hatten die Menschen angenommen, daß sein Leben in den vier Evangelien dargestellt sei und keinen Stoff für eine weitere Beschreibung biete. Das *Leben Christi* des Ludolf von Sachsen, eines Kartäusermönchs aus Straßburg, der 1378 starb, war eine lange und gut geschriebene Meditation mit einigen Geschichten aus frühen apokryphen Evangelien, realistischen Beschreibungen der Landschaft Palästinas und einem phantasievollen Porträt Jesu, seines Aussehens wie seines Verhaltens. Sein Werk war nicht unbedingt eine Biographie, es sollte den Leser vielmehr zum Gebet anleiten. Wahrscheinlich war es das meistgelesene Buch über das Leben Christi. Die Kartäuser lasen es noch im 18. Jahrhundert während der Mahlzeiten vor. Die Protestanten benutzten Auszüge daraus, und Ignatius von Loyola, der Gründer der Jesuiten, wurde durch diese Schrift bekehrt.

Der Ausdruck »Nachfolge Christi« wurde berühmt als Titel eines um 1424 geschriebenen und ohne Verfassernamen veröffentlichten Buches. Eigentlich bestand es aus vier Traktaten, in denen es nicht nur um die Nachfolge geht. Der Titel bezieht sich eigentlich nur auf den ersten Teil des Buches.

Der Autor war höchstwahrscheinlich Thomas von Kempen (gest. 1471) aus der Stadt Kempen bei Krefeld. Thomas lebte als Mönch sehr zurückgezogen. Er war früh ins Kloster eingetreten, hatte sich in der Verwaltung der Gemeinschaft als unbrauchbar erwiesen und kannte die Welt außerhalb der Klostermauern kaum. Dennoch beweist er als Schriftsteller eine tiefe Kenntnis der menschlichen Seele. Einige Forscher vertreten die Meinung, Ludolf selbst, Bernhard von Clairvaux oder Gerson, der berühmte Pariser Professor, müßten das Werk geschrieben haben, aber alles weist darauf hin, daß dieser ansonsten völlig unauffällige Thomas der Autor war.

Neben seinem Einfühlungsvermögen hatte er auch ein Gespür für guten Stil, und seine Prosa ist sehr rhythmisch aufgebaut. Er hielt wenig von den Gelehrten, die das Denken seiner Zeit bestimmten: »Sage mir: Wo sind jetzt all die Professoren, die so bekannt waren, als sie noch lebten und forschten? Andere haben ihren Platz eingenommen, und ich glaube kaum, daß sie überhaupt noch an jene denken.« Die Behauptung der Mystiker, daß »Gott in allen Dingen« sei, interessierte ihn ebenso wenig wie der entgegengesetzte Ansatz, Gott sei so groß, daß jeder Versuch, ihn zu beschreiben, sinnlos werde. Thomas gehörte keiner Schulrichtung an; er war er selbst, schlicht, ungekünstelt und klar. Das Buch ist ein einzigartiger Führer durch die Eitelkeiten der Welt hin zum Frieden des Herzens.

Fra Angelico wurde auf den Namen Guido di Pietro getauft. Sonst wissen wir nichts von ihm, bis er im Jahre 1423 in den Aufzeichnungen eines Dominikanerklosters in Fiesole bei Florenz

Die Verkündigung, Fresko des Fra Angelico in einer Zelle des Dominikanerklosters San Marco in Florenz. Neben zwei oder drei anderen Darstellungen hat besonders dieses Bild dazu beigetragen, daß neben den Katholiken mit ihrer Verehrung auch viele Protestanten der Jungfrau Maria große Zuneigung entgegenbringen.

auftaucht und dort schon als »Maler« bezeichnet wird. Er selbst nannte sich Bruder Giovanni, der Beiname »Angelico« ist erst etwa dreißig Jahre nach seinem Tod bezeugt. Zu den Regeln des Dominikanerordens gehörte es, daß jede Mönchszelle mit einem Bild ausgeschmückt sein mußte. Fra Angelico bemalte die Zellen seines Konvents San Marco in Florenz und fertigte ein Kruzifix für das Kapitelhaus, später arbeitete er in Rom, wo er auch starb.

Seine Darstellung der Verkündigung, in der ein Engel der Maria mitteilt, daß sie den Retter gebären werde, ist eines der bekanntesten Bilder der Welt. Es hat die Nachwelt mit seiner Darstellung von Hingabe, Bescheidenheit und Demut stark beeindruckt, Tugenden, die normalerweise auf Wandgemälden nicht zu sehen sind. Ihm ist es vor allem zu verdanken, daß viele Protestanten weiterhin an der Jungfrau Maria hingen, obwohl die protestantischen Theologen ihren Kult als Aberglauben verworfen hatten. Giorgio Vasari, der Historiker der Renaissance-Malerei, beschrieb Fra Angelico als einen Maler, dessen Kunst seinem Glauben entsprang, der weinte, während er die Kreuzigungsszene malte, immer ein Gebet sprach, wenn er zum Pinsel griff, und zu sagen pflegte, daß er, der die Taten Christi darstelle, bei Christus sein müsse.

Mystiker

Die alte mystische Tradition – Platon, Paulus, die ägyptischen Eremiten, Augustinus, Dionysios Areopagita – erlebte eine neue Blüte. Wir müssen uns das so vorstellen: Ein Mann des Gebets zieht sich in die Wälder zurück, wo ihn nichts stört als Jagdhörner und die in der Nähe wohnenden Mönche, die ihn als Anarchisten beschimpfen. Er verbringt Stunden im Wald, lauscht in sich hinein und versucht, in seinem Innern einen göttlichen Funken zu finden. Auch die Dinge der Schöpfung, die Gott geschaffen hat und in denen er lebt, betrachtet er mit Hingabe. Ein paar Schüler sammeln sich um ihn, um seinen Frieden zu teilen und zu stören; Pilger rauben ihm seine Ruhe. Die Zensoren entdecken seine Werke und bekommen einen Schreck, wühlen in seinen Sätzen, kritisieren Wörter wie »Ekstase« oder seine fiktiven Unterhaltungen mit Jesus. Kirchenbeamte verfassen lange Listen, in denen sie die Irrtümer dieses neuen Schrifttums aufzählen und sich gegen Konzepte wie den »Gott im Dunkel« oder die »Wolke des Nichtwissens« wenden,

VIRGINIS INTACTE CVM VENERIS ANTE FIGVRAM PRETEREVNDO CAVE NE SILEATVR AVE

Eine Darstellung der Bekehrung des Paulus aus dem Jahr 1420. Paulus, der Sporen trägt und wie ein spätmittelalterlicher Ritter (mit modischem Hut) gekleidet ist, wird vom Pferd geworfen (das ebenso überrascht wirkt wie er). Der Herr spricht: »Saulus, Saulus, warum verfolgst du mich? Ich bin Jesus …« Es handelt sich um ein Altarbild aus der Lambertikirche in Hildesheim, das nach der Reformation abgenommen wurde und jetzt in der Niedersächsischen Landesgalerie Hannover ausgestellt ist. Interessant ist ein Vergleich mit den Gottesvisionen des Augustinus (S. 62) und der Theresa (S. 223).

wie der Buchtitel eines unbekannten englischen Mystikers lautete.

Die Zensoren mochten kritisieren und verurteilen, aber stoppen konnten sie diese Bewegung nicht. Der Mystiker Heinrich Seuse wurde von seinem Lehrstuhl verdrängt und mußte in einer Pfarrgemeinde in Ulm arbeiten, wo er 1366 starb. Dennoch war Seuses Textsammlung *Das Büchlein der Ewigen Weisheit* eines der meistbenutzten Gebetbücher des Spätmittelalters. Wir kennen Seuses innerste Gedanken nur, weil eine Nonne, eine treue Schülerin von ihm, seine Briefe aufbewahrte und die Gespräche mit ihm niederschrieb.

Damals entwickelte sich auch eine neue Schicht gebildeter Frauen, die ihre selbstgewonnenen Einsichten mit anderen teilen wollten und Bücher darüber schrieben. In Deutschland gab es eine charismatische Bewegung ekstatischer Nonnen, die mystische Visionen hatten. Es wurde überliefert, weil in den von Nonnen geführten Schulen eine neue Generation von des Lesens und Schreibens kundigen Frauen heranwuchs. Hildegard von Bingen, die im Jahre 1098 geboren wurde, zog sich schon als Neunjährige in die Einsamkeit zurück und hatte von Jugend an Visionen. Sie trat einem Benediktinerinnenkonvent bei, dessen Oberin sie schließlich wurde, kannte sich in den Werken der Kirchenväter gut aus und wurde von Königen und Päpsten um Rat gebeten. Alle ihre Visionen, die sie als Offenbarungen Gottes betrachtete, schrieb sie nieder. Darunter gab es auch einige, die nicht religiös im engeren Sinne waren – vor allem Ratschläge auf dem Gebiet der Medizin oder der Naturwissenschaften –, so daß Hildegard als eine Vorläuferin der deutschen naturwissenschaftlichen Forschung Ansehen erlangte.

Hier kam in der Kirche ein neues Gewicht zum Tragen, das seit den Tagen der Märtyrer gefehlt hatte, wenn man von einigen keltischen Frauen wie der heiligen Brigida und einigen Königinnen wie Justinians einflußreicher Gattin Theodora absieht. Jetzt gewannen die Frauen wieder einen bemerkenswerten Einfluß auf die Kirche. Eine schrieb ihre Visionen in gutem Latein nieder, eine andere in schönen Versen, eine dritte nahm die Versorgung der Aussätzigen in die Hand, eine vierte bekam Ärger, weil sie so hart über die miserablen Zustände bei den Priestern und Mönchen in Deutschland urteilte.

Diese neuen schreibenden Frauen lebten durchaus nicht weltabgeschieden. Die Zisterzienserin Mechthild von Hackeborn, die im Jahre 1299 starb, meditierte über das Herz Jesu, schrieb zahlreiche sogenannte Herz-Jesu-Gebete und begründete damit eine neue Fom des innigen Gebets an Jesus, die später einen großen Raum in der katholischen Frömmigkeit einnehmen sollte.

Allerdings wurde diese Gebetsform lange Zeit nur im privaten Bereich praktiziert und fand erst im 17. Jahrhundert Eingang in die allgemeine katholische Liturgie. In ihren Glaubensvisionen verwendeten die Frauen solche Worte der Liebe und der Verzückung, an die jene Männer, die sich zuvor mit Gebeten befaßt hatten, gar nicht zu denken wagten.

Die Ermordung Thomas Beckets im Jahr 1170 in einer Seitenkapelle der Kathedrale von Canterbury, ausgeführt von vier Rittern, die damit dem Wunsch König Heinrichs II. zu entsprechen glaubten. Die Schrift ist im Vergleich zu den früheren Unzialen sehr unregelmäßig. Der Text stammt aus dem Werk des Johannes von Salisbury, der Zeuge des Mordes war.

Die Dauer des Mittelalters

Warum diese christliche Gesellschaft zwischen 1350 und 1550 zerbrach, ist kaum zu erklären. Die Situation war anders als in der heidnischen Welt, wo beim Niedergang Roms der Glaube an die kraftlosen alten Götter verloren ging. 1550 stand Europa für den außenstehenden Betrachter genauso unter christlicher Herrschaft wie 1350. Die osmanischen Türken hatten die Balkanhalbinsel erobert und einige Regionen – Südbulgarien, Albanien, Bosnien – zum Islam bekehrt, aber im Gegenzug hatte Spanien die letzte islamische Macht aus Westeuropa verdrängt, über Portugal öffneten sich der christlichen Mission in Amerika und im Osten riesige neue Gebiete. Der Glaube der Menschen, ihr Kirchgang, ihre Jenseitserwartung, ihr erklärter Wunsch, dem Nächsten Gutes zu tun, das alles war genauso stark wie zuvor. Eben diese Glaubensstärke jedoch war auch der wichtigste Grund für den kommenden Wandel. Viele Menschen waren voller Ideale und gerade deshalb unzufrieden mit der Gesellschaft, in der sie lebten.

Die zunehmende Zersplitterung der Kirchen dagegen hat wohl nur wenig zu dieser Unzufriedenheit beigetragen. Seit den Tagen des Paulus hatten die Kirchen immer wieder bewiesen, daß auch sie nicht außerhalb der in der menschlichen Gesellschaft geltenden Gesetze standen. Die Kirchen spalteten sich aus denselben Gründen wie politische Gebilde: weil sich in Prinzipienfragen verschiedene Meinungen entwickelten oder weil sie eine Regierung so sehr verabscheuten, daß sie sich ihr nicht mehr unterordnen wollten, oder weil sie glaubten, daß ihre Anführer sich unmoralisch verhielten.

Im Römischen Reich hatte man versucht, aus allen Christen eine einheitliche Kirche zu formen, und das Ergebnis war, daß die großen außerhalb der Reichsgrenzen entstandenen Kirchen den Primat der römischen Kirche oder die Befehle des Patriarchen von Konstantinopel nicht anerkannten.

Viele Menschen waren mit dem Klerus unzufrieden. Das war zwar an sich nichts Neues, aber jetzt gab es Laien, die von der Kirche eine gute Ausbildung erhalten hatten und ihre Unzufriedenheit zum Ausdruck bringen konnten. In Geoffrey Chaucers *Canterbury Tales* finden sich kleine Porträts verschiedener Geistlicher und Nonnen. Chaucer (gest. 1400) war Diplomat und traf als solcher mit den verschiedensten Menschentypen zusammen. Sein Ritter und sein »armer Landpfarrer« sind wirklich gute Menschen. Doch viele seiner Pilger auf dem Weg zum Grab des heiligen

Das Benediktinerkloster Monreale oberhalb von Palermo. Der normannische König Wilhelm von Sizilien ließ es im Jahre 1174 erbauen. Außergewöhnlich sind die arabischen und griechischen Einflüsse. Die Kapitelle sind über und über mit wilden Tieren, Vögeln und Schlangen verziert.

Ein französischer Chor singt eine Motette. Dabei schauen alle Sänger gemeinsam auf ein großes Notenblatt. Darstellung aus der Zeit um 1500.

Eine sehr ungewöhnliche romanische Darstellung der Himmelfahrt; Relief aus dem nordspanischen Kloster Silos. Siehe dazu S. 49.

Thomas Becket in Canterbury amüsieren sich mit schmutzigen Witzen und Ehebruch oder sind geldgierige Geizhälse, so daß einige moderne Leser fälschlich von seiner antiklerikalen oder sogar antichristlichen Einstellung gesprochen haben. Der Moral seines Büttels und seines Ablaßhändlers, die Ablässe für die Kirche verkaufen und das Geld dann in die eigene Tasche stecken, läßt sich wohl kaum irgend etwas Positives abgewinnen. Chaucer kann sehr witzig sein, und er macht sich über die Scheinheiligkeit der Kleriker lustig, aber er ist immer noch ein Mensch des Mittelalters, was man nicht zuletzt daran sieht, daß eine Pilgerfahrt zum Grab und den Reliquien eines Heiligen den Rahmen seines Werkes bildet.

Der Gegensatz zwischen dem, was die Geistlichen sonntags von der Kanzel herab predigten, und dem, was sie unter der Woche taten, wurde jetzt von fähigen Autoren mit spitzer Feder aufgespießt und von mehr Augen gelesen.

Das nächste Warnzeichen war das immer stärker verfallende Ansehen der Mönche. Nur wenige Novizen wollten noch in die Häuser der alten Orden eintreten. Große Abteien, errichtet für ein- oder zweihundert Mönche, beherbergten nur noch eine Handvoll von ihnen. Ein Grund dafür war, daß Klöster trotz der Fürsorge für die Alten und Kranken mehr und mehr einfach als ein angenehmer Wohnort für Menschen angesehen wurden, die sich eine schöne Zeit in einer angenehmen Umgebung machten und gern ohne Familie lebten.

Zum ersten Mal bestand die Gefahr, daß sich Staaten, die knapp bei Kasse waren – und Staaten sind immer knapp bei Kasse – an den Schätzen der Klöster vergreifen würden, weil sie jetzt keinen Aufschrei des Volkes und keine Anklage wegen Kirchenraubes mehr befürchten mußten. Der Staat hatte nicht das Recht, die Klöster direkt zu besteuern, aber dennoch war es ihm immer gelungen, ihnen Geld abzupressen. Im Jahre 1312 erzwang der französische König die Aufhebung eines ganzen Ordens, weil er dessen Geld konfiszieren wollte. Der Templerorden, die »Arme Ritterschaft Christi vom Salomonischen Tempel«, war einer der während der Kreuzzüge gegründeten Orden, die sich den Kampf gegen die Muslime in Jerusalem zur Aufgabe gemacht hatten. Bernhard von Clairvaux hatte ihnen zu großem Ruhm verholfen; sie schlugen sich tapfer im Heiligen Land und erhielten deshalb Geschenke und hohe Geldsummen, vor allem in Frankreich, denn ihre Zentrale befand sich in Paris. Die Templer wurden zu einer europäischen Macht und verliehen ihr Geld an die Könige; der Pariser Tempel war die wichtigste Bank Europas.

1307 beschloß der beinahe bankrotte König Philipp IV. von Frankreich, ihnen ihr gesamtes Geld zu nehmen. Er konnte es allerdings nicht wie später Lenin bei der Enteignung der russischen Kirche machen und das Geld einfach per Dekret beschlagnahmen. Das französische Volk mußte in dem Glauben gewiegt werden, daß hier alles mit rechten Dingen zuging. Also wurden Geschichten in Umlauf gesetzt, nach denen die Templer geheime Rituale hatten, in denen sie auf das Kruzifix spuckten und den Teufel in Gestalt einer schwarzen Katze anbeteten. Man trieb einen abtrünnigen Templer auf, der seinen ehemaligen Ordensbrüdern ein schändliches Verhalten vorwarf. Alle Mitglieder wurden verhaftet, und Prediger prangerten ihre abscheuliche Lebensweise öffentlich an. Unter der Folter wurden ihnen Beweise abgepreßt – sechsunddreißig von ihnen starben dabei. 1312 wurde Papst Clemens V., ein Franzose, mit Drohungen dazu gebracht, den Orden aufzulösen und sein Geld dem Johanniterorden zu übertragen. Mehrere Templer, darunter der letzte Großmeister, wurden als Häretiker verbrannt, und natürlich bekamen nicht die Johanniter, sondern der französische König den Löwenanteil der Beute.

Einen solchen Akt der Tyrannei, ersonnen von einem christlichen Herrscher, hatte die Christenheit noch nicht gesehen. Er war eine Art böses Vorzeichen, weil es sich hier nicht um einen im Niedergang begriffenen Orden handelte, wenn man die Entwicklung vom Ritter zum Bankier nicht schon als Niedergang bezeichnen will. Die Templer bewachten immer noch Burgen, die in christlicher Hand geblieben waren. Nur wenige Außenstehende wandten sich gegen den Übergriff des Königs; die Gesellschaft nahm kaum davon Notiz. Daß der Papst den Befehl gegeben hatte, reichte aus, um die Menschen an die Richtigkeit der Entscheidung glauben zu lassen. Protest kam von Dante in Norditalien: »Der neue Pilatus, grausam und gewalttätig, bricht gegen jedes Gesetz in den Tempel ein.«

Es gab unglaublich viele Priester, und nicht alle lebten zölibatär. Die Bischöfe akzeptierten Strafzahlungen von Priestern, die mit Frauen zusammen waren. Sie konnten sie sogar in ihr Haus aufnehmen, durften sie jedoch nicht heiraten. Um 1500 war die Situation unerträglich geworden. Die Ehe war geachtet, uneheliches Zusammenleben nicht. Doch gerade bei den Menschen, denen die Kirche es anvertraut

Der Papstpalast in Avignon, das damals an der Grenze zum Königreich Frankreich lag. Die Päpste lebten hier von 1309 bis 1377, weil Rom zu unsicher geworden war. Auch Avignon mußte befestigt werden.

Der Sturz eines Papstes; die vier Steine symbolisieren die vier Evangelien. Der Papst fällt auf eine Frau, die den Namen »Heuchelei« trägt. Das Bild stammt von Girolamo da Treviso, einem venezianischen Maler, der als Ingenieur in Diensten Heinrichs VIII. nach England kam und auf seiten der englischen Armee bei der Belagerung von Boulogne getötet wurde.

hatte, diese Lehre zu verbreiten, drückte sie ein Auge zu. Ein unhaltbarer Zustand.

Obwohl der Papst auch Bischof von Rom war und Bischöfe eigentlich an ihrem Amtssitz wohnen sollten, war dies aus politischen Gründen manchmal nicht möglich. Eine Zeitlang lebten die Päpste lieber in anderen italienischen Städten oder sogar in Lyon. Später zog es sie in die kleine Stadt Avignon am Ufer der Rhône, den Ort mit der berühmtesten Brücke Europas. In der kleinen Grafschaft Venaissin in der Provence hatte sich die Sekte der Albigenser ausgebreitet, die eine vom Manichäismus beeinflußte Form des Christentums predigten. Als französische »Kreuzritter« diese Häretiker mit dem Schwert bekämpften, besetzten sie das Gebiet im Namen des Papstes. König Philipp III. von Frankreich übertrug es dem Papsttum, in dessen Besitz es bis zur Französischen Revolution blieb. Avignon lag an der Gebietsgrenze. Kurze Zeit später kaufte der Papst die Stadt und verleibte sie der Grafschaft Venaissin ein. Noch heute ist der Papstpalast der beherrschende Gebäudekomplex, und auch die massive Stadtbefestigung mit ihren Zinnen wurde von den Päpsten gebaut.

Während in Italien Anarchie herrschte, zogen es die Päpste von 1309 an für beinahe siebzig Jahre vor, hier statt in Rom zu leben. Eine so lange Abwesenheit von seinem Bischofssitz machte den Papst zu einem stärker international agierenden Amtsträger, er war nicht mehr nur Hirte seiner italienischen Gläubigen, sondern vielmehr Hirte aller europäischen Christen. International hieß allerdings nicht unbedingt unparteiisch, und so fürchteten die Engländer, Deutschen und Spanier, daß ein Papst, der in Frankreich und unter französischem Einfluß lebte, in seinem Umgang mit den Nationen voreingenommen sein könnte. Im Rom stand der Petersdom, Rom war das Ziel der Pilgerfahrten, niemand vergaß, daß dieser Mann eigentlich der Bischof von Rom war, und sogar Zeitgenossen verglichen die lange Abwesenheit der Päpste mit dem babylonischen Exil der Israeliten im Alten Testament.

Die Päpste in Avignon waren keineswegs unfähig, sie hatten gute Gründe, dort zu leben, und schließlich kehrten sie aus demselben Motiv nach Rom zurück, aus dem sie es verlassen hatten – sie fühlten sich nicht mehr sicher. Der Hundertjährige Krieg gegen England hatte Frankreich ins Chaos gestürzt, und Avignon wurde von Banden marodierender Söldner bedroht. Sie konnten ihren historischen Rückhalt in Italien nur behaupten, wenn sie nach Rom zurückgingen, egal, wie unbequem das Leben dort auch sein mochte. Der Palast in Avignon sieht auch heute noch einer Festung ähnlicher als einer Wohnung.

1377 kehrte Papst Gregor XI. nach Rom zurück, starb jedoch kurz darauf, und sowohl in Avignon wie auch in Rom wurde ein Nachfolger gewählt. Der italienische Kandidat, Urban VI., war denkbar ungeeignet, der französische, Clemens VII., nur wenig besser.

Die Kardinäle und das Papsttum

Cardo ist das lateinische Wort für Türangel oder Türzapfen. Die Hauptkirchen in und um Rom waren unter dem Namen *Cardo*-Kirchen bekannt, und die Priester dieser Kirchen nannte man Kardinäle. In den ersten Jahrhunderten des Christentums wählten Klerus und Volk die Bischöfe; später wurde das Volk durch den König oder Kaiser repräsentiert. Im 11. Jahrhundert befreite sich der Papst aus der Kontrolle des Kaisers, und 1059 wurde der oberste Klerus von Rom, also die Kardinäle, zur einzigen zur Wahl des neuen Papstes bevollmächtigten Körperschaft erklärt. Etwa 120 Jahre später legte Papst Alexander III. fest, daß die Wahl mit einer Zwei-Drittel-Mehrheit der Kardinäle erfolgen muß, eine Bedingung, die bis heute in Kraft ist. Diese Regelung vergrößerte die Macht des Kardinalsamtes. Gelegentlich konnte niemand zwei Drittel aller Stimmen auf sich vereinigen, so daß der Papststuhl zum Beispiel zwischen 1268 und 1271 drei Jahre lang vakant war und die Kardinäle letztendlich eingeschlossen wurden, um sie zu einer Einigung zu zwingen. Als sie sich schließlich, vom Hungertod bedroht, in einem verzweifelten Versuch doch noch zusammenrauften, wählten sie einen sehr fähigen Mann.

Es bestand und besteht für sie keine Verpflichtung, einen aus ihrer Mitte zum neuen Papst zu bestimmen, doch der letzte Papst, der zuvor nicht selbst Kardinal war, wurde im Jahr 1378 gewählt (und war eine schlechte Wahl), so daß sich mit der Zeit so etwas wie eine Regel herausbildete.

Da das Amt jetzt international wichtig war, schien es absurd, nur den hohen Klerus von Rom in den Kardinalsrang zu erheben, und seit dem Ende des 12. Jahrhunderts wurden auch andere Geistliche zu Kardinälen gewählt, allerdings auf dem Umweg, daß sie Titel der römischen *cardo*-Kirchen übertragen bekamen.

Doch auch durch dieses System konnten Doppelwahlen nicht vermieden werden, nachdem das Papsttum sich eine solche Machtfülle geschaffen hatte. 1046 und 1409 gab es sogar drei rivalisierende Päpste. Nach dem Großen Schisma von 1378, bei dem sich zwei Päpste gegenseitig siebenunddreißig Jahre lang mit dem Kirchenbann belegten, konnte sich die Idee einer vom Papst geführten christlichen Gesellschaft in Westeuropa nie mehr richtig durchsetzen.

In den siebziger Jahren des 14. Jahrhunderts attackierte John Wyclif (gest. 1384) in Oxford die Verdorbenheit des Papsttums. Nach Beginn des Großen Schismas verschob sich sein Angriff auf das Feld der kirchlichen Lehre: Die Päpste lehren die Unwahrheit, die bestehende Kirche ist gottlos, die Messe Götzenverehrung, Heilige, Reliquien und Bilder fördern den Aberglauben. Er übersetzte, gemeinsam mit Freunden, die Bibel aus dem Lateinischen ins Englische. Wyclif hatte eine Pfarrei in Luttherworth und starb dort in seinem Bett. Seine Anhänger, die Lollarden, wurden der Ketzerei bezichtigt. Wegen ihnen wurde 1401 die Inquisition, die bislang in England nicht bekannt war, eingeführt; viele Lollarden wurden öffentlich hingerichtet.

Daß das System der Papstwahl im Schisma versagte, ist nicht seiner Organisation an sich zuzuschreiben. Nachdem die Streitigkeiten in einer Reihe von Konzilen beigelegt worden waren, spalteten sich die Kardinäle nie wieder. Felix V., der letzte Gegenpapst, der durch eine getrennte Wahl ins Amt kam, trat 1449 zurück. Kein System arbeitet völlig problemlos, doch die Wahl durch die Kardinäle funktioniert jetzt immerhin schon seit etwa fünfhundert Jahren ohne allzu große Schwierigkeiten.

Das Papsttum hatte auch seine guten Seiten. Mit den von Pilgern gespendeten Geldern wurden die besten Künstler und Architekten gefördert.

Die Sixtinische Kapelle

Papst Sixtus IV. stammte aus einem armen Elternhaus. Er wurde Bettelmönch, bei den Franziskanern ausgebildet und später Oberhaupt des

Die Sixtinische Kapelle im Vatikan, benannt nach ihrem Erbauer Papst Sixtus IV. Hier werden die Päpste gewählt. Michelangelos Jüngstes Gericht sieht man auf der Wand hinter dem Altar, darüber die Schöpfung.

Die Vertreibung des Heliodor aus dem Tempel, Gemälde von Raffael. Heliodor wird von König Seleukos IV. gesandt, um die Tempelschätze zu rauben, doch übernatürliche Wesen treiben ihn aus dem Tempel (2 Makk. 3). Onias ist im Hintergrund betend dargestellt. Links vorn kommen Frauen, um sich dem Gebet des Onias anzuschließen. Hinter ihnen betritt Papst Julius II., der Patron des Künstlers, die Szene.

Ordens, stieg zum Kardinal auf und wurde 1471 zum Papst gewählt. Er ordnete eine Umgestaltung der päpstlichen Privatkapelle an, die heute noch nach ihm Sixtinische Kapelle genannt wird, und ließ dafür eine Gruppe von Künstlern anwerben, darunter auch Perugino und Botticelli.

Fünfundzwanzig Jahre später bekam Michelangelo den Auftrag, die Deckenmalereien auszuführen. Eigentlich wollte er diesen Auftrag gar nicht annehmen, und als er schließlich dazu gezwungen wurde, mußte er seine Bildidee erst gegen viele Widerstände durchsetzen. Seine Fresken wurden zu einem erhabenen Werk der christlichen Kunst: Sie stellen die gesamte Geschichte der Menschheit dar: von der Schöpfung und der Trennung des Lichts von der Dunkelheit und des Landes vom Meer bis zur Vertreibung Adams und Evas aus dem Paradies; vom betrunkenen Noah bis zu den alten israelitischen Propheten und den heidnischen Sibyllen. Hinzu kamen die Geschichten des Alten Testaments, die als Ankündigungen Christi besonders beliebt waren, wie Jona und der große Fisch oder David im Kampf mit dem Riesen Goliath.

Zwanzig Jahre später wurde Michelangelo noch einmal angeworben, um die Wand über dem Altar mit einer Darstellung des *Jüngsten Gerichts* zu bemalen. Er setzte einen starken, gutaussehenden Christus ins Zentrum, mit Maria direkt unter ihm an seiner Seite (was damals noch nicht üblich war), dazu Petrus, Charon, den Fährmann der toten Seelen (denn er liebte den Dichter Dante und seine Darstellung der Hölle), die Verdammten, die sich in Verzweiflung winden, Minos, den Richter der Unterwelt – das ganze alte Erbe christlicher Erzählungen und grichischer Mythologie verschmilzt zu einer einzigen riesigen harmonischen Darstellung.

Die Fresken der Kapelle waren nicht nur das Werk eines fähigen Künstlers. Hier zeigte sich ein sensibler Mensch mit einem Sinn für edle Charaktere, der sich in Männer wie Frauen einfühlen konnte und die feinen Unterschiede zwischen den Menschen in ihren Gesichtern auszudrücken vermochte, wobei er auch ekstatische oder in der Betrachtung der Wahrheit versunkene Gesichter zeichnete.

Leonardos Letztes Abendmahl

Leonardo da Vinci (1452–1519) arbeitete am Hof des Herzogs von Mailand als Ingenieur, Musiker, Dichter und Maler. Die Dominikaner,

Raffaels Porträt des Papstes Julius II., dem es gelang, den zerrütteten Kirchenstaat wieder zu stabilisieren, und der 1506 den Grundstein zum neuen Petersdom legte.

Leonardo da Vincis *Letztes Abendmahl* im Refektorium eines Dominikanerklosters in Mailand. Es bleibt trotz aller Schäden die bekannteste Darstellung der Szene.

denen das Kloster Santa Maria delle Grazie in Mailand gehörte, beauftragten Leonardo, die Wand des Refektoriums mit einem Fresko auszuschmücken. Nachdem der Prior der Dominikaner jahrelang an Leonardo herumgenörgelt hatte, weil der Maler viel Zeit verschwendete und nichts Greifbares vorweisen konnte, wandte er sich schließlich an den Herzog mit der Bitte, doch für den Fortgang der Arbeit zu sorgen.

Die Antwort Leonardos auf die Frage des Herzogs zeugt von der Wahrhaftigkeit des Künstlers und Gläubigen. Er erklärte, kreative Menschen würden gerade dann die größten Werke erschaffen, wenn sie am wenigsten arbeiteten. Sie ersännen Ideen, die sie später ausführten. Unter den dreizehn Teilnehmern am letzten Abendmahl habe er Probleme mit zwei Gesichtern: dem Gesicht Christi, weil er sich die Schönheit der Gnade nicht vorstellen könne, und dem Gesicht des Judas, weil ihn ein Mann, der sich entschließe, seinen Herrn, den Gottessohn, zu verraten, vor ein Rätsel stelle. Doch weil der Herzog ihn darum bitte, werde er aufhören, über Judas nachzudenken, und ihm das Gesicht des Priors geben, der ihn ständig kritisiert habe. Der Kopf Christi blieb unvollendet.

Leonardo benutzte nicht die Fresko-Technik, die ein schnelles Arbeiten erfordert, sondern neue, auf Ölbasis gemischte Farben, die er selbst entwickelt hatte. Das Experiment war nicht gerade erfolgreich; die Farben mußten schon nach wenigen Jahren restauriert werden. Und auch sonst wurde mit dem Werk ganz und gar nicht pfleglich umgegangen. Die Armee Napoleons benutzte den Raum als Lager, und 1943 ließen Bomben die Decke des Refektoriums einstürzen. Erstaunlicherweise jedoch wurde das Gemälde kaum in Mitleidenschaft gezogen.

So ist das *Letzte Abendmahl* heute nur noch ein schwacher Abglanz seiner selbst. Dennoch wurde es von Protestanten wie von Katholiken immer hoch geschätzt. Wenn die Protestanten

Raffaels *Madonna della Sedia*, ein Gemälde, das von Protestanten wie Katholiken gleichermaßen hoch geschätzt wird.

in ihrem Gottesdienst das Abendmahl feierten, sollten sie sich dabei an das ursprüngliche Mahl erinnern. Leonardos Darstellung des Abendmahls wurde zum verschwommenen Hintergrund der allen westlichen Christen gemeinsamen »Erinnerung« an die Ereignisse jenes Abends.

Raffaels Madonnen

Raffael (1483–1520) wurde beauftragt, zunächst eines der päpstlichen Privatgemächer im Vatikan auszuschmücken. Später kamen weitere hinzu. Er liebte es, Personengruppen, vor allem Familien, darzustellen, weil sie so menschlich wirkten. Wenn er ihnen überhaupt Heiligenscheine gab, dann waren diese ganz schwach, beinahe unsichtbar. Kritiker, die die Zartheit seiner Werke mißverstanden, nannten ihn einen reinen Illustrator.

Weil seine Bilder das Jesuskind und seine Mutter oder Johannes den Täufer so lebensecht darstellten, wurden sie ebenfalls Teil der gemeinsamen christlichen »Erinnerung«. Die Betrachter machten eine ähnliche Erfahrung wie die Besucher des Heiligen Landes: Die etwas blutleeren Figuren der Heiligen Schrift wurden plötzlich zu einem lebendigen Stück Vergangenheit. Maria und ihr Sohn stiegen aus den Wolken herab, wo sie der Legende nach in so übernatürlichem Glanz erstrahlten, daß niemand sie erkennen konnte. Jetzt wurden sie zu historischen Persönlichkeiten. Wenn die spätere Christenheit an Maria mit dem Kinde dachte, war diese Vorstellung beeinflußt von dem Bild, das wir als *Madonna della Sedia* kennen und das heute im Palazzo Pitti in Florenz hängt. Wenn man früher in Frankreich eine Frau von heiterer Schönheit beschreiben wollte, sagte man, sie sehe aus wie eine raffaelitische Madonna. Wie Leonardos *Letztes Abendmahl* waren diese Bilder auch für Protestanten von Bedeutung, obwohl sie sich oft gegen Bilder mit religiösen Themen aussprachen.

Diese Cherubim stützen sich auf eine Balustrade zu Füßen der Sixtinischen Madonna, eine besonders reizende Darstellung kleiner Kinder im Reich Gottes. Das Gemälde Raffaels befindet sich heute in der Dresdener Gemäldegalerie.

KAPITEL FÜNF

Die Neue Welt und die Reformen der Kirche

Amerika

In den neunziger Jahren des 15. Jahrhunderts eröffneten sich neue Welten: Kolumbus landete auf den Inseln vor Mittelamerika, Vasco da Gama umsegelte das Kap der Guten Hoffnung. Spanien und Portugal beanspruchten das Recht, Kolonialreiche zu gründen, und wandten sich an den Borgia-Papst Alexander VI., der die neuen Länder zunächst zwischen beiden Staaten aufteilte. Nachdem Spanien und Portugal seinen Beschluß noch einmal überarbeitet hatten, bekam Spanien schließlich im Vertrag von Tordesillas (1494) ganz Amerika mit Ausnahme Brasiliens, Portugal den gesamten Fernen Osten, jedoch ohne die Philippinen und Japan, zugesprochen. Die so entstandenen neuen Kirchengebiete wurden den spanischen und portugiesischen Königen unterstellt, die sich verpflichteten, die Ureinwohner aller von ihnen gegründeten Kolonien zu bekehren.

Protestantische Propaganda gegen den Borgia-Papst Alexander VI.

Die Spanier hatten gerade erst ihr Land endgültig von den Mauren zurückerobert (Granada war 1492 gefallen) und waren noch voller Kreuzzugsbegeisterung. Sie wollten die Bewohner der Küsten Amerikas, an denen sie landeten, gewaltsam bekehren. Die Schwarze Madonna des spanischen Klosters Montserrat, die Schutzheilige des Kampfes gegen die Muslime, war auch die Schutzherrin der amerikanischen Eroberungen. Viele Orte in Amerika, darunter auch die chilenische Hauptstadt, wurden nach dem Schutzheiligen Spaniens, dem heiligen Jakob (Sant' Iago), benannt, dessen Gebeine im Heiligengrab von Santiago di Compostela bestattet liegen. Kolumbus übernahm bei seiner Ankunft auf den Bahamas nicht den einheimischen Namen der Insel, sondern nannte sie einfach San Salvador, die Insel des Erlösers.

Natürlich gab es unter den Konquistadoren einige ungläubige – und auch manche gläubige – Rohlinge, doch die meisten Entdecker waren ganz normale Menschen, die Arbeit und ihr Auskommen suchten. Nur ganz wenige waren Idealisten im besten Sinn.

Über Pizarro, den Eroberer Perus, gibt es beispielsweise kaum etwas Gutes zu sagen; sogar seine eigenen Männer scherzten, er sei von einer Sau gesäugt worden. Cortés, der Mexiko einnahm, beichtete unter Tränen, betete oft und predigte gut. Er trug eine Goldkette mit Bildern der Jungfrau Maria auf der einen und Johannes des Täufers auf der anderen Seite, verlor nie die Geduld und konnte etwas Latein – er war ein ganz anderer Mensch als Pizarro. Doch trotz seiner Tränen hatte er kein schlechtes Gewissen, wenn es um die Ermordung der Eingeborenen ging, vom Glücksspiel und Frauengeschichten ganz zu schweigen. Doch zu Gewalttaten kam es nicht nur zwischen den Konquistadoren und den Indianern, sondern auch unter den Europäern selbst. Sie entdeckten beispielsweise ein Gefäß mit Gold, das der

Die Jungfrau von Guadalupe, einem Ort außerhalb von Mexiko-Stadt. Die erste Vision in diesem heute bedeutendsten Wallfahrtsort in Lateinamerika fand 1531 statt.

Sage nach nur der Stärkste ohne Furcht vor Vergeltung behalten durfte; also töteten sie sich gegenseitig, um es für sich zu gewinnen.

Die Missionare verfügten weder über genügend Menschen noch über die Mittel, um die Indianer zu bekehren. Sie hielten die Eingeborenen für Wilde und ihre Götter für Götzen. Fast alle Indianer glaubten an einen Schöpfergott, doch die Europäer behandelten die Mayas, Azteken und Inkas trotz ihrer hohen Kultur wie die primitiven Völker, denen sie zuvor begegnet waren. Sie stießen auf Menschenopfer und Kannibalismus und waren deshalb überzeugt, daß sie nur von Kannibalen umgeben waren.

Die Bedingungen für die Verbreitung des christlichen Glaubens waren ungünstiger als bei der Bekehrung der germanischen und slawischen Stämme im frühen Mittelalter oder der vielen afrikanischen Völker im 19. und 20. Jahrhundert, obwohl sich vieles ähnelte: Ein Volk, das lesen konnte, stieß auf ein Volk von Analphabeten; ein Volk mit fortschrittlichen Gesetzen, Häusern und Landwirtschaft traf auf ein Volk, das lernen wollte. Wir können im Zuge der Bekehrung der einzelnen Völker von einer Hellenisierung, Germanisierung oder Afrikanisierung des christlichen Glaubens sprechen, kaum jedoch von einer Indianisierung.

In der ersten Zeit gab es keine europäischen Frauen in Amerika, da die Überfahrt und die Anstrengungen der Besiedlung als zu gefährlich galten, und so wurden bald Mischlingskinder, Mestizen, geboren. Später zogen viele spanische Familien in die Kolonien, aber dennoch brauchte man in den Siedlungen die Hilfe »zivilisierter« Indianer und indianische Frauen als Ehefrauen oder Geliebte der weißen Siedler. Da es in der kolonialen Gesellschaft wesentlich mehr Männer als Frauen gab, tolerierte sie auch, daß Männer nicht nur mit ihren Ehefrauen, sondern statt dessen auch mit anderen Frauen Kinder zeugten. Immerhin wurden diese Kinder, anders als in Europa, nicht verachtet, weil sie unehelich geboren waren, während andererseits ein Europäer, der eine nichteuropäische Frau heiratete, an Achtung verlor. Einige Indianerstämme hatten schon immer Polygamie praktiziert, und diese Praxis verbreitete sich auch unter den Spaniern. Priester wußten manchmal nicht, wie sie reagieren sollten, wenn ein spanisches Gemeindemitglied ganz offen in Begleitung mehrerer Frauen in der Kirche erschien.

Solche Bräuche halten sich oft sehr lange: 1958 gaben die Vereinten Nationen eine Liste von Staaten heraus, in denen besonders viele Kinder unehelich geboren werden. Unter den ersten neunzehn fanden sich achtzehn lateinamerikanische Staaten; Panama stand mit siebzig Prozent der Kinder an der Spitze. Die Armen hielten eine rechtmäßige Heirat offenbar immer noch für einen Luxus der Reichen.

Die meisten frühen Missionare gehörten religiösen Orden an, vor allem den Franziskanern und Jesuiten; um 1600 gab es fünfeinhalbtausend europäische Mönche in Lateinamerika. Die Geistlichen waren zunächst davon ausgegangen, daß sie die Kolonien in christliche Länder nach spanischem Muster verwandeln könnten, mit Kruzifixen am Wegesrand, die auch den Menschen auf den Straßen den Glauben immer wieder in Erinnerung riefen, und mit Kathedralen in den neuen Städten. Sie bestanden darauf, daß die Indianer in Betten schliefen, an Tischen aßen, »ordentlich« gekleidet in die Kirche kamen und in ihren Hütten keine Tiere hielten. Sie versuchten durchzusetzen, daß sie nur einmal, in der Kirche, heirateten, und setzten sich mit Bruderschaften, wohltätigen Einrichtungen, Krankenhäusern, Altenheimen und Arbeitshäusern sehr für sie ein.

Am Ende der Kolonialzeit gehörte fast jeder lateinamerikanische Mann einer Bruderschaft an und wies sich damit als Christ aus. Diese Vereinigungen verwendeten ihre Beiträge für wohltätige Zwecke und die Bestattung ihrer Mitglieder; sie schmückten Altäre, bauten Kirchen und förderten die Verehrung ihres Schutzheiligen. Zwar gab es durchaus ein Klassensystem mit unterschiedlichen Bruderschaften für Spanier, Schwarze, Indianer und Mestizen, aber dennoch öffneten diese Gemeinschaften den Farbigen einen Weg aus der Unterdrückung.

Die katholische Kirche hatte die soziale Welt des Arbeiters fest im Griff. Sie verwaltete sein Geld, vermittelte bei Rechtsstreitigkeiten, erzog die Kinder, verheiratete Ehepaare, bestattete die Toten, gab Amulette aus, segnete Straßen, versuchte sie passierbar zu machen und verlangte Gebühren. Doch sie sorgte auch für sein Wohlergehen, war Teil seiner Vorsorge für Krankheit und Alter und gab ihm ein gewisses Gefühl von Freiheit.

Die Spanier und Portugiesen beschäftigten sich mit den indianischen Sprachen, sie verfaßten Wörterbücher und Grammatiken. Sie schrie-

ben Katechismen und übersetzten Teile der Bibel, obwohl das nicht von allen begrüßt wurde. Die Übersetzer kämpften gegen das alte Problem an: Wenn man das Wort »Gott« mit dem Wort übersetzt, das die Quechua dafür kennen, glauben sie, der christliche Gott sei wie ihre Götter der Berge und Quellen oder sogar wie die Götter, die Menschenopfer forderten. Also verwendeten die Übersetzer für Gott und die wichtigsten christlichen Worte spanische Ausdrücke. Die Jesuiten versuchten, wie später auch in China, manche religiöse Vorstellungen in indianische Worte zu kleiden. Und sie verwendeten, wie auch einige andere Missionare, Azteken- oder Andenmusik und die traditionellen Tänze, errichteten Heiligtümer eines christlichen Heiligen über den alten Kultstätten der Geister oder erlaubten den Menschen, in der rituellen Kleidung ihres früheren Glaubens in den Gottesdienst zu kommen.

Diese Offenheit hatte enorme Auswirkungen auf die Bekehrung der Indianer. Indianische Versionen des Glaubens entstanden, die nicht als unchristlich bezeichnet werden konnten und dennoch viele religiöse Vorstellungen der Inkas und Azteken beibehielten. 1653 schrieb ein Priester der Diözese Oaxaca in einem Brief an seinen Bischof, daß seine Gemeinde auch die Priester ihrer früheren Religion zu Rate ziehe, um gute und schlechte Tage zu bestimmen, daß sie ihre alten Standbilder besuche und Riten des alten Glaubens vollziehe. Diese neuen Katholiken empfanden keinen Widerspruch zwischen den Elementen des alten und des neuen Glaubens, doch sie zogen es vor, die Amtsträger des neuen Glaubens über ihre Aktivitäten im dunkeln zu lassen, denn sie fürchteten, Probleme zu bekommen. Sie gaben ihren alten Göttern die Namen von Heiligen und machten aus den Kultstätten Stätten der Heiligenverehrung. Einerseits empfingen sie wirklich das Evangelium Jesu, andererseits tradierten sie unter dem Schutz der Kirche viele Elemente ihres alten Glaubens. Der alte Ritualtanz zum Beispiel wurde nun ein Tanz zum Ruhme Gottes vor dem Altar.

Gelegentliche Razzien der Machthaber erbrachten unglaubliche Beweise für die Zählebigkeit des alten Glaubens. Fast ein Jahrhundert nach der Christianisierung Perus wurden bei einer Razzia 20 893 Indianer entdeckt, die sich angeblich mit »Götzenanbetung« beschäftigten und gezwungen wurden, diese aufzugeben; 1618 heidnische Priester wurden verhaftet, 1768 große und 7288 kleine Götzen und 1365 Mumien verbrannt; weiterhin wurden »die vierzig schlimmsten Zauberer« in einem Haus eingeschlossen und bekamen christlichen Unterricht.

Die Geistlichen glaubten an die durch den Ritus der Taufe vermittelte Gnade und tauften deshalb Tausende von Indianern, ohne sie vor der Zeremonie im christlichen Glauben unterwiesen zu haben. Da es in vielen indianischen Kulten Beichtrituale gab, konnten sie die Indianer ohne große Mühe zur Beichte überreden. Allerdings brauchte man dabei einen Übersetzer, und durch den Dritten ging der geheime Charakter der Beichte verloren. Die Heilige

Eine volkstümliche peruanische Figur des heiligen Isidor, aufgestellt an einem Erntedankfest.

Kommunion wurde in Europa selten und in Amerika noch seltener gefeiert; sie sollte eher die Tugend belohnen als Sündern helfen.

Es gab keine Häresie oder Kirchenkritik, alles geschah, wie die Geistlichen es wollten: Es gab farbenprächtige Prozessionen, (einige sehr schöne) Kirchen, blühende Bruderschaften, Institutionen, die die wohltätigen Einrichtungen wie Kranken- und Armenhäuser verwalteten, und es gab den Ablaßhandel. Äußerlich wirkten die Menschen wie gläubige Christen, doch im Innern bewahrten sie sich viele alte indianische Glaubensformen. In den entlegenen Bergregionen Perus oder Boliviens lebten die Dorfbewohner oder Stämme weiter wie zuvor, nur daß alle paar Monate ein Priester vorbeikam, um Kinder zu taufen; das änderte jedoch nichts an den Lebens- und Denkweisen der Menschen.

Eine Madonna der Inkas aus dem Jahre 1680.

Die Inquisition wurde ab 1569 aus Spanien übernommen, um sicherzustellen, daß es keine Abweichungen von der offiziellen Lehrmeinung der Kirche gab. Im portugiesischen Brasilien war sie weniger gut strukturiert als in den anderen lateinamerikanischen Ländern. Kirchenbeamte durchsuchten zum Beispiel Schiffe in den Häfen nach verbotenen Büchern. Daß es nur wenige Konfliktfälle gab, zeigt die geringe Zahl von Menschen, die in den spanischen Kolonien in Amerika verbrannt wurden: einige wenige hundert im Vergleich zu tausenden im Mutterland. Doch die Gerichte wurden auch zu politischen Zwecken mißbraucht, beispielsweise in Peru, wo sie gegen die Widersacher des Vizekönigs eingesetzt wurden.

Die Frauen, die schon früh als Nonnen ins Land kamen, bauten Schulen auf und lehrten den Katechismus. Die großen Frauenorden bekamen die Erlaubnis, in Amerika Klöster zu gründen. Einerseits hatten sie gewöhnlich indianische Frauen als Dienerinnen und Angestellte, erlaubten ihnen aber nicht, Vollmitglieder des Ordens zu werden. Andererseits taten sie viel für die Frauen aus der Umgebung, wenn diese krank wurden oder mit ihren Familien Probleme hatten. Mitte des 17. Jahrhunderts gab es einige wenige Klöster mit Nonnen unterschiedlicher Hautfarbe.

Die Barockkirchen Lateinamerikas waren oft prachtvoll ausgeschmückt, und ihre kunstvoll gearbeiteten Fassaden ließen fast die Roheit der unkultivierten neuen Städte vergessen. Die ab 1573 erbaute Kathedrale von Mexiko-Stadt ähnelt durchaus vielen Kirchen in Europa. Der Kontinent *wirkte* also wunderbar christlich.

In dieser Welt hielten es sogar Banditen für angebracht, einen Rosenkranz zu tragen, knieten auf der Straße beim Ertönen des Angelusgeläuts nieder und wünschten sich die Anwesenheit eines Priesters in ihrer Sterbestunde. Bilder von Folterqualen, das Blut am Kreuz oder der Tod eines Märtyrers bewegten die Indianer noch stärker als die Spanier. Ihre Marienheiligtümer, darunter das Heiligtum von Guadalupe in Mexiko, wo die Jungfrau Maria schon 1531 einem Indianer erschienen sein soll, werden nach der Grotte von Lourdes weltweit am stärksten besucht.

Da es nicht genug Menschen gab, die das Land bearbeiten konnten, wurden Afrikaner, die das heiße Klima vertrugen, als Sklaven nach Lateinamerika verschleppt. Ende des 16. Jahrhunderts transportierten die Spanier und Portugiesen große Mengen von ihnen als Land- oder Minenarbeiter in ihre Kolonien. Viele starben schon auf der Überfahrt. Dieser unmenschliche Sklavenhandel war eines der schlimmsten Verbrechen in der Geschichte der »christlichen« Nationen.

Menschen, für die die Sklaverei eine Selbstverständlichkeit war, glaubten natürlich auch, sie sei für das Fortbestehen des Staates notwendig und ihre Abschaffung würde das Chaos bedeuten. Papst Nikolaus V., aus europäischer Sicht einer der besten Päpste des 15. Jahrhunderts, der allerdings keine Ahnung von den Verhältnissen in Übersee hatte, veröffentlichte schon 1452 eine Bulle, die den Portugiesen erlaubte, Sklaven zu halten. In ganz Lateinamerika besaßen die Geistlichen und Klöster Sklaven, aber sie bemühten sich wenigstens, sie gerecht und menschlich zu behandeln und versuchten, meist vergeblich, die Landbesitzer dazu zu überreden, ihrem Beispiel zu folgen. Sie wandten sich zwar gegen illegale Methoden, Sklaven zu beschaffen, jedoch nur selten gegen die Sklaverei als solche. Die geistigen Bedürfnisse der Sklaven gerieten nicht in Vergessenheit; die Kirche bestand darauf, daß der Sonntag für die Sklaven wie für alle anderen Arbeiter auch ein Tag der Ruhe sein sollte. Die Regierungen verlangten, daß die Besitzer ihre Sklaven zum Katechismusunterricht und zum Gottesdienst schickten und dafür sorgten, daß sie kirchlich heirateten, und sie versuchten – allerdings meist vergeblich –, beim Verkauf der Sklaven die Trennung von Familien zu verhindern.

Die Geistlichen waren gespalten in der Frage, ob Menschen Sklaven sein oder Sklaven besitzen dürften. Daraus entwickelte sich der wichtigste Streit, der unter Christen ausgetragen wurde. Er führte zum Ideal der Menschenrechte, das immerhin etwas dazu beigetragen hat, die Unterdrückung in der Welt von heute zu lindern.

Wenn Beobachter die schlechte Behandlung der Indianer kritisierten, erwiderten ihnen einige Weiße, die Indianer seien gar keine richtigen Menschen. Manch ein Siedler erklärte, er könne zwischen Indianern und Tieren keinen Unterschied erkennen. Bei der sich daraus ergebenden Diskussion stellten sich zwei Fragen: Was ist der Menschheit gemeinsam, und welche Position nehmen die Christen in dieser Frage ein?

Eine Barockkirche aus der mexikanischen Kolonialzeit.

Einige Priester wandten sich schon sehr früh gegen die Sklaverei. Schon achtzehn Jahre nach Kolumbus' Ankunft bezichtigte der Dominikaner Antonio de Montesinos auf der Insel Santo Domingo eine Gemeinde von spanischen Großgrundbesitzern und Offizieren in einer Predigt der Todsünde, weil sie unschuldige Männer und Frauen versklavt hätten und sich nicht um ihr Wohlbefinden oder ihre Erziehung kümmerten: »Sind sie keine menschlichen Wesen? Haben sie keine verständigen Gemüter? Seid ihr nicht verpflichtet, sie zu lieben wie euch selbst?« Die Zuhörer waren über diese Worte von der Kanzel schockiert und schrieben an König Ferdinand von Aragon, der den Gouverneur beauftragte, die Dominikaner wieder zur Vernunft zu bringen oder sie nach Spanien zurückzuschicken.

Las Casas begleitete Kolumbus auf seiner dritten Reise und unterschied sich in seinem Denken und Verhalten zunächst nicht von anderen

Die Kirche des heiligen Franziskus von Assisi in Neumexiko ist eine frühe Kirche, die zum Schutz gegen die Apachen so stark befestigt wurde. Die Franziskaner waren im heutigen Südwesten der Vereinigten Staaten die wichtigsten Missionare.

Siedlern. Doch dann hörte er Montesinos predigen und begann über einen Vers aus den Apokryphen nachzudenken: »Brot ist für die Notleidenden das Leben: Es ihnen wegzunehmen ist Mord.« Diese Erfahrung machte ihn zu einem Fürsprecher der Indianer; er ließ seine indianischen Sklaven frei und wurde Dominikaner. 1537 erließ Papst Paul III. die Bulle *Sublimis Deus,* in der bestätigt wurde, daß alle Völker auf Erden von Natur aus menschliche Wesen sind. Als solche haben sie ein Recht auf Freiheit und Eigentum und dürfen nicht beraubt oder versklavt werden. Alle können den Glauben empfangen und sollen missioniert werden. Kaiser Karl V. forderte den Papst auf, die Bulle zu widerrufen, und Paul III. gab nach. Doch eine Bulle kann nicht zurückgezogen werden, und somit behielt die Erklärung ihre Gültigkeit, konnte jedoch das Elend der amerikanischen Indianer nicht lindern.

In Spanien setzte sich Las Casas für menschenwürdige Zustände ein und arbeitete mit an den »Neuen Gesetzen« für die spanischen Kolonien, die 1542 in Kraft traten und die Sklaverei verboten. In Lateinamerika wurden sie kaum zur Notiz genommen. Nur in Peru brach ein kleiner Aufstand los, als ein neuer Gouverneur sie durchzusetzen versuchte.

Die Neuen Gesetze veranlaßten Las Casas zur Rückkehr nach Amerika, wo er Bischof von Chiapas, einem großen noch unbesetzten Gebiet in Mexiko, wurde. Seinen Glauben an die Friedensbotschaft als den rechten Weg beschrieb er in einem Buch, *De unico vocationis modo* (Über den einzigen Weg, Menschen zum Glauben zu rufen), das jedoch keinen Verleger fand. Weder die Regierung von Mexiko noch die anderen Bischöfe unterstützten ihn. Er erklärte Prinz Philipp von Spanien, die Häresien der Protestanten in Deutschland seien für die Kirche bei weitem nicht so schädlich wie das Verhalten der Siedler in Lateinamerika. Schließlich wurde er wegen seines Einsatzes für die Gerechtigkeit Opfer eines bewaffneten Angriffs. Er legte sein Bischofsamt nieder, kehrte nach Spanien zurück.

Las Casas hatte damals nur wenige Anhänger in Amerika, und dennoch trug seine Arbeit Früchte. Als die Jesuiten Indianerreservate einrichteten, ließ man ihnen völlig freie Hand, weil sie von Spanien aus unterstützt wurden. Dies war zum Teil auf die Bemühungen Las Casas' zurückzuführen.

Die Neuen Gesetze setzten sich in Lateinamerika nur langsam durch. Die Sklaverei verlor allmählich ihren rechtmäßigen Status und starb aus, wenn man von ganz abgelegenen Regionen absieht. Das Rechtsverhältnis der »persönlichen Abhängigkeit«, durch das Arbeiter an die Landgüter gebunden waren, konnte nicht so schnell beendet werden und verschwand erst im Laufe des 18. und 19. Jahrhunderts. Auf einigen Gütern besteht es heute noch, und es gibt Stimmen, die von einem Wiedererstarken dieser Institution sprechen.

In der Kirche entwickelte man den Plan, große Gebiet zu erwerben, in die keine Siedler hereinkommen durften und die von frommen Mitgliedern religiöser Orden verwaltet werden sollten. So entstanden kleine indianische Gebiete, frei von europäischen Versuchungen, und die Indianer, die hier vor Ausbeutung geschützt waren, bekamen eine gute Ausbildung. Die bekanntesten dieser Reservate waren die sogenannten »Reduktionen« der Jesuiten in Paraguay und Südbrasilien. Doch es gab auch andere, meist nicht ganz so unabhängige Reservate in vielen anderen Teilen des spanischen und portugiesischen Reiches. Das erste wurde 1540 von den Franziskanern in Guatemala gegründet. Noch heute leben die Menschen Guatemalas größtenteils auf dem Gebiet der ehemaligen Reservate, in die sich die Stämme damals zurückgezogen hatten.

Die jesuitischen Reduktionen in Paraguay zeichneten sich dadurch aus, daß die Indianer sie jederzeit verlassen konnten; dort herrschte kein Zwangssystem. Sie waren vor allem aus einem missionarischen Motiv heraus gegründet worden: Da man Nomaden nicht bekehren konnte, weil sie nicht lange genug an einem Ort blieben, mußte man ihnen einen geeigneten Lebensraum bieten. Doch ein zweites Motiv gewann immer mehr an Bedeutung: Die Reduktionen sollten die Indianer vor Unterdrückung und Völkermord schützen.

Für die Errichtung einer solchen Siedlung bedurfte es eines Gesetzes, das die Priester bevollmächtigte, einen Staat im Staate mit eigenen Regeln zu leiten. Die Erlaubnis hierzu konnte nur der spanische König, nicht der örtliche Gouverneur, erteilen. Da es in den ersten jesuitischen Reduktionen keine Waffen gab, wurden sie häufig zerstört, viele Mitglieder und auch mehrere Jesuiten von weißen Banditen ermordet und drei Jesuiten von Indianern getötet. Pater Cristobal de Mendoza zum Beispiel reiste mit einer Gruppe von christlichen Indianern, als sie während einer Rast von heidnischen Indianern angegriffen wurden. Pater Cristobal weigerte sich zu fliehen, weil er verwundeten Indianern helfen wollte, und wurde in Stücke gerissen. Eine andere Reduktion wurde von weißen Banditen geplündert, die die Kirche zerstörten, den Hochaltar in eine Latrine verwandelten und einzelne verletzte Indianer bei lebendigem Leib anzündeten.

Der spanische König hatte ein Interesse an den Reduktionen der Guaraní, denn sie schützten die Grenze des spanischen Reiches gegen die Portugiesen im südlichen Brasilien. Er gestattete ihnen, Waffen zu ihrer Verteidigung anzuschaffen, ohne die dieser Staat im Staate nicht überlebt hätte. Das aus den Guaraní-Reduktionen entstandene Paraguay wurde später das einzige lateinamerikanische Land mit einer Indianersprache als Staatssprache.

Auch in den Reduktionen waren die Indianer in erster Linie Arbeitskräfte, wurden aber, anders als auf den großen Gütern, dafür entlohnt. Die Gesellschaft war mönchisch organisiert, das heißt, niemand durfte etwas besitzen, sondern alles nur auf Treu und Glauben verwenden. Jeder Familie wurde ein Stück Land zur Bearbeitung zugeteilt, auf dem sie langfristig wohnen durfte; allerdings mußte der Pachtvertrag immer wieder erneuert werden, und sie durfte das Land nicht mit Gewinn verkaufen. Die Indianer mußten zwei oder drei Tage pro Woche auf dem Land der Gemeinschaft arbeiten, das sie mit dem Großteil ihrer Nahrung versorgte und eine Einkommensquelle für die Steuerzahlungen an den König, für die Almosen für Witwen und Waisen und den Lohn der Geistlichen und Lehrer war.

Die Guaraní waren handwerklich und künstlerisch besonders begabt und beschäftigten sich vor allem mit Spinnen, Weben, Flicken und Metallbearbeitung, bei der Schlösser, Uhren, Gewehre und Musikinstrumente entstanden. Die Jesuiten förderten die indianische Musik und gründeten Orchester. Sie waren in bezug auf die Polygamie unter den Indianern erstaunlich tolerant, bis zu dem Augenblick, in dem die Ehemänner oder -frauen Mitglieder der Kirche werden wollten. Sie halfen den Guaraní, ihre Sprache in Schrift zu fassen, doch weigerten sie sich, ihnen Spanisch beizubringen, weil sie die Indianer von den Spaniern fernhalten wollten. Das sollte sich später als Fehler erweisen.

Die Indianer brauchten christliche Priester aus ihren eigenen Reihen. Im frühen Mittelalter, als die Europäer sich noch nicht um ungebildete Priester scherten, hätten sie die Indianer sicher gerne geweiht. Doch nun wurde von jedem Kandidaten erwartet, daß er Texte in Spanisch und Portugiesisch und auch Latein las, Sprachen, deren Grammatik und Struktur den indianischen Sprachen sehr fremd war. Zudem war das Zölibat in den Augen der Indianer nicht unbedingt eine erstrebenswerte Lebensform, die sie überzeugt annehmen konnten. Die Folge war, daß sich die Kurie fast zwei Jahrhunderte lang weigerte, Indianern oder Afrikanern die höheren Weihen zu verleihen.

Dennoch gab es vor allem indianische Frauen, die den christlichen Glauben lehrten, und einige Männer, die Vorleser, Katecheten oder Küster waren. Es wird von bekehrten Indianern berichtet, die zu ihrem Stamm zurückkehrten und ihn im christlichen Glauben unterrichteten, bis die Stammesangehörigen einen Priester baten, zu ihnen zu kommen und eine Gemeinde bei ihnen zu errichten. Mitte des 17. Jahrhunderts galt auf Santo Domingo ein schwarzer Priester als der beste Prediger der Insel. Fast der gesamte höhere Klerus der Kirchen Lateinamerikas jedoch war zwangsläufig europäisch, was nicht gerade dazu beitrug, eine einheitliche Gesellschaft ohne Ansehen der Hautfarbe zu schaffen. Im 18. Jahrhundert gab es in Brasilien schon recht viele schwarze Priester, aber erst Ende des 19. Jahrhundert einen schwarzen Bischof.

Kalifornien

Die frühesten Europäer in Amerika hörten von einem angeblich paradiesischen Land mit sieben blühenden Städten, das sie nach einer mythischen Insel aus einer alten spanischen Romanze *California* nannten. 1539 wurde der Franziskanerpater Marcos de Niza, der als erster Franziskaner nach Peru gekommen war, ausgeschickt, um die Städte zu finden. Aus der Entfernung entdeckte er im Gebiet des heutigen Neu-Mexiko eine indianische Stadt, stellte ein Kreuz auf und nannte die Gegend »Königreich des heiligen Franziskus«. Bei seiner Rückkehr berichtete er, er habe die Städte gefunden, doch andere, die daraufhin ausgesandt wurden, kamen unverrichteter Dinge zurück, und so gab man die Suche auf. Um 1600 begannen Spanier in Neu-Mexiko zu siedeln und gründeten bald Santa Fe, »Heiliger Glaube«. 1680 verübten Indianer ein Massaker an den Spaniern.

Erst 1769 führte eine Mission den spanischen Franziskaner Juniper Serra nach Kalifornien. Die Bettelmönche sandten ihn als Missionar zu den Indianern in den mexikanischen Bergen. Er zog Richtung Norden nach Kalifornien hinein und errichtete an der Küste in Orten wie San Francisco und San Diego (benannt nach einem franziskanischen Laienbruder, der 1588 heiliggesprochen wurde) indianische Gemeinden, die in Wirklichkeit Reservate waren. Zwischen 1769 und 1823 wurden einundzwanzig indianische Missionsstationen gegründet, darunter Los Angeles im Jahre 1781. Die Bettelmönche hatten kaum Bekehrungserfolge vorzuweisen, und viele von ihnen wurden getötet, doch immerhin brachten sie den Indianern verschiedene Handwerke bei. 1823 wiesen die Mexikaner die Franziskaner aus, und 1848 trat Mexiko das Land an die Vereinigten Staaten ab – kurz bevor dort Gold entdeckt wurde.

Der Osten

In den ersten Jahren des Christentums wurde das Evangelium auch im Osten außerhalb der Grenzen des Römischen Reiches verbreitet, in Gebieten, die heute zu Armenien, Georgien, dem Irak und Iran gehören. Die Armenier und Georgier wurden christliche Völker; in anderen Völkern entstanden christliche Gemeinden neben den alten Religionen. Die Nestorianer trugen den Glauben aus dem Irak und Iran entlang der alten Seidenstraße, der wichtigsten Handelsroute von West nach Ost, weiter nach Osten. In Samarkand und Kaschgar gab es Bischöfe. Archäologische Funde belegen, daß die christliche Mission in Mittelasien genau zu der Zeit aufblühte, als die westlichen Christen die Germanen bekehrten. Von dort zogen diese Nestorianer weiter nach China, wo Christentum und chinesische Kultur zum ersten Mal aufeinanderstießen. Um 1300 gab es vermutlich an der chinesischen Küste einen Bischofssitz. Doch diese frühen chinesischen Kirchen waren auf westliche Kaufleute und Besucher ausgerichtet, und die Gottesdienste wurden in syrischer Sprache abgehalten.

Da die Reise nach Osten auf dem Seeweg mit dem Wind am einfachsten war, wurden die blühendsten dieser frühen Gemeinden von Kaufleuten gegründet, die zur Südküste Indiens segelten. Obwohl die indischen Christen den Erzbischof im Irak als ihr Oberhaupt ansahen und Syrisch als Gottesdienstsprache verwendeten, führten sie den Ursprung ihres Glaubens auf den Apostel Thomas zurück. Sie glaubten, Thomas sei nach Kerala im Südwesten Indiens gekommen, habe dort sieben Gemeinden gegründet und sei bei Madras den Märtyrertod gestorben – noch heute bekommen Besucher die Höhle, in der er zuletzt lebte, und seinen Sterbeort gezeigt.

Heute glaubt man in Indien zumeist, das Christentum sei von den Kolonialmächten eingeführt worden, doch es gehört zu den alten Religionen Indiens und hat dort eine wesentlich längere Tradition als der Islam. Im Jahre 1500 legte ein portugiesischer Seefahrer, Pedro Cabral, an der Südküste an und war erstaunt, dort Christen anzutreffen. Die Portugiesen fanden es beunruhigend, daß diese Christen noch nie etwas von einem Papst gehört hatten, und als sie in Indien ihren katholischen Glauben mit dem Zentrum in Goa etablierten, nahmen sie alle Thomaschristen in ihre Kirche auf, die dazu bereit waren; die katholische Thomasgemeinschaft macht heute ein Fünftel der indischen Katholiken aus. Sie wurden nicht gezwungen, Latein als Gottesdienstsprache zu übernehmen. Im Laufe der Jahrhunderte kam es zu mehreren Abspaltungen, so daß die alte Thomasgemeinschaft heute aus vier oder fünf verschiedenen Gruppierungen besteht.

Einer dieser frühen Missionare, der baskische Jesuit Franz Xaver, erwarb sich in der ganzen Christenheit Hochachtung. Er verbrachte drei

Jahre an der südindischen Küste, wo er Bekehrte taufte, und zog dann weiter nach Malakka und an die Küsten Indoniesiens und Japans, wo er als einer der ersten Europäer zweieinhalb Jahre lebte. Er starb 1552 auf Sankian, einer Insel vor der chinesischen Küste in der Nähe Hongkongs, von der aus die Portugiesen mit China (illegalen) Handel betrieben. Dort hatte er vergeblich auf seine Einreiseerlaubnis nach China gewartet, wo er missionarisch tätig werden wollte. Den Gouverneur von Malakka, der ihn gewaltsam davon abhalten wollte, mit dem Schiff in den sicheren Tod zu reisen, hatte er exkommuniziert.

Franz Xaver wurde kritisiert, weil er zu schnell und weit nach Osten fortschritt, um dauerhafte Missionserfolge zustande zu bringen. Er war nur zehn Jahre in Asien und verbrachte die Hälfte dieser Zeit mit Reisen oder mit Wartezeiten in den Häfen; ein weiteres Viertel seiner Zeit mußte er sich mit ungebildeten und unmoralischen portugiesischen Hafenarbeitern herumschlagen. Sein Glaube war so übermächtig, daß er oft den Bezug zur Realität verlor; beispielsweise schrieb er nach Hause, er werde, nachdem er einen Teil Chinas bekehrt habe, über Sibirien und Rußland zurückkehren und den Papst in Rom besuchen. Doch wo auch immer er hinkam, hielt man ihn für einen heiligen Kirchenvater. Er war ein großer Mann mit einem so fröhlichen Gesicht, daß die Menschen, wenn sie traurig waren, zu ihm gingen, um ihn zu sehen. Er kümmerte sich besonders um die Leprakranken und saß nächtelang an ihren Sterbebetten. Sein Ruf im Osten trug viel zur Verbreitung des Glaubens entlang der Küste bei. Ihm kommt das Verdienst zu, das Christentum nach Japan gebracht zu haben.

Diese Missionare versuchten Völker in Indien und Burma, auf Ceylon und in China zu bekehren, die ursprünglich Hindus, Buddhisten oder Konfuzianer waren, also Menschen mit eigenen, tiefverwurzelten Glaubensvorstellungen. Es gab Missionare, die von diesen Religionen ebensowenig hielten wie die Spanier in Amerika von den traditionellen Religionen der Völker dort – sie ließen kein gutes Haar an ihnen, beurteilten sie nach ihren negativsten Eindrücken und akzeptierten keine Kompromisse im Umgang mit ihnen. Alles, was an diese Religionen erinnerte, mußte zerstört werden. Doch diese Haltung war genauso absurd, wie sie es im Altertum gegenüber den stoischen oder platonischen Philosophen gewesen wäre.

Der Mogulherrscher Jahangir hält ein Bild der Jungfrau Maria in der Hand, 1620.

Zum ersten Mal seit den Tagen Justinians stießen die Christen auf Andersgläubige mit ernstzunehmenden Argumenten. Einige Geistliche hatten zwar auch mit den hervorragenden islamischen Philosophen des Mittelalters ernste Diskussionen geführt, aber Muslime und Christen teilten zumindest den Glauben an einen Schöpfergott. Nun trafen die Christen auf Menschen, die keinen solchen Glauben kannten, aber dennoch Vorstellungen vertraten, die die europäischen Neuankömmlinge respektieren konnten.

Betrachten wir einen dieser Dialoge, der 1551 zwischen Torres, einem Mitarbeiter Xavers, und Mitgliedern einer buddhistischen Sekte geführt wurde.

Buddhisten: Wir kommen aus dem Nichts und gehen ins Nichts.

Torres: Alles muß einen Anfang haben.

Buddhisten: Ja, aber das in allem waltende Prinzip ist weder gut noch schlecht. Es lebt

Das Grab von Franz Xaver in Alt-Goa. Er starb auf Sankian vor der chinesischen Küste; seine Anhänger in Malakka holten seinen Leichnam zu sich zurück und bestatteten ihn. Im 17. Jahrhundert wurde er in das Querschiff der Kathedrale im westindischen Goa umgebettet, für das der Herzog der Toskana einen aufwendig verzierten Reliquienschrein stiftete.

nicht. Es stirbt nicht. Der Mensch ist nur eine Art Tier.

Torres: Nicht nur. Kinder, die unter Tieren aufwachsen, unterscheiden immer noch Gut und Böse. Sie haben Gewissensbisse. Warum?

Buddhisten: Wir haben unseren Verstand. Er sagt uns, wie wir anständig leben. Aber er kann uns nicht sagen, was nach dem Tod kommt. Nur die Ungebildeten kümmern sich um Himmel und Hölle. Die Weisen sollten nicht einmal daran denken. Die Hölle existiert in diesem Leben – die Bestrafung von Verbrechen durch den Staat.

Torres: Aber es gibt viele Sünden, die kein Gerichtshof bestraft. Manche Mörder entfliehen. Sie können nicht auf ewig ungestraft davonkommen. Die Gerechtigkeit ist Teil des Universums. Wenn kein Leben folgen wird, warum haben wir dann Angst vor dem Tod?

Buddhisten: Weil wir die Freuden des Lebens genießen.

Torres: Aber keine Seele kann sich mit den Freuden dieses Lebens zufriedengeben.

Buddhisten: Diese Seele – was ist das? Welche Farbe hat sie? Wie sieht sie aus?

Torres: Sie hat weder einen Körper noch eine Farbe.

Buddhisten: Dann ist sie nichts.

Torres: Auch Winde haben weder Körper noch Farbe? Sind sie nichts?

Es war eine ganz neue Art der Auseinandersetzung.

Aus dieser Arbeit heraus entwickelte sich eine wichtige Debatte, die für immer mit dem Namen Matteo Ricci verbunden sein wird. Der italienische Jesuit wurde zum Studium nach Goa und dann nach China gesandt, wo er ab 1597 die Mission leitete. Er hatte Erfolg mit seiner Werbung für die westliche Mathematik und Astronomie und durfte daraufhin in Peking eine Niederlassung der Jesuiten gründen, in der gebildete Chinesen gemeinsam mit ihm wissenschaftliche Untersuchungen durchführten. Ricci konnte Uhren bauen und reparieren und zeichnete gute Landkarten. Eine Zeit lang kleidete er sich sogar wie ein buddhistischer Mönch, doch erkannte er schnell, daß dies ein Fehler war, und legte die Uniform eines Staatsbeamten an.

Ricci wählte einen neuen Weg, die Menschen von der Wahrheit des Christentums zu überzeugen. Seine wissenschaftlichen Leistungen wurden von den Gelehrten anerkannt. Er behauptete nicht, daß alle anderen Religionen falsch seien, sondern wollte im Gegenteil das Beste aus der chinesischen Tradition übernehmen und versuchte den Chinesen klarzumachen, daß die christliche Wahrheit die Erfüllung ihrer Kultur sei. Insofern war es für ihn wichtig, die Glaubenselemente der Chinesen anzuerkennen, die zu christlichen Vorstellungen umgeformt werden konnten. Die Chinesen hatten ein Wort für Gott: *Tian Zhu,* »Herr des Himmels«, und Ricci glaubte, den Begriff auch für den christlichen Gott verwenden zu können. Außerdem betrachteten sie Konfuzius als Diener Gottes, und Ricci konnte keinen Grund erkennen, warum er ihn nicht mit den Heiligen gleichsetzen sollte. Er hielt Konfuzius für einen wahrhaftigen Heiligen, der die Wahrheit erahnte, bevor Christus sie offenbarte.

Zu einem großen Problem wurden die Riten der Chinesen, mit denen sie ihren Ahnen Ehrfurcht zollten. War dies ein heidnischer Kult wie die Opfer der alten Römer für ihren Kaiser, oder war es nur eine andere Form der Verehrung für die Heiligen der Vergangenheit? Ricci argumentierte, diese Riten seien nur eine gesellschaftliche Handlung, und auch christliche Chinesen düften sie ohne weiteres vollziehen.

Durch Riccis Vorgehensweise entstanden die ersten dauerhaften Gemeinden chinesischer Christen. Seine Nachfolger in Peking setzten seine verstandesbetonte Verbreitung des Evangeliums fort. Der Deutsche Johann Adam von Schall reformierte den chinesischen Kalender, half bei der Herausgabe vieler mathematischer Abhandlungen, stellte Metallwaren, Musikinstrumente, Waffen und Fernrohre her und wurde Leiter der chinesischen Sternwarte. Er stieg zum Mandarin erster Klasse auf (wozu er den Sohn seines Dieners adoptieren mußte) und durfte im Palast eine Marienkapelle einrichten.

Schalls Nachfolger, der Belgier Ferdinand Verbiest, gab viele Schriften chinesischer Wissenschaftler heraus, war der staatliche Leiter der mathematischen Studien und wurde Mandarin der oberen zweiten Klasse. Bei seinem Tod 1688 gab es rund 30 000 chinesische Christen aus jesuitischer Mission. Doch schon unter den Nachfolgern Riccis meldeten sich Kritiker zu Wort. Sie hielten es für gottlos, den Chinesen die Beibehaltung ihrer Riten zu erlauben, nachdem sie Christen geworden waren. 1704 erklärte Papst Klemens XI., kein Christ dürfe die Riten der Ahnenverehrung vollziehen. Diese Entscheidung wurde erst 1939 widerrufen.

In China stießen die Missionare auf die andere Weltreligion, die einen Erlöser kannte. Sie hatten schon zuvor von ihr gehört: Hieronymus, der Übersetzer der Bibel, erwähnt Buddha in seinen Werken, doch nicht einmal Ricci und seine Nachfolger befaßten sich mit dem Erbe Buddhas; sie kannten es vor allem aus hinduistischen Quellen, die kein zutreffendes Bild zeichneten. Dies änderte sich erst gegen Ende des 19. Jahrhunderts, als in Nepal und Tibet buddhistische Schriftstücke in Pali, einer fast nur für religiöse Texte benutzten Sprache, entdeckt wurden. Die erste angemessene westliche Untersuchung über Buddha war das 1878 in London erschienene Buch *Buddhism: being a sketch of the life and teaching of Gautama the Buddha* von Thomas William Rhys Davids.

Doch obwohl die frühen Missionare wenig über diese Religion wußten, kamen sie immer wieder mit der Tradition der buddhistischen Mönche in Berührung und kannten deren ruhiges, asketisches Leben, durch das der Leib von seinen Leidenschaften befreit werden sollte und das in vielem der christlichen Selbstdisziplin der Seele entsprach.

Hier lag ein riesiger Unterschied zur Verbreitung des christlichen Glaubens unter den Germanen im siebten, unter den Indianern im 16. oder unter den Afrikanern im 19. Jahrhundert. In diesen Teilen der Welt gab es keinen Glauben, der sich auf Dauer dem aufkommenden Christentum entgegenstellen konnte, das eine erhabene religiöse und moralische Botschaft mit einer überlegenen Kultur vereinte. Buddhisten in China, Tibet, Ceylon oder Indien dagegen konnten zwar moralisch verdorben und abergläubisch sein – aber das war auch unter

Couplet, ein belgischer Jesuit in China und der erste westliche Konfuzius-Kenner, brachte diesen chinesischen Konvertiten mit nach Europa. In England malte ihn Godfrey Kneller (1687). Von seinen zahlreichen Porträts hielt Kneller selbst dieses für sein bestes.

Christen möglich. Der Buddhismus kann wie das Christentum ein Leben umgestalten, und seine Glaubensüberzeugungen stimmen in vielem mit denen des Christentums überein. Er vertraut auf eine kosmische Ordnung, die auf Erden durch eine Gemeinschaft mit moralischen Gesetzen versinnbildlicht wird.

Die japanischen Buddhisten zeigten sich oft sehr aufgeschlossen, und viele nahmen in den ersten Jahrzehnten den neuen Glauben an, denn sie waren mit ihrem eigenen Sittenkodex bzw. der selbstgerechten Haltung, mit der er oft gebrochen wurde, unzufrieden. Andere waren unglücklich über die abergläubischen Götzen der volkstümlichen Kulte. Und sie staunten über das Heldentum dieser Fremden, die sich in ein Land im Aufruhr wagten. Als Ausländer war man nur in Reichweite der Geschütze portugiesischer Kriegsschiffe in Sicherheit, und diese Schiffe legten nur äußerst selten an.

Konnten die Missionare an das anknüpfen, was sie vorfanden? Die Buddhisten verwendeten Rosenkränze, meditierten, liebten Prozessionen, hatten aktive Klöster, und an ihren zeremoniellen Talaren war auch nichts auszusetzen. Die Menschen beeindruckten die Ankömmlinge mit ihrer tiefsinnigen Höflichkeit ihnen gegenüber und untereinander, die – das spürten die Europäer – trotz des brutalen Vorgehens einzelner Kleinfürsten ein Zeichen wahrer Kultur war.

Die Jesuiten, die Xaver folgten, schufen eine recht große Kirche, wobei sie zum Teil die örtlichen Daimyō bekehrten, denen sich dann die Untergebenen dieser adligen Großgrundbesitzer anschlossen. 1601 weihten die Jesuiten die ersten japanischen Priester.

Doch dann wurden die Christen bei einer der grausamsten Verfolgungen überhaupt beinahe völlig vernichtet. Ein einzelner Daimyō versuchte alle seine Rivalen, darunter auch die christlichen Adligen, auszuschalten, um so die Vorherrschaft über Japan zu gewinnen. Die Christen wurde zudem verdächtigt, für eine Invasion aus dem Westen Spionage zu betreiben. Ihr Hauptverbrechen war in den Augen der Japaner jedoch, daß sie die nationale Kultur und Religion zugrunde zu richten drohten. Bis 1630 wurden fast 2000 japanische Christen und 71 Europäer, häufig nach langer Folter, getötet. Die Kirchen verschwanden, und die Japaner ließen keine Europäer mehr ins Land. Als Japan sich nach 1853 wieder dem Westen öffnete, waren die ankommenden Europäer äußerst überrascht, auf japanische Gemeinden zu treffen, die im geheimen über zweihundert Jahre fortbestanden hatten.

Die Reformation

Um 1500 konnte die westliche Kirche nicht mehr ohne Veränderungen weiterbestehen, und während der folgenden eineinhalb Jahrhunderte änderte sie sich grundlegend.

Das westliche Christentum litt an starken inneren Widersprüchen.

Erstens präsentierte die Kirche die Bibel zwar als Quelle der Wahrheit, vertrat aber gleichzeitig Lehren, die in ihr keinen Rückhalt hatten. Das war nur möglich, solange kaum jemand die Heilige Schrift las, weil nur wenige Menschen überhaupt lesen konnten, noch weniger Latein verstanden und noch einmal weniger eine Bibel besaßen. Doch als in der Mitte des 15. Jahrhunderts der Buchdruck aufkam und immer mehr Menschen lesen und schreiben konnten, gab es Probleme. Die Widersprüche zwischen kirchlicher Lehre und Bibelwort wurden offensichtlich und mußten beseitigt werden.

Hierfür gab es nur zwei Wege: Entweder die Kirche behauptete, sie habe das Recht, die Wahrheit zu lehren, auch wenn diese offenkundig nicht von der Bibel belegt war, oder sie mußte einige nichtbiblische Lehren fallenlassen. Beide Wege waren schmerzhaft; der erste, weil für alle Christen eigentlich feststand, daß nur die Bibel die Quelle der Wahrheit war, und der zweite, weil bei einer solchen Durchsicht kirchlicher Dogmen vieles aufgegeben werden mußte, was den einfachen Menschen ans Herz gewachsen war.

Zweitens ließen sich Reichtum und Macht der Kirche kaum mit den Worten Jesu vereinbaren, wonach gerade die Armen und Sanftmütigen selig seien. Die Kirche war reich, weil fromme Männer und Frauen ihr im Laufe der Jahrhunderte Geld oder Besitz überlassen hatten. Zudem wurde sie von den Herrschenden begünstigt; sie durfte einen Zehnt erheben und war von staatlichen Steuern befreit. Außerdem führte sie ihre Arbeit in unbewohnte Gebiete, die später besiedelt wurden und damit an Wert gewannen. Andererseits war das Ideal der Armut durchaus noch präsent, für alle Mönche und Nonnen galt das Armutsgelübde, und auf der Straße sah man bettelnde Mönche.

Die Kirche war zwar reich, doch hatte sie auch immense Verpflichtungen: Die riesigen Kathedralen und Kirchen mußten vor dem Verfall bewahrt werden. Das ganz Europa überziehende System der Pfarrgemeinden mit seinen Schulen und Krankenhäusern, Kirchen und Kapellen benötigte viel Geld. Die Mönche hatten riesige Abteien für große Ordensgemeinschaften erbaut, doch da das Mönchtum an Ansehen verloren hatte, standen diese Orte häufig fast leer, mußten aber immer noch instandgehalten werden. Die Kirche war zudem verpflichtet, sich um die Armen zu kümmern, und verteilte an Klosterpforten oder nach dem Gottesdienst an Kirchenportalen Essen und Kleidung.

In Westeuropa besaßen die Kirchen also einen Reichtum – an Land, Häusern, Pachtzinsen, Wäldern und Bauernhöfen –, der in den Augen vieler der Gesellschaft nicht den optimalen Nutzen brachte. Es gab einen Widerspruch zwischen den Idealen der Kirche und den Zwekken, für die sie ihre irdischen Güter wirklich verwendete; er war nicht sehr kraß – jeder akzeptierte, daß die Priester bezahlt, die Kirchen repariert, die Universitäten und Schulen unterhalten und die Kranken behandelt werden mußten. Dennoch hatten viele Leute das Gefühl, daß Geld verschwendet wurde, wenn beispielsweise eine Abtei erhalten wurde, die unnütz war und besser geschlossen worden wäre, oder wenn ein Bischof sich hundert Diener halten durfte.

Drittens sollte das Christentum eine Religion des Friedens sein. Die frühe Kirche hatte es nicht gern gesehen, daß ihre Mitglieder in Armeen kämpften. Doch sobald alle zumindest dem Namen nach Christen waren, konnte diese Regel nicht mehr gelten, denn irgend jemand mußte die Gesellschaft verteidigen. Zwar war man im Volk immer noch der Ansicht, daß Bischöfe und Priester nicht töten und daher auch nicht in den Krieg ziehen sollten, aber das entsprechende Kirchengesetz wurde kaum beachtet, da zu manchen Zeiten die Verteidigung so wichtig war, daß sich alle einsetzen mußten.

Der Papst hatte die Pflicht, die Wahrung der Moral im Umgang der europäischen Staaten miteinander zu überwachen, was nur möglich war, wenn er über eine Machtbasis verfügte, die er gegen Angreifer verteidigen konnte, auch wenn diese Könige oder Kaiser waren. Um 1500 sorgte sich der Papst hauptsächlich um seine Sicherheit – genügend Geld, keine fremden Armeen, die Druck auf ihn ausüben konnten, und ein stabiler Staat in Mittelitalien. Viele Menschen störte es nicht, wenn auch Päpste Krieg führten; für sie gehörte das zum gefallenen Zustand der Menschen, und wenn Kriege gerecht sein konnten, dann konnte es auch für einen Papst nicht falsch sein, in den Kampf zu ziehen. Andere empfanden es jedoch als Verstoß gegen ein Gebot Jesu. Doch um ihr System aufrechtzuerhalten, mußte die Kirche streitbar sein, auch im militärischen Sinn des Wortes.

Viertens verbot zwar das Zölibat als kirchliches und staatliches Gesetz den Priestern die Ehe, aber dennoch lebten die meisten, häufig ganz

Papst Klemens VII., gemalt von Sebastiano del Piombo um 1526. In seine Zeit fallen einige für das Papsttum katastrophale Ereignisse: die Plünderung Roms durch deutsche Landsknechte, der Verlust Norddeutschlands an die Lutheraner und der Städte Zürich, Basel und Bern an die Reformierten sowie die Abspaltung Englands unter Heinrich VIII. Ihn selbst trifft kaum Schuld daran; er bezahlte für die Sünden seiner Vorgänger.

offen, mit einer Frau zusammen und hatten Kinder. Die Geistlichen zum Zölibat zu zwingen, war unmöglich, weil es zu viele gab, die das Gesetz übertraten. Man konnte ihnen also entweder die Ehe erlauben oder ihre Zahl verringern und diese wenigen ausgewählten Priester unverheiratet leben lassen.

Der *fünfte* Widerspruch betraf die Zuständigkeiten von Staat und Kirche: Der Staat hatte seit Konstantin die Pflicht, die Bürger zu schützen, während die Kirche für ihre Erziehung sorgen mußte, sich um sie kümmerte, wenn sie krank oder arm waren und ihnen den Weg zum Himmel zeigte. Doch als die Städte in Deutschland, der Schweiz, Norditalien oder Frankreich immer größer wurden, konnte die Kirche ihre Aufgaben nur mit staatlicher Unterstützung erfüllen. Schon lange vor 1500 leiteten Stadträte Schulen und Krankenhäuser. Allerdings konnte die Kirche in Schulen und Krankenhäusern weiterhin eine große Rolle spielen – jedoch immer mit staatlicher Billigung oder unter staatlicher Leitung.

Die Krise wurde offensichtlich, als einer gegen alle diese Widersprüche auf die Grundlagen des Evangeliums zurückgriff: Martin Luther. Er lebte lange Jahre in einem Kloster, war jedoch Bettelmönch. Er gehörte den Augustiner-Eremiten an, die sich stark für eine Reform der Kirche einsetzten. Führer der Reformbewegung waren allerdings vor allem die Franziskaner mit ihrem Armutsideal, ihrer traditionellen Abneigung gegen religiösen Prunk und ihrer Nähe zum gemeinen Volk. Vorbereitet durch die Predigten von Franziskanern wurde später ein großer Teil Norddeutschlands protestantisch.

Erasmus von Rotterdam

Kein Bettelmönch, sondern der noch unverheiratete ehemalige Mönch Erasmus von Rotterdam (1466–1536) machte dem gebildeten Europa am eindrücklichsten deutlich, daß sich die Zustände ändern mußten, weil sie unerträglich wurden. Erasmus ist für uns zum Symbol der neuen Gelehrsamkeit seiner Zeit geworden. Er wollte die Kirche nicht spalten, sondern glaubte fest daran, daß sie sich auch ohne Bruch ändern könne, weil doch jeder vernünftige Mensch einsehen müsse, daß Veränderungen notwendig seien.

Erasmus verbrachte sein Leben unter den Gelehrten seiner Zeit, teilweise in den Niederlanden, bis es ihm dort zu gefährlich wurde, dann in Cambridge, in Venedig, wo er Griechisch lernte, und die späteren Jahre in Basel, abgesehen von einer kurzen Zeit in Freiburg im Breisgau, nachdem es in Basel bei der Einführung des Protestantismus zu Tumulten gekommen war. Erasmus haßte Gewalt. Er war bis zu seinem Tod Katholik, allerdings hielt ein protestantischer Pfarrer seine Grabrede, und mit dem Geld, das er hinterließ, wurden protestantische Flüchtlinge unterstützt.

Erasmus war als großer Gelehrter anerkannt, was seinen Worten und Taten Gewicht verlieh. Aber es war nicht seine Gelehrsamkeit, die die Kirche veränderte.

Erstens hatte er Witz und Charme. Er konnte das Zölibat, den Aberglauben an einem Marienheiligtum oder den Anblick eines Bischofs, der ein Heer befehligte, widersinnig erscheinen lassen. Pilger, Mönche, pedantische Theologen und kirchliche Würdenträger bekamen seine spitze Zunge zu spüren.

Zweitens gab er 1516 das Buch *Novum instrumentum omne* heraus, eine neue Ausgabe des Neuen Testaments mit Korrekturen des griechischen Textes samt seiner neuen lateinischen Übersetzung. Die Redaktion war eine eilige Arbeit und eines Gelehrten seines Ranges eigentlich unwürdig, wurde jedoch in späteren Ausgaben verbessert. Die Verbindung des neuen griechischen Textes mit einer neuen lateinischen Übersetzung versetzte die Menschen in Erstaunen, weil sie den Kontrast zwischen den Worten der Bibel und den Taten der Kirche besonders deutlich offenbarte.

Drittens schrieb er ein religiöses Buch, das Europa aufwühlte: Das *Enchiridion militis christiani*. Das griechische Wort *encheiridion* bedeutet sowohl »Dolch« als auch »Handbuch«, und Erasmus wollte auch beides ausdrücken: »Die Waffe eines christlichen Soldaten« oder »Ein Handbuch für den Kampf für Christus«. Das Buch war nicht aufrührerisch, es griff die Kirchenleitung nicht direkt an. Es war ein Andachtsbuch und handelte von der besten Art, zu glauben und ein religiöses Leben zu führen.

Doch seine Botschaft war überzeugend: Muß sich Religion mit trockenen theologischen Untersuchungen beschäftigen? Sündigen wir fröhlich und finden dann Argumente, um unser Verhalten zu rechtfertigen? Sind wir verbittert und sagen, wir seien ernst? Entschuldigen wir unsere Härte damit, wir seien nur streng?

Holbeins Porträt seines Freundes Erasmus, der eigentlich nicht Theologe, sondern ein großer Altphilologe und ausgezeichneter Schriftsteller war. Er hatte einen ebenso tiefen wie rationalen Glauben und beeinflußte die Stimmung der frühen Reformationszeit stark.

Wir glauben, wir dienen Gott mit äußerlichen Handlungen, indem wir beispielsweise Mönche werden, eine Wallfahrt machen, das Bild eines Heiligen berühren oder regelmäßig zur Kirche gehen. Doch der wahre Weg ist viel tiefgründiger als all dies. Wir sind ermutigt worden, unseren Glauben nach außen zu kehren, obwohl er im Herzen sitzt. Wir können nicht annehmen, ein Mensch sei besser, nur weil er Mönch ist und wir nicht. Unsere Geistlichen sollen ihr Amt in Liebe ausüben, doch sie machen es zu einem Machtinstrument. Wir glauben Gott zu gefallen, je mehr Gebete wir sprechen; dadurch wird das Gebet zu einem äußerlichen Akt, obwohl es doch eigentlich eine Seelenhaltung ist. Erhebt euch vom Leib zum Geist, vom Vielschichtigen zum Einfachen.

Erasmus schrieb dieses Buch schon 1502, zu Beginn seiner Laufbahn, und es wurde kaum zur Kenntnis genommen, weil sein Autor unbekannt war. Doch sobald er berühmt geworden war, wurde in Europa der Ruf immer lauter, daß es bei der Religion nicht um unsere Taten, sondern um unsere Seele gehe. Einige empfanden seine Äußerungen als anregend, andere verübelten sie ihm: Man braucht diese äußerlichen Dinge, um zu den geistlichen Dingen vorzudringen. Warum erzählt also Erasmus den Menschen, diese Äußerlichkeiten seien nicht wichtig? Eine Zeitlang ging das Gerücht um, der Papst wolle ihn zum Kardinal ernennen. Doch nach Erasmus' Tod konnte ein späterer Papst, Paul IV., seine Offenheit nicht ertragen und verbot alle seine Bücher unterschiedslos. Das allerdings war ein Fehler.

Martin Luther

Martin Luther (1483–1546) war Theologieprofessor im sächsischen Wittenberg, einer damals noch jungen Universität. Einige Wissenschaftler haben später daran gezweifelt, ob die neue Gelehrsamkeit der Renaissance, für die Erasmus stand, überhaupt etwas mit den Reformbestrebungen, die Luther und einige andere Bettelmönche vertraten, zu tun hatte. Damals allerdings wurde der Ausspruch geprägt: »Erasmus legte das Ei, und Luther brütete es aus.« Doch das war nur ein Spottvers, die beiden waren völlig unterschiedliche Charaktere: Erasmus war ein Kenner der gesamten antiken Kultur, Luther kannte die Bibel in- und auswendig. Erasmus war durchtrieben, spitzfindig und geistreich; Luther dagegen hielt diese drei Eigenschaften für oberflächlich und eher unreligiös und setzte sich auf religiöser Ebene für Reformen und grundlegende Veränderung ein. Er war kein Freund rein akademischer Diskussion. Manchmal schrieb er seine Bücher sehr hastig und unsystematisch, als habe er zu Beginn selbst nicht gewußt, wohin ihn die Feder führen würde. Das Ergebnis waren bisweilen gewagte Äußerungen, über die ein vorsichtigerer Mensch zweimal nachgedacht hätte.

Am letzten Tag des Oktobers 1517 veröffentlichte er fünfundneunzig gemäßigte Thesen gegen den Ablaßhandel. Durch die Ablässe verdiente die Kirche viel Geld für gute und einige weniger gute Zwecke, und sie waren Teil der Volksfrömmigkeit. Deshalb hatten sie viele Verteidiger. Allerdings konnte niemand sie mit den Argumenten rechtfertigen, es sei vernünftig,

SOMMARIO DELL'INDULGENZE
DELLA VENERABILE ARCHICONFRATERNITA
DI S. GIOVANNI DECOLLATO
Detta della Miſericordia, della Nazione Fiorentina di Roma.

LA Santità di N.S. Papa Paolo V. per ſuo Breve ſotto li 23. d'Agoſto 1608. l'anno quarto del ſuo Pontificato, caſſando, e annullando tutte l'Indulgenze, remiſſioni di peccati, e relaſſazioni di penitenze conceſſe da qualſivoglia Pontefici paſſati, ſuoi Predeceſſori all'Archiconfraternita di S. Gio: Decollato, detta della Miſericordia, della Nazione Fiorentina di Roma, ha di nuovo conceſſe l'infraſcritte Indulgenze, cioè:

A tutti i Fedeli dell'uno, e dell'altro ſeſſo, che per l'avvenire entreranno in detta Archiconfraternita, il giorno di detta entrata, ſe veramente pentiti, e confeſſati riceveranno il Santiſſimo Sacramento dell' Euchariſtia, Indulgenza plenaria.

E tanto a quelli, che entreranno, e ſi deſcriveranno in detta Archiconfraternita, quanto alli già entrati, e deſcritti, alli Preti, e altri, che la ſerviranno, che il giorno della Feſta della Decollazione di S. Gio. Battiſta, dalli primi veſperi ſin'al tramontar del Sole di detto giorno, divotamente viſiteranno la Chieſa di detta Archiconfraternita, e quivi pregheranno Iddio per la concordia de' Principi Criſtiani, eſtirpazione dell' ereſie, e eſaltazione della Santa Madre Chieſa, ſe veramente pentiti, e confeſſati, in tal giorno riceveranno il Santiſſimo Sacramento, tanto in detta Chieſa, quanto altrove, Indulgenza plenaria.

A tutti i detti Fratelli, e alle Sorelle di detta Archiconfraternita, a Preti, e a Serventi, e alli condannati a morte per giuſtizia, ſimilmente pentiti, e confeſſati, che avranno ricevuto il Santiſſimo Sacramento, che in articolo della morte invocheranno il Nome di GESU' colla bocca, e non potendo, con il cuore, Indulg. plenaria.

E a quelli, che ogni prima Domenica di qualſivoglia meſe riceveranno il Santiſſimo Sacramento, come ſopra, ſimilmente ſette anni, e altrettante quarantene.

E a quelli, che in qualſivoglia Feſta dell'anno faranno il medeſimo, cento giorni.

E ogni volta, che per l' anima di qualſivoglia defonto per via di giuſtizia, ſecondo gli ordini di d. Archiconfraternita reciteranno il Pater, e l'Ave Maria, e interverranno alli Offici Divini nella Chieſa, o nell' Oratorio di d. Archiconfraternita ſecondo il ſolito, o alle pubbliche, o private Congregazioni, o a qualſivoglia opera pia da farſi in qualſivoglia luogo, o in qualunque caſo daranno ajuto, conſiglio, o favore, o accompagneranno il Santiſſimo Sacramento, quando ſi porta a qualche infermo, o quelli, che non potranno accompagnarlo, ſentendo il ſegno della campana, reciteranno inginocchioni una volta il Pater, e l'Ave Maria per detto infermo, o viſiteranno gl'Infermi nelli Spedali, o riceveranno i poveri Pellegrini, o gli ajuteranno con limoſina, e amorevolezza, o metteranno pace fra i nimici, o diranno cinque volte il Pater, e altrettante l'Avemaria per l'anime de' Fratelli, e delle Sorelle morti, o finalmente ridurranno alcuno alla via della ſalute, o inſegneranno agl'ignoranti i precetti della legge di Dio, e della Chieſa, o faranno qualſivoglia altra opera di pietà, e carità, tante volte, quante le faranno, e per ciaſcheduna volta 60. giorni di remiſſione dell' impoſte, o in qualſivoglia modo dovute penitenze nella forma conſueta della Chieſa.

In oltre, che detti Fratelli, tanto laici, quanto chierici, etiam Preti con ſicura coſcienza, e ſenza incorſo di alcuna Cenſura Eccleſiaſtica, o Irregolarità poſſano conſolare i condannati a morte, e fare, e eſercitare tutto quello, che appartiene alla ſalute dell' anime

Ein 1608 gewährter Ablaß für eine Bruderschaft in Rom; schon lange zuvor war der Ablaßhandel nach Luthers Protest reformiert worden. Dieser Ablaß ist dem Gedenken an die Enthauptung Johannes' des Täufers gewidmet, deshalb ist der abgetrennte Kopf dargestellt. Der Druck stammt von 1776.

Martin Luther, porträtiert von seinem Freund Lucas Cranach dem Älteren; eines der beiden besonders bekannten und bei der Nachwelt beliebten Porträts des Reformators.

Titelblatt der von Luther übersetzten Bibel in der Ausgabe von 1534; sie hat die deutsche Sprache stark beeinflußt. Die Cherubim rollen die Seiten der Bibel auf.

Vergebung zu kaufen, oder sie seien durch die Bibel belegt. Man konnte sie nur damit verteidigen, daß der Papst sie erlaubte, und demzufolge war Bettelmönch Martin ein Häretiker, weil er offensichtlich die Autorität des Papstes leugnete. Bettelmönch Martin mit der kühnen Feder hatte hierauf eine einleuchtende Antwort: Wenn der Papst erlaubt, Vergebung zu kaufen, hat der Papst unrecht. Die Wahrheit zu sagen, kann nicht Häresie sein.

Martin Luther wurde zum Führer einer gesamteuropäischen Bewegung, weil Kaiser Karl V. 1521 einen ernsthaften Fehler machte: Luther wurde vor dem Reichstag zu Worms verurteilt. Dort stand Luther allein vor allen Mächtigen des Reiches, hielt an der Wahrheit, wie er sie sah, fest und beeindruckte mit seiner Standhaftigkeit die gesamte Christenheit. Der Kaiser verhängte die Reichsacht über ihn, und er mußte untertauchen.

Deutschland spaltete sich und blieb bis heute gespalten, obwohl sich alle einig waren, daß die Kirche reformiert werden müsse.

In Bayern, Österreich und Teilen des Rheinlands entschied man schließlich, Reform bedeute redlichere und unverheiratete Geistliche, bessere Schulen und Universitäten und angemessenere soziale Fürsorge, doch die katholischen Bräuche dort entsprachen 1600 im großen und ganzen denen von 1500. Ablässe wurden noch erteilt, nur der offensichtliche Mißbrauch war abgeschafft. Die Meßliturgie wurde, wenn auch verändert, immer noch auf Latein gehalten, und die meisten früheren Rituale bestanden weiterhin. Es gab immer noch Wallfahrten, Maria und die Heiligen wurden immer noch verehrt, und die Macht des Papstes war ungebrochen.

In weiten Teilen Norddeutschlands und einigen Gegenden Süddeutschlands, in den Niederlanden, Skandinavien, Schottland und England gelangte man zu der Überzeugung, daß die päpstliche Macht negative Auswirkungen auf die Kirche habe. Die Bibel, das Abendmahl und der Gottesdienst standen weiterhin im Mittelpunkt, doch wurden die Rituale vereinfacht. Es gab keinen Ablaßhandel, kaum Heiligengedenktage und keine Gebete an Maria und die Heiligen. Die Gottesdienste wurden in den Landessprachen gefeiert, so daß die Menschen verstanden, was gesagt wurde und daran teilhaben konnten.

Bis ins 20. Jahrhundert hinein haßten die Katholiken Luther als den Bettelmönch, der die Kirche spaltete. Natürlich war er nicht gerade sanft mit ihnen umgegangen; aber die religiöse Seite seiner Arbeit, einmal ganz abgesehen von seinen protestantischen Flugschriften, war von größter Bedeutung für das Christentum und letztlich sogar für den Katholizismus.

Luthers Bibelübersetzung war sehr gut, weil er anschaulich und klar formulierte und die beiden biblischen Sprachen, Hebräisch und Griechisch, beherrschte. Da die Rückkehr zur Heiligen Schrift ein Hauptanliegen der Reformatoren war, bauten alle deutschen protestantischen Kirchen auf seiner Übersetzung auf. Er kümmerte sich auch um die Kinder und Analphabeten, und sein Kleiner Katechismus wurde für den deutschen Religionsunterricht grundlegend. Sein wichtigster Mitstreiter Philipp Melanchthon (1497–1560) faßte unter der Bezeichnung *Augsburger Bekenntnis* die Grundthesen der protestantischen Lehre zusammen und stellte sie 1530 auf einem Reichstag in Augsburg vor. Doch Luthers Bibel, sein Katechismus, seine Kirchenlieder und sein bloßer Name waren in der späteren Religionsgeschichte weit bedeutsamer.

Luthers Name verbindet sich mit einem Teil der paulinischen Lehre, der Rechtfertigung durch den Glauben: Man irrt, wenn man glaubt, man könne durch bestimmte Handlungen, wie einen Kirchenbesuch, das Nonnengelübde,

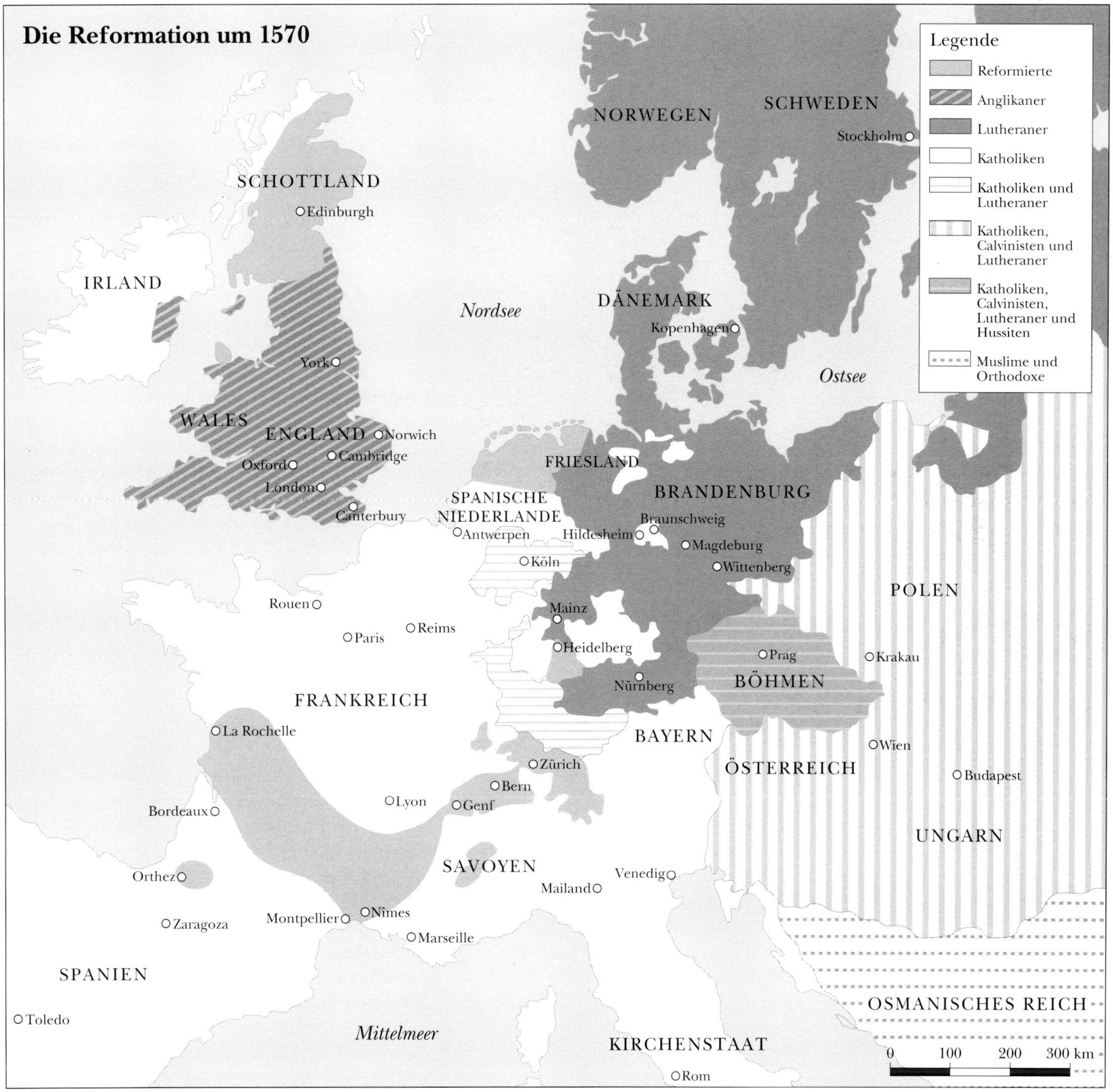

Dürers *Betende Hände*, ein in der ganzen Christenheit geschätztes und bekanntes Symbol des Gebets.

Eine Gemälde Cranachs vom Letzten Abendmahl; auf beiden Seiten des Triptychons sind führende Lutheraner dargestellt. Links Melanchthon bei einer Taufe, rechts Luther. Davor steht ein moderner Altar mit dem CHI-RHO und Alpha und Omega.

einen Krankenbesuch oder eine Kollektenspende in den Himmel kommen. In diesem Leben sind und bleiben die Menschen Sünder. Der Himmel steht nur durch Gottes Gnade offen. In einem Glaubensakt öffnen wir unsere Seele dem Erlöser, und die erhaltene Gnade befähigt uns, unseren Nächsten so zu lieben, wie Gott es befiehlt.

Dürer und Cranach

Unser Bild von Luther und seinem Werk verdanken wir zumindest teilweise zwei Malern, Lucas Cranach dem Älteren (1472–1553) und dem Jüngeren. Der Vater arbeitete zunächst als Maler am Hof in Wien und dann für die Reliquiensammlung des Kurfürsten von Sachsen. Wie sein Zeitgenosse Albrecht Dürer (1471–1528) begann er Holzschnitte zu machen, eine Technik, die in Europa seit einem dreiviertel Jahrhundert bekannt, aber noch nicht ausgereift war. Cranachs erster Holzschnitt war das Wappen der Bruderschaft des Geweihten Herzens. Das zeigt, daß er damals noch kein Protestant war; außerdem malte er viele Madonnen.

Cranach lebte in Wittenberg, als Luther dort seine Reformen in Gang setzte, und war sofort von ihnen überzeugt. Er wurde ein Freund und Anhänger Luthers und setzte seine Holzschnitte in der Propagandaschlacht zwischen Konservativen und Reformatoren ein. Außerdem steuerte er einundzwanzig Holzschnitte zu Luthers Übersetzung des Neuen Testaments bei; wegen eines Bildes bekam er Ärger, weil er die Hure Babylon mit einer päpstlichen Tiara dargestellt hatte. Er malte drei Porträts von Luther, vom Mönch, dem Doktor der Universität und dem »Junker Jörg«; unter diesem Namen hatte Luther sich nach dem Reichstag von Worms auf der Wartburg versteckt. Außerdem gestaltete er Bilder für lutherische Altäre zu Themen wie dem Abendmahl. Cranachs Sohn, der denselben Vornamen trug, wurde 1515 in Wittenberg geboren. Er war von Jugend an Protestant und überzeugter Anhänger Luthers. Die religiösen Themen seiner Bilder sind nicht so vielfältig wie die seines Vaters, da er vor allem Altargemälde anfertigte. Er malte ein idealisierendes Porträt Luthers, jenes Bild, das die Erinnerung der Deutschen an den Reformator am nachhaltigsten geprägt hat.

Die Protestanten und die Mönche

Die Meinung, Mönche und Nonnen hätten einen falschen Lebensweg gewählt, war schon vor der Reformation laut geworden, doch es waren schließlich die Protestanten, die die Klöster schlossen. Viele Mönche konnten jetzt in einer Welt, in der es an gebildeten Menschen mangelte, Arbeit finden, und für manche Nonnen, die in frühen Jahren von ihren Eltern in eine beengende Klostergemeinschaft gesteckt worden waren, war dieses neue Leben eine Erleichterung, aber im großen und ganzen war der Bruch ziemlich schmerzhaft. Jüngere ehemalige Nonnen konnten noch heiraten (eine

Einen andern Grund kann niemand legen
A.D. 1547
A.D. 1928

Dürers vier Reiter der Apokalypse.
In den ersten Bibeln mit Illustrationen beschränkten diese sich häufig auf das Buch der Offenbarung.

von ihnen, Katharina von Bora, heiratete Luther), doch die älteren brauchten ein Zuhause, das ihnen in Deutschland in der Regel auch zugestanden wurde. Einige ehemalige Nonnen fanden Arbeit, weil die Zahl der Schulen stieg, mehr Krankenhäuser gebaut wurden und der Bedarf an Almosenpflegern für die Armenfürsorge wuchs.

Die Folgen der Reformation

Im *Augsburger Bekenntnis* erklärten sich die Protestanten noch zu Mitgliedern der katholischen Kirche, und die Unterschiede zum konservativen Katholizismus waren gering. Die Protestanten traten für die Wahrheit der Bibel, die Sakramente, Gebet und Nächstenliebe und die moralische Autorität der Kirche ein. In Deutschland waren viele Anhänger Luthers und in England einige Anglikaner damit zufrieden, daß die Gottesdienste im großen und ganzen – samt Orgel, Meßgewändern und Ritualen – gleichblieben, abgesehen davon, daß sie jetzt in der Landessprache und nicht mehr in Latein gehalten wurden. Die Pfarrer konnten auf Wunsch rechtmäßig heiraten. Ein besonderes Gewicht lag auf der Bibel und der Auslegung ihrer Aussagen; dadurch bekamen die Predigten ein sehr viel größeres Gewicht. Außerdem wurden mehr und neue Kirchenlieder gesungen. Die Gemeinden in Norddeutschland, Skandinavien und England konnten diese Reformen problemlos akzeptieren, die gewohnte Form der Gottesdienste wurde weitgehend beibehalten. Meist betrachteten sie die Neuerungen als eine Verbesserung des Alten, und einige begrüßten vor allem die neue, herausgehobene Stellung der Predigt, weil sie so den Glauben besser verstanden, und die Kirchenlieder, die den Lobpreis Gottes leidenschaftlicher ausdrückten. Diese erste neue Glaubensform wurde in Deutschland unter dem Namen »evangelisch« und anderswo als »lutherisch« bekannt.

Die zweite protestantische Glaubensform mit ähnlicher Lehre entwickelte sich zur »reformierten« Kirche. Sie unterschied sich vor allem durch die Art des Gottesdienstes und den Glauben an die geistliche – anstelle der leiblichen – Präsenz Christi im Abendmahl, was für die einfachen Menschen wichtig war. In der Schweiz lehrte Ulrich Zwingli (1484–1531), ein Anhänger von Erasmus und Leutpriester in Zürich,

Im Jahre 1568 reißen protestantische Holländer in Brabant Statuen und Bilder herunter, um die Kirche von dem zu reinigen, was in ihren Augen Götzenanbetung war. Vor allem das exponierte Kreuz sollte aus der Kirche verschwinden. Dieser Bildersturm war von der protestantischen Obrigkeit gewollt, nicht jedoch die damit verbundenen brutalen Übergriffe.

Eine anglikanische Predigt in einem heißen Sommer (was an dem Fächer zu erkennen ist) im 18. Jahrhundert, dem Zeitalter der Perücken: Der Prediger in einem schwarzen Talar hält die Predigt, der Geistliche unten in der zweistöckigen Kanzel ist für die Antworten der Gemeinde verantwortlich. Auf der Kanzel steht ein Stundenglas, eine Dame trägt ein unschickliches Kleid. Hinten ist der Altar mit seinen wertvollen Altargeräten abgebildet. Karikatur von John Collett, um 1760.

die Schweizer einfache Gottesdienstformen, und später versuchten auch die Presbyterianer in Holland, Neuengland und Schottland, die Puritaner in England und die Hugenotten, die französischen Protestanten, ihre Rituale zu vereinfachen. Ihre Kirchenlieder waren schlichte metrische Psalmenfassungen, denn sie empfanden kunstvolle Musik als störend und schafften deshalb in der Regel auch die Orgeln ab. Die Formen der Liturgie waren einfach und noch stärker bibelbezogen, die Predigt bekam einen noch höheren Stellenwert als bei den Lutheranern. Das Streben nach Einfachheit richtete sich auch gegen die Bilder und Statuen, die die reformierten Christen – teilweise gewaltsam – entfernten, in der festen Überzeugung, damit einen heiligen Ort zu reinigen.

Konservativen Gläubigen waren diese Gottesdienste fremder als die protestantischen im lutherischen Deutschland. Doch sie bestachen durch Klarheit, Offenheit und Schlichtheit. Allmählich begannen die Menschen sie zu lieben; ein Gottesdienst der lutherischen Kirche oder der anglikanischen Hochkirche erschien ihnen fremd, ein altmodischer römisch-katholischer sogar abstoßend.

Der Text der Bibel

Den ersten Bibeln fehlte die Kapiteleinteilung. Seit der Zeit Jesu gab es in verschiedenen jüdischen Abschriften des Alten Testaments Absätze, die das Auffinden bestimmter Stellen erleichtern sollten; diese wurden in einigen frühen christlichen Texten übernommen. Erst mehr als tausend Jahre später (1206) nahm Stephen Langton (gest. 1228), der spätere Erzbischof von Canterbury und Unterzeichner der Magna Carta, die uns bekannte Kapitelaufteilung vor. Seine Gliederung der Vulgata, der verbindlichen lateinischen Bibelübersetzung, wurde mit kleinen Änderungen in die späteren Übersetzungen übernommen.

In der Reformationszeit beschäftigten sich plötzlich viel mehr Menschen direkt mit der Bibel, und man brauchte ein System, nach dem man bestimmte Textstellen schneller finden konnte. Robert Estienne (1503–1559), auch bekannt als Stephanus, besaß in Paris eine der besten Druckereien Europas, doch 1550 mußte er seine Heimatstadt verlassen, weil er Hugenotte war, und floh nach Genf, wo er zunächst ein Neues Testament und kurz darauf eine ganze Bibel mit durchnumerierten Versen druckte. Diese einfache Verbesserung war die weitreichendste Veränderung des Bibelstudiums seit der Einführung von Büchern anstelle von Schriftrollen. Zunächst war die Numerierung nicht besonders beliebt, und es dauerte rund vierzig Jahre, bis alle Protestanten sie übernahmen. Die Gefahr war, daß die Bibel nicht mehr als Ganzes, sondern als eine Reihe von einzelnen Sätzen betrachtet wurde. Doch dies wurde durch das leichtere Auffinden einzelner Passagen ausgewogen, was für Prediger, Wissenschaftler und Privatpersonen beim Gebet oder Studium gleichermaßen von Vorteil war.

Die Bibelübersetzungen beeinflußten in allen Ländern des protestantischen Europas die Literatur und die Alltagssprache. Eine ausgezeichnete englische Übersetzung des gesamten Neuen und Teilen des Alten Testaments wurde während der Herrschaft Heinrichs VIII. von William Tyndale verfaßt, der auf das Festland flie-

Ein anglikanischer Geistlicher teilt das Abendmahl aus. Beachtenswert ist das weiße Tuch auf dem Altar.
Die Frauen tragen Hüte, knien aber gemeinsam mit den Männern am Altar, obwohl sie vermutlich auf verschiedenen Seiten der Kirche Platz nehmen mußten. Von Francis Wheatley.

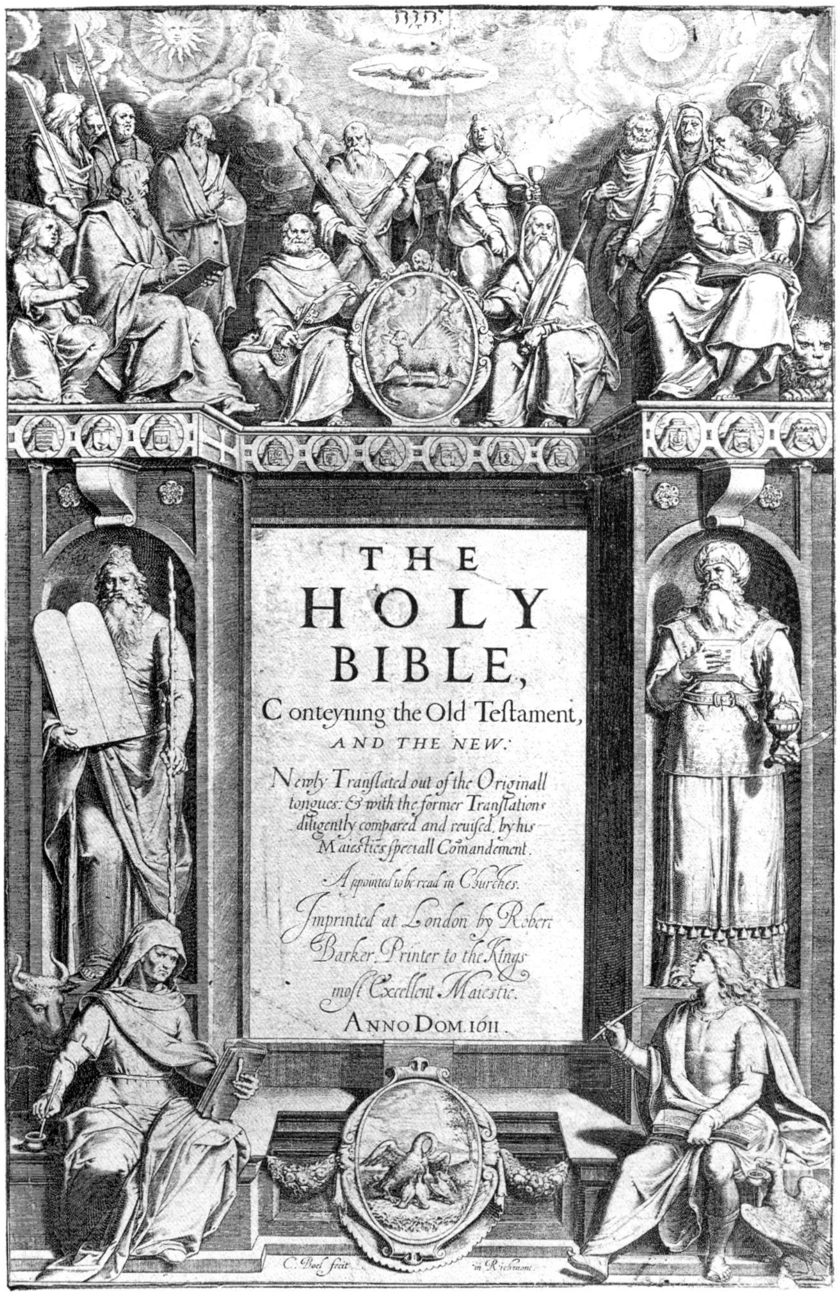

Die Titelseite der sogenannten King James Bible von 1611; mit ihrer shakespearschen Sprache und Gelehrsamkeit war sie bis zum 19. Jahrhundert und vielleicht sogar länger die beste englische Übersetzung und ist auch heute noch bei vielen Gläubigen in der englischsprachigen Welt beliebt.

hen mußte und später verraten und erdrosselt wurde. Sie wurde mehrfach überarbeitet und bildete schließlich die Grundlage der beliebten »King James Bible« von 1611.

Kirchenlieder

Auch der Stellenwert des Gesangs in der Kirche änderte sich. Das griechische Wort *hymnos* stammt aus vorchristlicher Zeit, es bedeutet »Lobgesang«. Als die Christen das Singen der Psalmen von den Juden übernahmen, nannten sie diese metrischen Fassungen Hymnen. Sie wurden, da die meisten Menschen nicht lesen konnten, von einem Chor oder einem einzelnen Kantor gesungen, die Gemeinde mußte nur die Refrains wie »Ehre sei Gott in der Höhe« oder »Heilig, heilig, heilig« kennen und setzte damit am Ende jeder Strophe ein.

Das erste bekannte Gesangbuch aus der Zeit um 650 führte nur Texte, aber keine Noten auf. Viele Klöster verwendeten für ihre Gebete und Psalmen den *Cantus planus* (den gregorianischen Gesang), und Mönche lasen den Text und die Noten ab; dabei sangen die Mönche auf den beiden Seiten der Kapelle die Strophen häufig im Wechsel. Bald stellte sich die Frage, was gesungen werden dürfe: nur Psalmen oder auch Worte aus dem Neuen Testament? Durften von Dichtern verfaßte Verse aufgenommen werden? Jemand, möglicherweise sogar der Kirchenvater Ambrosius von Mailand (gest. 397), schrieb eine großartige Lobhymne auf Gott als die Dreieinigkeit, das *Te Deum;* durfte sie vorgetragen werden? Ein Konzil in Laodikea in Kleinasien (360) entschied zwar, daß nur biblische Texte gesungen werden dürften, doch die Gemeinden nahmen diesen Beschluß kaum zur Kenntnis; die Menschen verwendeten Gedichte in ihren privaten Gebeten, und allmählich kam eine kleine Sammlung von lateinischen und griechischen »Kirchenliedern« in Gebrauch, die keine Psalmen waren. Meist wurden sie von Chören gesungen.

Bestimmte Kirchenlieder wurden in den Gottesdienst eingegliedert, beispielsweise wurde bei jeder Priesterordination *Veni creator spiritus* (»Komm, Gott Schöpfer, Heiliger Geist«) gesungen, ein Hymnus eines unbekannten Verfassers aus dem neunten Jahrhundert.

Die lateinische Dichtung reimte sich ursprünglich nicht. Seit dem zehnten Jahrhundert jedoch kamen gereimte Verse auf, die sich die Menschen leichter merken konnten. Gegen Ende des Mittelalters verwendeten die Bettelmönche in ihren Missionsgottesdiensten sich reimende Lieder in den Volkssprachen.

Die Reformatoren des 16. Jahrhunderts förderten den Gesang von Kirchenliedern. Durch den Buchdruck waren sie in der Lage, in den Kirchen mehrere Exemplare eines Buches auszulegen, durch die verstärkten Bildungsbemühungen konnten mehr Menschen lesen, und die Gottesdienste fanden in einer Sprache statt, die die Zuhörer verstanden. Eine ganz neue Welt des Kirchenliedes tat sich auf: Es gab Übersetzungen alter lateinischer Hymnen, metrische

Psalmenfassungen und vor allem ganz neue Texte und Melodien.

Der frühere Streit wurde wieder aktuell: Durften Lieder gesungen werden, deren Texte nicht aus der Bibel stammten? Luther und seine Anhänger traten dafür ein und schrieben selbst einige sehr gute Kirchenlieder, häufig auf die Melodie von Volksliedern, damit das Singen mehr Freude machte. Die Schweizer reformierte Kirche verneinte die Frage und beschränkte sich auf die metrischen Psalmen. Sie wurden zu einem wichtigen Bestandteil der Gottesdienste in der Schweiz, aber auch in den Niederlanden, in Schottland und zeitweilig in England; in anglikanischen Gesangbüchern finden sich noch viele dieser Psalmen.

Die Radikalen

Die Reformatoren vertraten die Ansicht, daß die Bibel die Quelle der religiösen Wahrheit sei und daß jeder sie selbst lesen und die Wahrheit allein finden könne.

In Zürich und Südwestdeutschland traten radikale Verfechter dieser Position auf, die später auch die Niederlande und von dort aus Nordwestdeutschland beeinflußten. Sie lehnten die Taufe von Kindern ab, da jeder wahre Christ glauben müsse und ein Baby noch nicht verständig genug sei, um wirklich glauben zu können.

Diese Täufer (oder Wiedertäufer) trafen sich in kleinen Gruppen, um in der Bibel zu lesen. Da sie jede Form von Gewalt, sei es im Krieg oder auch als Strafmaßnahme, ablehnten, versuchten sie den Kriegsdienst zu verweigern, auch wenn ihre Stadt belagert wurde, und wurden unter anderem deswegen verfolgt. Alle Gemeinschaften organisierten sich im geheimen und unabhängig voneinander, so daß kaum einheitliche Positionen festgelegt wurden. Häufig radikalisierten sie sich, was unter Verfolgung nicht ungewöhnlich ist. Zunächst fürchteten sie, das Ende der Welt stünde bevor. Einige ihrer frühen Führer waren gebildete Männer, doch diese wurden bald getötet, und später waren die meisten Täufer Arbeiter, darunter mehr Männer als Frauen.

Ein Dorfchor von Thomas Webster auf der Empore im hinteren Teil einer anglikanischen Dorfkirche um 1820. Vorher trugen die Sänger Chorhemden und standen im Altarraum. Es gibt keine Orgel, das Orchester besteht nur aus Cello, Klarinette und Fagott. Frauen, Mädchen, Männer und Jungen singen gemeinsam. Sie müssen sich die Noten teilen, da nicht genügend Gesangbücher vorhanden sind.

Eine alte holländische Bäuerin spricht vor ihrer einsamen Mahlzeit das Tischgebet; von Nicolaes Maes, einem Schüler Rembrandts, der Schatteneffekte liebte. Bevor die Protestanten sich stark für eine private Religiosität einsetzten, hätte man einen solchen Akt der Frömmigkeit nur bei Nonnen oder Frauen aus der Oberschicht gesehen.

Sie verloren nach 1533 jedes Ansehen, als eine Gruppe von Täufern die Stadt Münster in Westfalen einnahm und, während sie dort belagert wurde, Andersdenkende unterdrückte und die Polygamie propagierte.

In Mähren, das heute zur Tschechischen Republik gehört, standen die Täufer unter dem Schutz von lokalen Gutsherren. Die Hutterer gründeten dort kommunenähnliche Gemeinschaften, sogenannte Bruderhöfe, in denen alle für das Gemeinwohl arbeiteten, gemeinschaftlich lebten und die Kinder gemeinsam erzogen. Sie waren bald als tüchtige Arbeiter geschätzt. Dennoch bestanden die Gemeinschaften dort nur rund achtzig Jahre, bis sie während eines Krieges nach Rußland abgedrängt wurden. Nachkommen wanderten in die Vereinigten Staaten aus, wo es auch heute noch Bruderhöfe gibt.

Menno Simons (1496–1561) stellte unter den Täufer-Gruppen in Nordwestdeutschland Ruhe und Ordnung her. Die seit kurzem protestantischen Niederlande verhielten sich als erster Staat in Europa toleranter gegenüber solchen abweichenden Gruppen. Dort konnten die Täufer ihre Vision eines Christentums in kleinen pazifistischen Hauskirchen-Gemeinden, die unter anderem die Kindertaufe ablehnten, schließlich erfolgreich durchsetzen. Die heute unter dem Namen Mennoniten bekannte Kirche genießt immer noch hohes Ansehen.

Die Niederlande zogen auch Flüchtlinge aus England an, die an dieser Religion Gefallen fanden, unter ihnen einige gebildete Menschen. John Smyth, ursprünglich ein Priester der Kirche von England, führte eine Gruppe von *Dissenters*, Gläubigen, die sich von der anglikanischen Kirche nicht mehr vertreten fühlten, nach Amsterdam und traf dort mit den Mennoniten zusammen. 1612 gründete diese Gruppe die erste »baptistische« Gemeinde in Großbritannien. Als nach dem Bürgerkrieg zwischen Krone und Parlament größere religiöse Toleranz in England herrschte, entstanden im ganzen Land zahlreiche Gemeinden.

Neuengland stand allen möglichen Flüchtlingen aus Europa offen. 1639 gründete Roger Williams in Providence, Rhode Island, eine Baptistengemeinde, und seitdem gehörten die Baptisten zu den wichtigsten religiösen Gemeinschaften der Vereinigten Staaten. Durch ihre klaren, direkt der Bibel entnommenen Aussagen und ihre anpassungsfähige Organisation verbreiteten sie sich schnell unter den Schwarzen in Amerika.

George Fox (1624–1691), Gründer der Quäker, wirkte im englischen Bürgerkrieg und später als Wanderprediger, der die Menschen lehrte, die Stimme Gottes sei in jedem Menschen, und die wahre Gottesanbetung finde in der Stille statt, bis der Heilige Geist jemanden aus der Gruppe zum Sprechen bewege. Sein Schüler Whitehead, der den Vorsitz führt, setzte sich dafür ein, daß seine Anhänger zu einer anerkannten Glaubensrichtung wurden, der »Gesellschaft der Freunde«, so die Selbstbezeichnung der Quäker. Links sitzt Penn, der Gründer Pennsylvanias.

Bis heute gehören die meisten schwarzen Kirchgänger baptistischen Kirchen an.

Der Grund für die Trennung vom traditionell geprägten Christentum war nicht nur der Streit darüber, ob schon Kinder getauft werden dürften, sondern vor allem die Idee der Freiheit. Das zeigt ganz deutlich das Aufkommen der Kongregationalisten. Sie entstanden wie die Baptisten als kleine Gruppen mit Hauskirchen, hatten aber überdurchschnittlich viele gebildete Mitglieder, erkannten den Pazifismus nicht als universelle Regel an und tauften ihre Kleinkinder. Alle Gemeinden organisierten sich selbständig nach demokratischen Regeln, die ersten entstanden kurz vor 1600 in Norwich und London. Auch Oliver Cromwell war Kongregationalist, und unter seiner Herrschaft wurden sie aner-

kannt. Sowohl in Großbritannien als auch in Neuengland entwickelten sie sich zu einflußreichen Gemeinden. Trotz ihrer radikalen Vorstellungen fühlten sich Mitglieder der traditionelleren Kirchen in ihren Gottesdiensten nicht fremd.

Ein heiliger Staat

Als der römische Staat im vierten Jahrhundert allmählich christlich wurde, hielt es dennoch niemand für möglich, daß es eine Gesellschaft geben könne, deren sämtliche Angehörige gläubige Anhänger Christi seien. Im Gegenteil galt als erwiesen, daß man, um wirklich gläubig sein zu können, die Gesellschaft verlassen, Abstand von ihren Versuchungen gewinnen und in den Wäldern, Bergen oder der Wüste Ruhe finden müsse. Diese Einstellung hielt sich während der folgenden tausend Jahre in Ost- und Westeuropa. Nach der Gründung von Konstantinopel glaubten die Menschen kurze Zeit, sie könnten eine wahrhaft christliche Stadt errichten, aber sie erkannten bald, daß Konstantinopel eine Stadt war wie jede andere auch. In einem Kloster kann eine Gemeinschaft von wahrhaft gläubigen Christen existieren, doch außerhalb seiner Mauern hat man es mit der Erbsünde der Menschheit zu tun. Man kann zwar sein Möglichstes tun, um sie zu mindern, aber man wird sie bis zum jüngsten Tag nicht loswerden.

Calvins Porträt; darunter steht: »Er wurde 1509 in Noyon in der Picardie geboren und starb 1564 in Genf. Frankreich ist stolz auf ihn als seinen geistigen Führer, und Schottland betrachtet ihn als seinen wichtigsten Propheten.«

Den Reformatoren des 16. Jahrhunderts mißfiel diese Vorstellung, denn ihrer Meinung nach war die Gesellschaft nicht so gut, wie sie sein sollte, weil gerade viele besonders anständige Menschen sie verließen, um einem weltfremden Tugendideal nachzueifern. Dadurch schadeten Mönche und Nonnen in ihren Augen der Gesellschaft. Das Neue Testament lehre keine zwei Wertmaßstäbe, einen wirklich guten und einen nur halbherzigen, und insofern sollte man versuchen, die ganze Gesellschaft christlich zu gestalten. Und da die Sünde überall sei, gebe es keine andere Möglichkeit, als den gewöhnlichen Menschen die nötige Disziplin nahezubringen.

Johannes Calvin (1509–1564) versuchte in Genf, dieses Wunschbild in die Realität umzusetzen. Sein Projekt scheiterte zwar, hatte aber dennoch international große Auswirkungen.

Calvin mußte als französischer Protestant vor der Hugenottenverfolgung aus Frankreich fliehen. Zufällig kam er nach Genf und schloß sich den dortigen Reformatoren an. Nach einiger Zeit wurde er ausgewiesen, 1541 jedoch wieder zurückgerufen. Dreiundzwanzig Jahre lang war er der wichtigste Pastor der Stadt und bewirkte so durchgreifende und positive Veränderungen, daß die von ihm und seinen Anhängern geschaffenen Kirchenstrukturen Bewunderung hervorriefen. Einige empfanden die dort herrschende Sittenstrenge als tyrannisch, aber Calvins Ideen wurden von vielen führenden Reformatoren in Frankreich, Holland, Schottland, der Pfalz, später in Massachusetts und sogar zeitweilig in England und Wales übernommen.

Seine Kirchenstruktur war »presbyterianisch«, das heißt, die Kirche wurde von Geistlichen geleitet. Die amtierenden Geistlichen wählten die neuen Pfarrer hinzu, Vertreter des Volkes bestätigten die Wahl. (In einigen presbyterianischen Kirchen wählt heute das Volk seine Pfar-

rer, die anderen Geistlichen müssen die Wahl bestätigen.) Das Volk wählte Älteste, und die Geistlichen und Ältesten bildeten zusammen das Konsistorium, die oberste Autorität in bezug auf die in der Stadt geltenden moralischen Regeln. Es verfügte allerdings nicht über staatliche Macht, sondern mußte die Stadtbehörde dazu bringen, jene zu bestrafen, die gegen die Kirchengesetze verstießen. Es gab Gruppen von Inspektoren, die die Kinder und Schulen beaufsichtigten und die Haushalte kontrollierten, um zu prüfen, ob die Menschen sich moralisch akzeptabel verhielten. Diakone und Almosenpfleger kümmerten sich darum, daß die Kranken und Alten versorgt wurden.

Besucher aus anderen Ländern waren beeindruckt von der Genfer Kirchenordnung, denn die Menschen waren glücklich und freundlich zueinander, verrichteten fromm ihre Gebete und ehrten Gott, sangen ihre metrischen Psalmen voller Gefühl und kümmerten sich um die Erziehung ihrer Kinder. Auf der Straße gab es keine Betrunkenen, die Kleidung war sittsam, und es gab weder Bettler noch Prostituierte. Der schottische Reformator John Knox (1505–1572) besuchte Genf und erklärte – nicht als einziger –, er habe »eine sehr vollkommene Schule Christi« vorgefunden. Doch die Besucher erkannten nicht, daß ein solches System nur mit einer Regierung durchzusetzen war, die hart durchgriff – oder, wenn sie es erkannten, billigten sie diese Härte. Da moralische Fehler notwendigerweise streng bestraft wurden, rief diese Ordnung meist sehr bald Widerstand hervor und konnte sich nur kurze Zeit behaupten.

Das System unterschied sich in den verschiedenen Ländern, in denen es eingeführt wurde, je nach Regierungsform und der Beziehung zwischen Kirche und Staat. Allerdings mußten immer drei Grundbedingungen erfüllt sein: Das Disziplinierungssystem mußte straff organisiert sein, zumindest ein Großteil der Menschen mußte ihm zustimmen, und die Regierung mußte ihm positiv gegenüberstehen und durfte sich in ihrem Recht, die Menschen zu beherrschen, nicht beeinträchtigt fühlen. Wo ein Herrscher von dieser Ordnung überzeugt und mächtig genug war, sie durchzusetzen, funktionierte sie – jedoch nur, solange der Herrscher einen ebenso überzeugten Nachfolger hatte.

Massachusetts wurde zunächst von englischen Puritanern besiedelt, die 1620 auf der *Mayflower* von Plymouth aus nach Amerika aufgebrochen waren; zehn Jahre später gründete John Winthrop Boston. Dieser erste kleine Staat wurde natürlich nach puritanischen Grundsätzen organisiert: Stimmrecht erhielt nur, wer eine religiöse und moralische Prüfung bestanden hatte, es herrschte absolute Strenggläubigkeit, und die moralische Disziplin hätte auch vor Calvins Augen Gnade gefunden. Doch so hohe Maßstäbe konnten nur eingehalten werden, solange wenige Menschen zusammenlebten. Mit dem wachsenden Strom der Einwanderer kamen ganz unterschiedliche Menschen ins Land, die sich nicht mehr so einfach diesem System unterordneten, und allmählich schwand die strikte Disziplin. Dennoch war dieser idealistische Gesellschaftsentwurf so überzeugend, daß er in Neuengland noch heute erkennbare Spuren hinterließ.

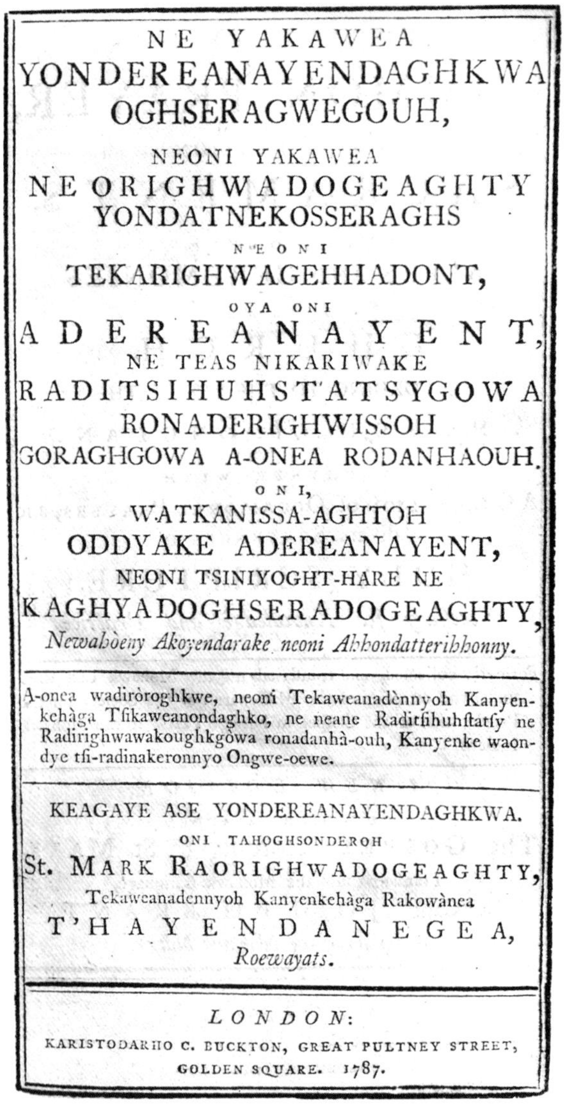
NE YAKAWEA
YONDEREANAYENDAGHKWA
OGHSERAGWEGOUH,
NEONI YAKAWEA
NE ORIGHWADOGEAGHTY
YONDATNEKOSSERAGHS
NEONI
TEKARIGHWAGEHHADONT,
OYA ONI
ADEREANAYENT,
NE TEAS NIKARIWAKE
RADITSIHUHSTATSYGOWA
RONADERIGHWISSOH
GORAGHGOWA A-ONEA RODANHAOUH.
ONI,
WATKANISSA-AGHTOH
ODDYAKE ADEREANAYENT,
NEONI TSINIYOGHT-HARE NE
KAGHYADOGHSERADOGEAGHTY,
Newahòeny Akoyendarake neoni Ahhondatterihhonny.

A-onea wadiròroghkwe, neoni Tekaweanadènnyoh Kanyenkehàga Tſikaweanondaghko, ne neane Raditſihuhſtatſy ne Radirighwawakoughkgòwa ronadanhà-ouh, Kanyenke waondye tſi-radinakeronnyo Ongwe-oewe.

KEAGAYE ASE YONDEREANAYENDAGHKWA.
ONI TAHOGHSONDEROH
St. MARK RAORIGHWADOGEAGHTY,
Tekaweanadennyoh Kanyenkehàga Rakowànea
T'HAYENDANEGEA,
Roewayats.

LONDON:
KARISTODARHO C. BUCKTON, GREAT PULTNEY STREET,
GOLDEN SQUARE. 1787.

Eine Gebetbuch (Auszüge aus dem Gebetbuch der anglikanischen Kirche) für die Mohawk-Indianer, 1787.

Einige Pilgerväter treffen sich zum Gebet, bevor sie 1620 mit der Mayflower von Holland aus in die Neue Welt aufbrechen; nach einem stark romantisierenden Gemälde von Charles West Cope von 1856. Die Mayflower verließ Plymouth schließlich am 16. September 1620 mit 149 Mann an Bord, darunter mindestens fünfunddreißig puritanischen Flüchtlingen, und erreichte am 21. November Kap Cod.

Als die parlamentarischen Kräfte 1645 im englischen Bürgerkrieg die Oberhand gewannen, richteten sie ein presbyterianisches System ein, das die Kirche effektiver und die Menschen tugendhafter machen sollte. Es funktionierte nie zur vollsten Zufriedenheit, zum einen, weil der Krieg weiterging, und zum anderen, weil es nicht die Zustimmung der Mehrheit fand. Die Ereignisse zeigten, wie schwierig es war, ein Land – nicht nur eine Stadt oder eine kleine Gemeinde – per Gesetz fromm zu machen.

John Bunyan

Unter allen Calvinisten hatte ein Engländer wesentlich weitreichenderen Einfluß als alle selbsternannten Schüler Calvins: John Bunyan (1628–1688), der Verfasser des Buches *Pilgerreise zur seligen Ewigkeit.* Bunyan war ein Kesselflikker aus Elstow bei Bedford, dessen Kindheit von Alpträumen, dämonischen Visionen, Verzweiflung und Schuldgefühlen geprägt war. Zu Beginn des englischen Bürgerkrieges war er vierzehn, als der König geköpft wurde, war er zwanzig und wollte bald heiraten. Als Soldat kämpfte er in der siegreichen Armee des Parlaments.

Als Prediger einer kleinen Baptistengemeinde in Bedford fand er endlich seinen Seelenfrieden. Da er als *Dissenter* von der anglikanischen Kirche abwich, wurde er nach der Thronbesteigung Charles' II. ins Gefängnis geworfen und blieb dort den Großteil der folgenden zwölf Jahre, weil er nicht versprechen wollte, nicht mehr zu predigen. Dort beschäftigte er sich intensiv mit der Bibel und begann sein erstes Buch, *Überreiche Gnade für der Sünder Größesten,* zu schreiben, das sein religiöses Bekenntnis enthielt und gleichzeitig seine Autobiographie war. Die Drucker mußten zwar seine Grammatik und Rechtschreibung korrigieren, doch dafür verband er seine religiösen Erfahrungen mit einer völligen Versunkenheit im Bibeltext und der Menschenkenntnis eines Arbeiters, nicht eines Angehörigen der herrschenden Klasse. Das machte ihn zu einem einzigartigen Schriftsteller.

Nach einer kurzen Zeit in Freiheit wurde er wieder für sechs Monate eingekerkert und begann mit der Niederschrift der *Pilgerreise,* deren erster Teil 1678 veröffentlicht wurde.

Das Buch handelt von einer Pilgerfahrt durch Sümpfe und Morast, während der der Reisende von wilden Tieren, Straßenräubern und Verführern bedroht und von Weggefährten und Geistlichen in einem Gasthaus getröstet wird.

Der Pilger, der einfach nur den Namen »Christ« trägt, ist kein Held, sondern ein schwacher und ängstlicher Mann, der dennoch sein Ziel erreicht. Gerade seine Schwäche und Angst machten es dem Leser leicht, sich in ihn hineinzuversetzen.

Einige Leser empfanden es als unpassend, daß religiöse Themen hier in eine Abenteuergeschichte verpackt wurden, in der auch Riesen und Ungeheuer vorkamen. Doch die meisten Menschen waren begeistert; es folgte Auflage auf Auflage, einige waren mit Kupferstichen illustriert. Die ersten Leser waren Arbeiter, Diener, Ladenbesitzer und Händler; die literarische Welt nahm kaum Notiz von dem Buch. Doch allmählich bekamen die Orte, an denen der Christ auf seiner Reise vorbeikam – die enge Pforte, der Sumpf der Verzagtheit, der Palast Prachtvoll, die Zweifelsburg und der Markt der Eitelkeit – einen Platz auf der Karte der englischsprachigen Welt, und Figuren wie »Weltklug«, der »Riese der Verzweiflung« und der »Kämpfer für die Wahrheit« wurden zu nationalen Symbolen. In Neuengland und den Niederlanden wurde der Roman zum Kultbuch. Er wurde in über zweihundert Sprachen übersetzt. Bunyan war ein religiöses Genie; er schrieb einen Klassiker, obwohl er nur wenige Jahre zur Schule gegangen war, kaum Bücher gelesen hatte und die Ansichten eines Handwerkers vertrat.

Die Predigt auf ihrem Höhepunkt

Im 17. Jahrhundert erreichte die Predigt einen Rang und eine kunstvolle Form, die sie nie zuvor erlangt hatte und später auch nie wieder erlangen sollte. Die Anhänger der Reformbewegungen wollten kluge, aber verständliche Gedanken hören, gebildete Gemeindemitglieder kannten die Bibel und konnten den Predigten folgen. Das alte theologische System wurde im wesentlichen noch anerkannt. Die neu eingeführte Verwendung der Landessprachen in der Literatur, wie beispielsweise in England mit Shakespeare und der King James Bible bzw. der Luther-Bibel, die großen Einfluß auf die deutsche Sprache nahm, gestattete den besten Predigern, ihre Gedanken in poetischer Prosa darzulegen. Natürlich gab es genauso wenige »beste Prediger«, wie es ausgezeichnete Dichter gab, doch immerhin war es die einzige Zeit der christlichen Geschichte, in der Predigtsammlungen zur Literatur gehörten.

Bevor John Donne (gestorben 1631) Dekan von St. Paul's in London wurde, hatte er ausgezeichnete Liebesgedichte und religiöse Dichtungen verfaßt, von denen er allerdings später etwas abrückte. Seine Predigten waren ebenso tiefgründig religiös wie literarisch bedeutsam. Sie gehörten zur besten Prosa der damaligen Zeit. Drei Jahrzehnte später gelang Bourdaloue im katholischen Frankreich eine ähnlich innige Verbindung von treffenden Worten und tiefer reli-

Das Titelbild von *Pilgerreise zur seligen Ewigkeit;* Bunyan träumt, wie der mit Sünden beladene Pilger von der Stadt der Zerstörung in die weit entfernte Stadt Gottes zieht. In der Stadt der Zerstörung stehen übermäßig viele Kirchen.

giöser Leidenschaft. Er wurde von den Gläubigen als ausgezeichneter Lehrer und von den literarisch Gebildeten als einer der besten Schriftsteller jener Zeit bewundert. Viele seiner Predigten wurden als Beispiele für ein besonders gutes Französisch in die Schulbücher aufgenommen. Ähnliches gilt in Deutschland für Abraham a Sancta Clara (1644–1709).

Das Oratorium

Das Wort *oratorio* bedeutet im Italienischen Andachtsraum oder Kapelle für private Gebete. In den sechziger Jahren des 16. Jahrhunderts verwendete Filippo Neri, ein Pastor in Rom, seine Kapelle für Gottesdienste, die nicht nur aus Predigten und Kirchenliedern bestanden, sondern bei denen seine Anhänger, die Kongregation der Oratorianer, geistliche Theaterstücke vorführten. Italienische Komponisten übernahmen die Form dieser Stücke und machten daraus musikalische Erzählungen mit Rezitativen und Chören, die bald auf Bühnen aufgeführt wurden. Schnell zeigte sich, daß die Musik die Zuhörer stärker beeindruckte als das Schauspiel, das schließlich ganz weggelassen wurde. Als jedoch in der weltlichen Musik die Oper eine immer größere Rolle spielte, beeinflußte sie das Oratorium, so daß es fast zu einer Art von heiliger Oper wurde.

Im 17. Jahrhundert übernahmen die Deutschen, in deren lutherischem Glauben (genau wie im Katholizismus) Musik als Hilfe beim Gebet betrachtet wurde, das Oratorium von den Italienern und vertonten die Passionsgeschichte in dieser Form. Schon früh in der Kirchengeschichte war es Brauch, daß in der Woche vor Ostern drei Priester den Bericht über die Kreuzigung in den Worten eines der Evangelien sangen: Ein Sänger erzählte die Handlung, ein zweiter sang die Worte Christi und ein dritter stellte die Menge dar. Nun wurden die wichtigsten Rollen – Evangelist, Jesus, Maria – von verschiedenen Solisten gesungen, und ein Chor verkörperte die Engel oder den aufgebrachten Pöbel.

Die Deutschen schmückten die Erzählung mit Texten aus dem Alten Testament und stimmungsvollen Betrachtungen aus und gaben so die Gefühle der Gläubigen wieder. Der Rezitationsgesang dreier Priester verwandelte sich in die prächtigste geistliche Musik, die je erschaffen wurde.

Händel (1685–1759) wurde in Sachsen geboren, lebte jedoch lange Zeit in London. Sein *Messias* wurde 1742 erstmals in Dublin aufgeführt. Johann Sebastian Bach (1685–1750) wurde in die führende Musikerfamilie Ostdeutschlands hineingeboren und verdiente sein erstes Geld als Sängerknabe. Seit seinem achtzehnten Lebensjahr nahm er verschiedene Anstellungen als Kirchenorganist oder Musiker an kleinen herzöglichen Höfen an. 1723 wurde er Thomaskantor in Leipzig. Dort komponierte er, weitgehend unbeachtet und unterbezahlt, den Großteil seiner Kirchenmusik: Während der ersten beiden Jahre schrieb er jede Woche eine Kantate. Allerdings komponierte er nur drei Oratorien und fünf Passionen (von denen einige verschollen sind). Die Rolle des Evangelisten wurde bei ihm dramatischer, alle Solisten sangen ausdrucksstarke Arien, und in den Chorstücken gab es sowohl dramatische Passagen als auch religiöse Betrachtungen. Die *Matthäuspassion* aus dem Jahre 1729 gehört wohl noch immer zu den beliebtesten Passionsmusiken der gesamten Christenheit. Sie brachte vermutlich mehr Menschen den Glauben nahe als die Worte von tausend Predigern.

Die katholische Reformation

Der Begriff »Gegenreformation«, den man in den Geschichtsbüchern häufig findet, vermischt die Reformation der Kirche mit den politischen Ereignissen der Zeit. Im großen und ganzen war die katholische Reformation nicht »gegen« etwas gerichtet, sondern war Ausdruck des altbekannten Eifers, das religiöse Leben und die Anbetung Gottes zu verbessern, ohne mit den Traditionen zu brechen.

Das durch seine neuen Kolonialgebiete in Amerika reichgewordene Spanien war der dominierende Staat im Europa des 16. Jahrhunderts. Es beherrschte Italien und hatte über die Spanischen Niederlande auch Einfluß im Norden Europas. Die Spanier waren noch immer von der Kreuzzugsbegeisterung getragen, mit der sie die Muslime aus ihrem Land vertrieben hatten, und diese Stimmung übertrug sich auf das konservative, katholische Europa.

Unter dem Druck Kaiser Karls V. trat 1545 das Konzil von Trient zusammen, um die katholische Kirche zu reformieren. Wichtige Neuerungen waren ein neuer Katechismus für die Erziehung der Jugend und der Beschluß, daß angehende Priester in Seminaren ausgebildet werden sollten, ein damals neues Wort für diese Kollegien. Damit schuf eine Kirche zum ersten Mal ein System zur Ausbildung von Geistlichen, das nicht an die Universitäten angeschlossen war. Allerdings funktionierte es zunächst nicht gut, weil nur wenige gute, dafür aber zahlreiche mittelmäßige Einrichtungen entstanden.

Papst Pius V., der sechs Jahre lang von 1566 bis 1572 dieses Amt innehatte, war der geeignete Mann, um Reformen dieser Art durchzuführen. Seit 270 Jahren war er der erste Papst, der heiliggesprochen wurde. Er war ursprünglich Dominikanermönch, betätigte sich zunächst als Lehrer und später als Inquisitor; unter seinen Talaren trug er ein härenes Büßerhemd. Wie Calvin aus Genf, so versuchte er aus Rom eine heilige Stadt zu machen, in der Fluchen, Ehebruch und Störung der Sonntagsruhe bestraft wurden. Er wählte redliche Männer als Kardinäle, versuchte durchzusetzen, daß Priester in ihren Gemeinden leben mußten, und setzte sich sehr dafür ein, daß sie ihre Frauen verließen. Er beschränkte die Herausgabe von Ablässen, und seine Inquisition war streng: Der Protestantismus verschwand aus Italien, abgesehen von den Alpentälern, in denen sich die Waldenser halten konnten. Er exkommunizierte Königin Elisabeth von England und erklärte sie für abgesetzt. Dies war das letzte Mal, daß ein Papst über ein Staatsoberhaupt den Kirchenbann verhängte; Pius erreichte nichts damit und schadete nur den verbliebenen englischen Katholiken. Dieser negative Präzedenzfall wurde auch viel später noch als Argument herangezogen, beispielsweise in der Frage, ob der Papst Hitler exkommunizieren solle. Pius stellte im Kampf gegen die Türken eine Flotte auf, die die berühmte Seeschlacht bei Lepanto vor der griechischen Küste gewann. Er war Bettelmönch, Kreuzfahrer, Inquisitor, Staatsmann, Asket, ein Mann des Gebets und konservativer Reformer.

Die neuen Orden

Die Jesuiten und Kapuziner waren bei diesen Reformen unentbehrlich. Beide Orden wurden so einflußreich, daß ihre Namen auch als Schimpfwörter verwendet wurden: Ein »Jesuit« war schon bald ein hinterlistiger oder spitzfindiger Mensch und eine »Kapuzinade« eine Strafpredigt, ein Wortschwall voller Platitüden.

Ein geistliches Konzert im Zeitalter Bachs, 1732.

Die Kapuziner waren ein 1528 gegründeter Franziskaner-Reformorden; sie unterschieden sich von anderen Mönchen durch ihre Bärte und die spitz zulaufenden Kopfbedeckungen an ihren Kutten (italienisch *cappuccio,* »Kapuze«). Ihre Aufgabe war zunächst die Fürsorge für die einfachen Menschen – Kranke und Alte, Waisen, Gefangene und Alkoholiker. Doch schon bald wurden sie zu Volkspredigern, die vor großen Menschenmassen sprachen. Wie der heilige Franziskus selbst, wie die frühen Methodisten oder die amerikanischen Erweckungsprediger, waren sie in der Verkündigung des Evangeliums beim Volk epochemachend. Die Missionsarbeit in Osteuropa und Amerika, Afrika und dem Fernen Osten hätte ohne sie nicht stattfinden können. 1764 gab es schon mehr als 34 000 Kapuzinermönche.

Das Konzil von Trient, auf dem die katholische Kirche reformiert werden sollte: Die päpstlichen Gesandten führen den Vorsitz; anwesend sind Kardinäle, Bischöfe, Theologen und weltliche Botschafter der katholischen Staaten. Das Bild ist wesentlich später, um 1800, entstanden, aber wahrscheinlich kommt es der wirklichen Situation ziemlich nahe.

Die Jesuiten wurden von dem Spanier Ignatius von Loyola (1491–1556), einem ehemaligen Soldaten, gegründet. Der schnell wachsende Orden machte sich den Unterricht in Gemeinden, Schulen und Universitäten zur Aufgabe. Die Jesuiten unterschieden sich von anderen Orden dadurch, daß sie keine Ordenskleidung trugen und auf das tägliche Chorgebet verzichteten. Sie unterstanden einer strengen Aufsicht, legten ein Gelübde absoluten Gehorsams ab und wurden von einem auf Lebenszeit gewählten General geführt; die ranghöheren Mitglieder legten gegenüber dem Papst zusätzlich ein besonderes Gehorsamsgelübde ab. Schon bald waren sie im katholischen Europa die wichtigsten Verbreiter höherer Bildung. Im Jahre 1710 leiteten sie 770 höhere Schulen.

Die konservativen Katholiken hätten gewisse Reformen einleiten müssen, konnten sie jedoch nicht durchführen, weil die Protestanten ihnen zuvorgekommen waren. Die katholische Kirche mußte Messen in den Volkssprachen erlauben – was erst 1965 durchgesetzt wurde. Sie mußte die abergläubischen Elemente der Volksreligion reduzieren – was sehr langsam durchzusetzen war. Wie die Protestanten mußte sie ihren Hexenglauben loswerden, was ihnen ungefähr zur gleichen Zeit wie den Protestanten gelang. Sie mußte die Inquisition abschaffen, weil ihr Name mit Grausamkeit und Ungerechtigkeit verbunden wurde – ihre besonders grausamen Auswüchse konnte sie während der zweiten Hälfte des 18. Jahrhunderts beseitigen, das letzte Tribunal wurde 1834 in Spanien geschlossen.

Allmählich veränderten diese Neuerungen die Volksfrömmigkeit, die sich lange Zeit von der protestantischen Entwicklung abkehrte und stark gefühlsbetont oder antiintellektuell geprägt war: Es gab einen Herz-Jesu-Kult, neue Formen des Marienkultes, neue, viel besuchte Wallfahrtsorte, Widerstand gegen beunruhigende wissenschaftliche oder historische Entdeckungen; so verbot beispielsweise 1633 die römische Inquisition Galileo, zu behaupten, daß die Erde um die Sonne kreise. Doch es gab auch Ausnahmen von dieser antiintellektuellen

Ein späteres Porträt (aus dem 17. Jahrhundert) von Ignatius von Loyola, dem Gründer des Jesuitenordens; er war zuvor Soldat gewesen.

D.IGNACIO
DE·LOYOLA

Strömung. Von 1672 an entwickelten die Mauriner, eine französische Benediktiner-Reformkongregation, bei der Beschäftigung mit den alten Handschriften neue philologische Methoden und begründeten so die moderne Paläographie.

Die spanischen Mystiker

Die innerliche Frömmigkeit, die im Johannesevangelium gegenwärtig war, von den griechischen Kirchenvätern übernommen, von Dionysios Areopagita platonisch interpretiert und von Rheinländern wie Hildegard von Bingen oder Heinrich Seuse wieder aufgegriffen wurde, erreichte im Spanien des 16. Jahrhunderts ihren absoluten Höhepunkt.

Juan de Yepes (1542–1591), der bei uns als Johannes vom Kreuz bekannt ist, stammte aus einer verarmten Adelsfamilie und trat den Karmeliten bei. Er wurde zum Leiter eines Karmelitinnenklosters in Ávila ernannt, dessen Priorin die fast doppelt so alte Theresia war. Sie war die beeindruckendste und aktivste Frau in einem Land, in dessen Geschichte es nicht an bedeutenden Frauen fehlte, Juan dagegen war unscheinbar und sanft. Sie war eine gute Verwalterin, Juan hatte überhaupt keinen Sinn für solche Dinge. Dennoch empfanden sie Zuneigung füreinander.

Andere Karmeliten waren der Ansicht, Theresia handle unvernünftig bei ihren Versuchen, die Lebensweise des Ordens umzugestalten. In diesem Streit war Juan de la Cruz auf Theresias Seite; er wurde deshalb entführt und in einem Gefängnis in Toledo in eine winzige Zelle gesteckt, regelmäßig ausgepeitscht und gezwungen, sein Brot vom nackten Boden zu essen. An diesem schrecklichen Ort begann er, wunderschöne, gefühlvolle Gedichte zu schreiben. Auch nach seiner Flucht, bei der er sich aus seiner Zelle abseilte, schrieb er weiter. Später verfaßte er, weil er darum gebeten wurde, Prosaerläuterungen zu den Gedichten, die allerdings nicht sehr aussagekräftig sind. Juan war sich dessen selbst bewußt und erklärte, Gedichte könnten viel tiefer in das Mysterium des Glaubens eindringen als Prosa.

Es dauerte Jahre, bis die spanischen Karmeliten die von Theresia vorgeschlagenen Reformen annahmen. Erst 1581 einigten sie sich darauf, und schon ein Jahr später starb die Priorin. Obwohl Juan immer noch verdächtig schien, wirkte er sechs Jahre lang als Prior in Granada. Später wurde er von allen Ämtern ausgeschlossen und in die Einsamkeit der Berge geschickt. 1591 starb er an einem Fieber.

Juan de la Cruz war kein Träumer. Seine Sprache war reines Kastillisch, sein Werk trug zur Entstehung der spanischen Literatursprache bei:

Mein Geliebter, die Bergesriesen,
die nie berührten Täler, waldumschwollen,
die Inseln, nie gewesen,
der Ströme tönend Rollen,
das Flüsterlied der Luft, der liebevollen!

Die hier zum Ausdruck kommende Geisteshaltung war in zweierlei Hinsicht ungewöhnlich. Erstens schauten die Karmeliten auf ihren Ursprung auf dem Berg Karmel in Palästina zurück. Juan stellte sich den Lebensweg der Seele wie einen Aufstieg auf den Berg Karmel vor. Sie trifft dabei auf die Dunkelheit, »die dunkle Nacht der Seele«, in der sie zur Passivität verdammt ist. Dennoch gelingt ihr ein Loblied des Geistes, und sie fühlt in sich eine lebendige Flamme der Liebe. In diesem reinen Lobpreis des Herzens erlangt sie Vereinigung mit dem Göttlichen. Zweitens ist die Metapher für diese Vereinigung aus der geschlechtlichen Liebe übernommen. Mit diesem Spanier erreichte die Einbeziehung des Alten Testament in das Christentum ihren Höhepunkt. Juan de la Cruz verwendete das Hohelied, das ursprünglich eine Sammlung erotischer Lieder war, aber sowohl von Juden als auch von den Christen als Allegorie der göttlichen Liebe verstanden wurde, kühn wie niemand zuvor:

O Nacht, du holdgesinnte,
o Nacht, die holder als das Frührot wachte:
o Nacht, die mich Geminnte
zu dem Geminnten brachte,
die mich Geminnte zum Geminnten machte!
(…)
Ich blieb, mir selbst entschwunden;
mein Angesicht sank nieder zum Begehrten;
ich ließ mich, weltentbunden,
ließ Sorgen, die mich sehrten,
zwischen den Lilien, sorglos, den Gefährten.

Theresia verwendete in ihrem Buch *Die innere Burg*, das in Spanien unter dem Titel *Las moradas* (nach den Wohnungen der Seele) bekannt wurde, die Metapher einer Burg mit mehreren Mauern. Das Empfinden Gottes entwickelt sich

Die Verzückung der heiligen Theresia von Ávila, von Bernini, über dem Altar einer Seitenkapelle in der römischen Kirche Santa Maria della Vittoria, die nach dem Sieg der Gegenreformation in Prag und Süddeutschland 1620 so benannt wurde. Interessant ist ein Vergleich dieser Darstellung einer Vision mit dem Bild von Augustinus auf S. 62, von Dante auf S. 140 und Paulus auf S. 168.

Der Escorial bei Madrid, der von dem mächtigen und bis zum Fanatismus frommen Philipp II. von Spanien (1527–1598) als Kloster, Palast und Mausoleum erbaut wurde. Die Verbindung von Pracht und Strenge paßte zu diesem pedantischen Menschen und wirkte langweilig. Philipp fühlte sich berufen, die Christenheit wieder im katholischen Glauben zu einen, doch scheiterte er in England durch die Niederlage der Armada und in den Niederlanden an den holländischen Deichen. Das Kloster wurde von Hieronymiten geführt, einem Seelsorger-Orden aus dem 14. Jahrhundert, der in Spanien 1835 verboten wurde.

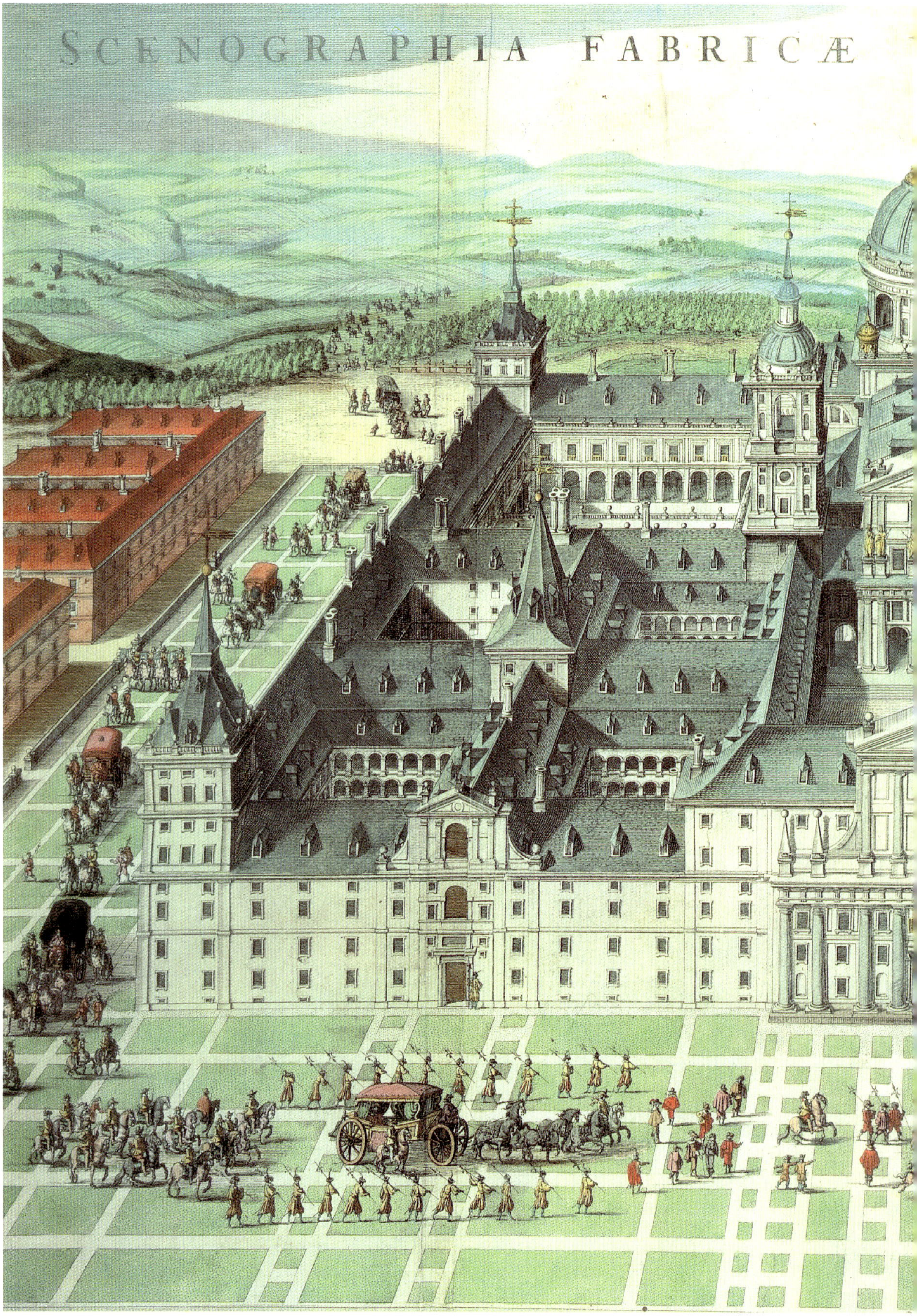

S. LAVRENTII IN ESCVRIALI

nun vom Gefühl seiner Gegenwart (Wohnungen eins bis drei, in deren Hof allerdings noch Reptilien kriechen), über das »Gebet der Stille«, in dem Gott erscheint und die Seele befreit, während der Geist an nichts anderes denken kann (Wohnung vier), und »das Gebet der Vereinigung«, in dem die Seele sich der Einheit mit Gott sicher ist wie eine Seidenraupe in ihrem Kokon (Wohnung fünf), über Dunkelheit und Verzükkung zur Verlobung der Seele mit Gott (Wohnung sechs) bis zur unmittelbaren Gegenwart Gottes und seiner Vermählung mit der Seele (Wohnung sieben). Mit Juan de la Cruz und Theresia von Ávila hat der mystische Zug des Christentums wohl seinen Höhepunkt erreicht.

Religionskriege

Wo Angehörige unterschiedlicher Religionen gezwungen sind, miteinander zu leben, können Kriege entstehen, obwohl doch der Frieden ein religiöses Ideal ist. Die Kreuzzüge wurden damit begründet, daß die Sarazenen Jerusalem eroberten, wozu sie kein Recht hatten. Deshalb war ein Krieg, in dem die heilige Stadt zurückerobert wurde, gerecht. Doch hätten die Kreuzfahrer den ganzen Weg von Frankreich bis nach Palästina zurückgelegt, um Jerusalem zu retten, wenn Jesus nicht dort gestorben wäre? Der Name der Stadt und die religiöse Verbundenheit mit ihr ließen sie aufbrechen. Doch wie in jedem Krieg wurden sie auch von Banditen begleitet, die nur auf Kriegsbeute aus waren. Die Kreuzfahrer siegten nach schwerem Kampf und herrschten fast hundert Jahre lang, von 1099 bis 1187, im Königreich Jerusalem. Dann wurden sie vertrieben, und später schien es nicht mehr sinnvoll, nicht einmal moralisch vertretbar, zurückzugehen und weiterzukämpfen.

Die Reformation spaltete Europa in Katholiken und Protestanten. Zunächst wirkte sich das nicht auf die Kriege aus: Es war wahrscheinlicher, daß katholische Franzosen im katholischen Italien einmarschierten, als daß protestantische Schweizer oder Deutsche über die Alpen zogen. Der kaiserlichen Armee, die 1527 Rom eroberte und den Papst zur Flucht zwang, gehörten protestantische und katholische Soldaten an, und die einen wie die anderen waren in Rom nur auf Kriegsbeute aus.

In Frankreich gab es »Religionskriege«, Bürgerkriege, die zwischen 1562 und 1598 immer wieder aufflammten. Aber auch diese Kriege hatten eigentlich keinen religiösen Hintergrund: Der plötzliche Tod Heinrichs II. bei einem Unfall 1559 hinterließ einen Staat ohne Oberhaupt und führte zu einem Machtkampf unter den Adligen. Allerdings dauerten die Kämpfe wegen religiöser Differenzen länger an. Heinrich II. hatte den verrückten Plan gefaßt, die mehreren hunderttausend Hugenotten, die im Lande lebten, auszurotten. Diese bewaffneten sich zu ihrem eigenen Schutz und begannen eine »gerechte Rebellion«. Andererseits besetzten die Hugenotten, wenn sie in einer Stadt die Mehrheit bildeten, wie beispielsweise in Lyon, Rouen, Nîmes oder Montpellier, die katholischen Kirchen. Das war illegal und berechtigte die Regierung, dem Aufstand gewaltsam ein Ende zu machen. Dabei kamen Menschen zu Tode, die Situation spitzte sich zu.

Die französischen Kriege endeten 1598 mit dem Edikt von Nantes, einem Meilenstein in der Geschichte der religiösen Toleranz. Der König duldete die Protestanten und erkannte beide Konfessionen als legal an. Ein weiterer Grund für das Ende der Kriege war jedoch, daß Frankreich mit Heinrich IV. endlich wieder einen fähigen König hatte, der Protestant gewesen war, aber um des Friedens willen zum katholischen Glauben übertrat.

In Deutschland wütete von 1618 bis 1648 der Dreißigjährige Krieg. Auf der einen Seite standen hauptsächlich Protestanten, auf der anderen Katholiken, so daß er manchmal auch als Religionskrieg betrachtet wurde, obwohl er eigentlich keiner war. Böhmen wollte seine Abhängigkeit von Österreich lösen, und ein unbesonnener, protestantischer deutscher Herrscher, der Kurfürst Friedrich von der Pfalz, ließ sich in Prag zum König wählen. Doch Österreich konnte den böhmischen Aufstand leicht niederschlagen und erwies sich dabei als so stark, daß es versuchte, auch andere deutsche protestantische Staaten einzunehmen, die sich dann natürlich verteidigten. Der Krieg war kein »Religionskrieg« mehr, als das katholische Frankreich auf der Seite der Protestanten in den Krieg eintrat.

Heute ist Zypern zwischen Griechen und Türken aufgeteilt – die einen sind griechisch-orthodox, die anderen Muslime, und niemand würde behaupten, daß der religiöse Unterschied nichts mit der Aufteilung der Insel zu tun hat.

Die Religion ist auch Teil der Identität eines Volkes. Als beispielsweise die größtenteils orthodoxen Russen 1813 die polnische Hauptstadt Warschau besetzten und dort 104 Jahre lang herrschten, erbauten sie auf einem großen Platz eine orthodoxe Kathedrale. Als die Polen, die größtenteils römisch-katholisch sind, am Ende des Ersten Weltkriegs ihre Unabhängigkeit erlangten, rissen sie die Kirche schnell wieder ab.

Und auch in dem Konflikt zwischen Nordirland, einem Gebiet mit überwiegend protestantischer Bevölkerung, und jenen, die behaupten, sie kämpften für eine irische Republik mit katholischer Mehrheit, spielt die Religion natürlich eine Rolle, ebenso wie bei den Konflikten im früheren Jugoslawien, wo in Bosnien viele Muslime leben, während die Kroaten katholische und die Serben orthodoxe Christen sind. Dennoch wurde der Krieg in Jugoslawien nicht aus religiösen Gründen begonnen.

Das Barock

Mit den Reformen, ob protestantisch oder katholisch, kam auch in der Kunst und Architektur eine neue Stilrichtung auf, die später »Barock« genannt werden sollte. Das Wort bedeutete zunächst »unförmig« und war ein Schimpfwort für eine Kirche oder ein Gemälde, die überladen, übertrieben ausgeschmückt, verschwenderisch oder sogar unecht waren. Erst gegen 1900 wurde das Wort positiv benutzt, um ein religiöses Streben zu beschreiben, das in seiner Art durchaus herausragende Züge hatte. Sein Prunk war nicht nur bloße Zurschaustellung, sondern zeugte vom Ruhm Gottes – mit einer eigenen Zierlichkeit und Strenge.

Ein ausgezeichnetes Beispiel für das Barock des 17. Jahrhunderts ist Gianlorenzo Berninis Entwurf für die kreisförmigen Kolonnaden vor dem Petersdom in Rom, die ab 1656 erbaut wurden. Bernini hatte schon den Altar von Sankt Peter, der über dem Grab des Heiligen errichtet wurde, mit einem Baldachin versehen, der mit seinen schlanken, gewundenen Säulen die Quintessenz des Barock verkörpert. Später baute er in der Apsis einen Altar und den Papstthron im gleichen Stil. Der Platz jedoch war einmalig: In ihrer ausschwingenden Bewegung ziehen die Kolonnaden die Gläubigen förmlich in Richtung Kirchenportal, und sie schließen eine Piazza ein, auf der die Menschenmassen bei Gottesdiensten im Freien stehen können. Keine andere Kirche hat einen so beeindruckenden Vorplatz.

Sobald die Katholiken über einen solchen offenen Raum verfügten, gaben sie ihm Farbe und Form. Mit Stuck konnte man verschlungene Strukturen und sich windende Statuen formen. Einige österreichische Klöster, wie beispielsweise Melk, stellten eine Pracht zur Schau, die ihren Zweck Lügen strafte. In einer Kirche konnten die Altäre Stufe um Stufe in die Höhe wachsen, bis sogar der überzeugteste protestantische Besucher eine »heilige Scheu« empfand. Doch die Wirkung hing nicht nur von der Größe ab. Die Wallfahrtskirche Wies im Voralpenland ist klein und in leuchtenden Farben gehalten; aber sie wirkt so warm, als umschließe sie die Menschen.

Die Protestanten brauchten noch dringender Räume, in denen sich viele Zuhörer versammeln konnten. Das wurde zum Problem, denn sie wollten Schlichtheit, aber ein großer, nackter Raum

Eine Barockkanzel in Form eines Schiffes in einer Kirche im österreichischen Traunkirchen. Dargestellt ist der wunderbare Fischfang des Petrus.

Die Decke der Kirche Sant' Ignazio in Rom, die ab 1685 von Andrea Pozzo bemalt wurde. Pozzo hatte ursprünglich den Auftrag, eine Kuppel zu bauen, doch die Dominikaner nebenan erklärten, das würde ihrer Bibliothek das Licht nehmen; deshalb baute er eine Scheinkuppel, eines der schönsten Barock-Meisterwerke.

wirkte wie ein Schuppen. Die Notwendigkeit, große Räume zu schaffen, ließ bei Lutheranern und Anglikanern stattliche Denkmäler in einem barocken Stil entstehen, der kaum weniger überschwenglich war als der der Katholiken. Die Frauenkirche in Dresden war ein schönes Beispiel; sie wurde 1945 bei einem Bombenangriff zerstört, mit dem Wiederaufbau wurde nach der Vereinigung beider deutscher Staaten begonnen.

Das wichtigste protestantische Beispiel ist die St. Paul's Cathedral in London, deren Erbauer Christopher Wren wie die Baumeister der Hagia Sophia kein ausgebildeter Architekt war, sondern ein Wissenschaftler, der mathematische Sachkenntnis mit zeichnerischem Feingefühl verband. Als 1666 die Londoner Innenstadt niederbrannte, bekam er seine Chance. Die alte Kathedrale drohte schon vor dem Brand einzustürzen, und je intensiver man danach versuchte, sie wieder aufzubauen, um so mehr Wände stürzten in sich zusammen. Wren hatte schon mit dem Entwurf der ersten von zweiundfünfzig neuen Gemeindekirchen begonnen, die in London überall kleine Stätten der Andacht bilden sollten, an denen man leicht predigen konnte. Nun begann er die reinste Barockkirche Europas zu entwerfen, deren Bau einundvierzig Jahre in Anspruch nehmen sollte. Er gab sich mit geringen Honoraren zufrieden und war offenbar ein gütiger Mann mit einem einfachen Glauben, der seine Kathedrale für Gott baute. Dabei legte er genauso viel Wert auf Religiosität und Schönheit wie auf eine genaue Statik.

In katholischen Kirchen findet sich viel häufiger überladenes Barock als in protestantischen. Die Werke zweier zeitgenössischer Maler, Rubens und Rembrandt, zeigen, was die kirchliche Öffentlichkeit dieser Zeit sehen wollte, auch wenn beide geniale Künstler waren und bei weitem mehr leisteten, als daß sie nur die Wünsche aus dem Volk erfüllten. Beide lebten in den damaligen Niederlanden, einer im katho-

Sankt Peter in Rom, erbaut von 1506–1626; Bernini gestaltete die Säulengänge so, daß sie die Menschen förmlich zum Portal ziehen. Das Durcheinander von Häusern davor wurde von Mussolini später abgerissen, um vom Tiber aus einen freien Blick auf die Kirche zu haben. Der Hügel im rechten Hintergrund war schon bald überbaut. Der Obelisk in der Mitte des Platzes wurde von Caligula nach Rom gebracht. Die Fotografie stammt aus dem Jahre 1928.

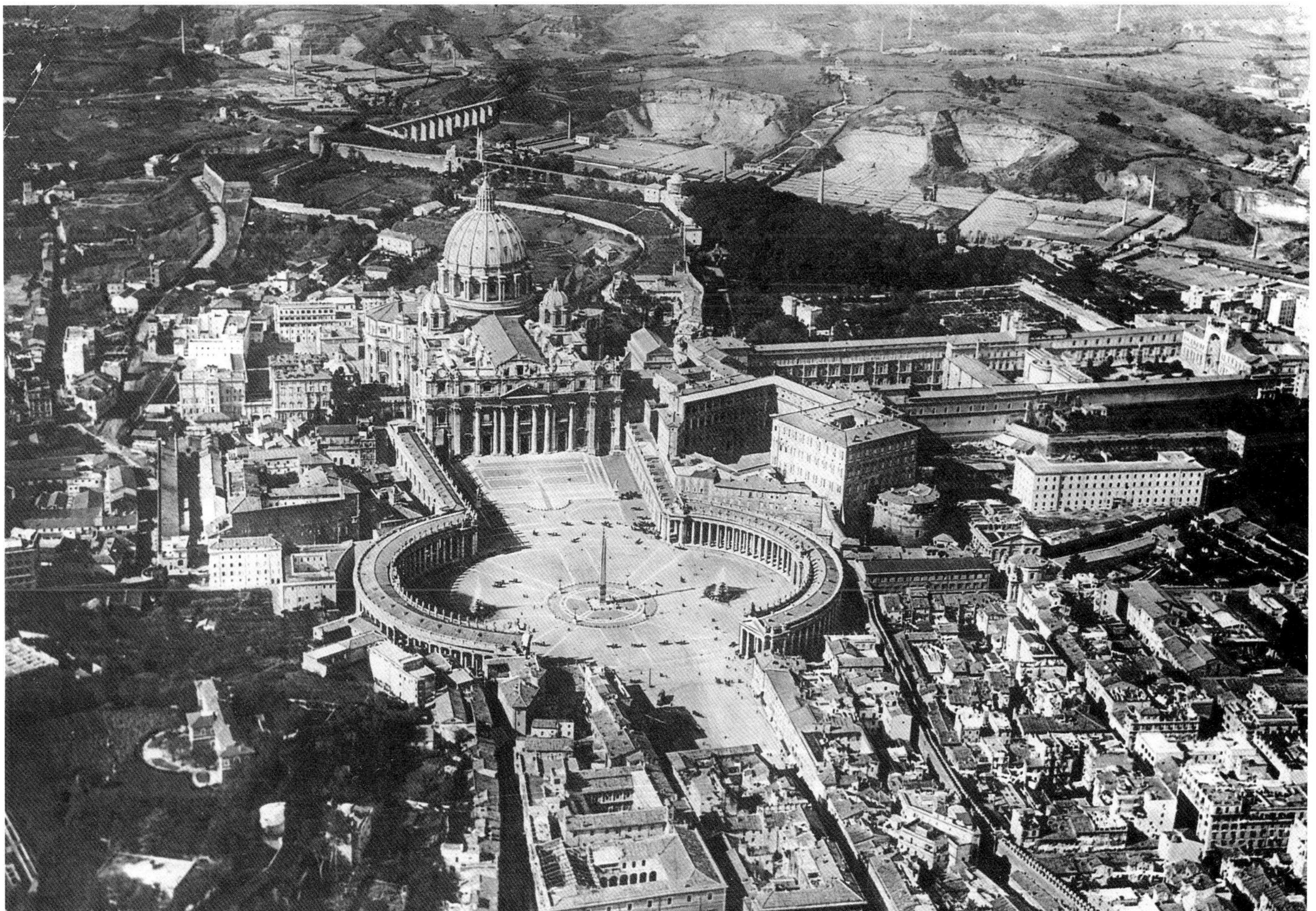

Der Barock-Baldachin über dem Altar des Petersdoms, entworfen von Bernini.

Die Westfront der St. Paul's Cathedral in London, die als vierte Kathedrale an dieser Stelle, einer der ältesten religiösen Stätten Englands, erbaut wurde. Die erste Kirche war aus Holz und brannte ab; die zweite aus Stein wurde von den Wikingern zerstört; die große Kathedrale brannte beim Großen Brand von London im Jahre 1666 nieder, und schließlich entstand hier dieses Meisterwerk des Architekten Christopher Wren. Die Statue davor stellt die Königin Anne dar, unter deren Regierung die Kirche vollendet wurde.

Rubens' *Kreuzabnahme*, ein Altarbild für die Kathedrale von Antwerpen.
Bewegung und Anstrengung werden dargestellt, ohne daß das Bild seine Klarheit verliert;
das Licht von rechts spiegelt sich glänzend in Leichentuch und Leichnam wider.

lischen Teil, dem späteren Belgien, der andere im protestantischen Holland. Rubens, der 1577 geboren wurde, war der kraftvollste Barockmaler. In Fra Angelicos Gemälde der Verkündigung überbringt ein schlanker, schöner Engel einer schlanken, schönen, in sich ruhenden Maria die frohe Botschaft. Bei Rubens verkündet ein stämmiger Engel in einem wallenden Gewand einer robusten, kräftigen Maria, die von Stoff umschlungen ist und erstaunt zurückweicht, die dramatische Nachricht. Seine Cherubim waren rund und rosig; nie zuvor wirkten die göttlichen Boten so genußfreudig. Trotzdem kann das Ergebnis religiös bewegend sein, wie in der *Kreuzabnahme,* in der sich eine ganze Gruppe von Personen darum bemüht, den Leichnam vom Kreuz herabzuheben, die Bewegung aber ganz harmonisch wirkt und strahlend weißes Licht von rechts das Leichentuch bescheint.

Rubens' Stil war von den blutlosen Heiligen, die in ihrer Tugend langweilig und blaß erschienen, unendlich weit entfernt. Bei ihm lebte Gottes Welt, ihre Menschheit war sinnlich, aber dennoch unschuldig; gerade das Sinnliche hob sie empor zum Göttlichen. Er liebte das, was man nur als Drapierungen bezeichnen kann, wallende Gewänder, die sich um Körper in Bewegung winden und schlingen. Auf dem Großteil dieser religiösen Gemälde sind Themen aus dem Neuen Testament dargestellt – die »Heiligen Drei Könige«, die Kreuzabnahme, die Verklärung oder der Kindermord zu Bethlehem, bei dem die Mütter verbissen um ihre Kinder kämpfen. Als Katholik konnte Rubens sich manches erlauben, was die Protestanten ablehnten: Er malte für Kirchenräume Bilder zu Legenden wie etwa der Kreuzigung Petri, der angeblich mit dem Kopf nach unten hingerichtet wurde – allerdings ist das nicht historisch verbürgt. Er konnte seine Szenen aus dem Neuen Testament mit Personen ausschmücken, die in den Evangelien nicht erwähnt werden, wie bei seiner riesigen *Anbetung der Könige* in Madrid (er liebte große Gemälde), auf der die »Heiligen Drei Könige« bewaffnete Krieger, reich gekleidete Kammerherren, Sklaven und Kamele in ihrem Gefolge haben.

Rembrandt arbeitete hauptsächlich in Amsterdam in einer reformierten Gesellschaft. Seine religiösen Gemälde sind schlichter, kleiner und weniger überladen als jene von Rubens, doch viele Menschen halten sie ihrer natürlichen Ausstrahlung wegen für um so beeindrukkender. Bei ihm sind die Personen aus der Bibel wirkliche menschliche Wesen, die jedoch, dank seiner genialen Darstellungskraft, an eine andere Welt gemahnen. Einige neutestamentliche Szenen wurden wohl niemals besser gemalt, so beispielsweise Jesus als Gärtner, der Maria Magdalena trifft, die Ehebrecherin, die beiden Pilger auf dem Weg nach Emmaus, Christus vor Pilatus und der heimkehrende Sohn. Rembrandt liebte seine Frau Saskia und seinen Sohn Titus und drückte dieses Gefühl in seinen Bildern von der Heiligen Familie aus, die er als Schreinerfamilie in ihrer bescheidenen Werkstatt darstellte. Saskia stand ihm oft Modell für die Frauen aus dem Alten Testament wie Batseba oder Delila. Nach ihrem Tod wurden seine Farben dunkler, die Leidenden hilfloser und die Themen grausamer, beispielsweise die Anschuldigung gegen Josef, er habe Potifars Frau vergewaltigt. Doch seine Bilder blieben Meisterwerke.

Bayle und Voltaire

Zwei Franzosen trugen mit ihren Schriften dazu bei, daß sich die Kirche mit kritischen Rückfragen neuer Art auseinandersetzen mußte.

Pierre Bayle (1647–1706) war Philosophieprofessor an einem protestantischen Collège in Sedan. Als es geschlossen wurde, floh er nach Rotterdam, wo er die meisten seiner religiösen und philosophischen Werke verfaßte. Er starb dort 1706 im Alter von 59 Jahren, zu einer Zeit, in der Ludwig XIV. die französischen Protestanten unterdrückte. Es überrascht deshalb nicht, daß seine Schriften sich gegen die Katholiken richteten. Doch war seine Kritik so ungewöhnlich, daß sie nicht nur die Argumente gegen den Katholizismus veränderte, sondern auch den christlichen Glauben als solchen beeinflußte. Ist ein Atheist automatisch moralisch verderbt? Das galt in Europa bis 1700 als selbstverständlich. Im Christentum herrschte weitgehend Einvernehmen darüber, daß eine Gesellschaft nur akzeptabel ist und als solche (und nicht als Räuberbande) nur bestehen kann, wenn die meisten Menschen moralisch handeln, und daß sie das nur tun, wenn sie auch gläubig sind. Deshalb war die Religion für die Gesellschaft in den Augen der meisten Menschen genauso wichtig wie Essen und Kleidung.

Bayle lehnte diese Gleichsetzungen als nicht notwendig ab. Seiner Meinung nach ist der Einfluß des Glaubens auf das menschliche Verhalten

gering, wenn er zwar bestimmte Vorstellungen bejaht, aber den Willen nicht verändert. Bayle trennte, was bisher untrennbar erschien: Religion und moralisches Verhalten. Die Menschen konnten schlecht sein, auch wenn sie gläubig waren, oder gut, obwohl sie nicht gläubig waren.

Sein Hauptwerk war das *Dictionnaire historique et critique,* das in viele Sprachen übersetzt wurde. Diese damals beste Enzyklopädie wurde von ihm ganz allein geschrieben, und keines seiner Worte war langweilig.

Er war ein fähiger Historiker, der erkannte, ob eine Quelle die Wahrheit wiedergab oder nicht, und Fälschungen erkennen konnte. Er untersuchte die Schriften der Bibel als einer der ersten mit wirklich historischen Methoden, und er konnte mit der Vorstellung, jedes biblische Wort sei von Gott diktiert worden, nichts anfangen. Der Artikel über König David in der ersten Auflage seiner Enzyklopädie schockierte die Leser so, daß er in der zweiten weggelassen wurde. Bis dahin war David als der Verfasser der Psalmen, als der Junge, der Goliath tötet, als Held und Liederdichter Israels betrachtet worden. Bayle beschrieb ihn als Anführer einer Räuberbande. Ohne bei allegorischen Deutungen Zuflucht zu nehmen, beschrieb er zum ersten Mal die Grausamkeit des Gottesbildes in den frühen Teilen des Alten Testaments. Er zeigte, daß Abraham sich auch unmoralisch verhielt und zitierte anschließend Predigten, in denen gerade dieses Verhalten gelobt wurde.

Nach Bayle konnte kein Intellektueller mehr auf traditionelle Weise an das Alte Testament herangehen. Jetzt war wichtig, daß man ein Gespür für das Gewachsene entwickelte, eine neue Einsicht in die Wahrheit. Dennoch hatte Bayle eine niedrige Meinung von der menschlichen Vernunft, da sie uns seiner Meinung nach in die Irre führt. Er unterschied scharf zwischen Wissen und Glauben: Was der Verstand uns sagt, ist eine Form von Wissen, was Gott uns offenbart, eine ganz andere Form. Bayle verfocht die Idee der Toleranz, da Glauben niemals erzwungen werden könne. Diese Vorstellungen, wirkungsvoll dargelegt, trugen zur Entstehung des Zeitalters bei, das wir als Aufklärung bezeichnen. Es bekam diesen Namen allerdings erst gegen Ende des 18. Jahrhunderts, als einige Menschen in Europa plötzlich stolz darauf waren, vernunftbegabte Wesen zu sein.

Voltaire (1694–1778) war zwölf Jahre alt, als Bayle 1706 starb. Zeitweilig war er später in Frankreich als Dichter und Tragödienschreiber berühmt und beliebt, wurde zum Hofhistoriographen ernannt und 1746 in die Académie française gewählt. Zu anderen Zeiten war er verfemt; er war zweimal in der Bastille eingekerkert, lebte drei Jahre in England im Exil, zwei Jahre in Lothringen, einige Monate in Belgien und fast zwei Jahre in Preußen – er war ein Freund Friedrichs II.; die letzten beiden Lebensjahre verbrachte er an der schweizerischen Grenze, starb jedoch in Paris.

Voltaire war boshaft und streitsüchtig und erklärte nie ganz offen, was er wirklich glaubte. Er war ausgesprochen intelligent, doch wirken seine Texte manchmal außergewöhnlich oberflächlich, was zum Teil auf die Geschwindigkeit zurückzuführen ist, mit der er schrieb. Viele in Europa betrachteten ihn als Erzfeind des Christentums. Er war berühmt für einen Ausspruch, wonach es eine Pflicht der Menschheit sei, den niederträchtigen Aberglauben auszurotten *(écraser l'infâme superstition).* Meist ging man davon aus, daß er damit die Kirche meinte, doch die Geistlichen bezogen *infâme* fälschlicherweise nicht auf die Mißstände in der Kirche, den machtbesessenen Katholizismus oder das Christentum allgemein, sondern auf Christus selbst. Tatsächlich verstand Voltaire unter dem Niederträchtigen die »drangsalierende Orthodoxie in jeglicher Gestalt und Form«, die die Meinungsfreiheit zu töten versucht. Er kämpfte leidenschaftlich gegen die Zensur.

Humor und Satire sind überall in seinen Werken präsent, doch niemand, der sich genauer mit Voltaire beschäftigt, wird ihm seinen Glauben absprechen können. Auf seinem Gut Ferney bei Genf errichtete er eine Kirche, für die er vom Papst eine Reliquie erwarb; auf die Kirchenwand schrieb er: »Voltaire erbaute dies für Gott.« Von Ferney aus verteidigte er Unterdrückte in ganz Europa, die in der Regel wegen ihrer politischen oder religiösen Ansichten in Schwierigkeiten geraten waren.

In einigen seiner Bücher – wie beispielsweise *La Pucelle* über Jeanne d'Arc – werden die Religion und die gläubigen Menschen nicht gerade vorteilhaft dargestellt. Sein Roman *Candide* greift auf brillante Weise nicht die Religion selbst an, sondern jene, die Religiosität mit der Überzeugung gleichsetzten, daß in der Welt alles zum besten stehe, auch wenn entsetzliche Katastrophen geschehen – er schrieb dies vier Jahre, nachdem Lissabon 1755 durch ein Erdbe-

Rembrandts *Christus vor Pilatus und dem Volk* aus dem Jahre 1636: Eine Bewegungsstudie mit einem überirdischen Licht vor einer dunklen Kulisse.

Eine reformierte Predigt in der Oude Kerk im holländischen Delft, gemalt von Storck und Streeck um 1700.
Es war üblich, daß die Männer in der kalten Kirche während der Predigt ihren Hut aufbehielten; sie nahmen ihn beim Gebet ab.
In der Kirche waren Hunde erlaubt, und Kinder durften umhergehen.

Voltaire. Der lateinische Spruch unten lautet: »Von der Nachwelt wird er später geliebt werden, heute lieben ihn seine Freunde.«

ben zerstört worden war. Im Alten Testament gibt es außergewöhnliche Geschichten, und Voltaire liebte es, sich über sie lustig zu machen, indem er sie wie Bayle analysierte, dann jedoch seinen Hohn und Spott über sie ausgoß. Er verfaßte Artikel für die französische *Encyclopédie* und sammelte sie später in seinem eigenen *Dictionnaire philosophique,* in dem seine antikirchliche Haltung am deutlichsten zum Tragen kommt. Die Menschen hielten ihn für einen Spötter, dessen Charakter nicht in die Tiefe gehe, sondern immer oberflächlich bleibe. Er habe nichts zu sagen, was der Menschheit helfen könne, und er reiße nur alles nieder, anstatt etwas aufzubauen; er sei ein gerissener Mann, aber kein Denker.

Allerdings kam es durch ihn zu einem Bruch in der christlichen Geschichte. Auf den Kirchen mit ihrer Botschaft der Hoffnung für die Menschheit lastete eine wachsende Bürde. Die Inquisition war ein Symbol für den Versuch, in ihren Augen untragbare Meinungen gewaltsam zu kontrollieren. Fast ebenso belastend war die Überzeugung, jedes biblische Wort sei wortwörtlich richtig. Die Menschen wurden immer gebildeter und erkannten, daß das Gottesbild in Teilen des Alten Testaments unerträglich war. Man begann sich lächerlich zu machen, wenn man behauptete, daß der allmächtige Gott die Welt in sieben Tagen erschaffen und alle Menschen, von Noahs Familie abgesehen, in einer Sintflut ertränkt habe, oder daß er König David beauftragt habe, sein Volk zu zählen, um dann siebzigtausend Menschen grundlos zu töten.

Voltaire hat den Kirchen zwar sicherlich mit seiner spitzen Feder geschadet, aber er hat sie auch zu einer notwenigen Überarbeitung ihrer Lehren veranlaßt. Die kirchliche Haltung gegenüber Verfolgung, Fanatismus und Aberglauben konnte nicht bleiben, wie sie war. Voltaire, der unverbesserliche Spötter, hatte angeordnet, sein Grab in Ferney solle sich halb in der Kirche und halb außerhalb befinden. Darin steckte durchaus ein Körnchen Wahrheit, denn er stand halb außerhalb, weil er nie ein positives Verhältnis zur Kirche, wie er sie vorfand, entwickeln konnte, und halb innerhalb, weil er wußte, daß er die Kirche zum besseren beeinflußte.

Er griff Aspekte der damals gängigen Moralvorstellungen an und trug so zu ihrer Veränderung bei. So schrieb er beispielsweise einen Enzyklopädie-Artikel mit dem Titel »Warum?« Warum spricht die Hälfte aller Menschen in Europa ihre Gebete in Latein, in einer Sprache, die sie nicht verstehen? Ist es richtig, daß man sich in der einen Hälfte Europas gar nicht und in der anderen nur mit Mühe scheiden lassen kann, und trägt dies zum moralisch guten Verhalten bei, wenn wir die Zahl der Ehebrüche mindern wollen? Warum wird eine Frau wegen Ehebruchs angeprangert und bestraft, während sich bei einem Mann niemand darum kümmert? Ist das gerecht? Er war nicht Bayles Ansicht, daß man die Wahrheit nicht mit dem Verstand finden könne, und obwohl Bayle auf den ersten Blick eindeutiger christliche Vorstellungen vertrat als er, schloß sich Voltaire nie dessen Meinung an, daß die Moral ohne Gefahr für die Gesellschaft von der Religion losgelöst werden könne.

Veränderungen christlicher Vorstellungen

Allmählich paßten sich die christlichen Lehren dem Denken der Zeit auf positive Weise an. Teilweise nahm man beinahe unbemerkt Abschied von alten Mythen. Beispiele hierfür sind der Mythos vom Antichristen, die Vorstellung von der Hölle und der Glaube, daß Christi in die Hölle hinabgestiegen sei.

Der Antichrist

Das Wort »Antichrist« taucht im Neuen Testament dreimal in den Briefen des Johannes auf, doch ist damit ganz allgemein ein Gegner Christi gemeint, nicht eine Inkarnation des Bösen. Es ging um einen Menschen, der Unwahrheiten über Christus verbreitete, vor allem, daß er nicht der Messias sei und keinen menschlichen Körper habe. Die Vorstellung von einem übernatürlichen Gegner Christi dagegen wurde aus vorchristlichen Mythen übernommen, die von Kämpfen zwischen guten und bösen Mächten im Himmel berichteten. Seit Beginn des dritten Jahrhunderts schrieben Christen Bücher über den Antichristen als einen König, der seine Boten ausschickt und der größte Widersacher Gottes ist. Augustinus beschrieb in der Sprache der Offenbarung die Qualen, denen die Anhänger des Antichristen während seiner tausendjährigen Herrschaft ausgesetzt sind.

Ab 950 hatte der Antichrist sogar eine Biographie: Er hatte menschliche Eltern, war aber bald vom Teufel besessen und von dem Wunsch beseelt, selbst ein Gott zu werden. Er wurde in Babylon geboren, in Betsaida erzogen und von Zauberern ausgebildet. Sein Ziel war, auf Erden ein Reich des Bösen einzurichten. Er wurde von der Kirche und ihren Bischöfen und Königen in Schach gehalten, doch schließlich würde er für eine gewisse Zeit die Oberhand gewinnen und ein Weltreich mit der Hauptstadt Jerusalem errichten – bis Christus und der Erzengel Michael ihn auf dem Ölberg vernichten würden. Der Antichrist war nicht mehr nur ein literarischer Mythos; die Menschen in den Kirchenbänken kannten ihn. Und sobald er eine reale Person geworden war, konnte er mit jeder angeblich bösen Macht gleichgesetzt werden, sogar mit einem »bösen« Kaiser wie dem deutsch-sizilianischen Friedrich II.; Gegner des Papsttums verwendeten die Bezeichnung als Schimpfwort für den Papst.

Martin Luther übernahm diese Vorstellung bei seinem Kampf gegen den Papst erst allmählich, aber er glaubte durchaus, daß der Papst das Gegenteil der Wahrheit verkörperte. So wurde der Antichrist Bestandteil der protestantischen Gedankenwelt, jedoch nicht als real existierende Person, sondern als lebende Institution – die Kurie von Rom. Diese Verwendung war in Nordeuropa rund eineinhalb Jahrhunderte lang gebräuchlich. Dann verschwand sie weitgehend, die Figur des Antichristen verlor einen Großteil ihres mythischen Gehalts und bezeichnete wieder einfach nur einen Gegner der Christen. Allerdings blieb sie in einigen Literaturformen erhalten; zentral war sie beispielsweise im ausgehenden 19. Jahrhundert für das Denken Nietzsches und seinen Begriff des Übermenschen.

Die Geschichte des Begriffs »Antichrist« zeigt, wie ein Mythos aufgenommen, ausgeschmückt und eingesetzt werden kann – bis dann plötzlich, innerhalb von zwei oder drei Jahrzehnten, offenbar wird, daß er mit dem Glauben eigentlich nichts zu tun hat.

Die Hölle

Martin Luther mißfiel die Vorstellung von einem Fegefeuer. Von der Hölle wurde in der Bibel gesprochen, allerdings nicht in den gängigen grausamen Bildern, und Luther betonte ihre Existenz nicht. Für ihn zählte der Himmel, und er wollte die mittelalterlichen Bilder der Qualen beseitigen.

Im 17. Jahrhundert erklärten Theologen, die Hölle könne nicht ewig sein, weil Gott Liebe sei; allerdings solle das nicht zu laut gesagt werden, weil sonst die Menschen schlechter würden. Um 1700 begannen einige Stimmen zu fragen, ob die Hölle tatsächlich ein so wirksamer Ansporn zum guten Leben sei, wie bisher angenommen. Niemand glaubte, er habe etwas getan, was ihm ein solches Schicksal einbringen könnte; alle waren überzeugt, daß ihnen, egal wie gemein sie sich benahmen, ihre Taten vergeben würden.

Unter den Protestanten begann man an der Existenz der Hölle zu zweifeln. Viele stellten sich nicht mehr physische, sondern geistige Qualen darunter vor, die vom freien Willen des einzelnen und nicht von Gott verursacht wurden. Einige nahmen an, daß die Bösen einfach aufhören würden zu existieren; es gebe keine Hölle, sondern nur ein Auslöschen, das natürliche Schicksal der Menschheit, während der Himmel jenen vorbehalten sei, die eine besondere Beziehung zu Gott haben. Es gab Stimmen, die behaupteten, Gott werde schließlich die gesamte Menschheit zu sich holen. Wenn gesagt wurde, daß die Gesellschaft die Hölle brauche, um in Schranken gehalten zu werden, so konnte man jetzt erwidern, daß das Christentum nicht dazu da sei, die Gesellschaft zu überwachen, sondern die Menschen zu Gott führen sollte.

John Henry Newman war ein liberaler englischer Katholik, der zuvor Anglikaner gewesen war und eine hochkirchliche Bewegung angeführt hatte, die unter dem Namen Oxfordbewegung bekannt ist. 1865 schrieb er das Gedicht *Der Traum des Gerontius,* das vom Todeskampf eines Mannes handelt, der weiß, daß Teufel bei ihm sind und die Hölle bedrohlich näherrückt. Mit Hilfe von Engeln kommt er zum Glauben und zu der Überzeugung, vor der Hölle sicher zu sein. Die Öffentlichkeit nahm zunächst wenig Notiz von dem Gedicht, aber fünfunddreißig Jahre später wurde es zu einem öffentlichen Bekenntnis der Angst vor der Hölle, als der Komponist Edward Elgar es als Oratorium vertonte und damit sein Meisterwerk schuf. Es wurde immer wieder aufgeführt, nicht nur in Großbritannien. Theoretisch konnten die Menschen der Musik zuhören, ohne auch nur ein bißchen an den Tod oder die Hölle zu denken. Doch Oratorien verfügen über eine eigenartige Macht, Worte in die Köpfe der Zuhörer zu bringen, so daß Newmans Gedicht auf diese Weise einen wesentlich größeren Einfluß ausübte, als die Worte alleine es gekonnt hätten. Trotz der Zweifler des 18. Jahrhunderts schien die Hölle nicht erloschen zu sein – vielleicht nicht einmal das Fegefeuer.

Der Abstieg Christi in die Hölle

Die frühen Christen glaubten, Christus sei in den Hades gezogen, das Reich der verstorbenen Seelen, um auch ihnen das Evangelium zu verkünden. So sei die rettende Gnade Gottes jenen, die vor Christus lebten, nicht vorenthalten worden. Teilweise stellten sie sich vor, er nehme für unser Heil das schlimmste Schicksal der Menschheit auf sich, indem er sich den Herrschern der Hölle unterwerfe. Sie feierten den Sieg Christi über alle Mächte der Finsternis.

Die Worte »hinabgestiegen in die Hölle« wurden 359 von einem Konzil in Sirmium (im heutigen Serbien) dem Apostolischen Glaubensbekenntnis hinzugefügt. Im Spätmittelalter war diese Idee bei den Mysterienspielen von großer Bedeutung. Die Menschen empfanden das Thema als wichtig, weil es ein Rätsel in bezug auf das göttliche Erbarmen löste: Hat Gott alle verdammt, die vor Christus lebten? In der Ostkirche wurde diese Vorstellung häufig in Bildern dargestellt: Christus steht über dem Tor zur Hölle und zieht seine Vorfahren wie König David, König Salomo oder Johannes den Täufer heraus. In den Darstellungen des Westens wurden sie häufig aus den Klauen eines wilden Tieres befreit.

Im Zeitalter der Reformation war das Wort »Hölle« im Glaubensbekenntnis für manche Gläubigen nur ein Synonym für »Grab«. Doch Dürer und Tintoretto malten immer noch aufwühlende Höllenszenarien. Allmählich allerdings verlor der Westen das Interesse daran, und mit dem Wegfall der moralischen Bedeutung der Hölle als Ort der Bestrafung hörten die Menschen auch auf, sich Bilder vom Abstieg Christi in die Hölle zu machen. Die Wendung wurde zu einem Überbleibsel im Glaubensbekenntnis, zu einer Solidaritätserklärung Jesu mit allen Toten, die jedoch nicht mehr als Beweis für die Gerechtigkeit Gottes nötig war. Die heutige Fassung des Apostolischen Glaubensbekenntnisses lautet (für Protestanten und Katholiken im gleichen Wortlaut): »hinabgestiegen in das Reich des Todes.«

KAPITEL SECHS

Das Zeitalter der Moderne

Die Französische Revolution

Im Jahre 1789 gab es in Frankreich eine blühende katholische Kirche. Doch dann ließ eine antikatholische Staatsmacht Priester und Nonnen ermorden, zwang Geistliche zur Flucht ins Ausland, schloß die Kirchen und versuchte die Religion auszumerzen. Wie konnte ein doch eigentlich so demütiger und zurückhaltender Glaube plötzlich einen solchen Haß wachrufen?

Die französischen Revolutionäre hegten nicht von Anfang an Mordpläne; zunächst taten sie nichts anderes als die Protestanten einige Jahrhunderte zuvor: Sie beschlagnahmten den Kirchenbesitz, um Frankreich vor dem drohenden Bankrott zu retten; sie schafften das Mönchtum und die Domkapitel als nutzlos und unnötig ab, schränkten die päpstliche Macht gegenüber den Bischöfen ein und ließen Bischöfe und Geistliche vom Volk wählen, um die Kirche zu demokratisieren. Papst Pius VI. verurteilte diese Veränderungen natürlich, aber sie hatten dennoch Aussicht auf Erfolg – bis die neuen Führer des Staates sich völlig von der Religion lossagten.

War die Religion in Europa also doch nicht so fest im Volk verwurzelt, wie man immer angenommen hatte? Gingen alle nur zur Kirche, weil der König und die Oberschicht es taten und die Landbevölkerung sich anpassen mußte? Wenn man den König köpfte und die herrschende Klasse verbannte, würden die einfachen Menschen dann aufhören zu beten?

Diese Annahme schien sich auf besorgniserregende Weise zu bewahrheiten. Nachdem das Morden ein Ende hatte und Frankreich wieder zur Besinnung gekommen war, erlangte die Religion trotz aller Bemühungen nicht wieder die Bedeutung, die sie vor dem Zusammenbruch des alten Regimes besessen hatte. Napoleon machte die katholische Kirche wieder zu einer anerkannten staatlichen Institution, nachdem er die Radikalen besiegt und ein bürgerliches Frankreich errichtet hatte. Doch als nach seinem Einmarsch in Rußland Tausende von verwundeten französischen Soldaten in Moskauer Krankenhäusern lagen, stießen die Militärgeistlichen bei vielen von ihnen auf große Unkenntnis in religiösen Dingen und nur äußerst selten auf den Wunsch, in ihrem Schmerz von Geistlichen getröstet zu werden. Das war eine ganz neue Erscheinung in Europa.

Die Industrielle Revolution und die Kirche

Die Industrialisierung wirkte sich zunächst positiv auf die Kirchen aus, denn sie schuf einen Reichtum, der es ihnen ermöglichte, in den neuen Industriestädten Gotteshäuser zu erbauen. Nie wurden so viele Kirchen und Kapellen errichtet wie im 19. Jahrhundert, dazu noch in so unterschiedlichen Stilen: neugotisch, klassizistisch und griechisch oder russisch-orthodox. Besonders beliebt war die Neugotik. Die Menschen waren beeindruckt von den alten Kirchen aus dem Hochmittelalter und wollten, daß ihre neuen Kirchen ebenso prächtig aussahen.

In der entstehenden Industrie wuchs der Bedarf an gut ausgebildeten Arbeitskräften, und der neue Wohlstand ermöglichte die Einrichtung staatlicher Bildungssysteme. Dadurch stieg die Zahl derer, die lesen und schreiben konnte, rasch an.

In Deutschland entstanden nach der Reformation immer wieder neue protestantische Gemeinden und Reformbewegungen, die ihre Überzeugungen nicht ausreichend in den Landeskirchen vertreten sahen. Die größte und wichtigste Bewegung war die der Pietisten, die, soweit man das überhaupt einer Person zuschreiben kann, von Philipp Jakob Spener, der seit 1666 in Frankfurt Pfarrer war, die entscheidende Prägung erhielt. Er schuf neue Formen der Frömmigkeit, indem er neben den Gottesdiensten in der Kirche Hausandachten einführte, die von Laien ebenso wie von Pfarrern geleitet werden konnten. Dort las man gemeinsam in der Bibel, betete und widmete sich diakonischen Aufgaben, wobei das Seelenleben wichtiger war als irgendwelche liturgischen Formen. Die Bewegung bereicherte die evangelischen Kirchen in Deutschland, pietistische Kirchenlieder wurden in die Gesangbücher aufgenommen.

Schließlich brachten mährische Pietisten, die Herrnhuter Brüder, eine Form des deutschen evangelischen Pietismus nach Großbritannien. In der anglikanischen Kirche gab es ein ebenso großes Bedürfnis für diese neue Innerlichkeit wie in Deutschland. John Wesley (1703–1791), ein anglikanischer Studentenpfarrer, kam nach intensiven Gesprächen mit einigen Herrnhuter Brüdern zu einem lebendigen Glauben an Christus. Die durch seine Predigten – größtenteils unter freiem Himmel – bekehrten, meist einfachen Arbeiter sammelte er in Hauskreisen, in denen sie die Bibel lasen und sich gegenseitig halfen, dem Willen Gottes zu entsprechen. Ein Kennzeichen dieser Frömmigkeit war, sich der Armen und gesellschaftlich Benachteiligten anzunehmen.

Der Methodismus war die Antwort auf das beginnende Zeitalter der Technik und die neuen Arbeiterslums, in denen es keine Kirchen gab. Da die offizielle Kirche zu behäbig war, um den Menschen dort zu helfen, wo sie waren, kam das Evangelium durch andere, engagierte Christen zu ihnen. John Wesley, der das ganze Land bereiste und auf ungezählten Versammlungen vor bis zu 30 000 Menschen sprach, legte größere Strecken zu Pferde zurück als jeder andere Evangelist vor ihm. Die Spannungen zwischen der offiziellen anglikanischen Kirche, die in ihrer Frömmigkeit zum Teil unbeweglich geworden war, und der rasch wachsenden Bewegung der Methodisten führten schließlich – in England allerdings erst nach Wesleys Tod – zur Gründung der methodistischen Kirche.

Die modernen Kirchenlieder

Das Kirchenlied, wie wir es heute kennen, konnte nur in einer Zeit entstehen, in der die meisten Menschen lesen konnten, also erst im ausgehenden 18. Jahrhundert, als die Schulbildung allmählich fast jeden erreichte.

Einen entscheidenden Einfluß auf die Entwicklung des Kirchenliedes hatten englische Geistliche, Methodisten und andere, die im 18. Jahrhundert viele Lieder dichteten. John Wesleys Bruder Charles schrieb, inspiriert von der Begeisterung der sich rasch ausbreitenden methodistischen Bewegung, über sechstausend Liedtexte! Viele seiner Lieder sind aus englischsprachigen Gesangbüchern weltweit und in vielen Konfessionen nicht wegzudenken. Der eher melancholische Anglikaner William Couper trug mit seinen Liedern zu der neuen Singbewegung bei; sein Bekenntnislied »O for a closer walk with God« war bis in die sechziger Jahre dieses Jahrhunderts fester Bestandteil vieler angelsächsischer Gesangbücher.

Diese neuen Kirchenlieder veränderten die Atmosphäre des christlichen Gottesdienstes nachhaltig. Die eingängigen Melodien wurden von vielen, gerade einfachen Menschen mit Begeisterung gesungen. Einige Christen, Pfarrer und Laien standen jedoch dem neuen Trend kritisch gegenüber. Sie bezweifelten, daß andächtig genug über den Sinn der Texte nachgedacht werden konnte, wenn man aus vollem Halse

Das berühmteste Porträt John Wesleys aus dem Jahre 1766, gemalt von Nathanael Horn. Wesley trägt die damals übliche Kleidung eines anglikanischen Priesters. Zu dieser Zeit bildeten die Methodisten noch keine eigenständige Kirche, obwohl sich die Trennung schon abzeichnete.

»Danket dem Herrn, wir danken dem Herrn« gröhlte. Dieses Lied, verfaßt von dem deutschen Hofprediger Karl Friedrich Wilhelm Herrossee (1764–1821), der sich besonders um das Schulwesen verdient machte, findet sich bis heute in deutschen Kirchengesangbüchern.

Mutiger als vorher sprachen die Liederdichter ab der Mitte des 19. Jahrhunderts das Gefühl der Menschen an. So drückte das vom methodistischen Prediger Ernst Gebhardt (1832–1899) übersetzte Lied »Welch ein Freund ist unser Jesus« die Sehnsucht vieler aus, die sich mit dem Glauben schwertaten. In gleicher Weise spricht das 1848 – im Jahr der Märzrevolution – vom rheinischen Kaufmann Johann Friedrich Räder angesichts persönlicher wirtschaftlicher Not gedichtete Lied »Harre meine Seele, harre des Herrn« noch heute das Gemüt an. Manche Gruppierungen, darunter einige Quäkergemeinden, lehnten Kirchenlieder überhaupt ab. Sie waren der Überzeugung, daß man sich der Nähe Gottes erst durch die Stille bewußt werde und daß deshalb alle Gebete und Lobpreisungen aus der Stille emporsteigen sollten.

Das »Ende« der Sklaverei

Kurz nach der Französischen Revolution setzten sich die Kirchen sehr stark für die Abschaffung der Sklaverei ein. Die Menschen waren sich allerdings nicht einig darüber, ob es überhaupt möglich oder richtig sei, sie aufzuheben. Im 18. Jahrhundert kämpfte Samuel Johnson, ein frommer Anglikaner, leidenschaftlich gegen die Sklaverei. Sein Biograph James Boswell berichtet: »Einmal brachte er in Gesellschaft einiger sehr ehrenwerter Männer in Oxford folgenden Toast aus: ›Auf den nächsten Aufstand der Neger in Westindien.‹« Johnson erklärte, die menschliche Gerechtigkeit habe dem politischen Vorteil unter Zwang weichen müssen: »Kein Mensch ist von Natur aus der Besitz eines anderen.« Boswell, ein presbyterianisch erzogener Schotte, widersprach (allerdings nicht in Anwesenheit Johnsons): Die Sklaverei habe vielen Afrikanern ein schlimmeres Schicksal erspart.

Beide Einstellungen hatten eine lange Tradition. Im Mittelalter wurde es lange als gute Tat angesehen, einen Sklaven freizukaufen. Es gab sogar Mönchsorden, wie beispielsweise die Mercedarier, die ausdrücklich mit dem Ziel gegründet wurden, Sklaven freizukaufen. Andererseits wurde gegen Ende des 11. Jahrhunderts, als die Kirche ihren großen Feldzug für das Zölibat begann, verfügt, daß die Ehefrauen von Geistlichen als rechtlose Personen in die Sklaverei verkauft werden dürften.

Die Erschließung Amerikas und der ungeheure Mangel an guten Arbeitern, ohne die die amerikanischen Kolonien nicht bestellen konnten, machten den Sklaventransport über den Atlantik zum einträglichsten Handel der Welt. Doch die Sklaverei war nicht nur ein amerikanisches Phänomen. Sogar Franz Xaver, dessen Heiligkeit niemand in Abrede stellen wird, schlug vor, Sklaven zu kaufen, um die Schulden der Missionsschule in Goa zu verringern.

Moralische Grundsätze haben nur selten die Durchschlagskraft, einen einträglichen Handel zu stoppen, solange die physischen Mittel dazu fehlen. Bevor im späten 19. Jahrhundert dampfgetriebene Kriegsschiffe aufkamen, war es fast unmöglich, die Meere zu überwachen und Sklavenschiffe abzufangen. Die europäischen Seemächte mußten zwischen 1750 und 1865 große Anstrengungen unternehmen, um den Sklavenhandel zu beenden, und in den Vereinigten Staaten kam es deswegen sogar zum Bürgerkrieg.

Im Feldzug gegen die Sklaverei trafen sich fünf unterschiedliche Menschentypen mit verschiedenen Motiven: die von der Aufklärung geprägten Intellektuellen, die humaneren unter den amerikanischen und französischen Revolutionären, die katholischen Missionare in Amerika (die Jesuiten ließen in ihren Siedlungen keine Sklaven zu), einige radikale Christen wie die Quäker (William Penn hätte in »seiner« Kolonie Pennsylvania niemals Sklavenhaltung gestattet) und die fromme Gruppe um den Parlamentarier William Wilberforce, der, angeregt durch die Gedanken John Wesleys gegen die Sklaverei, fast jedes Jahr im englischen Parlament einen Antrag gegen die Sklaverei einbrachte. Er war von großer Bedeutung, denn Großbritannien hatte durch das Ende der Sklaverei viel Geld und Besitz zu verlieren. Der Sklavenhandel wurde dort im Jahre 1807 verboten und die Einhaltung des Gesetzes mit Kriegsschiffen kontrolliert, was großen Einfluß auf das Verhalten anderer Staaten hatte. Doch selbst in Großbritannien wurde die Haltung von Sklaven erst 1833 untersagt.

Allmählich folgten andere Länder dem britischen Beispiel. In Rußland wurde 1861 die Leibeigenschaft abgeschafft, in Kuba gab es noch bis

1875 eine halbe Million Sklaven; in Brasilien wurde die Sklaverei erst 1888 verboten, und in manchen arabischen Ländern bestand sie sogar noch länger. Eine Lehre der alten Griechen besagte, die Sklaverei könne nie ganz abgeschafft werden, egal wie sehr man sich dafür einsetze, und tatsächlich bestand sie oft im geheimen weiter. In den neunziger Jahren des 20. Jahrhunderts gibt es sogar Belege für ein Wiederaufleben der Sklaverei, etwa in Brasilien und anderen südamerikanischen Staaten oder in Nordafrika und dem Nahen Osten; und neue Formen des Menschenhandels blühen auf.

Spirituals

Die Sklaven in den Südstaaten der USA schufen eine außergewöhnliche Form der Anbetung Gottes.

Die Siedlungsgrenze wurde immer weiter nach Westen vorgeschoben, und zunächst gab es in den neu besiedelten Gebieten keine Kirchen. Die Gottesdienste nahmen oft die Form von »Erweckungsversammlungen« an, bei denen große Menschenmassen ohne einen Priester oder Pfarrer zusammenkamen und Kirchenlieder sangen. Diese ähnelten Volksliedern oder Hymnen, die die Methodisten in ihren frühen Versammlungen gesungen hatten. Ihr besonderer Charakter ist auf einen alten Brauch aus dem 16. Jahrhundert zurückzuführen, als die Pfarrer ihren Gemeindemitgliedern, die in der Regel noch Analphabeten waren, das Singen beibrachten: Der Pfarrer sang eine oder zwei Zeilen eines metrischen Psalms, und die Gemeinde wiederholte den Text. Im neuen Siedlungsgebiet des amerikanischen Westens sang der Vorsänger eine Zeile, und die Menge antwortete mit einem Refrain oder Kehrreim. So konnte der Vorsänger die Melodie ein bißchen variieren oder ausschmücken, und einzelne aus der Menge konnten »Gloria« oder »Halleluja« zwischenrufen oder eine Gegenstimme singen. Es wurde nicht nach Noten gesungen, sondern improvisiert.

Die Schwarzen aus den Südstaaten der USA übertrugen ihre afrikanische Begabung für Musik auf diese Siedlerlieder und schufen die sogenannten »Spirituals«. Die auf Erden Unterdrückten sangen über ihre Sehnsucht nach dem Himmel, den Glauben an die kommende himmlische Herrlichkeit, die Niederlage Satans, über Vergebung und Heilung, die Befreiung von den weltlichen Ketten und den Glanz des zukünftigen Lichts. Manchmal wurde die Melodie begleitet von freien Gegenstimmen oder rhythmischem Wiegen, Händeklatschen oder Kopfnicken. Die Spirituals wurden nicht nur bei religiösen Treffen gesungen, sondern auch als Arbeitslieder, die eine monotone Arbeit wie das Entladen der Schiffe an den Docks oder das Rudern den Fluß hinauf erleichtern sollten. Die Lieder waren stark biblisch geprägt, die Erzengel Michael und Gabriel spielten in ihnen eine größere Rolle als die Heiligen. Sie handelten von Martha, Maria und Lazarus, von Mose, der das Rote Meer durchquert, vom inbrünstig betenden Jakob und seiner Himmelsleiter und von Daniel, dem in der Löwengrube nichts zustößt.

Vorsänger: De talles' tree in Paradise
De Christian call de tree of life.
Chor: And I hope dat trumpet might blow
me home
To de new Jerusalem,
Blow your trumpet, Gabriel, blow
Louder, louder...
Vorsänger: Paul and Silas, bound in jail,
Sing God's praise both night and day.
Chor: And I hope ...

Vorsänger: Den größten Baum im Paradies
nennen die Christen den Baum des Lebens.
Chor: Und ich hoffe, die Trompete möge
mich nach Hause führen
Ins neue Jerusalem,
Blas' deine Trompete, Gabriel, blas'
Lauter, lauter...
Vorsänger: Paulus und Silas, gefesselt im
Gefängnis,
sangen Tag und Nacht zum Lobpreis des
Herrn.
Chor: Und ich hoffe ...

Die Spirituals erinnerten nur noch entfernt an die metrischen Psalmen, aus denen die modernen Kirchenlieder hervorgegangen waren. Sie waren eine im Christentum einmalige Erscheinung, geprägt von der Musikalität der Afrikaner und von den sozialen Bedingungen, unter denen sie leben mußten. Nach dem amerikanischen Bürgerkrieg und der Sklavenbefreiung wurde diese Musik auch von anderen Gemeinden übernommen und erneut von der traditionellen europäischen Kirchendichtung beeinflußt. Umgekehrt wirkte das Spiritual auf die Form des Volksliedes der Weißen wie beispielsweise das

Millais' *Christus im Hause seiner Eltern* aus dem Jahre 1850 war ein Meilenstein in der Geschichte der realistischen Darstellungen der Heiligen Familie. Daher wurde das Bild von Zeitgenossen häufig kritisiert.

berühmte »John Brown's body lies a-mould'ring in the grave«. Nur durch seine äußere Form und den einfachen Text ähnelt das Lied einem Spiritual, es fehlt jedoch das zugrundeliegende Lebensgefühl. Der himmlische Frieden, von dem ein Spiritual erzählte, machte seine besondere Faszination aus. Doch John Brown war ein Fanatiker, der tötete, um Sklaven zu befreien, und das Lied war ein Kampflied.

Die kleiner werdende Welt

Der Postdienst wurde billig und schnell, und man begann, Weihnachtskarten zu verschicken. Die erste wurde im Jahre 1843 in Großbritannien zugestellt. Der Brauch gewann – nicht nur in Großbritannien – an Bedeutung und verbreitete sich auch unter Nichtchristen. Um 1900 waren jedem Europäer biblische Szenen wie die Geburt Christi mit der Krippe, Ochs und Esel, den Hirten und den »Heiligen Drei Königen« vertraut. Weihnachtskarten trugen zur Popularität der Weihnachtslieder bei und umgekehrt.

Die Eisenbahn machte Wallfahrten so einfach wie nie zuvor. Viele Westeuropäer, Griechen und Russen reisten jetzt nach Rom und Jerusalem. Doch die Erfahrung war weniger intensiv, denn die Pilger wanderten nicht mehr monatelang mühevoll durch das Land, immer der Gefahr von Überfällen ausgesetzt, sondern kamen in Pullmanwagen und Ausflugsbussen an. In einer immer weltlicher werdenden Zeit riefen die heiligen Stätten eine neue religiöse Begeisterung hervor und zogen Menschenmassen, manchmal Millionen, an.

Die Technik des Kupferstichs war schon vor der Reformation bekannt gewesen, jetzt aber wurde sie auch eingesetzt, um billige Reproduktionen von Bildern herzustellen. Sogar in Arbeiterwohnungen hingen immer öfter religiöse Bilder an den Wänden.

Ein Bild nahm in den englischsprachigen Ländern eine besondere Stellung ein. Holman Hunt war Mitbegründer der »präraffaelitischen Schule«, die in der Malerei einen realistischen Stil fördern wollte. Im Jahre 1854 malte er – als noch nicht besonders religiöser junger Mann – Christus als *Das Licht der Welt.* Zu sehen ist ein bärtiger Jesus, barfüßig, in einer langen Priesterrobe, mit einer Dornenkrone auf dem Kopf und einer Laterne in der Hand. Sein weißer Heiligenschein hebt sich hell vom dunklen Hinter-

John Keble, Dichter und Pfarrer, einer der bedeutendsten Geistlichen im viktorianischen England, gezeichnet von George Richmond.

gund ab. Mit der rechten Hand klopft er an eine alte Tür, die schon lange nicht mehr geöffnet worden ist, denn an ihr wachsen Unkraut und Kletterpflanzen empor. Hunt verstand das Bild als ein Symbol Christi, der darum bittet, in die Herzen der Menschen hineingelassen zu werden, die jedoch fest verschlossen sind. Durch die Arbeit an diesem Gemälde wurde er selbst bekehrt und verbrachte daraufhin viele Jahre in Palästina, wo er Szenen aus dem Neuen Testament malte.

Zunächst bekam das Bild von den Kunstexperten schlechte Kritiken, doch dreißig Jahre später hing der Druck bei vielen armen Menschen oder bei den Kindern der Wohlhabenden an den Wänden. Das Motiv wurde von Dichtern aufgegriffen und in Predigten thematisiert. In Großbritannien und unter den Briten in Übersee war das Bild ebenso bekannt und prägend wie Raffaels Madonnen oder Leonardos *Letztes Abendmahl.* Noch bis in die Zeit des Zweiten Weltkriegs erfreute es sich großer Beliebtheit.

Der Sozialismus

In den dreißiger Jahren des 19. Jahrhunderts tauchten in Europa zum ersten Mal Idealisten auf, die die Schaffung einer christlichen Gesellschaft versprachen, obwohl sie sich selbst nicht zum christlichen Glauben bekennen konnten. Sie gingen dabei von ganz neuen Überlegungen aus: Ist es möglich, durch staatliche Maßnahmen eine Gesellschaft zu schaffen, in der es keine Armut gibt und in der alle Menschen gebildet und tugendhaft sind? Kann man die Armut nicht durch Almosen oder Arbeitslosengeld, sondern durch eine Veränderung der gesellschaftlichen Strukturen beseitigen? Die Gesellschaft kann gebessert werden, jedoch nicht durch bessere Moralvorstellungen, die über die Religion eingeimpft werden, sondern nur mit Hilfe neuer Ordnungen, die dafür sorgen, daß niemand mehr stehlen muß. Einbruch ist nicht mehr nötig und kapitalistische Ausbeutung nicht mehr möglich, wenn alles dem Staat gehört.

Einige Theoretiker hielten Privatbesitz für Diebstahl. Sie übertrugen die Ordensregel, nach der niemand irgend etwas besitzt, aber jeder alles benutzen kann, was dem Kloster gehört, auf die gesamte Welt. Die meisten Geistlichen lehnten diese Lehre ab, weil der Besitz von Dingen ein elementarer Bestandteil der menschlichen Freiheit sei und das Recht eines Menschen auf ein menschenwürdiges Leben auch mit einem gewissen Maß an Besitz verbunden sei.

Außerdem konnte die vorgeschlagene Umverteilung nicht ohne eine Revolution stattfinden, denn jene, die Güter »besaßen«, würden sie nicht kampflos hergeben. Es wurde von einem Klassenkampf – der Armen gegen die Reichen – gesprochen, in dem die Armen sich ihre Rechte nehmen sollten. Die Kirchen konnten eine politische Lehre, die Mitgliedern einer Gemeinschaft oder eines Staates empfahl, andere Mitglieder zu töten, nicht akzeptieren, auch wenn dadurch unter den Überlebenden Gleichheit hergestellt werden sollte. Sie glaubten an Gott und das Individuum und fürchteten eine Doktrin, die gewissen Mitgliedern der Gemeinschaft offenbar keine Rechte zubilligte.

Einige Christen erkannten jedoch, daß die sozialistische Theorie sich durchaus mit christlichen Idealen verknüpfen ließ. In den Büchern der alttestamentlichen Propheten seit Amos erklang immer wieder der Ruf nach sozialer Gerechtigkeit, sie waren voller Abscheu gegen

Holman Hunts *Das Licht der Welt* aus dem Jahre 1854, ein beliebtes Andachtsbild.

Unterdrückung und das gottlose »Zermalmen der Gesichter« der Armen (Jes. 3,15). Diese Christen zitierten zu ihrer Rechtfertigung den Lobgesang der Jungfrau Maria, das Magnifikat: »Er stürzt die Mächtigen vom Thron und erhöht die Niedrigen« (Lukas 1,52). Sie lasen die Apostelgeschichte und stellten fest, daß auch die Urgemeinde in Jerusalem »alles gemeinsam« hatte (Apg 2,44).

Als im Jahre 1848 der Begriff »christliche Sozialisten« aufkam, wurde er zunächst als Widerspruch in sich empfunden. Bei einer großen Demonstration auf dem *Kennington Common* gab sich eine Gruppe von drei Männern – darunter der Theologieprofessor des Londoner King's College, Frederick Denison Maurice, – diesen Namen. Sie waren nicht ausgesprochen sozialistisch, abgesehen davon, daß sie bei ihren politischen Überlegungen von einem verschwommenen Ideal der Arbeiterklasse ausgingen; dennoch sollte die Bezeichnung, die sie sich gegeben hatten, in den Kirchen Großbritanniens, Deutschlands, Italiens und der Vereinigten Staaten lange Zeit eine wichtige Rolle spielen. In Paris fand 1849 ein Bankett mit 33 »sozialistischen Priestern« statt, die einen Toast auf »Jesus Christus, den Vater des Sozialismus« ausbrachten.

1864 verurteilte Papst Pius IX. den Sozialismus offiziell, und Kaiser Wilhelm II. erklärte später, ein christlicher Sozialismus sei unsinnig und paradox. Einige lutherische Pfarrer in Deutschland befürworteten sozialistische Ideen, wurden dann jedoch in der Regel dazu gedrängt, ihr Amt aufzugeben. Es dauerte noch lange, bis die lutherische Kirche Sozialisten als Pfarrer tolerierte. Die deutschen sozialistischen Parteien machten stärker Front gegen das Christentum als die englische Labour Party, denn viele britische Sozialisten waren in jungen Jahren Mitglieder einer nicht-anglikanischen Kirche gewesen, und die Angehörigen der Mittelschicht schauten respektvoll auf den Theologen Maurice zurück, der als erster die Idee eines christlichen Sozialismus geprägt hatte.

Papst Leo XIII. gab im Jahre 1891 die Enzyklika *Rerum novarum* heraus, in der er den Sozialismus zwar noch verurteilte, seine Ziele jedoch durchaus akzeptierte. Im nachhinein galt diese Enzyklika als der Wendepunkt, von dem an es Priestern gestattet war, bei der Umgestaltung der Gesellschaft mit Sozialisten zusammenzuarbeiten. Sie sprach von der Würde des Arbeiters und seinen Rechten als menschliches Wesen, vom Recht des Staates, Bedingungen für soziale Gerechtigkeit zu schaffen, vom Recht der Arbeiter, zu ihrem eigenem Schutz Gewerkschaften zu bilden, und von ihrem Anrecht auf anständigen Lohn und Gewinnbeteiligung. Auf lange Sicht ermöglichte diese Enzyklika die Entstehung der katholischen sozialdemokratischen Parteien des 20. Jahrhunderts in Italien, Deutschland, Belgien und zeitweilig in Frankreich.

Der Deutsche Karl Marx (1818–1883) entwikkelte eine Theorie für einen Umbau der Gesellschaft zum Wohle der Arbeiter. Er bezeichnete die Religion als »Opium für das Volk«, als eine Möglichkeit, die Arbeiter so lange in Illusionen zu wiegen, bis endlich eine gerechte Gesellschaft geschaffen werde. Dann werde das Volk die Religion nicht mehr brauchen, und sie werde verschwinden. Marx stand der Religion nicht offen feindselig gegenüber: Obwohl sie Teil einer Gesellschaft war, die überwunden werden mußte, half sie den Menschen. Da Marx erwartete, daß die Religion von selbst verschwinden werde, forderte er nicht, sie von Staats wegen zu unterdrücken. Doch seine Schüler wie Engels und Lenin nahmen eine rigorosere Haltung ein: Die Religion schade den Menschen, indem sie ihre Aufmerksamkeit auf den Himmel lenke, weg vom Wesentlichen – Nahrung und materiellem Wohlstand.

Durch einen historischen Zufall – Rußland war 1917 durch den Krieg geschwächt – kam Lenin (1870–1924), ein Vertreter dieses radikalen Marxismus, an die Macht. Während des darauf folgenden Bürgerkriegs, in dem sich viele Geistliche auf die Seite seiner Gegner schlugen, zerstörten die Bolschewiken Kirchen, erschossen Priester und Bischöfe und beschlagnahmten Kirchenbesitz. Die russisch-orthodoxe Kirche überlebte zwar, doch nach Ansicht der gesellschaftlichen Führung übte sie auf Staat und Volk einen schlechten Einfluß aus, dem gegengesteuert werden müsse; die Kinder sollten nicht die religiösen Vorstellungen ihrer Eltern übernehmen. Christen durften weder verantwortungsvolle Ämter im Staatsdienst bekleiden noch als Lehrer arbeiten; christliche Bücher durften nicht veröffentlicht werden, und viele Kirchen wurden geschlossen und zweckentfremdet.

Doch für die Kirche und vor allem für die Geistlichen sollte das Schlimmste noch kommen: Lenins Nachfolger Stalin (1879–1953) versuchte vor allem in den späten dreißiger Jahren die Mittelschicht (darunter führende Kommunisten) auszurotten und ließ dabei auch viele Priester ermorden oder nach Sibirien in die Verbannung schicken.

Erst als die Nationalsozialisten 1941 in die Sowjetunion einmarschierten und die sowjetische Armee katastrophale Niederlagen hinnehmen mußte, änderte sich die Lage. Stalins negative Haltung der Kirche gegenüber war zwar geblieben, aber er erkannte, daß er die Unterstützung des ganzen Volkes brauchte, um Hitler abzuwehren, und ließ deshalb ein begrenztes Maß an Freiheit für die Christen zu. Unter Chruschtschow begann Ende der fünfziger Jahre die Verfolgung erneut: Dissidenten wurden verhaftet, Kirchen geschlossen und willfährige Handlanger des Regimes zu Bischöfen und Äbten ernannt.

Allerdings kehrte die Sowjetunion nie mehr zu den Verhältnissen der schrecklichen dreißiger Jahre unter Stalin zurück. Als mit Gorbatschow die Freiheit für die Christen wieder Einzug hielt, organisierte die Kirche die Ausbildung des Klerus, unterstützte die Gemeinden und ließ die Klöster wiederaufleben. Es war erstaunlich: Obwohl eine übermächtige Regierung siebzig Jahre lang versucht hatte, die orthodoxe Kirche zu vernichten, war sie der Seele des wahren Rußland immer noch nahe.

Die Kathedrale und die Atheisten

Im Jahre 1812 ordnete Zar Alexander I. zur Feier seines Sieges über Napoleon den Bau einer Kathedrale an. Riesige Summen wurden ausgegeben, ohne daß auch nur ein Stein verbaut wurde, und so fand sich der Architekt schließlich in der Verbannung wieder. Zar Nikolaus I. suchte einen neuen Architekten und wählte eine Stelle in der Nähe der Kremlmauer, wo er eine Kirche, ein Kloster und einige andere Gebäude abreißen ließ, um Platz zu schaffen, denn in der neuen Kirche sollten 10 000 Menschen Platz finden. Im Säulengang hingen Gemälde mit Szenen aus dem Krieg gegen Napoleon. Die Kirche hatte fünf Kuppeln, und das höchste Kreuz war in fast hundert Metern Höhe angebracht. Der Bau dauerte mehr als fünfzig Jahre, aber schließlich wurde die Erlöser-Kathedrale 1883 geweiht. Zu diesem Anlaß komponierte Tschaikowskij die Ouvertüre »Das Jahr 1812«.

Eine seltene frühe Fotografie der Erlöser-Kathedrale in Moskau, die zwischen 1830 und 1883 zur Erinnerung an den Sieg über Napoleon erbaut und von Stalin zerstört wurde.

Die Kirche der heiligen Maria von Smolensk in Moskau wurde im frühen 16. Jahrhundert von Zar Wassilij anläßlich der Eroberung des vormals polnischen Smolensk erbaut. 1680 wurde sie mit einer wunderschönen Ikonostase ausgestattet, die den Beginn des russischen Barock markiert. Der Glockenturm (links) wurde einige Jahre später erbaut.

Nach der Oktoberrevolution 1917 wurde der Dekan inhaftiert und kehrte nie wieder zurück; der Erzbischof und sein Nachfolger wurden hingerichtet. Der Stadtsowjet beschloß, daß das Gebäude nutzlos sei, und ließ die Kathedrale wegen eines angeblich notwendigen neuen Palastes der Sowjets in die Luft sprengen. Die oberste Kuppel stürzte in sich zusammen. Doch der Bau des Palastes ging genauso langsam voran wie ehemals der der Kathedrale und war noch nicht beendet, als die Sowjetunion 1941 erneut bedroht war. Die Arbeit wurde eingestellt. Schließlich befand sich auf dem Gelände, in das vier Zaren und zwei Dikatoren Unmengen von staatlichen Geldern gesteckt hatten, ein öffentliches Schwimmbad, das inzwischen auch nicht mehr benutzt wurde. 1994 wurde sogar vorgeschlagen, die Kathedrale wieder zu errichten – Geld stand dafür jedoch nicht zur Verfügung, es war eher eine trotzige Geste mit dem Ziel, die Erinnerung an Stalin zu tilgen.

Aus dieser Geschichte kann man eine Lehre ziehen. Die Verteidigung gegen Napoleons Angriff war – nach diesen Kategorien – ein gerechter Krieg gegen eine starke Übermacht. Der Sieg erforderte ein Zeichen des Dankes, und üblicherweise zeigte ein Staat seine Dankbarkeit, indem er eine Kirche errichten ließ. Wenn ein Zar eine Kirche baute, so mußte sie beeindruckend sein – ein solcher Bau war auch ein Prestigeobjekt. Das sieht man bei Justinian und der Hagia Sophia, dem englischen König Heinrich VI. und der Kapelle des King's College in Cambridge oder bei Papst Julius II. und dem neuen Petersdom. Aber selbst für einen reichen Staat war es schwierig, den Bau und die Instandhaltung eines solchen Gebäudes zu finanzieren, und die Bauzeit betrug oft Jahrzehnte. Doch das Gebäude zeugte vom Nationalstolz und dem Dank des Volkes für die Befreiung von den Eroberern. Als sich 1917 die Religion der Staatsführer – nicht die des Volkes – änderte, versuchten jene ihre eigene Form von Kirche, einen Palast der Sowjets, an diese Stelle zu setzen. Das schlug fehl, nicht aus Kostengründen, sondern weil die neue »Religion« des Staates im Vergleich zur alten Religion des heiligen Rußland zu schwach war.

Die Sainte-Chapelle

Nicht nur atheistische Staaten gingen mit ihren Kirchen rücksichtslos um. Die Saint-Chapelle in Paris ist ein Reliquienschrein, eine Schatulle, in der geweihte Reliquien aufbewahrt wurden. Sie wurde zu Ehren der Dornenkrone erbaut, die die Soldaten Jesus vor seiner Kreuzigung aufgesetzt hatten. Die ersten Berichte über diese angebliche Krone stammen aus dem fünften Jahrhundert. Sie wurde in einer Jerusalemer Kirche aufbewahrt und ehrfürchtig bestaunt. Als im 11. Jahrhundert das Verhältnis zwischen den Muslimen und den christlichen Wallfahrern in Palästina immer problematischer wurde, brachte man die Krone aus Sicherheitsgründen nach Konstantinopel, wo die Byzantiner sie hoch schätzten. Nach der Plünderung Konstantinopels während des Vierten Kreuzzugs setzten die Invasoren einen römisch-katholischen Franzosen als Kaiser ein. Ihm und seinen Nachfolgern, den »lateinischen« Kaisern von Konstantinopel, fehlte es immer an Geld. Einer von ihnen, Balduin II., verkaufte die Dornenkrone und einen Teil der Lanze, mit der angeblich einer der Soldaten in Jesu Seite gestoßen hatte, für eine große Summe an den sehr frommen französischen König Ludwig IX.

Ludwig beschloß, eine Stätte zu errichten, die einem so heiligen Gegenstand würdig wäre. Die Sainte-Chapelle ist ein Paradebeispiel der Hochgotik: Kühne, schlanke Wände umrahmen riesige Glasfenster mit Bildern der Passion Jesu, Szenen aus Erzählungen des Alten Testaments und cincm Porträt Ludwigs des Heiligen mit seiner Reliquie. Später kaufte Ludwig noch Stücke des angeblich echten Kreuzes hinzu. Die nachfolgenden Könige pflegten die Krone am Karfreitag dem Volk zu zeigen, und als die Engländer während des Hundertjährigen Krieges kurze Zeit in Paris herrschten, präsentierte auch ihr Befehlshaber die Reliquie der Öffentlichkeit.

Kurz vor der Französischen Revolution mußte die französische Regierung, die genauso knapp bei Kasse war wie Balduin, die Sainte-Chapelle schließen. In den antireligiösen Aufständen der Revolutionsära wurde die Kirche entweiht. Daraufhin überführte man die meisten Reliquien in die Kathedrale Notre-Dame, wo sie sich auch heute noch befinden. (Die Lanze kam in die Nationalbibliothek und ging dort verloren.) Die Kirche wurde Klubraum, später Lagerhaus und dann ein Rechtsarchiv voller staubiger Akten.

Erst fünfzig Jahre später regten sich bei der Regierung Bedenken, daß in einem so überragenden Kunstwerk der Gotik nur Gerümpel gelagert wurde. Die Kirche wurde wieder für Gottesdienste geöffnet und von romantischen Architekten mit mäßigem Geschmack restauriert. Dann ließ die Dreyfusaffäre erneut antiklerikale Strömungen, das bittere Vermächtnis der Revolution, aufleben; 1905 erfolgte die Trennung von Staat und Kirche, und die Kapelle wurde leergeräumt.

So steht die Sainte-Chapelle noch heute – voller Touristen und genauso kalt und elegant wie eh und je, aber ohne ihre Seele. Wie eigenartig das Christentum doch ist! Gerade die angebliche Dornenkrone, die Jesus auf seinem Haupt trug, die mehr als tausend Jahre die Erinnerung an sein Leiden bewahrte und aufopferungsvoll mit aller erdenklichen Schönheit umgeben wurde, mußte, von einem bankrotten Pseudokaiser verkauft, vor dem atheistischen Pöbel geschützt werden, um schließlich in einem Kirchenschatz in Vergessenheit zu geraten.

Der Nationalsozialismus

Hitler war ein (ehemals österreichischer) Katholik, der Katholiken haßte und Protestanten verachtete. Bei seiner Ernennung zum Reichskanzler im Jahre 1933 erklärte er, seine Regierung betrachte das Christentum als unerschütterliche Basis des moralischen Lebens des deutschen Volkes. Er wußte genau, wie er sich der Unterstützung derer versichern konnte, die ihm mißtrauten. Er selbst hatte eine vage, aber tiefver!wurzelte Überzeugung, nach der die Vorsehung in ihm ihre Erfüllung finden werde. So fühlte er sich nicht als Mann Gottes, sondern als Mann des Schicksals.

Im Rückblick ist es schwer zu verstehen, wie so viele katholische und protestantische Geistliche einen Menschen unterstützen konnten, der trotz aller schönen Worte dabei war, langsam aber sicher alles zu zerstören, was für sie wichtig war. Das Christentum war international und stand für Frieden und Harmonie zwischen den Menschen; die neuen deutschen Führer dagegen haßten alles Internationale und hielten den Frieden für eine Verschwörung, die Deutschland in Ketten halten sollte. Für die Außenwelt waren die Ideale des Christentums und die der Nationalsozialisten grundverschieden.

Doch für die Menschen in Deutschland sah das ganz anders aus. In den zehn Jahren vor Hitlers Machtübernahme hatten sie unter einer Inflation von unvorstellbaren Ausmaßen, unter Massenarbeitslosigkeit und Armut gelitten. Die neuen Führer appellierten an moralische Werte

Die Sainte-Chapelle in Paris, die von Ludwig dem Heiligen für die Dornenkrone erbaut wurde. Heute ist der heilige Platz in der Apsis leer, und es finden keine Gottesdienste mehr statt.

wie Selbstaufopferung, harte Arbeit, Ehre und Mut. Sie hatten Glück, daß die Wirtschaft sich gerade zum Zeitpunkt ihrer Machtübernahme wieder erholte (was sie ihren eigenen Fähigkeiten zuschrieben) und riefen die Nation auf, als ein Volk unter einem Führer zusammenzuarbeiten, um Deutschland zu retten und ihm einen »angemessenen« Platz in der Welt zurückzuerobern.

Im folgenden Jahr, 1934, konnte man einen Meinungsumschwung beobachten. Die Nationalsozialisten verfügten, daß niemand, der seiner Abstammung nach Jude war, in einer christlichen Kirche Geistlicher sein dürfe und Christen jüdischer Herkunft keine Kirchenglieder in deutschen Kirchen sein dürften. Einige Geistliche, die von Martin Niemöller, einem Pfarrer in Berlin-Dahlem, angeführt wurden, hielten solche Einmischungen der Nationalsozialisten in das Kirchenleben für unerträglich. Ende Mai 1934 fand im westfälischen Barmen eine Bekenntnissynode statt, auf der die Bekennende Kirche gegründet wurde, ein loses Bündnis all jener, die den Ausschluß der Juden und die Machtanmaßung Hitlers nicht hinnehmen wollten und sich dazu bekannten, alleine den Glaubenswahrheiten der Bibel und nicht einem falschen Führer folgen zu wollen. In diesem Konflikt ging es zum einen um die kirchliche Lehre (in der Auseinandersetzung um die Juden) und zum anderen um die Unabhängigkeit der Kirche vom Staat. Die Geistlichen wurden stark von der Theologie des Schweizers Karl Barth beeinflußt, der im Juni 1935 seine Professur in Bonn verlor und nach Basel zog. Auch von der Schweiz aus blieb er einer der führenden Köpfe der Bekennenden Kirche, obwohl seine Werke in Deutschland verboten waren.

Die leitenden Männer der Bekennenden Kirche sahen sich ständig Predigtverboten, Zwischenrufen in ihren Gottesdiensten, Beschlagnahmungen von Dokumenten, Hausdurchsuchungen und Inhaftierungen ausgesetzt. Im März 1935 kamen rund fünfhundert bekennende Pfarrer für kurze Zeit ins Gefängnis. Niemöller wurde im Juli 1937 verhaftet, im März 1938 von einem Gericht rechtskräftig freigesprochen, aber von der Gestapo sofort wieder inhaftiert. Bis zum Ende des Zweiten Weltkriegs war er in verschiedenen Konzentrationslagern. Seine erneute Verhaftung löste eine Welle internationalen Protestes aus und machte die Führer der Bekennenden Kirche im Ausland zu Helden.

Während die Bekennende Kirche alles tat, um die Ehre des Christentums in Deutschland wiederherzustellen, trug sie letztendlich auch zu einer Spaltung innerhalb der verschiedenen deutschen protestantischen Kirchen bei, was den gemeinsamen Widerstand gegen den Staat schwächte.

Jene, die ihre Hoffnungen auf Hitler setzten, schlossen sich den sogenannten »Deutschen Christen« an. Ihr Ziel war es, das Gewicht der Kirchen in der Gesellschaft zu stärken, indem sie alle Protestanten in einer einzigen Organisation unter einem Erzbischof, dem *Reichsbischof*, vereinten, indem sie den Ausschluß der Christen jüdischer Abstammung aus dieser Vereinigung akzeptierten und für sie eigene Gemeinden vorsahen und indem sie die Theologie so überarbeiteten, daß sie weniger unnahbar und archaisch wirkte und die Arbeiterschaft direkter ansprach – wobei auch das »jüdische« Alte Testament aufgegeben wurde. Die erfolgreichste Gruppe der »Deutschen Christen« war in Thüringen angesiedelt, wo zwei »Erweckungsprediger« die Massen begeisterten: Sie waren ihrem gesellschaftlichen Denken nach Nationalsozialisten, ihrer Glaubensüberzeugung nach radikale Lutheraner und setzten neben Kirchenliedern auch

Dietrich Bonhoeffer im Alter von 29 Jahren; als überzeugter Christ und Mitglied der Bekennenden Kirche leistete er Widerstand gegen die Nationalsozialisten und wurde zum Märtyrer.

Jazz und nationalistische Lieder für ihre Zwecke ein.

Als Europa am Rande des Krieges stand, verstärkten sich die Repressionen gegen die Kirchen. Die religiöse Erziehung wurde fast vollständig unterbunden, viele Pfarrer ins Gefängnis gesteckt, einige dort ermordet, und die letzten noch bestehenden Kirchenzeitschriften wurden verboten. Es war klar, daß die Nazis nach einem deutschen Sieg versuchen würden, die Kirche zu vernichten. Eines ihrer letzten Opfer war Dietrich Bonhoeffer, der auch beim gescheiterten Attentatsversuch gegen Hitler vom Juni 1944 eine Rolle gespielt hatte.

Die katholische Kirche Deutschlands litt unter den Nationalsozialisten genauso oder vielleicht sogar noch stärker, obwohl sie nicht so gespalten war. Papst Pius XI. schockierte die demokratische Welt, als er im Juli 1933 ein Konkordat mit Hitler unterzeichnete, das den katholischen Gemeinden im Deutschen Reich sehr viele Rechte einräumte. Die Nazis beabsichtigten jedoch nicht, diese Absprache einzuhalten und gingen zu immer offenerer Unterdrückung über. So inszenierten sie beispielsweise vor möglichst großer Öffentlichkeit Untersuchungen gegen Mönche, denen vorgeworfen wurde, homosexuell zu sein. Im Jahre 1937 gab Pius die Enzyklika *Mit brennender Sorge* heraus, in der er alle von den Deutschen begangenen Verletzungen des Konkordats aufführte. Die Enzyklika wurde nach Deutschland geschmuggelt und am Palmsonntag von allen Kanzeln verlesen. Dieses Vorgehen fachte zwar die Verfolgung noch stärker an, war aber auch notwendig, um die christliche Ehre zu bewahren.

Bei der Eroberung des katholischen Polen zu Beginn des Zweiten Weltkriegs erschossen die Nationalsozialisten viele polnische Priester und einige Bischöfe. Wahrscheinlich waren dafür vor allem politische Gründe ausschlaggebend, denn die Geistlichen waren auch die

Ein anglikanischer Priester in einem Pfarrbezirk von Stepney im Osten Londons zu Beginn des Zweiten Weltkriegs.

Anführer des Volkes. Doch die religiöse Selbstbehauptung spielte eine große Rolle, und viele Polen waren echte Märtyrer: Sechs Bischöfe, 1926 Priester, 580 Mönche, 289 Nonnen und viele andere Gläubige kamen in die Konzentrationslager. Nur Stalin verfolgte die Christen noch brutaler. Die Verfolgung durch die Deutschen wäre als Martyrium Polens in die Geschichte eingegangen, wenn sie nicht von einem noch grausameren Verbrechen überschattet worden wäre.

Der nationalsozialistische Angriff und die fast gleichzeitig stattfindenden Morde an Geistlichen unter Stalin ließen – für ein oder zwei Jahrzehnte – im Westen die Achtung vor der Religion wieder erstarken. Diese Massaker geschahen, als Europa begann, das Christentum abzulehnen. Ein Angriff auf die Menschenrechte konnte jedoch nur verurteilt werden, wenn die Menschenrechte einen festen Platz in der Weltordnung hatten, also nur, solange es eine religiös geprägte Einstellung gegenüber der Menschheit und ihrem Platz in der Welt gab.

Der Holocaust

Der Mord an den Juden wurde möglich durch den totalen Krieg an der Ostfront, der im Juni 1941 begann. Doch schon die Haßtiraden gegen die Juden, die von den nationalsozialistischen Rednern in den vorangegangenen Jahren verbreitet worden waren, hatten diesen Massenmord, die bisher größte Schande im angeblich christlichen Europa, vorbereitet. Im Angesicht des Grauens stellten sich zwei Fragen, die die Kirchen zutiefst beunruhigten.

Die erste Frage war ganz einfach: Wie konnte das geschehen? Wie konnte der fanatische, irrationale Antisemitismus gebildete und christlich geprägte Menschen überzeugen? Nach dem Krieg begann eine langwierige Ursachenforschung. Schon die alten Römer hatten auf die Juden herabgeschaut, weil sie sich nicht anpaßten. War das der einzige Grund, hatten die Verfolgungen eigentlich nichts mit Religion zu tun? Konnte eine gesellschaftliche Mehrheit eine Minderheit nicht ausstehen, weil diese ihre eigenen Bräuche hatte? Waren die einen eben einfach nur militärisch überlegen und konnten die anderen deshalb umbringen?

Oder – und das machte die Sache so beunruhigend – hatte es etwas mit dem Christentum zu tun? Die Wurzeln des Christentums gründeten im Judentum. Wurde einem ganzen Volk und einer Religion die Schuld – und Schuld ist ein zu schwaches Wort – dafür gegeben, daß Jahrhunderte zuvor einige Juden einen römischen Statthalter gedrängt hatten, Jesus zu kreuzigen?

Die zweite Frage, die die Christen beunruhigte, betraf ihre eigene Vergangenheit. Hatte ein christliches Volk das Töten geschehen lassen und aus Angst um sich selbst geschwiegen? Im Jahre 1960 entführten die Israelis Adolf Eichmann, der den Transport der Opfer in den Tod organisiert hatte, und stellten ihn in Jerusalem vor Gericht. Dadurch rückte die Diskussion über den Holocaust auch in den Kirchen in den Mittelpunkt und trug zu einer neuen Haltung gegenüber dem Judentum bei, die auch durch eine verständnisvollere Einstellung der Juden den Christen gegenüber erleichtert wurde. Alle bedeutenden Kirchengremien, ob katholisch oder protestantisch, verabschiedeten eine Resolution, in der Antisemitismus und jegliches Gerede, die Juden seien schuld am Tod Jesu, verurteilt wurden. Im April 1986 brachte Johannes Paul II. diese gewandelte Haltung zum Ausdruck: er nahm als erster Papst an einem Gottesdienst in der Synagoge von Rom teil.

Gewissen und Krieg

Die frühen Christen akzeptierten, daß es hin und wieder Kriege geben mußte, denn das entsprach dem Wesen der gefallenen menschlichen Rasse. Augustinus erklärte die Ansicht, Krieg sei immer schlecht, für Häresie. Seine Idee von einem gerechten Krieg schloß den Vorstoß in ein anderes Land ein, sofern dort Anarchie herrschte. Insofern hätte er den Einmarsch der UN-Friedenstruppen in Bosnien oder Ruanda mit dem erklärten Ziel, Mord und Gesetzlosigkeit zu beenden, als gerechten Krieg betrachtet. Alle waren sich einig, daß das Ziel eines Krieges die Friedensstiftung sein mußte. Ein Krieg ist gut, wenn er dem Bösen Einhalt gebietet.

Aber beinhaltet die Verpflichtung, der Staatsmacht zu gehorchen, auch, daß ein Mann in einer Armee dienen muß, die sich, wie er glaubt, an einem moralisch nicht vertretbaren Einsatz beteiligt? Ein Soldat muß schließlich gehorchen. Die mittelalterlichen Scholastiker waren sich einig, daß niemand einem Befehl gehorchen durfte, von dem er wußte, daß er unmoralisch war. Nach diesem Lehrsatz könnte sich beispielsweise ein SS-Mann, der in Polen einen Juden erschossen hat, nicht damit entschuldigen, daß er den Befehl zu schießen bekommen habe und gehorchen mußte. Doch die Scholastiker ließen den Einwand der Unkenntnis zu: Häufig könnten Soldaten nicht einschätzen, ob ihre Befehle moralisch gerechtfertigt seien oder nicht; in diesem Fall müßten sie ihre Pflicht erfüllen.

Es entstand also die Vorstellung vom gerechten und vom ungerechten Krieg. Wann ist es richtig, in den Krieg zu ziehen? Was darf man im Krieg tun – welche Waffen darf man verwenden, wie muß man mit Gefangenen umgehen?

In früheren Jahrhunderten war die erste Frage die dringendere, in den letzten zweihundert Jahren wurde die zweite immer wichtiger. Sie wurde auf dem Zweiten Laterankonzil im Jahre 1139 erstmals offiziell gestellt, als die neu eingeführte Armbrust als eine unmoralische Waffe verurteilt wurde, die nicht im Kampf gegen Christen einzusetzen sei, wohl aber gegen Sarazenen, sofern diese Bogen benutzten. Wie bei allen späteren Verurteilungen von Waffentypen bis zur Wasserstoffbombe oder Giftgas nahmen die Generäle auch von diesem Konzilsbeschluß keine Notiz, und die Armbrustschützen wurden wichtige Truppenteile in vielen Armeen.

Diese Diskussionen wirkten sich auf die Behandlung von Kriegsgefangenen aus, die ebenso wie die Zivilbevölkerung nicht getötet werden durften. Auch die im Zweiten Weltkrieg von allen Kriegsparteien praktizierten Flächenbombardements wären mit Sicherheit verurteilt worden, weil die unschuldige Zivilbevölkerung in den Städten am stärksten unter ihnen zu leiden hatte (was durchaus beabsichtigt war).

Das Entstehen großer souveräner Nationalstaaten ließ Zweifel an der Idee des gerechten Krieges aufkommen. Im 18. Jahrhundert war der Krieg Teil eines politischen Spieles zwischen den Staaten geworden, ein politisches Instrument, die Fortsetzung der Diplomatie mit anderen Mitteln. Man verwarf die Vorstellung, ein Krieg könne moralisch sein, denn es führte zu unheiligen »heiligen Kriegen« und »Kreuzzügen«, wenn die Menschen eher aus Leidenschaft als aus rationalen Überlegungen heraus in den Krieg zogen. Sogar als die Großmächte 1920 den Völkerbund mit dem Ziel gründeten, alle Kriege zu beenden, integrierten sie die Vorstellung vom gerechten und ungerechten Krieg nicht, denn von nun an konnte kein Krieg mehr gerecht sein.

Doch dann erkannten die modernen Gesellschaften, daß sie ohne die Idee des gerechten Krieges nicht auskamen. Christen verurteilten immer wieder den Einsatz und gewöhnlich auch den Besitz von Atomwaffen mit der Begründung, daß sie nur dazu dienten, unschuldige Menschen zu töten. Doch die Haltung war nicht einmütig; es gab auch die Ansicht, daß die Tötung vieler Zivilisten gerechtfertigt sei, wenn dadurch ein Krieg beendet und somit noch mehr unschuldige Menschenleben gerettet würden. Mit diesem Argument verteidigte man auch den Abwurf der Atombombe auf die japanische Stadt Hiroshima am 6. August 1945, weil er den Zweiten Weltkrieg und damit weiteres Morden beendet habe. Doch auf der ersten Versammlung des Ökumenischen Rates der Kirchen in Amsterdam im Jahre 1948 wurde die Resolution verabschiedet, daß im Zeitalter der modernen Technik die Vorstellung von einem gerechten Krieg nicht länger akzeptabel sei, während sie in der Vergangenheit bei der Entwicklung ethischer Normen große Bedeutung gehabt habe.

Seit dem Zweiten Weltkrieg spielte die Idee des gerechten Krieges in der »Theologie der Revolution« eine zentrale Rolle, doch hier verstand man darunter eine gerechte Revolution gegen ein tyrannisches Regime.

Pazifismus

Die alte Überzeugung eines Teils der Christen, daß ein Christ grundsätzlich nicht als Soldat dienen dürfe, war in der Reformation durch die Täufer und später die Quäker aufrechterhalten worden und hatte in der Moderne neue Zugkraft gewonnen. Grund dafür war zum einen die Grausamkeit des modernen Krieges und zum anderen, wohl wichtiger, die von Napoleon eingeführte Wehrpflicht, nach der alle Männer, und später auch Frauen, vom Staat zu den Waffen gerufen werden konnten. Jetzt ging es nicht mehr um tödliche Spiele zwischen Prinzen, sondern um Kriege zwischen Völkern. Als das Gesetz jeden zum Militärdienst zwang, entstand auch der Typ des modernen »Gewissensverweigerers«, der meist aus religiösen, manchmal jedoch auch aus allgemein moralischen Gründen keinen Dienst an der Waffe leisten wollte.

Einige Moralphilosophen weisen das Argument, man dürfe aus Gewissensgründen den Kampf verweigern, zurück, weil ihrer Ansicht nach die Söldnerheere für die meisten Greueltaten im Krieg verantwortlich sind. Ein Bürgerheer, das aus Wehrpflichtigen zusammengestellt wird, schütze vor den schlimmsten Exzessen. Deshalb habe jeder die moralische Verpflichtung zum Wehrdienst, und niemand dürfe aus Gewissensgründen davon befreit werden.

Mit den Kriegen des 20. Jahrhunderts bekam die pazifistische Bewegung immer mehr Anhänger. Zum ersten Mal seit den frühen Jahrhunderten des Christentums hatte sie wieder führende Denker auf ihrer Seite. Doch niemand setzte das Recht auf Kriegsdienstverweigerung aus Gewissensgründen auf die Liste der Menschenrechte, die für alle Staaten bindend sein sollen. Man ging allgemein davon aus, daß ein Bürger, dem Kriegsdienstverweigerung aus Gewissensgründen zugestanden wurde, seinem Staat in einer Krisensituation für einen anderen Dienst zur Verfügung stehen müsse. Die Nationalsozialisten verurteilten jeden, der den Militärdienst verweigerte, zum Tode.

Das Kriegerdenkmal

Ein Soldat starb gewöhnlich in einem weit entfernten Land und wurde dort begraben. Im Christentum war der Brauch, durch eine Gedenktafel oder ein Denkmal an ihn zu erinnern, lange nicht bekannt; die ersten dieser Tafeln tauchten erst im 14. Jahrhundert in den Kirchen auf. Die ersten Denkmäler, wie wir sie heute noch kennen, stammen aus dem frühen 19. Jahrhundert.

Zunächst wurde nur der berühmteren Opfer gedacht – der Offiziere. Dann begannen die Menschen, alle Toten aufzulisten, was auf den Wandel von Söldnerheeren zu Armeen von Wehrpflichtigen zurückzuführen war. Der Söldner wollte, daß der Krieg andauerte, der Einberufene dagegen wollte Frieden, um wieder nach Hause zurückkehren zu können. Der Söldner kämpfte für Geld und Kriegsbeute, während der Wehrpflichtige ein neues Motiv hatte – die Bereitschaft, für das Vaterland zu sterben.

Deshalb schmückten christliche Bilder und Inschriften die ersten Denkmäler. Der Erzengel Michael als Anführer der himmlischen Heerscharen wurde durch sie im Westen zu einer vertrauten Figur; im Osten war er schon allgemein bekannt. Orden für besondere Tapferkeit hatten die Form von Kreuzen, und die Namen auf den Kriegerdenkmälern wurden ebenso verehrt wie die Namen der Märtyrer im Urchristentum, denn die einen wie die anderen hatten ihr Leben für eine gerechte Sache geopfert. Doch es gab auch gute Gründe, ein Kriegerdenkmal weniger religiös zu gestalten, vor allem, wenn es nicht in der Kirche stand. Mit der Zeit wurde es zu einem weltlichen Denkmal, das auf dem Dorfplatz aufgestellt wurde.

Ein Kriegerdenkmal auf dem Dorf, in Harefield, Middlesex. Es erinnert vor allem an die australischen und neuseeländischen Gefallenen, die dort während des Zweiten Weltkriegs ein Krankenhaus für ihre Truppen unterhielten. Deshalb werden am Jahrestag des Waffenstillstands vom 11. November 1918 (Armistice Day) auch die Flaggen dieser Länder gezeigt.

Der Kalte Krieg

Nachdem die Sowjetunion den Zweiten Weltkrieg an der Ostfront gewonnen hatte, setzte Stalin von Ostberlin bis Wladiwostok und von Estland bis Bulgarien kommunistische Regime ein. Diese Marionettenregierungen sahen sich verpflichtet, mit den Religionsgemeinschaften ihrer Länder ebenso brutal umzugehen, wie ihre Herren in Moskau es ihnen vormachten.

Das sah jedoch in jedem Land anders aus. Allgemein galt, daß das Bildungswesen atheistisch ausgerichtet sein mußte und daß bekennende Christen nicht als Lehrer oder im sonstigen Staatsdienst arbeiten durften, womit ihnen alle wirklich verantwortungsvollen Berufe versperrt waren. Die Sakramente sollten durch weltliche Riten ersetzt werden, so daß man beispielsweise zum Heiraten nicht mehr in eine Kirche gehen mußte. Weiterhin durften religiöse Bücher nicht in staatlichen Buchläden verkauft werden, was de facto bedeutete, daß man sie nur noch an einzelnen Ständen am Hintereingang einer Kirche oder Moschee erstehen konnte. Religiöse Radio- oder Fernsehsendungen waren verboten.

Am brutalsten ging man in Albanien gegen die Religion vor, einem Land, in dem Katholiken, orthodoxe Christen und Moslems lebten. Der Diktator Enver Hoxha war davon überzeugt, daß sein rückständiger Staat nur vorankommen könne, wenn er sich völlig von allen Religionen lossagte. Deshalb erklärte er Albanien zum ersten atheistischen Staat der Weltgeschichte.

Die wenigsten Schwierigkeiten hatten die Christen in Polen und Rumänien, denn dort war die Religion eng mit dem nationalen Bewußtsein verknüpft. Die Polen hatten sich als Katholiken gegen die orthodoxen Russen behaupten können. Die Rumänen hatten sich gegen die osmanischen Türken mit Hilfe ihres orthodoxen Glaubens durchgesetzt. Deshalb konnte es sich in diesen Ländern keine Regierung erlauben, den Glauben der Mehrheit der Staatsbürger anzugreifen. So war beispielsweise zwar der Religionsunterricht in den Schulen verboten, es gelang aber nicht, den Privatunterricht durch Priester zu unterbinden, der in den meisten anderen kommunistischen Staaten ebenfalls gegen das Gesetz verstoßen hätte.

Doch sogar in diesen beiden Ländern konnte eine atheistische Regierung den Glauben auf grausame und zum Teil tödliche Weise kontrollieren. Die Ermordung von Jerzy Popiełuszko, einem polnischen Arbeiterpriester, der der Gewerkschaft Solidarność angehörte, war besonders folgenreich, denn sie schuf einen nationalen Märtyrer und schwächte die Regierung entscheidend. Und sogar in den Ländern, in denen der Glaube sich behaupten konnte, verbrachten alle katholischen Führer eine Zeit im Gefängnis: Kardinal Wyszyński in Polen, Kardinal Mindszenty in Ungarn, der zudem jahrelang in der amerikanischen Botschaft sozusagen im Exil leben mußte, Erzbischof Beran in der Tschechoslowakei und Kardinal Stepinac in Kroatien, der in einem Schauprozeß als Kriegsverbrecher gebrandmarkt wurde.

Die DDR war das einzige Land unter kommunistischer Herrschaft, in dem die Mehrzahl der Gläubigen evangelisch war. Auch die Regierung der Deutschen Demokratischen Republik stand dem Glauben feindlich gegenüber. Sie führte die *Jugendweihe,* eine weltliche Form der Konfirmation, ein, bei der sich die Jugendlichen in einem Gelübde zu ihrem Staat bekennen mußten. Gläubige Christen, die sich diesem Ritus verweigerten, wurden als illoyal bezeichnet. In späteren Jahren allerdings gestand die Regierung der DDR als einzige im kommunistischen Machtbereich den Kirchen, wenn auch begrenzte, Radio- und Fernsehzeiten zu und bezahlte die Theologieprofessoren an den Universitäten weiterhin aus Staatsgeldern.

Vertreter der christlich-sozialistischen Tradition versuchten, sich mit den kommunistischen Regierungen Osteuropas auszusöhnen. Der rumänische Patriarch Justinian, ein fähiger Kirchenführer mit christlich-sozialistischem Hintergrund, arbeitete vorsichtig, wenn auch nach Meinung seiner Kritiker noch zu willfährig, mit der Diktatur zusammen. In Prag war ein in ganz Europa bekannter Theologe, der Protestant Josef Hromádka, der Ansicht, die Kirchen könnten mit diesem kommunistischen Regime, das die Ideale der sozialen Gerechtigkeit voranbrachte, zusammenarbeiten – bis er durch den sowjetischen Einmarsch in die Tschechoslowakei 1968 völlig desillusioniert wurde.

All dies brach zusammen mit dem Fall der Berliner Mauer am 9. November 1989 und dem darauf folgenden Sturz der anderen kommunistischen Regime einschließlich der Sowjetunion. In Ungarn, Rumänien, der Tschechoslowakei, der DDR und vor allem in Polen beschleunigte die religiöse Überzeugung des Volkes den Zusammenbruch.

China

Rußland hatte eine lange gemeinsame Grenze mit China, und der russische Sozialismus gewann schon in den zwanziger Jahren Anhänger im Nachbarland. Unter Mao Zedong (1883–1976) profitierte die Kommunistische Partei vom Zusammenbruch des Systems wäh-

Ein protestantischer Missionar im China des 19. Jahrhunderts.

rend des langen Bürgerkrieges und konnte 1949 die Diktatur des Proletariats verkünden. Doch dieser Sozialismus war durchsetzt von einem Nationalismus, der jede westliche Einmischung zurückwies und die historischen Werte Chinas behaupten wollte – zumindest jene, die nicht religiös waren. ·

Vor Mao waren in China vor allem zwei christliche Konfessionen weit verbreitet. Zu Beginn des 19. Jahrhunderts hatten protestantische Missionare mit der Arbeit in China begonnen. Die erste Bibelübersetzung ins Chinesische stammte von dem Schotten Robert Morrison (1823). Westliche Mächte hatten sich in teilweise mit Gewalt erzwungenen Verträgen das Recht zusichern lassen, Missionare in das Land zu entsenden. Doch ihre Bemühungen zeitigten nur langsam gewisse Erfolge. Viele Missionare waren einfache Menschen, die nur das Evangelium verkünden wollten. Andere jedoch setzten sich wie vor ihnen Matteo Ricci nicht nur dafür ein, den Chinesen die göttliche Wahrheit näherzubringen, sondern wollten ihnen auch zu höherer westlicher Bildung verhelfen. Die chinesischen Katholiken waren den Protestanten zahlenmäßig überlegen: Es gab rund fünf Millionen Katholiken und ungefähr eineinhalb Millionen Protestanten; Rom ernannte 1926 die ersten sechs chinesischen Bischöfe. Doch unter den gebildeten chinesischen Christen waren die Protestanten in der Überzahl, und vor allem einige protestantische Schulen und Universitäten trugen viel dazu bei, daß China den Anschluß an die moderne Welt fand. Ausgehend von diesen beiden unterschiedlichen Ansätzen, einem einfachen, unmittelbar an der Bibel orientierten und einem stärker intellektuell geprägten, bildeten sich in China auch Kirchen mit verschiedenen Schwerpunkten. Es gab viele äußerst fromme Chinesen, die sich intensiv mit der Bibel beschäftigten, und eine Gruppe von Christen mit einem ausgeprägt moralischen Glauben, in dem das Erbe des Konfuzius noch zu erkennen war.

Mao versuchte nicht von Anfang an, den Glauben zu vernichten, doch er wies die Missionare aufgrund ihrer westlichen Herkunft aus und zwang die chinesischen Kirchen so, auf eige-

Eine mongolische Darstellung des Letzten Abendmahls.

nen Beinen zu stehen. Zudem forderte er von ihnen eine bedingungslose Unterstützung des neuen chinesischen Staates, was nicht nur die bibeltreuen Protestanten, sondern auch die Katholiken vor Probleme stellte, denn man erklärte ihnen, sie dürften dem Papst nicht gehorchen, weil er Europäer sei.

Die christlich-sozialistisch beeinflußten Gruppierungen in der katholischen wie in der evangelischen Kirche waren bereit, Mao zu unterstützen, um mehr soziale Gerechtigkeit in der Gesellschaft zu erreichen. Die meisten protestantischen Gemeinden akzeptierten dies unter starkem Druck von außen. Eine katholische Kirche ohne Papst wurde gegründet, die Rom jedoch nicht anerkennen wollte. Die starke Tradition gesellschaftlicher Tugenden, die die chinesischen Christen teilweise von Konfuzius übernommen hatten, trug dazu bei, daß sie die Anordnungen der Regierung widerspruchslos hinnahmen. Doch der Staat war eigentlich gegen jede Religionsausübung, und die Gemeinden wurden in kleine Hauskirchen abgedrängt.

Dann begann 1965 Maos wahnsinnige Kulturrevolution. Banden von Teenagern wurden ermutigt, Tempel und Kirchen in Trümmer zu legen und ihre gebildeten Vorgesetzten zu Landarbeitern zu machen. Das war kein Marxismus mehr, sondern eine neue Religion – Erlösung durch permanente Revolution. Die chinesischen Kirchen verschwanden für einige Zeit völlig aus der Öffentlichkeit, doch als der Sturm sich legte und die chinesische Führung wieder einigermaßen zur Vernunft kam, stellte sich heraus, daß die Kirchen immer noch ihre Arbeit taten.

Diese Arbeit war allerdings nicht leicht, denn noch immer unterstanden sie einem Kommitee der Kommunistischen Partei, das sich »Patriotische Kirche« nannte, und noch immer saßen Pastoren und Pfarrer im Gefängnis, weil sie sich weigerten, die Beziehung zu Kirchen im Ausland abzubrechen. Es steht noch ein langer Weg bevor, um dem jetzt anerkannten Menschenrecht auf freie Religionsausübung wirklich Geltung zu verschaffen.

Indien

Das Schicksal der indischen Kirchen verlief ganz anders als das der chinesischen. Im Zuge der europäischen Expansion im 19. Jahrhundert konnten die Kirchen in ganz Indien Erfolge verbuchen. Im Süden dauerten die Masseneintritte bis ins 20. Jahrhundert an. Die Bibel wurde in viele indische Sprachen übersetzt, und Missionare gründeten Schulen, die sich teilweise zu Colleges und später zu Universitäten entwickelten und nicht unbedingt missionarische Ziele verfolgten, sondern einfach versuchten, profunde Bildung zu vermitteln. Ärzte brachten die europäische Medizin ins Land, und gerade einige der besten Mediziner betätigten sich auch als Missionare. Dabei vergaßen sie jedoch nie die moralische Verpflichtung des Arztes, jeden ungeachtet seines Glaubens zu behandeln. Missionsstationen bauten Bauernhöfe auf, um moderne Landwirtschaftsmethoden zu verbreiten, und gründeten Druckereien und Verlage.

Die Missionare hatten Probleme mit den tiefverwurzelten Bräuchen des Landes, vor allem mit dem Kastenwesen. Menschen, die einer niedrigen oder gar keiner Kaste angehörten, hatten keine Hoffnung auf einen Aufstieg aus den untersten Schichten der Gesellschaft. Gerade diese Außenseiter traten in Scharen den Kirchen bei. Solche Beitrittswellen gab es vor allem im Süden des Landes, aber auch bei den Telugu nördlich von Madras, bei verschiedenen Stämmen in der Gegend von Chota Nagpur und an anderen Orten, wie etwa in den Bergen von Assam. Sie ließen die Zahl der Christen in Indien in die Höhe schnellen, was auch die Kirchen in Verlegenheit brachte, da sie weder über genügend Lehrer für die nötigen Schulen noch über genügend Seelsorger verfügten.

Der christliche Glaube wurde natürlich indisch beeinflußt. Tief im indischen Volk existierte ein mystisches Empfinden für die Nähe Gottes, ein Bedürfnis nach Ruhe, Gelassenheit und einem einfachen Leben, nach einem asketischen Ideal, das der Lebensweise der christlichen Mönche entsprach. Die Hindus hatten den *Aschram*, einen Ort der Ruhe und Kontemplation, der einem frühen Kloster nicht unähn-

Ein Missionar des 19. Jahrhunderts in einem indischen Dorf.

Mutter Teresa, die aus Albanien stammt und als Nonne erzogen wurde, hat ihr Leben der Sorge für die Armen Kalkuttas gewidmet.

lich war. Einige sehr gute christliche Einrichtungen in Indien waren und sind Aschrams, in denen Gruppen von Menschen unter einfachen Bedingungen miteinander leben, in Stille beten und ihrem Nächsten dienen.

Als Indien 1947 unabhängig und in zwei Länder aufgeteilt wurde, schlug die große Stunde der Christen, denn während Hindus und Muslime sich gegenseitig bekämpften und umbrachten, vertrauten beide Seiten darauf, bei Christen ein sicheres Versteck zu finden.

Es gab zwar viele Christen, doch machten sie insgesamt nur einen geringen Teil der Gesamtbevölkerung aus. In Indien, das als säkulare Republik mit freier Religionsausübung gegründet wurde, stellten sie einen Bevölkerungsanteil von etwas mehr als drei Prozent. In Pakistan waren es sogar weniger als zwei Prozent, und als das Land 1956 zur islamischen Republik erklärt wurde, sank der Anteil weiter.

Als in den Jahren nach 1950 immer mehr asiatische Flüchtlinge nach Europa und Nordamerika kamen, begannen sich religiös interessierte Menschen im Westen mit den wichtigsten Elementen des Buddhismus und des Hinduismus zu beschäftigen. Der buddhistische Sinn für Frieden und das hinduistische Gefühl für Einfachheit brachten auch die entsprechenden Züge des Christentums wieder stärker zur Geltung.

Der Niedergang des Glaubens in Europa

Der Papst war immer noch der Mittelpunkt der katholischen Kirche, und nach dem Sturz des Faschismus im Jahre 1945 hatte er zum ersten Mal seit dem 18. Jahrhundert ein ihm freundlich gesinntes Italien im Rücken. Im Westen war seine Autorität in dogmatischen und moralischen Fragen immer noch groß. Allerdings war er jetzt auch stark von den Vereinigten Staaten abhängig, nachdem Europa sich in zwei Weltkriegen selbst ins Unglück gestürzt hatte. Der Kurie in Rom gehörten immer weniger Italiener an, da die lateinamerikanischen und afrikanischen Katholiken die europäischen an Zahl weit übertrafen. Während des Kalten Kriegs war der Einfluß des Papstes in den osteuropäischen Ländern mit großem katholischen Bevölkerungsanteil – wie Polen, aber auch Litauen, die Slowakei, Kroatien, Ungarn und Siebenbürgen – sehr begrenzt. Als 1978 mit Johannes Paul II. ein Pole zum Papst gewählt wurde, war das ein Zeichen dafür, daß das Papsttum internationaler geworden war.

Die Katholiken verehrten ihren Papst zwar immer noch, aber sie beachteten seine Worte kaum mehr. Die Päpste hielten in einer Zeit, in der sich die moralischen Werte durch die Gepflogenheiten der Industriegesellschaften verändert hatten, an der alten Sittenlehre von Ehe und Familie fest. Der Papst verbot die Scheidung sogar in Fällen, in denen sie dem natürlichen Rechtsempfinden nach die einzige Lösung darstellte. Künstliche Empfängnisverhütung wurde ungeachtet der Überbevölkerung und des Selbstbestimmungsrechts der Frau verboten. Die Kurie sprach sich gegen die Priesterschaft von Frauen aus, als in den Vereinigten Staaten, Kanada und den Niederlanden schon viele Katholiken die Ansicht vertraten, daß es zu einer Zeit, in der Frauen die gleiche Ausbildung genossen wie Männer, auch richtig sei, ihre Fähigkeiten in das Priesteramt einzubringen. Es würde der Seelsorge zugute kommen und die Verpflichtung der Kirche gegenüber einer Welt zeigen, die dem weiblichen Geschlecht gleiche Chancen zu geben versucht.

Die Protestanten hatten nach der Reformation kein gemeinsames Oberhaupt mehr: Sie setzten sich zusammen aus den Lutheranern mit einem Schwerpunkt in Deutschland und

Skandinavien, der reformierten Kirche, die vor allem in der Schweiz, Edinburgh, Holland und Neuengland ihre Anhänger hatte, der anglikanischen Kirche mit dem Zentrum Canterbury, der methodistischen Kirche, die in den Vereinigten Staaten und Kanada besonders stark vertreten war, und den Baptisten, deren Hauptgewicht in den Vereinigten Staaten lag.

Die britischen und amerikanischen Kirchen wollten das Ungleichgewicht in der Führung durch einen Ökumenischen Rat der Kirchen beheben. 1910 begann man, diesen Rat zu bilden, 1948 fand schließlich in Amsterdam die erste Vollversammlung statt. Dieser Rat war jedoch nur dem Namen nach ökumenisch besetzt, denn die Katholiken und viele orthodoxe Christen verweigerten die Teilnahme. Der Papst verurteilte das Vorhaben bereits 1928 in einer Enzyklika, der russisch-orthodoxe Patriarch auf einer Synode in Moskau im Jahre 1948.

Doch die Institution wurde gebraucht, und die Organisatoren blieben standhaft. Die orthodoxe Kirche nahm schließlich 1961 an einem Treffen in Neu-Delhi teil, die Katholiken allerdings wurden nie Vollmitglieder, sondern schickten immer nur offizielle Vertreter. Der Rat war vor allem für die Kirchen in Indien, Afrika und Lateinamerika von großer Bedeutung, denn er war lange Zeit das einzige internationale Gremium, mit dessen Hilfe sie wirksam auf ihre Probleme aufmerksam machen konnten.

Mußte man in die Kirche gehen, um Christ zu sein? Viele Juden beschlossen, man könne auch ohne Synagogenbesuche ein gläubiger Jude sein. Konnte das auch für die Christen gelten, obwohl ihr Glaube seit der Zeit der Apostel darauf beruhte, zum Gebet und Lobpreis zusammenzukommen? Wenn die meisten Menschen nicht zur Kirche gingen (außer zu Taufe, Heirat und Beerdigung), folgte daraus, daß sie nicht mehr an Gott als ihren Schöpfer glaubten oder daß sie die Offenbarung der Liebe nicht mehr als den moralischen Schlüssel zur Menschlichkeit betrachteten? Die Vertreter der neu entstandenen Sozialwissenschaften verbrachten viel Zeit mit der Beantwortung dieser Fragen.

Die Statistiken waren nur in den Ländern verläßlich, in denen der Staat die Menschen mit einer Kirchensteuer belastete. Wo solche Steuern eingezogen wurden, gab es immer auch eine Klausel, die den Bürgern ermöglichte, die Zahlung zu verweigern, und so konnte man feststellen, wie viele Menschen es ablehnten, die Kirchen finanziell zu unterstützen. Wenn man von der Annahme ausging, Europa würde immer unchristlicher, schienen diese Zahlen erstaunlich niedrig. Doch allmählich schreckten sie die Kirchen auf. In den Niederlanden stieg die offizielle Zahl der »Religionslosen« von 92 960 im Jahre 1909 auf 1 114 943 im Jahre 1930 bei einer Gesamtbevölkerung von 6 841 000 Menschen, also auf knapp ein Sechstel der Bevölkerung. Eine andere Untersuchung aus dem Jahre 1920 ergab, daß es in den Niederlanden 2,8 Millionen Protestanten und 2,4 Millionen Katholiken gab.

Der Anteil der Katholiken, die der wöchentlichen Messe beiwohnten, sank von 77 Prozent im Jahre 1948 auf 46 Prozent im Jahre 1970 und schließlich auf 31 Prozent im Jahre 1976. Doch das bedeutet nicht, daß die Zahl der Katholiken in Holland in diesen Jahren ebenso deutlich abnahm. Im übrigen Westeuropa war eine ähnliche Abnahme der Kirchenbesuche zu beobachten, und dies führte die Kritiker zu der Frage, ob Europa bald kein christlicher Kontinent mehr sein würde.

Die Befreiung in Lateinamerika

Kurz nachdem Napoleon Spanien besetzt hatte, erklärten die spanischen Kolonien in Amerika von Mexiko bis Argentinien ihre Unabhängigkeit. Die Folge war ein langanhaltender Kampf um funktionsfähige Regierungen. Meist entwickelten sich Diktaturen oder Oligarchien, die von einem General, der die Macht durch einen Putsch an sich gerissen hatte, oder auch von einem selbsternannten »Kaiser« angeführt wurden. In seltenen Fällen entstand auch eine Art Demokratie. Die Völker waren durch Rassenunterschiede und den tiefen Graben zwischen Großgrundbesitzern und Indios oder Mestizen, die auf ihren Gütern arbeiteten, gespalten; die Staaten waren in der Regel bankrott oder standen kurz davor.

In den Kämpfen zwischen Reich und Arm oder zwischen verschiedenen Generälen und Banden war die Kirche von allen Seiten bedroht. Gewöhnlich ging man davon aus, daß sie auf der Seite der herrschenden Klasse stand, obwohl in den Aufständen der Bauern auch Gemeindepfarrer zu den Anführern gehörten. Die liberale Bourgeoisie nahm in der Regel eine antikatholische Haltung ein und sprach sich für Gesetze aus, mit deren Hilfe das Mönchtum verboten, Jesuiten ausgewiesen oder Kircheneigentum konfisziert wurde. Die indianischen Bauern waren auf ihre Art sehr katholisch, aber sie hingen noch an vorchristlichen Riten, die die Mittelschicht als Aberglauben verachtete. Gelegentlich kam es zu Übergriffen auf die Kirche oder zu Guerilla-Aufständen der Bauern. Doch die meiste Zeit kamen die Staaten und die Kirchen einigermaßen miteinander aus.

Mexiko

Nach Jahrzehnten eines schwelenden und immer wieder offen ausbrechenden Bürgerkriegs konnte Porfirio Díaz ab 1884 seine Diktatur stabilisieren und siebenundzwanzig Jahre lang die Geschicke Mexikos lenken. Er genoß dabei die Unterstützung der Kirche; die strengen antikirchlichen Gesetze behielt er zwar bei, verschärfte sie aber nicht weiter. Das Land blühte auf, doch wurden die Reichen dabei immer reicher und die Armen immer ärmer. Während Díaz' Herrschaft konnte die Kirche sich neu strukturieren, sie schuf besser organisierte Pfarrbezirke, kümmerte sich um die Seelsorge in den ländlichen Gebieten und startete eine Bewegung, die die Gesellschaft zugunsten der armen Fabrikarbeiter und der Indianer reformieren wollte. Als Díaz 1911 durch eine Revolution zum Rücktritt gezwungen wurde, hinterließ er keine geordnete politische Struktur – nur Armeekommandeure, Banditen und eine kurzlebige Nationale Katholische Partei.

Nach Jahren lokaler Kriege kam der ehemalige Journalist und Dichter Calles an die Macht. Auch er beschloß, den katholischen Glauben in Mexiko zu vernichten. Die antiklerikalen Kräfte wollten Mexiko zu einem zivilisierten Staat machen, indem sie es von einer alten und rückständigen Kultur befreiten. Sie gaben dem Katholizismus, der das Volk angeblich ungebildet lassen wollte, die Schuld an Mexikos Rückständigkeit; er sei ein altes Geschwür am

Junge Menschen pilgern zum Votivtempel von Maipu in Chile.

Körper des Staates, das herausgeschnitten werden müsse. Der Gouverneur des Bundesstaates Tabasco, Garrido, ein fanatischer Abstinenzler und Gegner der katholischen Kirche, ließ Privathäuser nach den beliebten kleinen Heiligenstatuen durchsuchen; Grabsteine wurden verboten und die Toten nur noch durchnumeriert, Redewendungen wie *vaya con Dios* (»Auf Wiedersehen«, wörtlich »Geh mit Gott«) waren nicht mehr erlaubt, und Frauen mußten antreten, um die Heiligenstatuen aus den Kirchen auf einem riesigen Scheiterhaufen zu verbrennen.

Das Ergebnis war einer der schrecklichsten Guerillakriege in der Geschichte Lateinamerikas. Als Calles' Offiziere versuchten, die Kirchen zu schließen, widersetzte sich das Volk. Calles' Antwort war der Befehl, die Kirchen auf schändliche Weise zu entweihen, um den Indianern zu beweisen, daß Gott ihre Kirchen nicht verteidigen würde: Gottesdienste wurden ins Lächerliche gezogen, Nonnen vergewaltigt, und jedem Priester, der auf dem Land angetroffen wurde, drohte die Erschießung, während jene Geistlichen, die sich in den Städten versteckten, meist nicht von Calles' Männern aufgespürt wurden.

Zunächst ließen sich die Bauern in die Flucht schlagen, denn sie kämpften nur mit Stöcken und Steinen gegen Feuerwaffen. Doch bald besiegten sie die Bataillone, die gegen sie geschickt worden waren, und rüsteten sich mit deren Waffen aus. Sie nannten sich Cristeros, um deutlich zu machen, daß sie die Kirche verteidigten, und hatten sich der Jungfrau von Guadalupe geweiht. Noch nicht einmal die Hälfte der Cristeros hatte jemals eine Grundschule besucht. In den Händen der Frauen lag die Organisation des Aufstandes, die Spionage und die Verteilung von Munition, die sie in ihren Kleidern versteckt transportierten. Außerdem stellten sie Sprengstoff her.

Die Cristeros versuchten, eine intakte und gute Gesellschaft zu schaffen. Sie bauten in den Dörfern Schulen auf, schränkten den Alkoholkonsum drastisch ein, zwangen Männer, ihre Geliebten zu heiraten oder sich von ihnen zu trennen, verboten die Prostitution und brachten erfolgreich die Ernte ein. Alle beteten regelmäßig den Rosenkranz. Meist hatten sie keine Priester, sondern feierten sogenannte »weiße Messen«, mit eingeschränktem Sakrament, die von einem Laien gehalten wurden. Wo Priester sich hinter die Cristeros stellten, bekamen sie bald Unannehmlichkeiten, viele bezahlten diesen Mut mit ihrem Leben. Einige wenige Priester stiegen zu Anführern von Guerillabanden auf, doch ihre Amtsbrüder ermahnten sie, sich aus diesen Gewalttaten herauszuhalten.

Die Cristeros waren erstaunlich erfolgreich und kontrollierten Mitte des Jahres 1929 den gesamten Westen Mexikos. Calles gab nach, ein Friedensabkommen wurde geschlossen, und die Regierung gestattete die Öffnung der Kirchen. Es wurden wieder Messen zelebriert, und im Dezember 1931 feierten mehr als eine halbe Million Gläubige den 400. Geburtstag der Jungfrau von Guadalupe mit einem riesigen Fest. Dennoch fielen auch in diesen Jahren rund 5000 Cristeros Morden zum Opfer. Die frommen Katholiken haßten die Bischöfe, die mit dem atheistischen Staat Kompromisse eingegangen waren. 1933 gab es in ganz Mexiko weniger als 200 Priester, 1810 waren es 7341 gewesen. 1935 flammte der Guerillakrieg noch einmal auf, doch diesmal mangelte es ihm an Unterstützung im Volk, und die Regierung verhielt sich vernünftiger. Ein Amtsnachfolger verwies Calles und Garrido des Landes. 1940 wagte sogar der Präsident Camacho von sich zu sagen: »Ich bin ein Gläubiger.«

Diese Christenverfolgung wurde durch den Schriftsteller Graham Greene zu einer der bekanntesten der Neuzeit. Greene kam 1937 für nur knapp sechs Wochen nach Mexiko. Er traf einen verbannten Bischof und Priester, die im geheimen weiterarbeiteten. Schließlich haßte er Mexiko, das Essen, die Insekten, die katastrophalen hygienischen Verhältnisse, die Polizei und die zerstörten Kirchen. Er fuhr nach Tabasco, weil es zu den beiden letzten Staaten gehörte, in denen die Religionsausübung immer noch verboten war, und ertrug eine schreckliche Reise auf dem Muli. Aus Abneigung und Schmerz entstand ein brillantes Buch, einer der seltenen christlich geprägten Romane, die die Einstellung einer Epoche veränderten.

Sein Roman *Die Kraft und die Herrlichkeit* handelt von einem schlechten Priester – einem trunksüchtigen Ehebrecher –, der sich unter Lebensgefahr weigert, den Staat Tabasco zu verlassen. Er ist dort der letzte Priester und taucht verkleidet in den Dörfern auf, obwohl viele Dorfbewohner nichts von ihm wissen wollen, weil ihnen Erschießung droht, wenn sie ihm ein Obdach gewähren. Schließlich wird er gefangengenommen und hingerichtet. Diesem erbärmlichen und dennoch heroischen Priester wird ein sittenstrenger, puritanischer Polizist gegenübergestellt, der aus höchst ethischen Gründen bereit ist, Priester zu verfolgen und zu töten: Er will die Menschen vom Aberglauben befreien. In erster Linie sollte der Roman den alten Lehrsatz verdeutlichen, daß »die Unwürdigkeit des Priesters der Gültigkeit des Sakraments nicht entgegensteht«. Doch eigentlich geht es in diesem Buch um weitaus mehr, denn es erzählt eindrücklich, wie Gott selbst völlig unzulängliche Menschen einsetzen kann, um seinem Volk zu helfen.

Kuba

Die kubanische Revolution von 1959 war nicht auf eine etwa dort herrschende Armut zurückzuführen; die Insel gehörte zu den wohlhabenderen Republiken Lateinamerikas.

1961 wurde Fidel Castro ein Anhänger des Leninismus und erklärte sich zum Atheisten. Die Kirchenführer ließen verlautbaren, Christentum und Kommunismus seien nicht miteinander vereinbar, und verurteilten den Atheismus, der mit dem Kommunismus einherging. Erzbischof Perez sagte: »Die Kirche steht auf der Seite der Armen, aber niemals auf der Seite des Kommunismus.« Das kommunistische Menschenbild sei nicht christlich, der Kommunismus leugne die Menschenrechte, wolle das Eigentum abschaffen und bediene sich des Terrors. Castro erwiderte, die Bischöfe stünden auf der Seite der Reichen und manche Geistliche seien Faschisten. Er ließ den Erzbischof und rund 150 spanische Priester ausweisen und benachteiligte Katholiken im Bildungswesen und im öffentlichen Leben. Die regierende Kommunistische Partei weigerte sich, Christen als Mitglieder aufzunehmen.

Hier fand keine Cristero-Revolution statt, weil die Unterstützung aus dem Volk fehlte. Vor Castros Machtübernahme besuchten nur siebzehn Prozent des Volkes regelmäßig irgendeine Kirche. Es kam auch nicht zu den brutalen Verfolgungen wie unter Calles in Mexiko; kein einziger Priester wurde erschossen. Die Zahl der kubanischen Geistlichen war zwar von 700 Priestern und 2400 Nonnen im Jahre 1957 nach dreiundzwanzig Jahren auf 230 Priester und rund 200 Nonnen gesunken, aber die katholische Kirche konnte ihre Arbeit, wenn auch mit starken Einschränkungen, fortführen.

Castro war ein Gegner der Kirchen, sprach aber von Jesus als einem großen Revolutionär. Papst Johannes XXIII. entsandte einen Nuntius, der die Revolution anerkannte und ihr christliche Tugenden bescheinigte. 1969 ließ Papst Paul VI. die Ernennung eines neuen Erzbischofs von Havanna zu, der vom christlichen Kampf um die Freiheit sprach – was die Kubaner im US-amerikanischen Exil begreiflicherweise sehr beunruhigte. Castro war beeindruckt von den Ereignissen in Nicaragua, wo Geistliche, die er bisher immer für reaktionär gehalten hatte, die Revolution anführten.

Der brasilianische Bettelmönch Frei Betto, der sowohl Priester als auch Marxist war und vier Jahre als politischer Häftling in einem brasilianischen Gefängnis verbracht hatte, überredete 1985 Fidel Castro, einen äußerst gesprächigen Mann, sich mit ihm über Religion zu unterhalten. Betto veröffentlichte diese Unterredungen als Buch unter dem Titel *Nachtgespräche mit Fidel,* ein weltweiter Bestseller, der in zahlreiche Sprachen übersetzt wurde. Castro erinnert sich darin an seine sehr religiöse Mutter, die jeden Tag Kerzen für die Heiligen anzündete, obwohl es in seiner Kindheit in seinem Dorf noch keine Kirche gab. Sie hatte ihren Sohn nach dem heiligen Fidelis getauft, einem deutschen Kapuzinermönch, der 1622 von calvinistischen Bauern erschlagen wurde, als er in die Schweizer Alpen zog, um die Bergbevölkerung wieder zum Katholizismus zu führen. Castro erinnerte sich, wie sehr er die »Heiligen Drei Könige« liebte, weil die Kinder am Dreikönigstag Geschenke bekamen, wie er als Junge immer *Kyrie eleison* sagte, ohne eine Vorstellung davon zu haben, was es bedeutete, und wie seine Begeisterung für den Krieg durch die Lektüre des Alten Testaments geweckt wurde. Erst sein Studium an der Universität machte ihn zum Kommunisten.

Nicaragua

Unter den Spaniern war Nicaragua immer ein besonders rückständiges Land gewesen, und dies änderte sich auch in den ersten Jahrzehnten der Unabhängigkeit kaum. In den siebziger Jahren des 20. Jahrhunderts allerdings standen dort die Christen nicht nur auf der Seite der Revolutionäre, sondern gehörten sogar zu ihren Anführern.

Drei Männer der Familie Somoza beherrschten Nicaragua seit 1934 despotisch als Diktatoren. 1961 entstand eine geheime Oppositionsbewegung, die Sandinisten, die ursprünglich keine

Christen waren. Doch ihre gerechte Sache zog bald auch viele Christen an. Der Trappist Ernesto Cárdenal sah die Notwendigkeit einer neuen Klosterform, die besser geeignet wäre, die Armen zu unterstützen. Er zog zu den Indianern, die auf Solentiname, einer Gruppe von kleinen Inseln im Nicaraguasee, lebten. Das Klosterleben nahm ganz neue Formen an: Männer, Frauen und Kinder wurden zugelassen, die Gebete waren einfach, und während des Gottesdienstes wurden an Stelle der Predigt Gespräche geführt. Es gab keine Meßgewänder, und die »Ordenskleidung« bestand aus Jeans und Bauernhemd. Interessanterweise gab es dort die beste Bibliothek in ganz Nicaragua. Das Kloster war immer verschuldet. Seine Mitglieder lebten in dem Glauben, wiedergeboren zu sein.

Cárdenal war zunächst der Ansicht, Christentum und Gewalt seien niemals miteinander zu vereinbaren. Insofern hätten Gandhi und Martin Luther King den richtigen Weg eingeschlagen, um die Welt zu verändern, und auch er selbst könne als Priester niemals zur Waffe greifen. Doch über ihren Gebeten und ihrer Beschäftigung mit der Bibel – und mit den Reden Castros und Maos – kamen er und seine Anhänger von der Lehre Gandhis ab. Sie vertraten nunmehr die Überzeugung, daß für einen Christen nichts Falsches daran sei, Revolutionär zu sein, und daß eine Zusammenarbeit mit den Marxisten möglich sei. Auf dem Marienaltar in ihrem Kloster stand ein Bild mit dem Titel *Maria, Mutter und Proletarierin.*

Die Marxisten hatten die Christen zunächst für Parteigänger ihrer Feinde gehalten, doch in ihrem Kampf gegen die Tyrannei stellten sie fest, daß die christliche Lehre von der Gleichheit aller Menschen starke Verfechter hatte. Sie erkannten, daß der ethische Grundsatz der Nächstenliebe nicht mit Unterdrückung vereinbar war, daß die Christen sich für Bescheidenheit und Anständigkeit einsetzten, daß sie Armut und damit die Armen achteten und daß sie das Reich Gottes suchten, auch wenn ihre Augen dabei auf eine andere Welt gerichtet waren.

Das Kloster von Solentiname wurde allmählich zu einem geheimen Militärlager, bis Regierungstruppen es 1977 niederbrannten und die Bibliothek zerstörten.

Ernesto Cárdenal war bei weitem nicht der einzige Priester, der an diesem Kampf teilnahm. Im selben Jahr verurteilten die nicaraguanischen Bischöfe, angeführt von Erzbischof Obando y Bravo, die Diktatur und gestanden dem Volk das Recht auf Freiheitskampf zu. Im Juli 1979 gewannen die Sandinisten den Krieg. Ihrer neuen Regierung gehörten vier Priester an, unter ihnen Ernesto Cárdenal als Kultus- und sein Bruder Fernando als Bildungsminister. Die Sandinisten übernahmen ein zerstörtes Land mit einer halben Million Obdachlosen, einer überwiegenden Mehrheit von Analphabeten und einer unvorstellbar hohen Inflationsrate. Die Streitkräfte der ehemaligen Regierung bildeten eine als Contras bekannte Guerilla-Opposition, die von den Vereinigten Staaten unterstützt wurde. Für die Christen war es leichter gewesen, als Revolutionäre gegen die Diktatur zu kämpfen, als nun selbst als Mitglieder der Regierung unlösbaren Problemen gegenüberzustehen.

Ernesto Cárdenal, der radikale christliche Führer im mittelamerikanischen Nicaragua.

Die Befreiungstheologie

Diese Kämpfe ließen die Idee der »Befreiung« in den Vordergrund treten. Es hieß, die Armen würden gelehrt, ihre Armut passiv zu erdulden, und die Diener Christi machten sich hierbei zu Verbündeten ungerechter Regime, indem sie die Menschen dazu brachten, diese zu akzeptieren. In einigen Städten – vor allem im brasilianischen São Paulo – waren die marxistischen Ideen an den Universitäten weit verbreitet, und Theologen versuchten hier Verbündete zu gewinnen.

In Kolumbien vollzog der Priester Camilo Torres den Schritt zur aktiven Zusammenarbeit mit den Kommunisten. Er argumentierte, aller

Papst Johannes Paul II. predigt in Nicaragua.

Besitz sei in den Händen einer Minderheit, zu der auch die Kirche gehöre, und es sei absurd zu erwarten, daß diese Minderheit die Situation ändern werde. Deshalb müsse man darum kämpfen. Wenn die Geistlichen nicht bereit seien, ihren Brüdern zu helfen, sei das ganze Priestertum nur ein leeres Ritual. Ein Priester müsse sich im Kampf engagieren, um seine Nächstenliebe zu beweisen. Torres nahm aktiv am Guerillakrieg teil und wurde erschossen.

1971 machte der peruanische Priester Gustavo Gutiérrez mit seinem Buch *Theologie der Befreiung* all diese Überlegungen bekannt. Er war der Ansicht, man solle sich zwar nicht wie Torres oder die Kubaner in einen Guerillakrieg stürzen, wohl aber einer Zusammenarbeit mit den Marxisten aufgeschlossen gegenüberstehen. Die Welt brauche einen Glauben, der die Unterdrückten anspreche – der wahre Glaube sei sowieso immer auf seiten der Armen.

Der Vatikan unterstellte diesen »Befreiungspriestern«, daß sie das Christentum für eine bestimmte politische Richtung in Anspruch nehmen wollten. Menschen, die so dachten, sollten ihr Priesteramt niederlegen. In ganz Lateinamerika, vor allem aber in Brasilien, trafen sich Gruppen von Laien, sogenannte »Basisgruppen«, zum Bibelstudium und diskutierten anhand biblischer Vorbilder darüber, was man für eine bessere Gesellschaft tun könne.

In Argentinien wurde ein Bischof ermordet, in San Salvador wurde der Erzbischof Oscar Romero während einer Messe erschossen. Sobald die Kirche im Verdacht stand, die Revolution zu unterstützen, hatte sie mit solchen brutalen Konsequenzen zu rechnen.

Überraschenderweise lobte Papst Johannes Paul II. 1986 in einem Brief an die brasilianischen Bischöfe die Befreiungsbewegung: »Die Theologie der Befreiung ist nicht nur angebracht, sondern auch notwendig.«

Die Pfingstbewegung und die Charismatiker

Die sogenannten Pfingstler glaubten, die Kraft des Heiligen Geistes zu spüren. Manchmal stan-

Eine unangenehme Erinnerung an die komplexen Beziehungen zwischen Kirche und Staat in Lateinamerika: die Parade am Tag Unserer Jungfrau des Friedens im bolivianischen Cochabamba.

Erzbischof Oscar Romero zelebriert in San Salvador kurz vor seiner Ermordung eine Messe.

den sie mitten im Gottesdienst auf und sprachen Prophezeiungen wie die Apostel an Pfingsten – woher auch der Name »Pfingstbewegung« kommt. Sie wurden auch »Charismatiker« genannt, weil das Zungenreden eine der göttlichen Gnadengaben, griech. *Charisma*, ist.

Zu Beginn des 20. Jahrhunderts entstanden diese Gruppen in den Vereinigten Staaten zunächst unter den Protestanten. Nach dem Zweiten Weltkrieg begannen auch einige Katholiken Kräfte in sich zu spüren, die sich genauso äußerten. Heute sind die Charismatiker in Lateinamerika stark vertreten.

Dafür gibt es drei Gründe: Erstens fühlten sich die Kirchen in den Vereinigten Staaten, einer Hochburg der Charismatiker, immer für Südamerika verantwortlich. Nachdem ihre Missionare aus China und Vietnam vertrieben worden waren, standen ihnen genügend Männer und Geld für diese Aufgabe zur Verfügung. Zweitens waren viele Südamerikaner afrikanischer Herkunft, und ein Aspekt des Christentums, der die Afrikaner besonders anzog, war diese ungebundene geistliche Kraft. Drittens schuf der politische Druck in den lateinamerikanischen Staaten ein Gefühl der Angst, und viele Menschen fanden ihren Frieden in den charismatischen Gemeinden. Im Zuge der schnellen Verbreitung dieser Glaubensformen traten in Lateinamerika, einem bis dahin vollkommen katholischen Kontinent, viele Menschen zum Protestantismus über.

Die Bewegung hatte ungeahnte Auswirkungen auf die Jugendlichen. An einem Sonntag im Juni 1994 nahmen weltweit zehn Millionen Menschen mit echter Begeisterung an einem »Marsch für Jesus« mit Rockmusik und lauten Lobpreisungen teil. Die größten Märsche fanden in den Vereinigten Staaten, London, Berlin und Brasilien statt. In Moskau gerieten die Marschierenden mit der Polizei und Vertretern der orthodoxen Kirche aneinander, durften aber schließlich weiterziehen. In allen islamischen Ländern war der Marsch verboten worden.

Fundamentalismus

In den Vereinigten Staaten spielte die Religion für die Struktur der Gesellschaft eine große Rolle, denn viele Immigranten waren vor der Verfolgung in Europa geflohen, um in einem neuen Land ihren Glauben frei ausüben zu können. Die Siedler, die die Grenze immer weiter nach Westen vorschoben, brachten eine Tradition von Evangelisation aus den Zeiten John

Wesleys und früherer Prediger mit sich. Zu Beginn des 18. Jahrhunderts fanden eine Reihe von Erweckungsmissionen statt, die man später *The Great Awakening* nannte.

In den einzelnen relativ selbständigen Staaten, vor allem in den Grenzstaaten, entstanden viele Gruppen und Sekten. Die Evangelisation wurde zu einem festen Bestandteil des religiösen Lebens. Sie trug dazu bei, daß in den Vereinigten Staaten sonntags mehr Menschen eine Kirche oder Kapelle besuchten als in jedem anderen westlichen Land der Moderne.

Es war kein Zufall, daß die Bürgerrechtsbewegung nicht von einem Politiker, sondern von Martin Luther King (1929–1968), einem schwarzen Geistlichen mit tiefem religiösem Idealismus, angeführt wurde. Die schwarzen Gemeinden erwarteten von ihren Pfarrern, daß sie sowohl ihre politischen als auch ihre religiösen Belange vertraten.

In den siebziger und achtziger Jahren des 20. Jahrhunderts entstand in Nordamerika eine beispiellose Verbindung von Christentum und Politik, die gewöhnlich »Fundamentalismus« genannt wird, auch wenn dieser Name nicht ganz treffend ist.

Fundamentalisten tauchten in den Vereinigten Staaten zum ersten Mal um 1900 auf. Sie waren bibeltreue protestantische Evangelikale mit konservativen Glaubensvorstellungen. Sie hielten an einer Überzeugung fest, die im Laufe des 19. Jahrhunderts immer mehr an Boden verloren hatte; sie glaubten fest daran, daß die gesamte Bibel von Gott verfaßt und wortwörtlich zu verstehen sei: Adam und Eva waren die ersten beiden Menschen, die Erde wurde von einer Sintflut überschwemmt, Himmel und Hölle sind reale Orte, die die Seelen nach dem Tod aufnehmen, der Teufel besitzt eine erfahrbare Macht, die Menschen müssen gerettet werden, wenn sie in den Himmel kommen sollen, und die alten Tugenden behalten ihren Wert auch in der neuen Gesellschaft. Die Fundamentalisten bekämpften den neuen Liberalismus in ihren eigenen Kirchen ebenso wie das Recht der Staatsschulen, ihren Schülern die Evolutionstheorie beizubringen. Der alte Glaube hatte große Anziehungskraft, die Fundamentalisten konnten immer mehr Menschen auch außerhalb der Vereinigten Staaten gewinnen. Aufgrund ihrer Tradition besaßen sie jedoch in Amerika stärkeren Rückhalt als in den meisten anderen Ländern.

Die Fundamentalisten beschäftigten sich vor allem mit dem Jenseits und hielten sich normalerweise aus der Politik heraus. Billy Graham, der angesehenste Erweckungsprediger, erklärte ihnen immer wieder, sie dürften ein politisches Programm nie zu einer religiösen Frage werden lassen.

Allerdings war es in ihren Augen falsch, daß die Verfassung der Vereinigten Staaten, eines überwiegend christlichen Landes, Kindern in einer staatlichen Schule Bibel- und Katechismusunterricht verbot. Als das Oberste Bundesgericht 1963 entschied, daß Gebete in staatlichen Schulen verfassungswidrig seien, organi-sierten die Fundamentalisten eine Kampagne gegen dieses Urteil.

Die Entwicklung der Gesellschaft nach dem Zweiten Weltkrieg – vor allem die neuen sicheren Methoden der Geburtenkontrolle und das landesweite Fernsehen – gab den Fundamentali-

Eine prächtige amerikanische Pfarrkirche aus der Kolonialzeit: die Christuskirche in Shrewsbury, New Jersey.

sten immer mehr Grund zur Sorge um die Moral und die Gesetze, die ethische Grundlinien festlegten. War ein Recht auf Abtreibung vertretbar, durften homosexuelle Beziehungen wie Ehen behandelt oder pornographische Darstellungen frei verkauft werden? In all diesen Fragen taten sich die Fundamentalisten mit den konservativen Kräften des öffentlichen Lebens zusammen. Sie waren nicht die einzigen Amerikaner, die von solchen Sorgen umgetrieben wurden, aber sie äußerten sie freimütiger als die meisten. Der Erweckungsprediger Jerry Falwell prägte den Begriff der »Moral Majority«, um den politischen Einfluß zu beschreiben, den sie ausüben konnten. Der Begriff war irreführend, denn sie waren weder in der Überzahl, noch waren sie die einzige Gruppierung mit ethischen Idealen. Die weitaus meisten Führer der Moral Majority waren Baptisten. Obgleich ihre Organisation unbeliebt war, wurde ihr Einsatz für die alten Moralvorstellungen allseits anerkannt.

Das Fernsehen war für ihre Sache in zweierlei Hinsicht wichtig. Es informierte wie nie zuvor Millionen von Menschen über das ethische Chaos in der Welt, und es ermöglichte riesige christliche Treffen. Billy Graham predigte in Korea vor einer Million Menschen, Papst Johannes Paul II. feierte auf den Philippinen eine Messe für drei Millionen Gläubige. In den Vereinigten Staaten wurde der Missionar zum »Televangelisten«, der seinen Anhängern erstmalig ein Gefühl für die Macht ihrer Wählerstimmen gab; sie konnten sich in Demonstrationen und Kundgebungen äußern oder einen Kandidaten wählen, der sich für ihre moralischen Grundsätze einsetzte.

1985 übernahmen die Fundamentalisten im Süden die Führung der größten amerikanischen protestantischen Denomination, der *Southern Baptist Convention*, der rund zwölf Millionen Gemeindeglieder angehören. Ansatzpunkt war eine Kampagne gegen die seichte Religion, die ihrer Meinung nach das Ergebnis liberaler Zugeständnisse war. Sie beobachteten den Verfall der Gemeinden in den großen Konfessionen wie der römisch-katholischen Kirche, der anglikanischen Kirche, bei den Methodisten oder Presbyterianern und bekämpften entschieden ähnliche Strömungen in ihren eigenen Gemeinden. Der Unterricht in ihren Sonntagsschulen war der intensivste in ganz Amerika, und ihre Missionsarbeit war ausgesprochen wirkungsvoll.

Liberale Pfarrer und Laien verstanden kaum, was da vor sich ging. Wie konnten gebildete

Ein modernes Missionstreffen. Es predigt Billy Graham, ein Baptistenpastor und seit 1950 der angesehenste Erweckungsprediger der englischsprachigen Welt.

Menschen im Zeitalter der Wissenschaft immer noch an die wortwörtliche Inspiration der Bibel glauben? Untersuchungen zeigten, daß viele Fundamentalisten durchaus nicht ungebildet waren; vor allem unter Ingenieuren und Technikern fanden diese Ansichten ihre Befürworter. Auch Präsident Carter, der eine akademische Ausbildung besaß und sich in theologischen Fragen auskannte, war ein *Southern Baptist.*

Die Lehren der Fundamentalisten waren flexibler, als ihre Gegner meist annahmen. Sie vertrauten auf Gottes Führung und ähnelten in ihrer Mentalität eher Suchenden oder Pilgern; ihnen fehlten die unverrückbaren Überzeugungen jener, die in eine meist idealisierte Vergangenheit zurückkehren wollten.

Das Fernsehen und die »Megakirche« hatten den Nachteil, daß sie dem Personenkult Vorschub leisteten – und für einen Fernsehprediger im Scheinwerferlicht war es schwieriger, wie ein Heiliger auszusehen, als für einen einsamen Eremiten in einer Wüstenoase.

1994 wurde die Bewegung mit dem Sieg der Republikaner bei den Wahlen zum Kongreß in Verbindung gebracht, als seien die religiös und moralisch Konservativen die Anführer des Rechtsrucks in den Vereinigten Staaten. Doch das war eine durch Schlagworte – wie etwa die »Moral Majority« – verursachte Fehleinschätzung. Für den Rechtsruck waren soziale und politische Gründe ausschlaggebend, die mit Religion nichts zu tun hatten. Aber die anhaltende Verbreitung fundamentalistischer Ansichten innerhalb der alten Kirchen und die Bildung neuer Sekten, die solche Einstellungen übernahmen, waren für die Kirchen Warnungen für ihren eigenen Umgang mit der modernen Wissenschaft und der Geschichte. Die Führer der traditionellen Gemeinschaften mußten sich fragen, ob sie bei ihren Anpassungen an den Zeitgeist wirklich noch nach der Wahrheit suchten oder nicht eher Zugeständnisse an Grundsätze machten, die kaum noch christlich zu nennen waren und die die Kraft ihrer Botschaft an die Welt schwächten.

Merkwürdigerweise wurde das Wort »Fundamentalismus« später auch benutzt, um die ultrakonservativen Kräfte des Judentums und des Islam zu bezeichnen. Das gab ihm einen negativen Beigeschmack, denn die terroristischen Muslime verbanden ihren kruden Nationalismus mit einem absolut wörtlichen Verständnis des Koran, das wohl eher als Mißverständnis bezeichnet werden muß, denn der Koran fordert nirgends einen solchen Buchstabenglauben. Die wahren Fundamentalisten des Islam waren selten Nationalisten, die sich nach einem heiligen Krieg sehnten.

Ein außergewöhnliches Beispiel zeitgenössischer Kirchenarchitektur ist die Kristall-Kathedrale in Los Angeles.

Die gewalttätige Seite des islamischen Extremismus war den amerikanischen Fundamentalisten fremd, denn die Amerikaner kannten die Bibel gut und studierten sie intensiv, um eine Erleuchtung zu erfahren. Die Übertragung des Namens führte dazu, daß die amerikanischen Evangelikalen von ihrem ursprünglichen Namen »Fundamentalisten« Abstand nahmen, der jetzt mit einer gewissen Rückständigkeit oder gar mit jenen Unmenschen in Verbindung gebracht wurde, die Ärzte in Abtreibungskliniken erschießen.

Auch wenn der Fundamentalismus sich weltweit unterschiedlich ausdrückte, konnte man doch vage Ähnlichkeiten ausmachen. Im Islam wollten viele Gruppen die Frauen an den Herd zurückdrängen und manche sie sogar zwingen, den Schleier zu tragen, weil sie darin eine Möglichkeit sahen, die Familie zu erhalten. Unter diesem Vorwand konnte man alle möglichen abstoßenden Ideen, die in einer Mischung aus religiösem und politischem Fanatismus entstanden, durchsetzen. Im Iran wurde beispielsweise 1989 ein Gesetz erlassen, nach dem nicht »ordnungsgemäß« verschleierte Frauen mit 74 Peitschenhieben und Gefängnis bestraft werden und ihre Familien während der Haft für ihren Unterhalt aufkommen müssen. Die amerikanischen Evangelikalen sind von diesem Rückfall in ein barbarisches Zeitalter natürlich denkbar weit entfernt. Sie unterstützen sogar ausdrücklich die Durchsetzung der Rechte der Frau. Aber sie sorgen sich so sehr um Haus und Familie, deren Herrscherin die Mutter immer gewesen war, daß einige von ihnen sich fragen, ob man die Sache mit der Gleichberechtigung nicht vielleicht doch übertrieben habe. Manche versuchen sogar mit Berufung auf die Bibel, die Frauen vom geistlichen Amt auszuschließen.

Was Juden, Muslime, Evangelikale und den Papst vereint, ist ihre Abneigung gegen etliche Ausprägungen der liberalen europäischen Kultur, die die ganze Welt durchdrungen hat, und ihre Entschlossenheit, dieser Kultur zu widerstehen, indem sie sich auf die Gründungsschriften ihres Glaubens berufen.

Afrika

Im 20. Jahrhundert war die Bekehrung großer Teile Afrikas südlich der Sahara die wichtigste Entwicklung in der Geschichte des Christentums. Dort traten so viele Menschen zum christlichen Glauben über, daß es – wenn die Entwicklung anhält – im Jahre 2010 weltweit mehr Christen geben wird als hundert Jahre zuvor.

Die christlichen Völker Nordafrikas eroberte und vereinnahmte der Islam seit dem siebten Jahrhundert bis auf einen kläglichen Rest. Übrig blieben vor allem die koptische Kirche Ägyptens und als eine besondere Ausnahme Äthiopien, das die ganze Zeit ein christliches Land und für die islamischen Bekehrungsversuche größtenteils unempfänglich geblieben war.

Als die Europäer den Atlantik und den Indischen Ozean zu überqueren begannen, erhielten auch die portugiesischen Missionare Zugang zu den afrikanischen Küsten. Noch um 1800 bestand das christliche Afrika, abgesehen von Ägypten und Äthiopien, fast ausschließlich aus den dort lebenden Weißen und den von ihnen abhängigen Afrikanern. Der Großteil Schwarzafrikas war davon unberührt.

Die europäischen Ansichten änderten sich grundlegend, als der Wunsch aufkam, den Sklavenhandel von Afrika nach Amerika zu beenden. Man konnte ihn natürlich einschränken, indem man ihn für rechtswidrig erklärte und Kriegsschiffe ausschickte, um die Sklavenhändler festzunehmen. Doch es war allgemein bekannt, daß die afrikanischen Stammesführer Sklaven verkauften, weil sie ihr Volk nicht anders vor dem Verhungern bewahren konnten. Insofern konnte der Sklavenhandel nicht einfach gestoppt werden, ohne dem schwarzen Afrika gleichzeitig zu einem angemessenen Lebensstandard zu verhelfen.

Zunächst entstand die Idee, befreite Sklaven in Afrika anzusiedeln – die Briten gründeten solche Siedlungen in Sierra Leone, die Amerikaner im Nachbarstaat Liberia (was in schlechtem Latein »Staat der Freien« heißen sollte). Hier lebte eine ansehnliche Zahl von Christen. In Südafrika, einer Hochburg der Weißen, gab es schon bald entschlossene Missionsgesellschaften, die nach Norden zu den Völkern der Bantu vordrangen. Der Schotte David Livingstone (1813–1873) widmete sein Leben der Erschließung Zentralafrikas, als Entdecker und Missionar. Alle großen europäischen Konfessionen trugen zum Aufbau der Kirchen im südlichen Schwarzafrika bei. Und sobald der Anteil der Christen an der schwarzen Bevölkerung Süd-, West- und Ostafrikas steil angestiegen war und sich nicht mehr nur auf die Afrikaner im Umfeld der Weißen beschränkte, lief die Verbreitung des Glaubens auch ohne die europäische Unterstützung weiter.

Die schwarzen Missionare kamen aus Amerika, wo sie Ausbildungsmöglichkeiten hatten und in starken schwarzen Gemeinden aufwachsen konnten. Der erste schwarze afrikanische Bischof außerhalb Äthiopiens war Samuel Crowther, ein 1809 geborener Yoruba aus dem Gebiet des späteren Nigeria, der im Alter von zehn Jahren in die Sklaverei verkauft worden war. Ein britisches Kriegsschiff rettete ihn mit den anderen Sklaven und setzte sie in Sierra Leone an Land. Dort bekam er Unterricht, wurde im Niger-Gebiet anglikanischer Missionar und 1864 zum

Bischof ernannt. Seine Arbeit war umstritten, aber er war erfolgreich bei seiner Verbreitung des Christentums unter den Yoruba.

Die »Aufteilung« Afrikas unter den westlichen Staaten gab den Europäern einen Anlaß, sich besonders um Bildung und christliche Mission unter den Völkern des Kontinents zu bemühen. Nicht nur die Kolonialmächte engagierten sich stark, sondern ebenso auch die Amerikaner, Schweden, Norweger und Dänen.

Von katholischer Seite aus waren die 1868 und 1869 von dem französischen Priester Charles Lavigerie gegründeten Weißen Väter und Weißen Schwestern die erfolgreichsten Orden. Sie gingen denselben Weg wie die radikaleren protestantischen Missionare: Sie unterstützten die schwarze Kultur und die Verwendung der Muttersprache und bemühten sich um die Ordinierung afrikanischer Priester und Bischöfe. Ihre Arbeit ging nur langsam voran, was teilweise durchaus beabsichtigt war, denn sie wollten auf sicheren Fundamenten aufbauen. Der erste schwarze Priester wurde 1909 geweiht, der erste Bischof 1939 in Uganda und der erste Kardinal 1960 in Tansania ernannt. Für die afrikanischen Geistlichen war es schwierig, sich mit der katholischen Forderung nach dem Zölibat abzufinden.

Die Ausbreitung des Christentums in dieser neuen Welt führte trotz der vitalen Präsenz des Islams in Ost- und Nordafrika zu einem absurden Optimismus. Auf einer Missionskonferenz 1910 in Edinburgh, an der auch Mitglieder der neuen Kirchen teilnahmen, wurde blauäugig von »der Bekehrung der Welt zum Christentum innerhalb dieser Generation« gesprochen. Vier Jahre später zerstörte der Erste Weltkrieg fast die gesamte deutsche Missionsarbeit in Afrika – und die Deutschen leisteten in den Bereichen Bildung und medizinische Hilfe ausgezeichnete Arbeit – und erschütterte den afrikanischen Respekt gegenüber den Moralvorstellungen der Europäer. Allerdings unterband er keineswegs ihren Wunsch, selbst ihren Glauben zu finden. Sie wurden von ihren weißen Helfern unabhän-

Ein nordafrikanisches Taufbecken mit ungewöhnlicher Form aus dem sechsten Jahrhundert.

Eine äthiopische Darstellung von der Geburt Christi und der Flucht nach Ägypten, die weder den östlichen noch den westlichen Bildern ähnelt. Ihrer Bibelfassung nach begleitet eine Magd, die auf ihrem Kopf den Proviant trägt, Josef und Maria nach Ägypten. Die Sprache oben auf der Seite ist Gees; es wird zwar nicht mehr gesprochen, aber noch im Gottesdienst verwendet. Die äthiopische Kirche geht auf das vierte Jahrhundert zurück und behielt aufgrund ihrer Isolation in den Bergen Bräuche wie die Beschneidung und die Einhaltung des Sabbat bei.

giger und organisierten ihre Gemeinden selbst. Eine Folge des Krieges war, daß die meisten Gottesdienste in Afrika von Laien geleitet wurden.

Das bedeutete auch, daß viele afrikanische Gemeinden sich nicht mit den historisch gewachsenen Kirchen, seien sie katholisch oder protestantisch, verbunden fühlten. Ein schwarzer Wandermissionar begann zu lehren, die Menschen versammelten sich um ihn, doch sie hatten keine Vorstellung davon, ob sie nun Methodisten, Katholiken oder Lutheraner waren. Diese Freiheit führte dazu, daß rund die Hälfte der Christen Afrikas Kirchen angehört, die sich von den traditionellen Konfessionen Europas gelöst haben. Sie orientieren sich stark an der Bibel; einige von ihnen betonen die Heilkraft des Glaubens besonders; ihre Gottesdienste sind oft überschwenglich und gefühlsbetont, und sie lieben Lieder; ihre Moralvorstellungen sind puritanisch, dennoch lassen sie oft die Polygamie zu; einige halten sich an die Lehrer der traditionellen Kirchen, andere dagegen verehren ihre eigenen Propheten.

Unter diesen Umständen sind die Bekehrungserfahrungen natürlich besonders beeindruckend. Manchmal wurden sie sogar gefährlich. In den alten Stämmen gab es viele Medizinmänner. Sie konnten gewisse Krankheiten heilen oder schadeten zumindest niemandem, so daß die Christen sie durchaus hätten zu Rate ziehen können. Doch die neu Bekehrten lehnten die Zauberer ab und wandten sich mancherorts mit einer Grausamkeit gegen sie, die Erinnerungen an die vergangene wahnsinnige Hexenjagd in Europa und Neuengland wachrief. Einige dieser »Kirchen« waren von einem erleuchteten Führer gegründete Gruppen, die wieder verschwanden, sobald dieser starb. Andere hatten Bestand, blieben aber sehr klein. Manche allerdings wurden zu großen Konfessionen.

Die wichtigste Kirche dieser Art war in Zaïre die Kirche von Simon Kimbangu. Er war zuerst Baptist, hatte dann eine Vision und versammelte eine Gemeinde um sich. Nach seinem Tod im Gefängnis 1951 wuchs seine Kirche auf mindestens zwei Millionen Mitglieder an. Seine Anhänger erwarteten seine Rückkehr und hielten ihn für einen zweiten Messias. Dennoch war die Kirche von Kimbangu durchaus nicht chaotisch oder verrückt, sondern eine Art »protestantische« radikale Kirche, die inzwischen sogar Mitglied im Ökumenischen Rat der Kirchen wurde.

In Afrika gab es nie Versuche, die alten Kulte systematisch zu vernichten. Vielmehr erleichterte das Einbeziehen einzelner Elemente den Afrikanern zunächst den Übergang zum Christentum. Doch dann vollzogen die Bekehrten, stärker als in Amerika, einen bewußten Bruch mit ihrer Vergangenheit. Sie verbrannten Fetische als Symbole einer alten Welt, die sie jetzt ablehnten. Sie wollten mit allem brechen, was sie gekannt hatten. Auch aus diesem Grund war eine Erweckungserfahrung wie die des Paulus auf der Straße nach Damaskus unter den Afrikanern bei Katholiken wie auch bei den sogenannten evangelikalen Konfessionen sehr verbreitet.

Aufgrund religiöser Erfahrungen entstanden Pilgerstätten, an denen ebenso beeindruckende Heilungen stattfanden wie in Lourdes oder Međugorje in Europa. Die heilige Stätte wurde zu einem Anziehungspunkt für die Menschen aus den umliegenden Gebieten, die dorthin zum Gebet oder mit ihren Kranken strömten. Ein solcher heiliger Ort war zum Beispiel häufig der Platz, an dem der Gründer der Gruppe verstorben oder bestattet war. Meistens gab es dort

Desmond Tutu, 1986–1996 anglikanischer Erzbischof von Kapstadt.

Die Titelseite von The Missionary News aus dem Jahre 1866; oben ist die Anbetung Gottes durch alle Völker dargestellt, unten eine Szene am Kongo.

The Glorious Gospel of Christ.

THE MISSIONARY NEWS

PUBLISHED AFTER THE ARRIVAL OF THE MID-MONTHLY FOREIGN MAILS.
REGISTERED FOR TRANSMISSION ABROAD.

No. 4.] THURSDAY, MARCH 15, 1866. [PRICE THREE HALFPENCE.
By Post Two Shillings & Sixpence per annu

Räume, in denen man in Stille beten konnte, sowie Liegen für die Kranken. Wenn reisende Katecheten vorbeikamen, wurden sie gebeten, ihre heilenden Hände aufzulegen oder böse Geister auszutreiben, denn die Welt der Dämonen war immer noch nah, und die Wanderprediger galten als Menschen, die über die Mächte der Finsternis herrschten.

Nach dem Ende der Kolonialherrschaft in den sechziger Jahren übernahmen Afrikaner die Führung in der afrikanischen Kirche. Ihren Höhepunkt erreichte diese Entwicklung mit der Wahl Desmond Tutus zum Erzbischof von Kapstadt im Jahre 1986. Tutu wurde Oberhaupt der einflußreichsten Kirche Afrikas, der auch besonders viele Weiße angehörten.

Die Mehrzahl der Priester kam immer noch aus Europa oder den Vereinigten Staaten, was in Afrika eine größere Rolle spielte, weil die meisten von ihnen Weiße waren. Obwohl es nun fast überall schwarze Bischöfe gab, brachten die afrikanischen Schulen noch nicht genug junge Leute hervor, die eine Universität besuchten und dann Priester wurden. Insofern wurden die meisten Gottesdienste in Afrika immer noch von Laien, gewöhnlich von einem Katecheten oder dem Lehrer des Ortes, geleitet.

Es gab viele afrikanische Sprachen mit teilweise nur sehr geringer Verbreitung; religiöse Literatur zu übersetzen und zu schreiben war deshalb recht mühsam. Die Übersetzung der Bibel in die afrikanischen Sprachen hatte die gleichen Auswirkungen wie früher in Europa: Die biblische Sprache beeinflußte die Literatursprache dieser Gemeinden.

In einigen Gegenden bevorzugten die Afrikaner Englisch oder Französisch als Gottesdienstsprache, um keine Distanz zu anderen Gemeindemitgliedern aufkommen zu lassen, die einen anderen Dialekt sprachen. In Ländern mit mehreren einheimischen Sprachen war Englisch oder Französisch meist auch offizielle Staatssprache, die natürlich oft im Gottesdienst verwendet wurde und damit einen ähnlichen Status bekam wie das Latein im Mittelalter, das den meisten Menschen vertraut war, ohne daß sie es wirklich verstanden.

Afrikaner liebten die Freiheit, aber sie mochten auch Rituale. Sie wollten, daß der Pfarrer in der Kirche anständig, wenn nicht sogar festlich gekleidet war, um Gott damit die schuldige Ehre zu erweisen. Die afrikanischen Protestanten legten sehr viel mehr Wert auf Zeremonien als die europäischen. Die Methodisten, die in England ursprünglich als Gemeinschaften mit ausgesprochen schlichten Gottesdienstformen begonnen hatten, wurden in Afrika oft zu Gemeinden mit Bischöfen in Amtstracht. Diese Hierarchie und Ordnung, die in Europa zwar die rechte Lehre schützte, aber die Spontaneität des Gottesdienstes behinderte, war für die Afrikaner durchaus mit freien Gottesdienstformen wie Tanz und Getrommel vereinbar, die man in Europa kaum fand.

Ein Teil der afrikanischen Gesellschaft war und ist polygam. Die christlichen Missionsgesellschaften tolerierten die Polygamie nicht, und da sie viele Frauen bekehrten, die in einer Mehrehe lebten, und einige Männer, die mehrere Ehefrauen besaßen, hatten sie alle viele »Katechumenen«, die zwar Vollmitglieder der Kirche waren, aber die Sakramente nicht empfangen durften.

Die Lösung dieses Problems war nicht so einfach, wie es aus europäischer Sicht schien. Was geschieht mit einer zweiten (oder dritten) Frau, wenn der Mann sich von ihr trennt, um in die Kirche aufgenommen zu werden? Wenn man darauf bestand, daß sich die Männer von den überzähligen Frauen trennten, landeten zwangsläufig viele schutzlose Frauen auf der Straße. Dennoch waren die Argumente für eine Gesellschaft, in der ein Mann nur eine Frau hatte (und umgekehrt), ganz eindeutig.

Nachdem die anglikanische Kirche jahrzehntelang nicht von diesem Prinzip abgegangen war, verabschiedete die Lambethkonferenz (eine Art Konzil) von 1988 schließlich doch eine Resolution, nach der Monogamie zwar dem göttlichen Plan entspreche, aber ein Polygamist dennoch in der Kirche getauft werden könne, ohne sich von einer seiner Frauen trennen zu müssen. Voraussetzung ist allerdings, daß er verspricht, nicht wieder zu heiraten (außer nach dem Tod aller seiner Frauen), und daß die anglikanische Gemeinde, in der er lebt, seiner Taufe zustimmt. Hier zeigte sich, wie die neuen afrikanischen Kräfte innerhalb der Kirchen der Welt auch eine flexiblere Haltung förderten.

Bestimmte andere afrikanische Gruppen argumentierten, der Brauch sei nach christlichen Maßstäben nicht unbillig, denn er finde sich auch im Alten Testament. Zudem sei er ein integraler Bestandteil der afrikanischen Tradition, und deshalb solle Christen erlaubt werden, mehr als eine

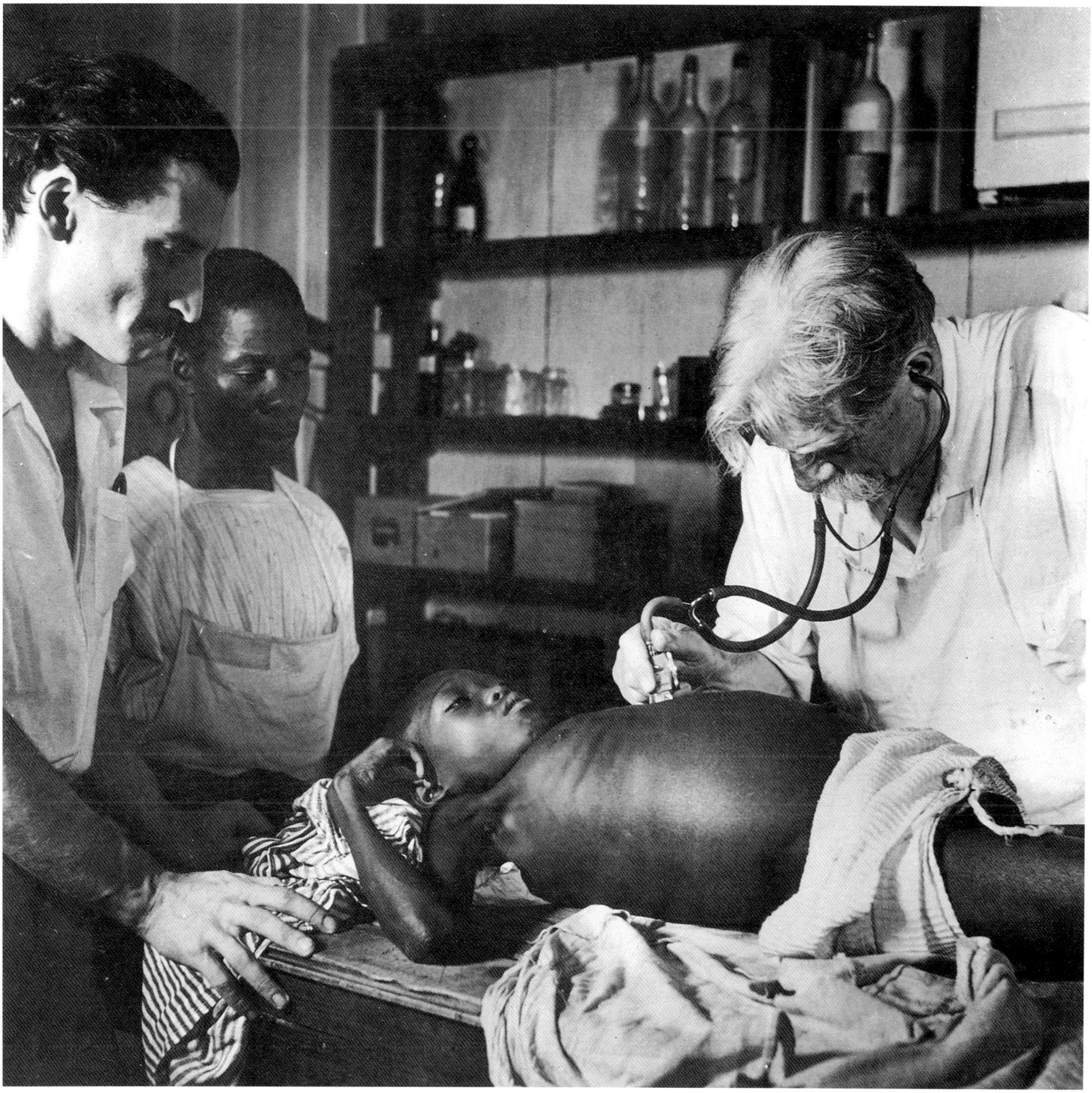

Albert Schweitzer, Theologe, Musiker und schließlich
ab 1913 für viele Jahre Missionsarzt in Lambarene, Französisch-Äquatorialafrika.

Frau zu heiraten, wenn sie es wünschten. Das war allerdings nur der Standpunkt einer Minderheit. Dennoch hat man errechnet, daß in bestimmten Ländern ungefähr jeder fünfte afrikanische Christ nicht Vollmitglied seiner Kirche ist, weil er in einer Mehrehe lebt.

Das Christentum entwickelte sich in Afrika mit unvergleichlicher Geschwindigkeit und Macht. Das brachte auch Probleme mit sich, die noch durch die blutigen Bürgerkriege in einigen afrikanischen Staaten verstärkt wurden. Doch insgesamt nimmt dieser Vorgang in der Geschichte des Christentums einen ebenso wichtigen Platz ein wie die Bekehrung der Germanen nach dem Niedergang Roms.

Den afrikanischen Führern wurde schnell bewußt, daß die Zugehörigkeit zu verschiedenen Religionsgemeinschaften ein Volk spalten kann, obwohl das Christentum zur Einheit und Versöhnung aufruft. Wie der Bürgerkrieg in Bosnien und der Guerillakrieg in Nordirland zumindest teilweise auf Konflikte zwischen den Religionen und Konfessionen zurückzuführen sind, war die Konfrontation zwischen Islam und Christentum Auslöser für den Bürgerkrieg im Sudan und Biafra, und die Differenzen zwischen Katholiken und Protestanten trugen zum Bürgerkrieg in Uganda bei. Diktatoren wie Amin in Uganda und Mobutu in Zaïre versuchten, die Einheit und den Gehorsam ihres Volkes zu wahren, indem sie zwar nicht das Christentum selbst, wohl aber seine verschiedenen Ausprägungen unterdrückten. Alle Christen mußten sich miteinander aussöhnen und sich zusammenschließen, so daß schließlich nur wenige große Kirchen unter dem Schutz des Staates standen. Die Diktatoren verboten alle kirchlichen Zeitungen, da diese als besonders kritisch galten. Doch auch dieser brutale Umgang mit den Kirchen konnte die staatliche Einheit nicht garantieren.

Ein modernes nigerianisches Kruzifix.

Wie geht es weiter?

Die Geschichte zeigt, daß Ereignisse oft ganz unvorhersehbare Wendungen nehmen. Dennoch wollen wir einen Ausblick wagen. Seit Mitte des 20. Jahrhunderts erreichen die Frauen in vielen Ländern denselben Bildungsstand wie die Männer. Die steigende Zahl gebildeter Frauen wird noch mehr Kirchen dazu bringen, Frauen als Pastorinnen, Pfarrerinnen und Bischöfinnen zu akzeptieren. Das wird die Probleme des Pfarrermangels beispielsweise in Teilen Westeuropas, Afrikas und in nahezu ganz Lateinamerika lindern.

Wenn es denn Eigenschaften gibt, die bei Frauen ausgeprägter sind als bei vielen Männern, wie beispielsweise Mitgefühl oder Liebesfähigkeit, so sollten sie der Kirche helfen, sich wieder stärker den urchristlichen Idealen anzunähern. Das Priesteramt für Frauen wird an der Seelsorge der Kirchen allerdings wenig ändern, denn die Frauen sind in diesem Bereich schon seit Jahrhunderten mit großem Erfolg tätig. Die Geistlichen in der Kirchenleitung vergessen oft, daß der Großteil der seelsorgerischen Arbeit von Laien geleistet wird, auch wenn die Geistlichen für die Arbeit der Kirchen natürlich unersetzlich sind.

Wenn die Frauen zu allen geistlichen Ämtern zugelassen werden, wird es – wie bei so großen Veränderungen fast immer – zu Spaltungen kommen.

Angesichts der naturwissenschaftlichen Erkenntnisse wurde klar, daß die Schöpfungserzählungen der Genesis kein Tatsachenbericht über die Entstehung des Universums sein wollen. Hundert Jahre lang, von etwa 1845 bis 1945, sprach man von einem Konflikt zwischen Naturwissenschaft und Glauben. Die Wissenschaft, hieß es, habe die Wunder widerlegt. Konnte sie auch Gott widerlegen?

Doch dann erkannte man, daß die Naturwissenschaft gar nicht den Anspruch hat, »Gott zu widerlegen«. Der alte Konflikt löste sich auf: Gläubige Menschen anerkannten die bewiesene Wahrheit, auch wenn sie unbequem war, und die Wissenschaftler hielten sich zurück, wenn es um ethische Fragen ging. Dennoch sind zwei wichtige Entwicklungen in der Kirche auf diesen Konflikt zurückzuführen.

Erstens sucht die Menschheit heute nach natürlichen Erklärungen für Wunder und weiß, daß dies notwendig ist.

Eine anglikanische Priesterin zelebriert ihr erstes Sakrament der Heiligen Kommunion in Bristol im März 1994.

Die Kranken warten in Lourdes in Südwestfrankreich. Seit das Mädchen Bernadette dort im Jahre 1858 Visionen der Jungfrau Maria hatte, finden dort Heilungen statt.

Da vieles, was geschieht, immer noch seltsam und unerklärlich ist, verzichtet man in diesem Zusammenhang lieber auf den Begriff »Wunder« und spricht von erstaunlichen oder »unvorhersehbaren« Ereignissen. Das Wort »Wunder« beschreibt heute eher natürliche und doch zugleich unfaßbare Ereignisse wie die Geburt eines Kindes oder die beinahe übernatürliche Schönheit eines Kunstwerks oder Musikstücks oder herausragende Leistungen auf allen möglichen Gebieten.

Zweitens sind die Kirchen zwar notwendigerweise immer noch der Bibel verpflichtet, aber sie setzen heute andere Schwerpunkte. Das Alte Testament hat an Bedeutung verloren und ist nicht mehr so bekannt – abgesehen von bestimmten beliebten Erzählungen wie der von David und Goliath, Jona und dem großen Fisch und Daniel in der Löwengrube. Das Christentum wurzelt zwar immer noch im jüdischen Glauben, aber seine Kirchen haben sich etwas vom jüdischen Erbe gelöst. Beiden Religionen gemeinsam ist immer noch die Bindung an moralische Grundsätze, die in den Zehn Geboten zusammengefaßt werden. Doch jetzt müssen die Kirchen darauf achten, das übergeordnete christliche Gebot, daß man seinen Nächsten lieben soll wie sich selbst, weiterhin mit absoluten ethischen Regeln zu stützen.

Fernsehen und Computer verdrängten das Leben aus den Fabriken und Büros in die Wohnungen. Fernsehen und Rundfunk brachten die Gottesdienste zu den Bettlägerigen in die Krankenhäuser oder ihre Schlafzimmer – eine

Ein Treffen in Taizé, Burgund. Die Kommunität wurde von dem Schweizer Roger Schutz 1940 gegründet, um jüdische Flüchtlinge vor den Nationalsozialisten zu schützen. Sie wurde zu einem Ort des Gebets und des religiösen Lebens, der alle christlichen Konfessionen einbezieht.

segensreiche Erfindung der Moderne. Auch gesunde Menschen hatten manchmal das Gefühl, zu Hause aufrichtiger beten zu können, wo sie auch ausschalten konnten, wenn sie es wollten, anders als in einer Kirche, wo ihnen vielleicht langweilig wurde. Schon seit den Zeiten der Apostel war das Zuhause mit dem Glauben ebenso eng verbunden wie das Kirchengebäude. Die Folge hiervon war wahrscheinlich, daß der Glaube immer stärker in Hauskirchen und kleineren Gruppen mit besinnlichem Gemeinschaftsleben Ausdruck fand.

Doch sie konnten niemals das umfassende Gemeindeleben mit Musik, Gemeinschaft und Sakrament ersetzen. Wenn die Kirchen sich in diese Richtung entwickelten, bestand die Gefahr, daß die Eremiten der ägyptischen Wüste oder die Täufer aus der Zeit der Reformation wieder zu Vorbildern wurden – die Welt ist so schrecklich, da bleiben wir ihr lieber fern und harren in Stille aus.

Dennoch hat es im Christentum immer Möglichkeiten des Rückzugs gegeben: die Ruhe, das Warten in der Stille, Kontemplation, den Aschram, Mönche und Nonnen, egal ob sie mit diesen altbekannten Namen bezeichnet werden, die Heiligen Stätten wie Lourdes für die Katholiken, Patmos für die Orthodoxen, Iona für die englischen Protestanten oder Taizé in Burgund für die ganze Ökumene. Der Rückzug war Teil der Erinnerung an ein Leben und einen Tod und immer mit dem Abendmahl oder der Heiligen Kommunion, der Messe oder der Eucharistie verbunden, die täglich oder wöchentlich zur Erinnerung an dieses Leben und diesen Tod gefeiert wurden. Es gab immer das Gefühl der Ewigkeit und den festen Glauben an eine letzte Ordnung und ein letztes Ziel aller Dinge.

Zeitgenössische Kreuzwegstationen: hier die Erinnerung an Veronika und Simon von Kyrene, die Jesus auf seinem Weg zur Kreuzigung begleiteten; von David Kindersley für die Oratory School in London.

CHRONOLOGIE

um 4 v. Chr.
Geburt Jesu. Zu dieser Zeit erstreckt sich das Römische Reich vom Ärmelkanal bis nach Ägypten und Palästina; es verfügt über gute Verkehrswege über Meer und Land. Die römischen Provinzen werden häufig von abhängigen Königen regiert, Judäa beispielsweise von Herodes dem Großen, dem Gründer der letzten jüdischen Königsfamilie. Er unterdrückt jeglichen Widerstand gegen Rom radikal und läßt alle möglichen Rivalen töten; davon abgesehen ist seine Regierung akzeptabel. Nach seinem Tod im Jahre 4 n. Chr. teilt Kaiser Augustus Palästina unter seinen drei Söhnen, darunter Herodes Antipas, auf. Diese Provinzen werden später eine nach der anderen unter direkte römische Herrschaft gestellt.

um 28 n. Chr.
Jesus wird von Johannes dem Täufer, den Herodes Antipas später köpfen läßt, getauft. (Nach dem Lukas-Evangelium)

um 30
Kreuzigung Jesu (im Frühjahr, doch das Jahr ist nicht sicher).

um 35
Paulus' Bekehrung.

43–44
Christenverfolgung durch Herodes Agrippa I. (ein Enkel Herodes' des Großen), Jakobus der Herrenbruder wird hingerichtet.

45–64
Die missionarischen Reisen des Paulus nach Zypern, Kleinasien, Nordgriechenland, Athen und Korinth. Er wird verhaftet, Herodes Agrippa II. (dem Sohn Agrippas I.) in Cäsarea vorgeführt, appelliert an den Kaiser und reist zur Vernehmung nach Rom.

60–100
Abfassung der vier Evangelien.

64
Christenverfolgung Neros in Rom; Petrus und Paulus sterben wahrscheinlich dort.

66–70
Die Juden erheben sich gegen Rom: Jerusalem wird im Jahre 70 zerstört. Der Einfluß der Judenchristen ist sehr geschwächt.

um 100
Die Paulusbriefe werden in einem kleinen Buch gesammelt.

um 107
Ignatius, der Bischof von Antiochia, schreibt auf seiner Reise zum Martyrium in Rom sieben Briefe. Er fordert unter anderem, die Kirche solle von Bischöfen regiert werden. Er verwendet als erster die Wendung »die katholische Kirche«.

111–113
Briefwechsel zwischen Kaiser Trajan und Plinius dem Jüngeren, dem Statthalter von Bithynien, über die Behandlung der Christen. Trajan ordnet an, daß sie nicht verfolgt und anonyme Anzeigen nicht beachtet werden sollen. Angeklagte Christen, die an ihrem Glauben starr festhalten, sollen bestraft werden. Wer sich von ihm lossagt, wird freigelassen.

um 140
Die Christen beginnen mit der Abfassung von »Apologien«, um die Lügen, die über sie im Umlauf sind, zu widerlegen und die Heiden zu überzeugen.

140–200
Allmähliche Einigung über den Kanon. Es wird diskutiert, welche Bücher zum Neuen Testament gehören sollen und welche nicht.

um 144
Marcion wird von der Gemeinde in Rom ausgeschlossen, weil er das Alte Testament beseitigen und den jüdischen Ursprung des Christentums leugnen will. Er behauptet, Paulus verstehe als einziger Apostel die Lehren Jesu. Marcion gründet eine recht erfolgreiche Kirche mit Gemeinden vom südlichen Gallien bis nach Syrien.

um 150
Die Christen beginnen Darstellungen der Gerichtsverfahren gegen ihre Märtyrer zu sammeln – die Märtyrerakten.

155
Martyrium des Polykarp, Bischof von Smyrna; erste Anzeichen eines »Märtyrerkultes«.

um 165
Martyrium des Apologeten Justin (»der Märtyrer«) in Rom.

161–180
Herrschaft Kaiser Mark Aurels, eines stoischen Philosophen.

um 170
Propheten des Montanismus in Kleinasien aktiv: Sie glauben, das Neue Jerusalem werde in Kürze auf Erden existieren.

178
Irenäus wird Bischof von Lyon in Gallien (er schreibt Griechisch).

um 180
Erste Fassung des Apostolischen Glaubensbekenntnisses (so genannt erst um 390), das in Rom für Taufen verwendet wird.

um 180
Kompilation von Bischofslisten in den größten Diözesen, die bis auf die erste Wahl durch die Apostel zurückgehen. Sie sollen so die Kontinuität der religiösen Wahrheit seit dieser Zeit bestätigen.

um 197
Erste Apologie, die nicht auf Griechisch, sondern auf Latein geschrieben wird, von Tertullian in Nordafrika. Tertullian wird später Montanist.

um 200
Latein beginnt anstelle von Griechisch Gottesdienstsprache zu werden. Die meisten Christen leben jedoch immer noch im griechischen Osten.

um 200
Gründung der christlichen Schule von Alexandria, zunächst unter Klemens, dann unter Origenes.

235
Hippolyt, ein begabter römischer Theologe (der Griechisch schreibt), wird nach Sardinien ausgewiesen.

250
Beginn der systematischen staatlichen Verfolgung unter Kaiser Decius. Origenes stirbt in Syrien an den Folgen der Folter. Fabian, Bischof von Rom, wird getötet. Der Presbyter Novatian gründet in Rom eine Gegenkirche; er vertritt die Ansicht, abtrünnige Christen dürften nicht wieder in die Kirche aufgenommen werden, und schreibt als erster Theologe lateinisch.

258
Cyprian, der Bischof von Karthago, stirbt den Märtyrertod. Seine Briefe und Traktate bleiben als wichtige Zeugnisse der Kirche in dieser Zeit erhalten.

268
Paulus von Samosata, Bischof von Antiochia, wird abgesetzt.

um 271
Antonius wird der erste Eremit Ägyptens.

um 280
In Ägypten und Syrien verbreiten sich Gemeinschaften von Eremiten und Mönchen.

284–305
Herrschaft des Kaisers Diokletian, der die letzten großen staatlichen Christenverfolgungen veranlaßt. 303–311: Kirchen werden abgerissen, christliche Schriften verbrannt und alle Christen gezwungen, dem Kaiser zu huldigen. Die Zahl der Märtyrer und der Abtrünnigen ist groß. Im Westen ist die Verfolgung 305 beendet, im Osten wütet sie vor allem 305–311 unter Galerius, dem Adoptivsohn Diokletians.

311
Donatistisches Schisma in Afrika. Die Donatisten weigern sich, den neuen Bischof von Karthago anzuerkennen, weil er von einem Bischof, der während der Verfolgung den heidnischen Göttern geopfert hatte, eingesetzt worden ist. Galerius erläßt auf Drängen Konstantins ein Toleranzedikt. Galerius' Nachfolger, Maximin, läßt die Verfolgung kurz wieder aufleben, stirbt jedoch schon 313.

312
Konstantin hat vor der Schlacht an der Milvischen Brücke die Vision eines brennenden Kreuzes.

313
Konstantin und der Kaiser des Ostens, Licinius, erlassen das Mailänder Edikt, das den Christen offiziell die Ausübung ihrer Religion erlaubt.

314–335
Amtszeit des Papstes Silvester I. Eine spätere Legende berichtet fälschlich, daß er Konstantin bekehrte.

um 320
Die erste Peterskirche (Alt-St. Peter) in Rom wird erbaut.

324
Konstantin wird Alleinherrscher über das gesamte Römische Reich.

325
Konzil von Nicäa (»Erstes Ökumenisches Konzil«). Erste Fassung des Nicänischen Glaubensbekenntnisses.

325–381
Streit um den Arianismus. Arius, ein Priester aus Alexandria, vertritt die Lehre, daß Christus, obgleich einzigartiger Sohn Gottes und des Logos, seinem Vater nicht in jeder Hinsicht »wesensgleich« sei; deshalb neigt er dazu, die Trinität in drei Götter aufzuspalten, was die Kirche mit ihrem aus dem Judentum übernommenen strengen Monotheismus niemals akzeptieren kann.

328–330
Konstantin macht die alte Stadt Byzanz am Bosporus zu seiner neuen Hauptstadt und gibt ihr den Namen Konstantinopel (oder »Neues Rom«).

328–373
Athanasius verteidigt als Bischof von Alexandria das nicänische Glaubensbekenntnis.

337
Konstantin läßt sich kurz vor seinem Tod taufen.

337–361
Constantius, einer der Söhne Konstantins, wird Augustus der oströmischen Provinzen, schließlich Alleinherrscher.

339
Tod des Eusebius von Caesarea in Palästina; er verfaßt die erste Kirchengeschichte, ein unentbehrliches Werk über die ersten drei christlichen Jahrhunderte.

341–383
Ulfilas wird Bischof der Goten auf dem Balkan. Er betätigt sich als erster intensiv in der Germanenmission und übersetzt die Bibel ins Gotische. Sein Glaubensbekenntnis unterscheidet sich nur wenig vom nicänischen, doch ist das bei den neubekehrten Völkern bedeutungslos.

361–363
Julian, der Cousin des Constantius, regiert als letzter nichtchristlicher Kaiser.

364
Valentinian wird Kaiser des Westens (bis 375), sein Bruder Valens Kaiser des Ostens.

370–379
Basilius wird Bischof von Caesarea in Kleinasien. Er ist eine wichtige Leitfigur für die späteren östlichen Mönche.

374–397
Ambrosius wird Bischof von Mailand, damals die Hauptstadt des weströmischen Reiches; er übt einen großen Einfluß auf die westlichen Kaiser aus.

378
Valens stirbt in der Schlacht von Adrianopel. Diese Niederlage der Römer gegen die Goten bereitet dem militärischen Verfall des Reiches den Weg.

379–395
Herrschaft des Kaisers Theodosius I., der als tüchtiger Heerführer in der Krisenzeit zum Kaiser ernannt wird. Er war bereits gottesfürchtig und läßt sich 380 taufen. Theodosius ist der erste wirklich fromme und rechtgläubige Kaiser. Nach seinem Tod entwickeln sich die beiden Reichshälften politisch immer weiter auseinander.

381
Konzil von Konstantinopel (»Zweites Ökumenisches Konzil«); es bekräftigt das Glaubensbekenntnis von Nicäa und schlichtet den arianischen Streit.

381
Johannes Chrysostomus (»Goldmund«, ein späterer Name) beginnt in Antiochia zu predigen. Die Texte sind noch erhalten; sie sind die wichtigsten Beispiele früher christlicher Predigtkunst in der Ostkirche, obwohl die Theologen heute meist die lateinischen Predigten des Augustinus bevorzugen.

386–387
Augustinus, in Nordafrika geboren, wird in Mailand bekehrt.

386
Hieronymus, der aus der Nähe von Venedig stammt, läßt sich als gelehrter Mönch in Bethlehem nieder und beschäftigt sich vor allem mit der Übersetzung der Bibel ins Lateinische. Die erste Fassung der späteren »Vulgata«, der einflußreichsten Bibelübersetzung überhaupt, entsteht.

392
Ein kaiserliches Dekret verbietet die heidnischen Kulte, doch es wird nicht überall durchgesetzt.

395–430
Erste Blütezeit des westlichen Mönchtums – zunächst in Nola unweit von Neapel (hier lebt auch der Dichter Paulinus von Nola), und um Marseille (Lérin-Inseln), Johannes Cassianus, aus Ägypten kommend, gründet zwei Klöster in Marseille.

396–430
Augustinus wird Bischof von Hippo Regius in Nordafrika. Seine Schriften beherrschen das westliche Denken ein Jahrtausend lang.

398–404
Johannes Chrysostomus wird Patriarch (Bischof) von Konstantinopel.

406–407
Germanen überrennen die römische Grenze am Rhein.

408–450
Herrschaft des Kaisers Theodosius II., Enkel Theodosius' I.

410
Die römischen Truppen werden aus Britannien abgezogen, so daß die Insel germanischen und skandinavischen Invasionen schutzlos ausgeliefert ist. Die Goten plündern unter Alarich Rom. Augustinus verfaßt sein Werk »Über den Gottesstaat«, eine Betrachtung über diese Katastrophe.

416–425
Spanien wird von den Westgoten erobert.

429–430
Nordafrika wird von den Vandalen erobert.

430–461
Papst Leo I. übt als erster Papst im Westen außerhalb Italiens größere Macht aus. Der Sturz der römischen Staatsmacht und die Bitten um Unterstützung aus den Kirchen in den neuen germanischen Königreichen tragen erheblich zu der Erweiterung seines Machtbereichs bei.

431
Das Konzil von Ephesus (»Drittes Ökumenisches Konzil«) bestätigt den Titel »Mutter Gottes« für Maria. Außerdem setzt es Nestorius, den Patriarchen von Konstantinopel, ab. Seine Anhänger, die Nestorianer, gewinnen später großen Einfluß auf das Christentum im Osten von Syrien bis nach China.

431
Bischof Palladius wird zur Missionierung Irlands ausgesandt. Dennoch bleibt vor allem sein Zeitgenosse Patrick den Iren und der ganzen Kirche als der Überbringer des Glaubens in Erinnerung.

438
Der Codex Theodosianus, die erste christliche Gesetzessammlung, wird erlassen. Er ist benannt nach Theodosius II., unter dessen Herrschaft er eingeführt wird.

451
Das Konzil von Chalkedon (»Viertes Ökumenisches Konzil«) versucht die dogmatischen Streitigkeiten beizulegen, was allerdings nicht ganz gelingt. Es geht vor allem darum, daß Gott und Mensch in Christus vereint sind. Kann man diese Union von Gottheit und Mensch als »Natureinheit« (so die Monophysiten, von *monos* = ein und *physis* = Natur, Wesen) verstehen, oder besitzt Christus zwei Naturen, eine göttliche und eine menschliche (so das Konzil von Chalkedon und die Orthodoxie)? Die Monophysiten lehnen Chalkedon ab und werden zu einer bis heute bestehenden Gruppe von Kirchen, zu der die armenische, koptische und äthiopische Kirche und einige Gemeinden in Syrien, Kurdistan und in Malabar in Südindien gehören.

476
Der letzte römische Kaiser des Westreichs, Romulus Augustulus, wird abgesetzt.

488–553
Ostgotenreich in Italien. Sein Gründer Theoderich ist befreundet mit Papst Gelasius (492–496), der die Zweigewaltenlehre formuliert: Zwei Gewalten regieren die Welt, der Staat die Körper und die Kirche die Seelen, wobei letztere Gewalt die wichtigere ist.

498
Der König der Franken, Chlodwig, der das fränkische Reich von Belgien bis zu den Pyrenäen ausgeweitet hat, wird mit 3000 Gefolgsleuten an Weihnachten in Reims getauft; die wichtigste Bekehrung im Zuge der Christianisierung der germanischen Stämme.

um 520
Dionysius Exiguus schafft das Datierungssystem, das sich an der Geburt Christi orientiert.

527–565
Justinian I. ist Kaiser im oströmischen Reich. Er erobert, für eine gewisse Zeit, einen Großteil Italiens und Nordafrikas zurück.

529
Der Codex Justinianus, eine Überarbeitung und Verbesserung des Codex Theodosianus und früherer Gesetzessammlungen, wird verfaßt. Er ist die Grundlage für die Gesetzessammlungen im christlichen Europa.

532–538
In Konstantinopel wird die Hagia Sophia errichtet.

um 543
Benedikt von Nursia stirbt; er ist der Gründer der Abtei Montecassino nördlich von Neapel und Verfasser der Benediktregel, des – abgesehen von Psalmen und Evangelien – wichtigsten Schriftstücks in der Geschichte des Mönchtums.

590–604
Papst Gregor I., »der Große«, ein Staatsmann ersten Ranges, ist der erste Papst, der ein Mönchsgelübde abgelegt hat.

596
Gregor schickt Augustinus (von Canterbury) zur Missionierung nach England und ernennt ihn zum ersten Erzbischof der Engländer.

597
Columba stirbt auf der Insel Iona vor der schottischen Westküste.

638–656
Die Araber erobern Palästina, den Irak, Syrien und Ägypten.

711–716
Die Araber erobern Spanien.

726–843
Bilderstreit im Osten; viele Bilder und Ikonen werden zerstört.

732
Karl Martell drängt die Araber aus Frankreich zurück.

735
Beda Venerabilis, der begabteste Historiker des frühen Mittelalters, stirbt im Kloster Jarrow in Northumberland.

800–840
Die Konstantinische Schenkung, die dem Papst weitreichende weltliche Machtbefugnisse zugesteht, wird in Frankreich gefälscht.

771–814
Karl der Große herrscht als König der Franken.

800
Am Weihnachtstag krönt Papst Leo III. Karl den Großen in Rom zum Römischen Kaiser; damit wird im Westen das Kaiserreich wiederhergestellt (»renovatio imperii«).

816–817
Alle Klöster des Reiches müssen auf Anordnung Benedikts von Aniane der Benediktregel gehorchen.

829
Ansgar versucht die Skandinavier zu bekehren, doch setzt sich das Christentum nicht dauerhaft durch.

858–867
Papst Nikolaus I. ist der einzige mächtige Papst in zwei Jahrhunderten.

858
Photius, damals der gelehrteste Mensch in Europa, wird Patriarch von Konstantinopel.

860–887
Unter den Enkeln Karls des Großen zerfällt sein Reich.

863
Kyrillos und Methodios, orthodoxe Missionare aus Saloniki, sind in Mähren (dem heutigen Tschechien und der Slowakei) tätig. Sie beginnen, in Kirchenslawisch zu schreiben, der liturgischen Sprache der slawischen Welt.

871–901
Alfred der Große ist König von England; er kämpft lange gegen die heidnischen Dänen, und seine Teilerfolge tragen zur Christianisierung der dänischen Siedler in England bei.

910
Das Kloster Cluny in Burgund, von dem später viele Klosterreformen ausgehen, wird gegründet.

929
König Wenzel wird in Böhmen ermordet.

962
Otto der Große, Herzog von Sachsen, stellt das Heilige Römische Reich wieder her, das nun Deutschland und den Großteil Italiens einschließt, nicht jedoch Frankreich. Die Sorge um die öffentliche Ordnung überträgt er den

Bischöfen, womit er die »geistlichen Fürstentümer« der späteren deutschen Geschichte begründet.

966
Die Polen werden unter König Mieszko I. bekehrt.

987
Wladimir, Großfürst von Kiew, wird getauft; Ursprung der russischen Kirche.

995
Norwegen wird, teilweise gewaltsam, zum Christentum bekehrt.

997–1038
Der ungarische König Stephan christianisiert sein Land.

1000
Das isländische Althing (Parlament) beschließt die Annahme des Christentums.

1012
Romuald gründet das Kloster Camaldoli in der Toskana; Teil einer Bewegung, die das Eremitenleben wiederbeleben will.

1046–1048
Kaiser Heinrich III. vertreibt drei unwürdige Päpste aus Rom und beginnt mit der Reform des Papsttums.

1049–1054
Unter dem deutschen Papst Leo IX. gewinnt das Papsttum seinen verlorenen Einfluß zurück.

1054
Bruch zwischen Rom und Konstantinopel, bei dem sich beide Parteien gegenseitig exkommunizieren; beide sind gleichermaßen im Unrecht. Bei dem Streit geht es anfangs hauptsächlich um Süditalien, wo viele Griechen leben, so daß die Rechtsansprüche aufeinanderstoßen. Es ist nicht der endgültige Bruch, obwohl er häufig als solcher betrachtet wird.

1059–1090
Die Normannen nehmen das südliche Italien ein und erobern das bislang arabisch besetzte Sizilien.

1073–1085
Papst Gregor VII. (auch unter seinem eigenen Namen Hildebrand bekannt) bemüht sich erfolgreich um eine Reform der Kirche und ein Ende des weltlichen Einflusses. Er verbietet die Investitur von Bischöfen und Äbten durch weltliche Herrscher und versucht, das Priesterzölibat durchzusetzen.

1077
Kaiser Heinrich IV. wird gezwungen, einen Bußgang auf die Burg Canossa in Norditalien zum Papst anzutreten.

1084
Gründung des Kartäuserordens in der Grande Chartreuse in den französischen Alpen im Zuge der damaligen großen Bewegung zur Verbreitung des Mönchtums.

1093–1109
Erzbischof Anselm von Canterbury; er ist ein so bedeutender Intellektueller, daß mit ihm der Beginn der geistigen Blütezeit im hohen Mittelalter benannt werden kann.

1095
Synode von Clermont in Frankreich: Papst Urban II. ruft Europa zum Ersten Kreuzzug, zur Befreiung Palästinas von den Muslimen, auf.

1098
Gründung der Zisterzienser, die die Benediktregel in einer einfacheren Form befolgen wollen.

1099
Die Kreuzfahrer nehmen Jerusalem ein.

1120
Gründung des Ordens der Prämonstratenser in Prémontré. Ungefähr zur gleichen Zeit werden in Jerusalem der Templerorden, der sich die Verteidigung der heiligen Stätten in Jerusalem zur Aufgabe gemacht hat, und der Ritterliche Orden Sankt Johannis vom Spital zu Jerusalem (Johanniter) gegründet.

1124
Beginn der Bekehrung Pommerns und der südbaltischen Küste.

um 1140
Gratian, Kirchenrechtler an der Rechtsschule von Bologna, veröffentlicht sein *Decretum* und begründet damit die Studien des kanonischen Rechts an den neuen Universitäten.

1153
Bernhard von Clairvaux, der erste Abt des Zisterzienserklosters Clairvaux, stirbt.

1156
Der Karmeliterorden wird in Palästina auf dem Berg Karmel gegründet.

1160
Petrus Lombardus, Bischof von Paris, stirbt. Seine *Sentenzen* (vier Bände) sind das wichtigste theologische Lehrbuch des Mittelalters.

1170
Thomas Becket wird in Canterbury ermordet.

1176
Petrus Waldes, ein Kaufmann aus Lyon, beginnt ein Leben in Armut und Einfachheit zu predigen; seine Anhänger nennen sich Waldenser.

1198–1216
Papst Innozenz III. herrscht als politisch mächtiger Papst. Er bannt Kaiser Otto IV., exkommuniziert König Johann von England und zwingt Philipp August von Frankreich, seine verstoßene Frau wieder anzunehmen.

um 1200
Gemeinschaften von Lehrern und Studenten werden zu Universitäten – Bologna, Paris, Oxford, Cambridge.

1204
Beim Vierten Kreuzzug wird Konstantinopel erobert und ein Lateinisches Kaiserreich gegründet (bis 1261). Der byzantinische Kaiser Alexios V. zieht sich nach Trapezunt (heute Trabzon) zurück.

1209–1229
Kreuzzug gegen die albigensischen Häretiker in Südfrankreich.

1215–1250
Herrschaft Friedrichs II., Kaiser des Heiligen Römischen Reiches und König von Sizilien. Er ist der gefährlichste politische Gegner der mittelalterlichen Päpste.

1221
Der Spanier Dominikus, der Gründer des Dominikanerordens, stirbt.

1224–1241
Mongolensturm in Rußland und Osteuropa; später zerstören die Mongolen fast die gesamte nestorianische Kirche in Asien.

1226
Franz von Assisi stirbt.

1226–1270
In Frankreich herrscht König Ludwig IX., der Heilige.

1232
Die Inquisition wird, teilweise wegen der Albigenser, systematisiert.

ab 1243
Papst Innozenz IV. führt einen sehr weltlichen Krieg gegen Kaiser Friedrich II.

um 1250
Die Spanier haben fast ganz Spanien für das Christentum zurückerobert, nur das kleine Königreich Granada im Süden bleibt muslimisch.

1256
Die Augustiner-Eremiten werden gegründet (Augustinermönche).

1274
Thomas von Aquin, dessen *Summa* den Höhepunkt der mittelalterlichen Theologie darstellt, stirbt.

1291
Akko, der letzte Stützpunkt der Kreuzfahrer in Palästina und Syrien, fällt.

1302
Papst Bonifaz VIII. beansprucht in seiner Bulle *Unam sanctam* die höchste Autorität für das Papsttum.

1309–1377
Die Päpste amtieren in Avignon.

1321
Dante, der Dichter der *Göttlichen Komödie,* stirbt.

1357
Gregorius Palamas, der Verteidiger der Hesychasten im Osten, stirbt.

1378–1415
Abendländisches Schisma; zwei Linien von Päpsten werden von unterschiedlichen Ländern anerkannt.

1384
John Wyclif stirbt; seine Anhänger, die Lollarden, verbreiten seine Lehre.

1409–1449
Zeit der Konzilsbewegung, einer Reihe von Konzilen, die die Spaltung des Papsttums beenden und die Kirche reformieren sollen.

1415
Das Konzil von Konstanz (1414–1418) läßt Jan Hus, den tschechischen Schüler Wyclifs, verbrennen; in Böhmen entstehen die hussitischen Kirchen, und es kommt zu Aufständen.

1453
Die Türken nehmen Konstantinopel ein und wandeln die Hagia Sophia in eine Moschee um.

1492
Spanien erobert das Königreich Granada und beendet damit die muslimische Herrschaft auf der Halbinsel endgültig.

1492
Christopher Kolumbus entdeckt die Westindischen Inseln.

1506
Der Wiederaufbau des Petersdoms in Rom wird begonnen.

1508–1512
Michelangelo bemalt die Decke der Sixtinischen Kapelle.

1509
Erasmus veröffentlicht das *Lob der Torheit.*

1516
Erasmus übersetzt das Neue Testament.

1517
Luther veröffentlicht seine fünfundneunzig Thesen gegen den Ablaß.

1521
Luther wird vom Papst exkommuniziert; auf dem Reichstag zu Worms verhängen Kaiser Karl V. und eine Mehrheit im Reichstag die Reichsacht über ihn.

1521–1522
Luther versteckt sich auf der Wartburg.

1523
Zwingli beginnt mit der Kirchenreform in Zürich.

1524–1526
Bauernkrieg in Deutschland.

1525–1530
Die protestantische Reformation breitet sich allmählich in der Mitte und im Südwesten Deutschlands aus; 1525 wandelt Markgraf Albrecht von Brandenburg-Ansbach, Hochmeister des Deutschen Ordens, den Ordensstaat in das Herzogtum Preußen um.

1525
Frühe Gruppen von Täufern in Zürich.

1526
Tyndales englische Übersetzung des Neuen Testaments.

1529
Reichstag zu Speyer, bei dem einige deutsche Staaten und Städte gegen Bemühungen, die Reformbewegung zu stoppen, Protest einlegen – daher der Name »Protestanten«.

1530
Reichstag zu Augsburg: Die Protestanten stellen das *Augsburger Bekenntnis* vor, das zur wichtigsten lutherischen Bekenntnisschrift wird.

1533–1534
Die Täufer besetzen die Stadt Münster, werden jedoch besiegt.

1534
Heinrich VIII. hebt in England die Befehlsgewalt des Papstes auf.

1534
Ignatius von Loyola gründet in Paris den Jesuitenorden.

1536–1541
Michelangelo malt in der Sixtinischen Kapelle *Das Jüngste Gericht.*

1537
Dänemark und Norwegen nehmen den Protestantismus in seiner lutherischen Form an.

1541
Calvin wird in Genf eingesetzt und bleibt bis zu seinem Tod 1564 wichtigster Pastor der Stadt.

1542–1552
Franz Xaver leitet Missionsunternehmungen, zunächst nach Indien und später bis nach Japan.

1545–1547
Erste Sessionsperiode des Konzils von Trient, das die katholische Kirche reformieren soll; spätere Sessionsperioden: 1551–1552 und 1562–1563.

1547–1553
Regierungszeit Edwards VI. in England, unter dem England zumindest nach außen streng protestantisch wird.

1550–1552
Island nimmt den lutherischen Protestantismus an.

1552
Las Casas schockiert die in der Mission Lateinamerikas tätigen Spanier mit seinen Veröffentlichungen, in denen er gegen die Unterdrükkung der Indianer protestiert.

1553–1558
Maria Tudor regiert in England; sie versucht, die katholische Kirche wieder in ihre Rechte einzusetzen.

1553
Der Spanier Servetus wird in Calvins Genf wegen Häresie verbrannt.

1555
Augsburger Religionsfriede: Das katholische Heilige Römische Reich Deutscher Nation erklärt, daß in den lutherischen Staaten und Städten Deutschlands der protestantische Glaube gemäß dem *Augsburger Bekenntnis* rechtmäßig ausgeübt werden darf.

1555–1556
Die Bischöfe Latimer und Ridley sowie Erzbischof Cranmer von Canterbury werden verbrannt.

1559
Die französischen Protestanten (Hugenotten) halten ihre erste Nationalsynode ab.

1559
Königin Elisabeth I. ermöglicht die Ausbreitung eines moderaten Protestantismus in England.

1560
Schottland wird unter der geistlichen Führung von John Knox, einem Schüler Calvins, protestantisch.

1562
Theresia von Ávila beginnt, sich mit der notwendigen Reform des Karmeliterordens und mit ihrer Lehre vom mystischen Gebet zu beschäftigen.

1562–1594
Französische Religionskriege.

1566
Protestantische Aufstände in den von Spanien regierten Niederlanden; der daraus entstehende Krieg endet 1579 mit einer Abspaltung des hauptsächlich protestantischen Norden (der heutigen Niederlande) vom weitgehend katholischen Süden (dem heutigen Belgien).

1567
Juan de la Cruz schließt sich Theresia an.

1572
Bartholomäusnacht in Paris und anderen französischen Städten; es ist der blutigste Versuch, den Einfluß der Hugenotten in Frankreich zu beenden.

1589
Erster russischer Patriarch von Moskau.

1593
Schweden gründet als letztes skandinavisches Land eine lutherische Kirche.

1594–1597
Richard Hooker veröffentlicht *Of the Laws of Ecclesiastical Polity,* das klassische anglikanische Bekenntnis.

1598
Das Edikt von Nantes gesteht den Hugenotten im katholischen Frankreich Toleranz zu.

1601–1610
Der Jesuit Matteo Ricci arbeitet in Peking.

1608
Die erste »Reduktion«, ein von Jesuiten geführtes Indianerreservat, wird in Paraguay gegründet.

1611
Autorisierte Fassung bzw. *King James Bible* (Englische Bibelübersetzung).

1614–1643
Die Japaner versuchen das Christentum im Lande zu vernichten.

1618–1648
Dreißigjähriger Krieg in Deutschland, der in seinen frühen Jahren zum Teil der Versuch des katholischen Reiches war, die protestantischen Reformen rückgängig zu machen.

1620
Die *Mayflower* bringt den Grundstock einer puritanischen Gemeinde nach Amerika.

1642
Bürgerkrieg in England, Schottland und Irland, der 1649 zur Republik unter Cromwell führt, der schließlich 1653 Lordprotektor wird.

1647
George Fox beginnt in England Gemeinden aufzubauen, die später als Quäker oder *Society of Friends* bekannt werden.

1648
Der Dreißigjährige Krieg endet mit dem Westfälischen Frieden, in dem die Calvinisten in Deutschland (neben den Katholiken und Lutheranern) anerkannt werden.

1653–1697
Jesuit Antonio Vieira setzt sich in Brasilien für bessere Lebensbedingungen der Sklaven ein.

1660
Ende der Republik und Wiederherstellung der Monarchie in Großbritannien.

1666
Der Versuch Nikons, des Patriarchen von Moskau, die Kirche in Rußland zu reformieren, führt zur großen und dauerhaften Abspaltung der sogenannten »Altgläubigen«. Die Spaltung besteht auch heute noch.

1675
Spener initiiert den Pietismus, eine Bewegung des deutschen Luthertums.

1678
John Bunyan verfaßt die *Pilgerreise zur ewigen Seligkeit.*

1682
Der Quäker William Penn gründet den Staat Pennsylvania auf der Basis religiöser Toleranz.

1685
Ludwig XIV. widerruft das Edikt von Nantes; viele Hugenotten fliehen aus Frankreich nach Großbritannien, Deutschland und Amerika.

1686
Jakob II. wird als König von England, Schottland und Irland abgesetzt, unter anderem wegen seines katholischen Glaubens.

1695–1697
Pierre Bayles *Dictionnaire* wird in Rotterdam veröffentlicht.

1721
Zar Peter der Große ersetzt das Moskauer Patriarchat durch eine Synode, die für die orthodoxe Kirche in Rußland zuständig ist. Dieses System wird, mit einer kurzen Unterbrechung von 1917 bis 1925 wegen der Russischen Revolution, bis 1943 beibehalten.

1722
Bach wird Thomaskantor in Leipzig.

1726
Missionen in Amerika führen zu einer evangelikalen Erweckungsbewegung, die als »The Great Awakening« bekannt wird.

1738
John Wesley wird bekehrt und arbeitet als Wanderprediger.

1742
Händels *Messias* wird in Dublin uraufgeführt.

1751–1765
Erste Auflage der französischen *Encyclopédie,* die von Denis Diderot in siebzehn Bänden in Paris herausgegeben wird; sie gilt als Denkmal der Aufklärung und beinhaltet scharfe Kritik an der kirchlichen Tradition.

1756
Voltaire schreibt *La Pucelle,* eine Satire auf Jeanne d' Arc; spätere Werke sind *Candide,* 1759 (zum Problem des Bösen) und *Dictionnaire Philosophique,* 1764.

1762
Rousseaus *Émile* wird veröffentlicht, ein Erziehungsroman, der aber auch das »Glaubensbekenntnis eines savoyardischen Vikars« enthält, in dem zu religiösem Radikalismus aufgerufen wird.

1767
Die von Jesuiten gegründeten Reduktionen in Paraguay werden geschlossen.

1773
Papst Klemens XIV. löst unter dem Druck der von den Bourbonen regierten Staaten den Jesuitenorden auf und beendet damit ihre Missions- und Bildungsbemühungen.

1776
Amerikanische Unabhängigkeitserklärung.

1787
Verfassung der Vereinigten Staaten: Trennung von Kirche und Staat und gleiche Bürgerrechte für die Angehörigen aller Religionsgemeinschaften.

1789–1794
Französische Revolution: Die Nationalversammlung verstaatlicht den Kirchenbesitz, verbietet Mönchsgelübde und versucht, die Kirche durch die Zivilverfassung des französischen Klerus zu kontrollieren, was vom Papst und der Hälfte der französischen Geistlichen abgelehnt wird. Während der »Schreckensherrschaft« von 1792–1793 wird versucht, Frankreich zu entchristianisieren.

1799
Schleiermacher, Prediger in Berlin, veröffentlicht *Über die Religion: Reden an die Gebildeten unter ihren Verächtern.* Religion beruhe nicht auf einem Beweis, sondern auf dem Wesen des religiösen Bewußtseins der Menschheit.

1801
Napoleon schließt ein Konkordat mit dem Papst, das die französische katholische Kirche wieder erstarken läßt, obwohl sie immer noch durch den Staat eingeschränkt wird.

1804
Gründung der *British and Foreign Bible Society*, die es sich zur Aufgabe macht, die Bibel in alle Sprachen zu übersetzen, die von einer wesentlichen Anzahl von Menschen gesprochen werden.

1807
Großbritannien verbietet den Sklavenhandel (aber noch nicht die Sklaverei selbst) nach einer Kampagne von William Wilberforce.

1810
Die Spanier in Amerika beginnen sich aus der Herrschaft Spaniens zu befreien und gründen die lateinamerikanischen Republiken. Dadurch lösen sie heftige Dispute zwischen der Kirche und den neu entstandenen Staaten aus, die häufig mit der Auflösung geistlicher Orden enden.

1814
Papst Pius VII. läßt die Jesuiten nach der ersten Niederlage Napoleons wieder zu.

1817
Unter der Führung des Königs werden die lutherische und die calvinistische Kirche Preußens vereinigt. Dem Beispiel folgen andere deutsche Staaten, jedoch nicht alle. Seit der Reformation ist dies die wichtigste Vereinigung verschiedener Glaubensrichtungen innerhalb des Christentums.

1817
Robert Moffat beginnt seine Missionsarbeit in Südafrika und bewegt sich dann Richtung Norden; seine Arbeit beeinflußt Livingstone.

1826
Die christlichen Völker des Balkan versuchen sich von der türkischen Herrschaft zu befreien: Serbien und Rumänien sind 1829 erfolgreich, das südliche Griechenland 1832, Bulgarien erst 1878. Im Gegenzug werden in der Türkei Christen verfolgt und ausgewiesen.

1829
Römisch-katholische Emanzipation in Großbritannien.

1830–1845
Aufbau der Kirchen in Australien und Neuseeland.

1833
Der Oxforder Lehrer J. H. Newman und der Pastor und Dichter John Keble gründen die Oxfordbewegung, die die Kirche von England an ihr katholisches Erbe erinnern will.

1833
Abschaffung der Sklaverei in den britischen Besitzungen; William Wilberforce stirbt.

1840
David Livingstone beginnt seine Missions- und Forschungsexpeditionen nach Zentral- und Ostafrika, die er bis zu seinem Tod im Jahre 1873 fast ohne Unterbrechung fortführt.

1845
Newman tritt zum römisch-katholischen Glauben über, aber die Oxfordbewegung besteht unter den Anglikanern weiter.

1846–1878
Amtszeit von Papst Pius IX. – die längste Regierung eines Papstes überhaupt. Er verurteilt die Einstellung der Menschen seiner Zeit 1864 massiv im *Syllabus*, einem Katalog von 80 »Zeitirrtümern«.

1848
F. D. Maurice und Charles Kinsley gründen in London die Bewegung der christlichen Sozialisten.

1848
Karl Marx und Friedrich Engels veröffentlichen das *Kommunistische Manifest*.

1858
Marienerscheinungen der Bernadette in Lourdes.

1859
Charles Darwin veröffentlicht *Über die Entstehung der Arten durch natürliche Zuchtwahl* und löst damit eine weitreichende Kontroverse aus.

1863
Der polnische Aufstand gegen die Russen führt zur Verfolgung der katholischen polnischen Kirche von seiten der orthodoxen Russen.

1865
Samuel Crowther, ein Anglikaner, wird in Nigeria zum ersten schwarzen Bischof ernannt.

1868
Erzbischof Lavigerie aus Algier gründet die »Weißen Väter« zum Einsatz in der Afrika-Mission.

1870
Rom wird von den italienischen Nationalisten besetzt und zur Hauptstadt des vereinten Italien erklärt; die Besitztümer des Papstes werden beschlagnahmt. Das Erste Vatikanische Konzil erklärt den Papst für unfehlbar, wenn er als Lehrer aller Christen formell über Glaubens- und Sittenfragen spricht. In Deutschland, der Schweiz und den Niederlanden wird die altkatholische Kirche gegründet, die das Dekret ablehnt.

1872–1879
Kulturkampf in Preußen; es ist der Versuch des Reichskanzlers Otto von Bismarck, den Einfluß der katholischen Kirche auf die Gesellschaft einzuschränken.

1879
Die französischen Republikaner werden zunehmend kirchenfeindlich.

1891
Die Enzyklika *Rerum novarum* Papst Leos XIII. verurteilt den Sozialismus, läßt aber den Katholiken die Möglichkeit offen, mit Sozialisten zusammenzuarbeiten.

1894–1896
Massaker an armenischen Christen in der Türkei.

1894–1906
Dreyfus-Affäre in Frankreich; erbitterte Dispute über den Antisemitismus führen 1905 zur Trennung von Kirche und Staat in Frankreich.

1900
Boxeraufstand in China; Massaker an Christen.

1900–1907
Kontroverse um den Modernismus; Spannungen innerhalb der katholischen Kirche wegen der historisch-kritischen Bibelexegese.

1910
Weltmissionskonferenz in Edinburgh führt zur modernen ökumenischen Bewegung.

1915
Massaker an armenischen Christen in der Türkei.

1916
Der französische Eremit Charles de Foucauld wird in der Sahara ermordet.

1917
Bolschewistische Revolution in Rußland führt 1918 zur Verstaatlichung aller Kirchenbesitztümer und in der Folge zu einem Bürgerkrieg, in dem viele orthodoxe Bischöfe und Priester ermordet werden.

1921
Gründung der Kirche von Simon Kimbangu, der blühendsten der vielen unabhängigen afrikanischen Kirchen.

1923
Vertreibung der Muslime aus Griechenland und der Christen aus dem Großteil der Türkei; seither leben in Kleinasien kaum noch Christen.

1927
Konferenz in Lausanne, die später zur Gründung des Ökumenischen Rates der Kirchen führt.

1929
Lateranvertrag: Mussolini schafft die Vatikanstadt, einen unabhängigen Staat des Papstes.

1933
Machtergreifung Hitlers in Deutschland; Spaltung innerhalb der deutschen Kirchen wegen des Streits um die Zusammenarbeit mit dem Dritten Reich. Hitler unterzeichnet mit Papst Pius XI. ein Konkordat, hält sich aber nicht an die Vereinbarungen.

1934
Barmer Bekenntnissynode; deutsche Geistliche, die Hitler ablehnend gegenüberstehen, gründen die Bekennende Kirche.

1937
Der Papst verurteilt Hitler in der Enzyklika *Mit brennender Sorge.*

1938
Reichspogromnacht: Nationalsozialisten zerstören jüdische Läden und Synagogen. Die Mißhandlung der Juden wird Deutschland und der Welt offenkundig.

1939–1945
Zweiter Weltkrieg, der den Holocaust 1941–1945 ermöglicht.

1940
Roger Schutz gründet in Frankreich die Kommunität von Taizé, zunächst um Juden und anderen Flüchtlingen zu helfen.

1943
Stalin, der für den Widerstand gegen Hitler die Unterstützung aller Russen braucht, läßt die russische Kirche wieder erstarken und setzt einen Patriarchen ein.

1947
Gründung der Kirche von Südindien, die wichtigste Vereinigung unterschiedlicher Glaubensrichtungen seit 1817.

1948
Gründung des Ökumenischen Rates der Kirchen in Amsterdam.

1948
Mutter Teresa beginnt ihre Arbeit in den Elendsvierteln von Kalkutta.

1948
In den neuen Satellitenstaaten Osteuropas beginnen die kommunistischen Regierungen die Kirchen zu behindern und zu verfolgen; Schauprozesse gegen Bischöfe – besonders niederträchtig ist der Prozeß gegen den ungarischen Kardinal Mindszenty 1948/49.

1948–1949
Die Kommunisten unter Mao ergreifen in China die Macht; viele westliche Missionare werden ausgewiesen, doch die chinesischen Kirchen werden zunächst in Ruhe gelassen.

1949
Der amerikanische Baptist Billy Graham beginnt seine Arbeit als Erweckungsprediger.

1958
Chruschtschow startet eine neue Verfolgung der orthodoxen Kirche, die zwar länger andauert, aber nicht so gewaltsam verläuft wie die früheren unter Stalin.

1958–1963
Papst Johannes XXIII. leitet eine Öffnung der römisch-katholischen Kirche ein, die seit der Zeit Pius' IX. völlig erstarrt war. Johannes ist der erste Papst, der auch von einigen Protestanten geschätzt wird.

1961
Die orthodoxen Kirchen treten in Neu-Delhi dem Ökumenischen Rat der Kirchen bei.

1962–1965
Das Zweite Vatikanische Konzil formuliert die neue Aufgeschlossenheit; es läßt Gottesdienste in den Landessprachen zu, sucht freundschaftliche Kontakte mit anderen Bekenntnissen und erkennt positive Züge in nichtchristlichen Religionen an.

1965
Die charismatischen und pfingstlerischen Bewegungen, die in den Vereinigten Staaten schon einflußreich sind, greifen auch auf Lateinamerika und Teile Europas über.

1965–1968
Kulturrevolution in China; die grausame Verfolgung alles »Angesehenen« bringt den christlichen Gemeinden viel Leid.

1967
Albanien wird zum ersten atheistischen Staat der Welt erklärt.

1968
Ermordung von Martin Luther King, dem Baptistenpfarrer, der für die besten Werte der Bürgerrechtsbewegung in Amerika eintrat.

1968
Die Konferenz der lateinamerikanischen Bischöfe im kolumbianischen Medellin zeigt eine neue Aufgeschlossenheit gegenüber sozialen Reformen.

1978
Wahl des polnischen Papstes Johannes Paul II., des ersten nichtitalienischen Papstes seit 1523.

1980
Ermordung von Erzbischof Romero von San Salvador während einer Messe.

1984
Der radikale polnische Priester Jerzy Popiełuszko, der in der polnischen Solidarność eine wichtige Rolle spielt, wird von der Geheimpolizei ermordet.

1986
Desmond Tutu wird Erzbischof von Kapstadt.

1988
Die Anglikaner wählen den ersten weiblichen Bischof (amerikanische Episkopalkirche, Suffragan des Bistums Massachusetts).

1989–1990
Sturz der kommunistischen Regime in Osteuropa und der Sowjetunion; Ende der staatlichen Kirchenverfolgung.

1992
Die Kirche von England läßt Frauen zum Priesteramt zu.

WEITERFÜHRENDE LITERATUR

Allgemeines

Jedin, Hubert (Hg.), Handbuch der Kirchengeschichte, Freiburg 1962 ff.
McManners, John (Hg.), Geschichte des Christentums, Frankfurt a.M. 1993.
Greschat, Martin, Gestalten der Kirchengeschichte, Stuttgart 1984 ff.

Quellensammlungen
Kirchen- und Theologiegeschichte in Quellen, hg. von Heiko A. Oberman, Adolf Martin Ritter und Hans-Walter Krumwiede:
Bd. 1: Alte Kirche, hg. von Adolf Martin Ritter, Neukirchen-Vluyn ^{3}1985.
Bd. 2: Mittelalter, hg. von Reinhold Mokrosch und Herbert Walz, Neukirchen-Vluyn ^{3}1989.
Bd. 3: Die Kirche im Zeitalter der Reformation, hg. von Heiko A. Oberman, Neukirchen-Vluyn ^{3}1988.
Bd. 4,1/2: Neuzeit, hg. von Hans-Walter Krumwiede, Neukirchen-Vluyn ^{2}1985/86.

Nachschlagewerke
Andresen, Carl / Denzler, Georg, Wörterbuch der Kirchengeschichte, München ^{4}1993.

Christliche Kunst
Kirschbaum, Engelbert / Braunfels, Wolfgang (Hg.), Lexikon der christlichen Ikonographie, Rom / Freiburg 1968 ff.
Schiller, Gertrud, Ikonographie der christlichen Kunst, Gütersloh 1966 ff.

Die frühe Kirche

Allgemein
Chadwick, Henry, Die Kirche in der antiken Welt, Berlin 1972.

Quellen
Eusebius von Caesarea, Kirchengeschichte, hg. und eingeleitet von Heinrich Kraft, München 1967.
Das Bekenntnis des heiligen Patrick und sein Brief an die Gefolgsleute des Coroticus, eingeleitet und übers. von Friedrich Wotke, Freiburg 1940.

Die frühe Kirche und die Gesellschaft
Brown, Peter, Macht und Rhetorik in der Spätantike. Der Weg zu einem «christlichen Imperium«, München 1995.
Martin, Jochen / Quint, Barbara (Hg.), Christentum und antike Gesellschaft, Darmstadt 1990.

Kunst in der frühen Kirche
Grabar, André, Die Kunst des frühen Christentums, München 1967.
Stevenson, James, Im Schattenreich der Katakomben, Bergisch Gladbach 1980.

Die Bibel
Campenhausen, Hans v., Die Entstehung der christlichen Bibel, Tübingen 1968.

Konstantin
Kraft, Heinrich (Hg.), Konstantin der Große, Darmstadt 1974.

Die Heiligen
Angenendt, Arnold, Heilige und Reliquien. Die Geschichte ihres Kultes vom frühen Christentum bis zur Gegenwart, München 1994.
Jacobus de Voragine, Legenda aurea, Heiligenlegenden, ausgewählt, übers. von Jaques Laager, Zürich.

Die Anfänge des Mönchtums
Frank, Karl Suso, Geschichte des christlichen Mönchtums, Darmstadt ^{5}1993.

Biographien
Brown, Peter, Augustinus von Hippo, Frankfurt a. M. 1973.
Chadwick, Henry, Augustinus, Göttingen 1987.

Die Bekehrung der heidnischen Stämme

Allgemein
Angenendt, Arnold, Das Frühmittelalter. Die abendländische Christenheit von 400 bis 900, Stuttgart 1990.

Die Franken
Gregor von Tours, Historia Francorum / Zehn Bücher Geschichten (lat./dt.), hg. von Rudolf Buchner, Darmstadt ^{8}1990.
Prinz, Friedrich, Frühes Mönchtum im Frankenreich, Darmstadt ^{2}1988.
Braunfels, Wolfgang, Karl der Große, Reinbek bei Hamburg 1972.

Die Iren
Richter, Michael, Irland im Mittelalter, München 1996.

Die Angelsachsen
Beda Venerabilis, Kirchengeschichte des englischen Volkes, übers. von Günter Spitzbart, Darmstadt 1982.
Richards, Jeffrey, Gregor der Große. Sein Leben - seine Zeit, Graz 1983.

Die Germanen
Briefe des Bonifatius; Willibalds Leben des Bonifatius, hg. von Reinhold Rau, Darmstadt ^{3}1994.
Trautwein, Dieter, Heil von den Inseln. Bonifatius und die Iroschotten, Konstanz 1993.
Senger, B., Ansgar. Mönch und Apostel des Nordens, Dülmen 1964.
Fried, Johannes, Der Weg Deutschlands in die Geschichte. Die Ursprünge Deutschlands bis 1024, Berlin 1994.

Die Byzantinische Kirche

Rubin, B., Das Zeitalter Justinians, Berlin 1960.
Winkelmann, Friedhelm, Die östlichen Kirchen in der Epoche der christologischen Auseinandersetzungen (5.–7. Jahrhundert), Berlin 1980.
Ekschmitt, Werner, Berg Athos, Geschichte, Leben und Kultur der griechischen Mönchsrepublik, Freiburg 1994.
Grabar, André, Die byzantinische Kunst des Mittelalters, Baden-Baden 1964.
Byzantinische Mystik. Ein Textbuch aus der «Philokalia«, ausgew. und übers. von Klaus Dahme, Salzburg 1989 (wird fortgesetzt).

Die Kopten und die Thomas-Christen in Indien
Brunner-Traut, Emma, Die Kopten. Leben und Lehre der ägyptischen Christen in Geschichte und Gegenwart, München ^{3}1991.
Verghese, Paul (Hg.), Koptisches Christentum. Die orthodoxen Kirchen Ägyptens und Äthiopiens, Stuttgart 1973.
Verghese, Paul (Hg.), Die syrischen Kirchen in Indien, Stuttgart 1974.

Der Aufstieg des Islam und seine Auswirkungen
Atiya, Aziz Suryal, Kreuzfahrer und Kaufleute. Die Begegnung von Christentum und Islam, Stuttgart 1964.
Riley-Smith, Jonathan, Großer Bildatlas der Kreuzzüge, Freiburg 1992.
Montgomery Watt, William, Der Einfluß des Islam auf das europäische Mittelalter, Berlin 1988.
Winkelmann, Friedhelm, Die Kirchen im Zeitalter der Kreuzzüge (11.-13. Jahrhundert), Leipzig 1994.

Das Hochmittelalter im Abendland

Southern, Richard W., Kirche und Gesellschaft im Abendland des Mittelalters, Berlin / New York 1974.

Frank, Isnard W., Kirchengeschichte des Mittelalters, Düsseldorf 1984.
Cardini, Franco / Fumagalli, Maria Teresa, Universitäten im Mittelalter. Die europäischen Stätten des Wissens, München 1991.

Quellen
Die Blümlein des Franz von Assisi, dt. Übersetzung von Raimondo Koch, München 1988.

Biographien
Aubé, Pierre, Thomas Becket, Zürich 1990.
Fumagalli, Maria Teresa, Heloise und Abaelard, München 1986.
Leclerq, Jean, Bernhard von Clairvaux. Entschiedenheit in Demut, Freiburg / Schweiz 1991.
Sabatier, Paul / Renner, Frumentius, Leben des heiligen Franz von Assisi, St. Ottilien 1979.
Frank, Isnard W., Franz von Assisi, Mainz 1992.

Reformation und Gegenreformation

Quellen
Quellen zur Reformation 1517–1555, hg. von Ruth Kastner, Darmstadt 1994.
Quellen zur katholischen Reform und Gegenreformation, hg. von Erwin Iserloh und Klaus Wittstadt, Darmstadt 1994.

Reformation und Gegenreformation
Moeller, Bernd, Deutschland im Zeitalter der Reformation, Göttingen ²1981.
Zeeden, Ernst Walter, Die Entstehung der Konfessionen. Grundlagen und Formen der Konfessionsbildung im Zeitalter der Glaubenskämpfe, München / Wien 1965.
Locher, Gottfried W., Die Zwinglische Reformation im Rahmen der europäischen Kirchengeschichte, Göttingen 1979.
Jedin, Hubert, Geschichte des Konzils von Trient, Freiburg 1949–75.
Ravier, André, Ignatius von Loyola gründet die Gesellschaft Jesu, Würzburg 1982.

Biographien
Aland, Kurt, Die Reformatoren (Luther, Mclanchthon, Zwingli, Calvin), Gütersloh 1986.
Bainton, Roland, Erasmus. Reformer zwischen den Fronten, Göttingen 1972.
Bainton, Roland, Hier stehe ich. Das Leben Martin Luthers, Göttingen 1952.
Oberman, Heiko A., Luther. Mensch zwischen Gott und Teufel, Berlin 1982.
Brecht, Martin, Martin Luther, Stuttgart 1981–1987.
McGrath, Alister, Johann Calvin. Eine Biographie, Zürich 1991.
Locher, Gottfried, Zwingli und die schweizerische Reformation, Göttingen 1982.
Bainton, Roland, Frauen der Reformation von Katharina von Bora bis Anna Zwingli, Gütersloh 1995.

Radikale Bewegungen
Dülmen, Richard van, Reformation als Revolution. Soziale Bewegung und religiöser Radikalismus in der deutschen Reformation, München 1977.

Die spanischen Mystiker
Johannes vom Kreuz, Sämtliche Werke, Einsiedeln, 1961–1964.
Teresa von Ávila, Die innere Burg, Zürich 1979.
Teresa von Ávila, »Ich bin ein Weib und obendrein kein gutes«. Ein Porträt der Heiligen in ihren Texten, ausgew., übers. u. eingel. von Erika Lorenz, Freiburg ⁵1987.

Die Ausbreitung nach Amerika und in den Osten nach 1492
Neill, Stephen Ch., Geschichte der christlichen Mission, Erlangen 1974.
Dussel, Enrique, Die Geschichte der Kirche in Lateinamerika, Mainz 1988.
Prien, Hans-Jürgen, Die Geschichte des Christentums in Lateinamerika, Göttingen 1978.
Caraman, Philip, Ein verlorenes Paradies. Der Jesuitenstaat in Paraguay, München 1979.
Schurhammer, Georg, Franz Xaver. Sein Leben und seine Zeit, Freiburg 1955–73.
Spuler, Berthold, Die morgenländischen Kirchen, Leiden-Köln 1964.

Quellen
Arriaga, Pablo José de, Eure Götter werden getötet, hg. von Karl A. Wipf, Darmstadt 1992.

Das Zeitalter der Aufklärung

Chambon, Joseph, Der französische Protestantismus. Sein Weg bis zur Französischen Revolution, Zollikon-Zürich ⁶1968.
Hirsch, E., Geschichte der neueren evangelischen Theologie, Gütersloh ²1960.
Voltaire, Schriften, hg. von Günther Mensching, Frankfurt a.M. 1978.
Lepape, Pierre, Voltaire, Frankfurt a.M. 1996.

Moderne und Gegenwart

Campenhausen, Axel von, Staat und Kirche in Frankreich, Göttingen 1962.
Strasser-Bertrand, Otto, Die evangelische Kirche in Frankreich, Göttingen 1975.
Thiede, Carsten P., Religion in England. Darstellung und Daten zu Geschichte und Gegenwart, Gütersloh 1994.
Greschat, Martin, Protestanten in der Zeit. Kirche und Gesellschaft in Deutschland vom Kaiserreich bis zur Gegenwart, Stuttgart 1994.
Hürten, Heinz, Kurze Geschichte des deutschen Katholizismus, 1800–1960, Mainz 1986.
Hürten, Heinz, Deutsche Katholiken 1918–1945, Paderborn 1992.
Conway, John S., Die nationalsozialistische Kirchenpolitik 1933–1945, München 1969.
Scholder, Klaus, Die Kirchen und das Dritte Reich, Frankfurt a.M. 1977.
Sartorius, Bernard, Die orthodoxe Kirche, Stuttgart 1985.
Rahr, Gleb A. / Sikojev, André (Hg.), Klöster, Starzen und Ikonen. 1000 Jahre russisch-orthodoxe Kirche, Moers 1988.

Lateinamerika
Dressel, Heinz F., Verfolgt um der Gerechtigkeit willen. Der Konflikt zwischen Staat und Kirche in Lateinamerika, Neuendettelsau 1979.

Afrika
Hastings, Adrian, Das schwarze Experiment. Kirche und Mission im modernen Afrika, Graz 1969.
Becken, Hans-Jürgen, Wo der Glaube noch jung ist. Afrikanische unabhängige Kirchen im südlichen Afrika, Erlangen 1985.
Hering, Wolfgang (Hg.), Christus in Afrika. Zur Inkulturation des Glaubens im Schwarzen Kontinent, Limburg 1991.

Fundamentalismus
Barr, James, Fundamentalismus, München 1981.
Schmid, Georg, Im Dschungel der neuen Religiösität, Stuttgart 1992.
Kienzler, Klaus, Der religiöse Fundamentalismus, München 1996.

Biographien
Bethge, Eberhard, Dietrich Bonhoeffer, München ⁶1986.
Józef Kardinal Mindszenty, Erinnerungen, Frankfurt a.M. 1974.
Hebblethwaite, Peter, Johannes XXIII., Zürich, Einsiedeln, Köln 1986.
Dorn, Luitpold A., Paul VI., der einsame Reformer, Graz 1988.
Szulc, Tad, Papst Johannes Paul II., die Biographie, Stuttgart 1996.

REGISTER

Abgar (König von Edessa 9–46) 65
Ablässe 173, 201 f.
Abraham 17, 45, 48, 127 f., 235
Abraham a Sancta Clara (1644–1709) 218
Abtreibung 272, 274
Adrian IV s. Hadrian
agape 22, 55
Ägypten 72 ff., 76, 274, 286
s. a. Antonius, Kopten
Ahtamar 117
Alarich (König der Westgoten 395–410) 93, 287
Albanien 170, 258, 262, 293
Albigenserkreuzzug 175, 289
Albrecht von Brandenburg-Ansbach (Markgraf, erster Herzog in Preußen, 1525–1568) 290
Aleppo 69
Alexander I. (Zar 1801–1825) 249
Alexander III. (Papst 1159–1181) 176
Alexander VI. (Papst 1492–1503) 184
Alexandria 35, 44, 53, 64, 69, 106, 286 f.
Alfred (König von Wessex) 18, 288
Alpha und Omega 56, 204
Altar 30, 32, 64 ff., 82, 84
Altgläubige (Raskolniki) 291
Altkatholische Kirche 292
Amalrich von Bène 133
Ambo 32, 56
Ambrosius (Bischof von Mailand 374–397) 61, 76, 210, 287
Amsterdam, Gründungsversammlung des Ökumenischen Rats der Kirchen (1948) 256, 263, 293
Amulette 40, 186
Angelusgebet, -geläut 90, 188
Anglikaner 207–211, 254, 291,
s. auch Canterbury, Lambethkonferenz
Anselm von Canterbury (1033–1109) 287
Ansgar (um 801–865) 288
Antiochia 29, 33, 53, 65, 69, 286
Antisemitismus 251, 253, 255, 292 f.
Antonius (251–356) 64, 73, 286
Apologeten 52 ff., 286
Arianismus 287
Armagh 96
Armenische Kirchen 44, 108, 112, 113, 117, 192, 288, 292
Äskulap 84
Athanasius (Bischof von Alexandria 328–373) 44, 64, 287
Atheismus 136, 235, 237, 293
Athen 32, 124
Athenagoras von Athen (um 177) 44
Äthiopien, Kirche von 274, 276
Athos, Klosterberg 13, 72, 120, 123 f.
Augsburger Bekenntnis 203, 207, 290
Augsburger Dom 147
Augsburger Religionsfriede (1555) 290
Augustinus (354–430) 36, 45, 58, 61–63, 70, 124, 136, 162, 166, 238, 255, 287
Augustinus (Erzbischof von Canterbury 596–604) 99 f., 288
Australien 257, 292
Autorisierte Bibelfassung s. King James Bible
Ave Maria 90
Avignon 174 f., 290

Bach, Johann Sebastian (1685–1750) 218, 291
Balduin II. (lateinischer Kaiser von Konstantinopel 1228–1261) 251
Baptisten/Mennoniten 35, 213, 263, 271–274, 277, 293
Baptisterien 66
Barbara (hl.) 143
Barmen, Bekenntnissynode (1934) 253, 293
Barock 227–230, 250
Barth, Karl (1886–1968) 253
Bartholomäusnacht 291
Basel 197, 198
Basilides von Alexandria (um 130) 286
Basilika 32
Basilius (Bischof von Caesarea 370–379) 60 f., 73 f., 287
Bauernkrieg (1524) 290
Bayern 102 ff. s. a. Wessobrunn
Bayle, Pierre (1647–1706) 233, 235, 237 f., 291
Becket, Thomas (1118–1170) 7, 105, 143, 169, 172 f., 289
Beda Venerabilis (672–735) 64, 97, 99, 101, 288
Bedford, Stundenbuch von 42
Befreiungstheologie 267 f.
Beichte 156–159, 184, 187
Bekennende Kirche 253, 293
»Bekenner« 36
Bellini, Giovanni (1430–1516) 21
Benedikt (Abt von Aniane 779–821) 288
Benedikt von Nursia (um 480–547) 38, 74, 77, 288
Benediktiner 9, 49, 70, 93, 102, 170, 222, 288
Benediktinerinnen 169
Beran, Josef (Kardinal 1965–1969) 258
Bernadette (hl., 1844–1879) 283, 292
Bernhard von Clairvaux (1091–1153) 143, 145, 147, 152, 165, 174
Bernini, Gianlorenzo (1598–1680) 66, 223, 227
Beschneidung 13 ff.
Betpult 62
Betto, Frei 266
Bibel 13, 80, 93, 97, 202, 207–210, 237, 272 f., 287, 291 f. s. a. Kanon
Bibliotheken 64, 69 f., 111 f.
Bilder in der Kirche 32 f., 45 f., 128
s. a. Bilderstreit, Bildersturm
Bilderstreit 112, 120 f., 123
Bildersturm 207 f., 288
Bischöfe 7, 29, 32 f., 61, 64, 93 f., 97, 286
Bischofsstab 62, 97
Bischofsstuhl 32, 64
Bismarck, Otto von (1815–1898) 292
Blake, William (1757–1827) 140
Bologna 87, 133, 289
Bonhoeffer, Dietrich (1906–1945) 253 f.
Bonifatius (672–754) 101, 130
Bonifaz VIII. (Papst 1294–1303) 290
Book of Durrow 96 f.
Book of Kells 97, 98
Bosch, Hieronymus (1450–1516) 138 f.
Bosnien 170
Boswell, James (1740–1795) 242
Botticelli, Sandro (1445–1510) 178
Bourdaloue, Louis 217 f.
Brasilien 190, 243, 270
Brigida von Kildare (um 453–523) 97, 169
Bruderschaften 152 f., 186, 200
Brunelleschi, Filippo (1377–1446) 48
Buchdruck 196
Buddha/Buddhisten 193–196
Bulgarien 93, 170, 292
Bunyan, John (1628–1688) 216 f., 291
Byzantinisches Reich s. Konstantinopel, Orthodoxe Kirche

Cabral, Pedro (um 1467–1520) 192
Cäcilia (hl.) 84 f.
Caedmon (gest. um 680) 101
Caligula (röm. Kaiser 37–41) 14, 229
Calixtus (Bischof v. Rom 217–222) 156
Calles, Plutarco s. Elias Calles, Plutarco
Calvin, Johannes (1509–1564) 52, 214 ff., 219, 290 f.
Camaldoli 289
Cambridge 142, 250, 289
Canterbury 7, 70, 96, 142 f., 145, 147, 288 f.
Canterbury Tales 170, 173
Cárdenal, Ernesto (1925–) 267
Carter, James (Präsident der USA 1977–1981) 273
Cassianus, Johannes s. Johannes Cassianus
Castagno, Andrea del (um 1423–1457) 10
Castel Gandolfo 66
Castro, Fidel (1927–) 266
Ceauşescu, Nicolae (rumänischer Staatspräsident 1974–1989) 34
Cellia 72, 74
Chalkedon, Konzil von = Viertes Ökumenisches Konzil (451) 288
Charismatiker s. Pfingstler, Montanisten
Charles II. (engl. König 1660–1685) 216
Chartres 143, 147 ff.
Chaucer, Geoffrey (um 1340–1400) 170, 173
Chi-Rho-Monogramm 56, 69, 119, 204

China 192, 193 ff., 258 ff., 288, 292
Chlodwig (König der Franken 482–511) 93 f., 288
Chöre 71, 211
Christenverfolgung 34 f., 58 s. a. Märtyrer, Japan, Stalin, Mexiko, Inquisition, Voltaire
Christlicher Sozialismus 247 f., 258 ff., 266 ff.
Christophorus (hl.) 83 f.
Chruschtschow, Nikita S. (1894–1971) 249, 293
Chrysostomos, Johannes s. Johannes Chrysostomos
Cicero, Marcus Tullius (106–43 v. Chr.) 159
Clemens V. (Papst 1305–1314) 174
Clemens VI. (Papst 1378–1394) 176
Clemens VII. (Papst 1523–1534) 197–200, 226
Clemens XI. (Papst 1700–1721) 195
Clemens XIV. (Papst 1769–1774) 291
Cluny 129, 288
Codex Alexandrinus 13
Codex Theodosianus 111, 288, 287
Collett, John 208
Columba (um 520–597) 96, 288
Constantius Chlorus (weström. Kaiser 293–306) 58
Cornelius (Bischof v. Rom 251–253) 156, 158
Cortés, Hernán (1485–1547) 184
Cowper, William (1731–1800) 241
Crac des Chevaliers 129
Cranach, Lucas (Vater [1472–1553] und Sohn [1515–1586]) 201, 204 f.
Cristeros 265 f.
Cromwell, Oliver (1599–1658) 213 f.
Crowther, Samuel 274, 292
Cuthbert (hl., gest. 687) 99, 140
Cyprian (Bischof von Karthago 248–258) 286

Dämonen 38–41, 60, 66
Daniel 49, 56, 147
Dante Alighieri (1265–1321) 29, 129, 137, 139 ff., 174, 178, 290
Darwin, Charles (1809–1882) 292
David/Dewi (hl.) 97
David 10, 104, 147, 178, 235, 238
Decius (röm. Kaiser 249–251) 286
Della Robbia, Andrea 3
Deutscher Orden 290
Dewi, s. David
Diakon, Diakonin 33
Díaz, Porfirio (1830–1915) 264
Diderot, Denis (1713–1784) 291
Die Wolke des Nichtwissens 166, 169
Dies Irae 28 f.
Diokletian (röm. Kaiser 285–305) 287
Dionysios Areopagita (vor 100) 20, 124, 126, 150, 166, 222
Dionysius Exiguus 92, 288
Dominikaner 166 f. 181, 189 f., 219, 228
Dominikus (um 1170–1221) 164
Donatisten 35, 287
Donne, John (1572–1631) 217
Doppelklöster 79, 97, 112
Dostojewskij, Fjodor M. (1821–1881) 126
Dreieinigkeit 42, 128, 143, 210, 214 s. a. Arianismus, Nicänisches Glaubensbekenntnis
Dreifaltigkeits-Sergios-Kloster 19
Dreißigjähriger Krieg 226, 291
Dresden 229
Dreyfusaffäre 251, 292
Dualismus s. Mani
Duelle 160
Durandus von Mende (gest. 1296) 148
Dürer, Albrecht (1471–1528) 80, 204, 206, 239
Durham 140 f.
Dympna (hl.) 41

Edessa 29
Edgar (engl. König 958–975) 100
Edikt von Nantes (1598), 226, 291
Edinburgh, Konferenz von (1910) 275, 292
Edmund (König von Ostanglien 854–870) 26
Edward der Bekenner (engl. König 1042–1066) 26, 82
Edward VI. (engl. König 1547–1553) 290
Egbert-Pontifikale 105
Ehe 154 ff.
Eichmann, Adolf (1906–1962) 255
Eigenkirche 94, 148
Einnahme Roms (410) 287 (1527) 197, 292
Elevation der Hostie 150
Elgar, Edward (1857–1934) 239
Elias Calles, Plutarco (1877–1945) 264 f.
Elias von Cortona (gest. 1253) 163
Elisabeth I. (engl. Königin 1558–1603) 219, 291
Elvira, Konzil von (um 306) 44
Emmeram (um 700) 102 f.
Empfängnisverhütung 262
Encyclopédie 237
Engels, Friedrich (1820–1895) 292
Ephesus 34, 288; Drittes Ökumenisches Konzil (431) 87, 288
Epiktet (50–138) 52
Epiphanias 24, 33 s. a. Armenische Kirchen
Epiphanius (Bischof von Salamis 367–403) 117
Erasmus von Rotterdam (1466–1536) 198 ff., 290
Eremiten 40, 76
Esra 64
Estienne, Robert (»Stephanus« 1503–1559) 208
Ethelbert (König von Kent 560–616) 99
Eusebius von Caesarea (um 265–339) 7, 287
Exorzismus 38, 40 f.
Fabian (Bischof von Rom 236–250) 156, 286
Falwell, Jerry 272
Fegefeuer 135–139
Felsendom 127
Fisch als Symbol 50 f., 56, 227
Flacius, Matthias (1520–1575) 9
Florenz 48, 153, 166 f., 183
Folter 161, 174
Foucauld, Charles de (1858–1916) 72, 137, 292
Fox, George (1624–1691) 213, 291
Fra Angelico (um 1400–1455) 165 f., 233
Frankfurt, Konzil von (794) 101
Frankreich 35, 145, 173 f., 226, 240, 250 ff., 292
Franz Xaver (1506–1552) 192 f., 242
Franziskaner 163 ff., 176, 178, 186, 190, 198 s. a. Kapuziner
Franziskus von Assisi (1181–1226) 7, 28, 66, 82, 129, 162–165, 192, 289
Fratizellen 164
Frauen 169, 211 f., 262, 281 f., 293
Friedrich II. (dt. Kaiser 1220–1250) 238, 289
Friedrich V. (pfälzischer Kurfürst 1610–1632 und König von Böhmen 1619/20) 226
Fronleichnam 146
Fundamentalisten 270–274
Fürstbischöfe 102, 289

Galen (129–199) 36
Galerius (röm. Kaiser 305–311) 287
Galilei, Galileo (1564–1642) 220
Gandhi, Mahatma (1869–1948) 267
Gebet 32 f., 66, 164, 208, 217–220, 236 f., 287
Gebetbücher 83, 215
Gebhardt, Ernst (1832–1899) 242
Gegenreformation 218–223, 226
Gelasius I. (Papst 492–496) 130, 288
Genf 214 f.
Georg (hl.) 25, 84, 86 f., 120, 150
Georgien 112, 120, 192
Ghirlandaio, Domenico (1449–1494) 16 f.
Giotto (1266–1337) 12, 25, 66, 151 f. 162 f.
Gladiatoren 159 f.
Glasmalerei 147 f.
Glastonbury 94, 96, 100
Glaubensbekenntnisse 13, 102, 239, 286 f.
Glocken 97 f.
Glücksspiel 112
Gnostiker 47 f., 54
Goa 192 f., 242
Gorbatschow, Michail (geb. 1931) 249
Gotik 142 ff.
Gottesfürchtige 14–18, 20
Graham, Billy (geb. 1918) 271 f., 293
Granada 290
Grande Chartreuse 72, 289
Gratian 289
Great Awakening 270 f., 291
Greene, Graham (1904–1991) 265 f.
Gregor der Erleuchter (3./4. Jh.) 113

Gregor der Große (Papst 590–604) 82, 99, 126, 130, 136, 161, 288
Gregor VII. (Papst 1073–1085) = Hildebrand 131 f., 289
Gregor von Tours (538–594) 9
Gregor XI. (Papst 1370–1378) 176
Gregorianik 210
Gregorios Palamas (gest. 1359) 126, 290
Griechenland 292 f.
Griechisch 33
Groote, Gerhard de (gest. 1384) 165
Großes Schisma des Papsttums (1378–1415) 176
Guadalupe 185, 188, 265
Guatemala 190
Guttiérez, Gustavo 268

Hadrian IV. (Papst 1154–1159) 289
Hagia Sophia 106, 108 f, 111, 288, 290
Händel, Georg Friedrich (1685–1759) 218, 291
Harald (dän. König 945–986) 102
Häresien 64, 105, 133, 161 f., 175, 188
Heilige Drei Könige 23 ff., 233
Heiligenleben 7 f., 81 f.
Heiligenschein 21, 25, 30, 90 f.
Heiliger Gral 159
Heinrich II. (engl. König 1154–1189) 169
Heinrich II. (franz. König 1547–1559) 226
Heinrich III. (dt. Kaiser 1046–1056) 289
Heinrich IV. (dt. Kaiser 1084–1106) 289
Heinrich IV. (franz. König 1589–1610) 227
Heinrich VI. (engl. König 1422–1461) 250
Heinrich VIII. (engl. König 1509–1547) 156, 175, 197, 290
Helena (257–336) 59, 93, 128, 150
Heliand (um 850) 102
Herodes Agrippa I. (10 v. Chr.–44 n. Chr.) 286
Herodes Antipas (20 v. Chr.–39 n. Chr.) 286
Herodes der Große (73–4 v. Chr.) 286
Herrenhuter Brüder 241
Herrossee, Karl Friedrich Wilhelm (1764–1821) 242
Hesychasmus 126, 290
Hexenjagd 40, 277
Hieronymiten 224
Hieronymus (347–420) 80 f., 97, 195, 287
Hilarius (Bischof von Poitiers 350–367) 61
Hildegard von Bingen (1098–1179) 169, 222
Hippokrates (460–370 v. Chr.) 38
Hippolyt (gest. 235) 20, 156, 286
Hirte des Hermas (um 150) 48
Hitler, Adolf (1889–1945) 219, 251, 253 ff., 293
Holbein, Hans (1498–1543) 199
Hölle 133, 135–139, 194, 239
Holocaust 10, 36, 255, 293
Honorius (weströmischer Kaiser 395–423) 159 f.
Hooker, Richard 291
Horn, Nathanael 241
Hosenbandorden 84
Hospitäler 153 f., 188, 197, 207
Hoxha, Enver (1908–1985) 258
Hrabanus Maurus (um 780–856) 38
Hunt, Holman (1784–1859) 246 f.
Hus, Jan (um 1370–1415)/Hussiten 290
Hutterer 213

ichtys 56
Ignatius (Bischof von Antiochia, gest. um 110) 286
Ignatius von Loyola (1491–1556) 165, 220 f., 290
IHS 33, 105
Ikonen 115–120
Ikonoklasmus s. Bilderstreit
Ikonostase 115 ff., 120, 250
Indien 260 ff., 293
Innozenz III. (Papst 1198–1216) 66, 289
Innozenz IV. (Papst 1243–1254) 161, 289
Inquisition 161 f., 188, 220, 237, 289
Iona 94, 96, 284, 288
Irenäus (Bischof von Lyon um 178–202) 286
Isis 22, 89
Islam 35, 106, 108, 127 f. s. a. Kreuzritter, Fundamentalisten
Island 289 f.

Jacobus a Voragine (1228–1298) 7, 135
Jahangir (Mogul) 193
Jakob (hl.) 184
Jakob II. (engl. König 1685–1689) 291
Jakobus (der Herrenbruder) 15, 286
Jan van Eyck (1390–1441) 143
Japan 35, 193, 196
Jarrow 64, 97, 288
Jedermann 150
Jerusalem 65, 68, 146, 164, 226, 289
Jesuiten 165, 186 f., 190 f., 194 ff., 219 f., 242, 264, 290, 291
Jesusgebet 126
Johanna von Orléans (1410–1431) 105, 235, 291
Johannes (Evangelist) 18, 48, 134
Johannes (Sohn des Zebedäus) 16 ff., 20
Johannes Cassianus (um 360–435) 77, 126, 287
Johannes Chrysostomos (Patriarch von Konstantinopel 398–404) 73, 287
Johannes Paul II. (Papst 1978–) 262, 268, 272, 293
Johannes VIII. (Papst 872–882) 130
Johannes vom Kreuz (1542–1591) 222, 226, 291
Johannes von Damaskus (um 660–754) 117
Johannes von Patmos 18 f.
Johannes von Salisbury (gest. 1180) 7, 169
Johannes XII. (Papst 955–964) 131
Johannes XXIII. (Papst 1958–1963) 266, 293
Johanniter 129, 136, 154, 174, 289
John Plantagenet (Herzog von Bedford 1414–1435) 42, 251
Johnson, Samuel (1709–1784) 242
Jona und der große Fisch 17, 32, 55, 178
Jovinianus 76
Juan de Borgoña (gest. um 1535) 15, 91
Juan de la Cruz s. Johannes vom Kreuz
Juden 10, 253 ff., 293
Jugoslawien 227, 258 s. a. Serbien
Julianus Apostata (röm. Kaiser 361–363) 61, 69, 287
Julius II. (Papst 1503–1513) 45, 65 f., 178, 180, 287
Justin der Märtyrer (gest. um 165) 53 f., 61, 286
Justinian (oström. Kaiser 527–565) 106 f., 111, 123 f., 169, 250, 288
Justinian (Patriarch von Rumänien) 258

Kalifornien 192
Kalkutta 262, 293
Kalter Krieg 257 f., 262, 293
Kanon der Bibel 45–48, 286
Kanon Muratori 48
Kanonisierung der Heiligen 81 f.
Kanzeln 32, 208, 227
Kapuziner 164, 219, 266
Kardinäle 176
Karl der Große (Kaiser des Frankenreichs 800–814) 81 f., 101, 104 f., 130, 288
Karl V. (dt. Kaiser 1530–1556) 190, 202, 226
Karmeliten 164, 222, 289, 291
Karthäuser 72, 165, 289
Katakomben von Rom 17, 29 f., 54 f., 69, 82
Katechismus 60, 187 ff., 203, 218 f., 279
Katechumenen 60
Keble, John (1792–1866) 247, 292
Kelten, keltische Kirche 96 f., 158
Kiew 108, 111
Kilian (gest. um 689) 102
Kimbangu, Simon 277, 293
Kindersley, David 285
King James Bible (1611) 210, 217
King, Martin Luther (1929–1968) 267, 271, 293
Kingsley, Charles (1819–1875) 292
Kirchenlieder 22, 207 f., 210 f., 241 f.
Kirchenmusik 84 f., 115, 171, 211 s. a. Oratorium, Kirchenlieder, Psalmen, Orgeln
Kirchenslawisch 288
Klara von Assisi (1194–1253) 163 f.
Klarissen 163 f.
Kleidung in der Kirche 33 f., 71, 93, 122, 187, 196, 207 ff., 279
Klemens von Alexandria (um 160–215) 44, 53, 286
Kneller, Sir Godfrey 195
Knox, John (1505–1572) 215, 291
Koberger, Anton (um 1440–1513) 11
Kolumbus, Christoph (1451–1506) 184, 290

Konfuzius (551–479 v.Chr.) 194f., 259f.
Kongregationalisten 213f.
Konstantin (Kaiser des weström. Reiches 306–337, des gesamten röm. Reiches 324–337) 56, 58–61, 65, 68, 106, 128, 130f., 287f. s.a. Helena
Konstantinopel 58, 120, 287, 289
Zweites Ökumenisches Konzil (381) 287
Fünftes Ökumenisches Konzil (553) 89
Konstantius (röm. Kaiser 337–361) 106, 287
kontakion 115
Konventualen 164
Konzile
Konzil von Elvira (um 306) 44
Erstes Konzil von Nicäa (325) 61, 76, 287
Konzil von Sirmium (359) 239
Erstes Konzil von Konstantinopel (381) 287
Konzil von Ephesus (431) 87, 288
Konzil von Chalkedon (451) 288
Zweites Konzil von Konstantinopel (553) 89
Zweites Konzil von Nicäa (787) 90
Konzil von Frankfurt (794) 101
Zweites Laterankonzil (1139) 256
Viertes Laterankonzil (1215) 148, 158
Konzil von Trient (1545–1563) 218–220, 290
Erstes Vatikanisches Konzil (1869–1870) 292
Zweites Vatikanisches Konzil (1962–1965) 293
Konziliare Bewegung 290
Kopten 106, 119, 120, 274, 288
Koran 127ff., 273
Korbinian (um 670–um 725) 104
Kosmas und Damian (hl.) 106
Kreuz, Kruzifix 36, 80, 152, 174, 207
Kreuzritter 26, 68, 84, 108, 129, 145, 154, 226, 251, 289f.
Kreuzweg 65, 285
Krieg 41, 44f., 197, 226f., 254–257, 291
Kriegerdenkmäler 90, 257
Krönungszeremoniell 100, 104f.
Kuba 243, 266
Kulturkampf 292
Kulturrevolution 260, 295
Kuppeln 108, 112, 228
Kybele (kleinasiatische Göttin) 22,69
Kyrie eleison 33, 266
Kyrillos Lukaris (Patriarch von Konstantinopel 1602–1620) 13
Kyrillos und Methodios 288

Laktanz (ca. 250–330) 159
Lamarck 292
Lambeth Palace 70
Lambethkonferenz (1988) 279
Langton, Stephen (Erzbischof v. Canterbury 1207–1228) 208
Las Casas, Bartolomé de (1474–1566) 189f., 290
Lateran 65f.
Laterankonzil, Zweites = Zehntes Ökumenisches Konzil (1139) 256
Laterankonzil, Viertes = Zwölftes Ökumenisches Konzil (1215) 148, 158
Lateranvertrag (1929) 66, 92
Lavigerie, Charles (Erzbischof von Algier 1867–1892) 275, 292
Legenda Aurea 8, 135
Lenin, Wladimir Iljitsch (1870–1924) 92, 248
Leo I. der Große (Papst 440–461) 288
Leo III. (Papst 795–816) 105, 288
Leo IX. (Papst 1049–1054) 289
Leo XIII. (Papst 1878–1903) 160, 248, 292
Leonardo da Vinci (1452–1519) 88, 178–183
Liber Pontificalis 7
Liberius (Papst 352–366) 130
Lichfield 96
Liège 146
Lindisfarne 96, 99
Lissabon 161, 235
Livingstone, David (1813–1873) 274, 292
Logos-Lehre 53, 61
Lollarden 176, 290
Longhi, Pietro (1702–1785) 157
Lorenzo Monacho (1370–1425) 77
Los Angeles 192, 273
Lourdes 41, 283f., 292
Ludolf von Sachsen (um 1300–1377) 165
Ludwig der Deutsche (dt. König 840–876) 104
Ludwig IX. der Heilige (franz. König 1226–1270) 251, 289
Ludwig XII. (franz. König 1498–1515) 150
Ludwig XIV. (franz. König 1643–1715) 233, 291
Lukas (Evangelist) 7, 51, 115, 134
Luther, Martin (1483–1546) 45, 158, 164f., 200–204, 207, 211, 238, 290
Lutherische Kirchen 158, 197, 202ff., 248, 262f., 290

Maes, Nicolaes 212
Magdeburger Centurien 9
Mailand 48, 61, 76, 181, 287
Mani (216–275), Manichäismus 20, 61, 175
Mao Zedong (1883–1976) 258f., 267, 293
maranatha 36
Marcion (um 85–um 160) 10, 286
Marcus Aurelius (röm. Kaiser 161–180) 286
Margareta von Antiochia (hl.) 84
Maria (Mutter Jesu) 15, 21f., 84, 87–90, 118, 122, 166, 233, 244f., 288
Maria I. Tudor (engl. Königin 1553–1558) 290
Maria Magdalena 8, 144, 233
Mariä Verkündigung 87
Markus (Evangelist) 54, 134
Marseille 77
Martell, Karl (fränk. Hausmeier 714–741) 288
Martini, Simone (um 1285–1344) 37
Märtyrer 25, 28, 34f., 44f. s.a. Verfolgung
Märtyrerakten 25, 28, 35, 81, 286
Martyrologium Hieronymianum 159f.
Marx, Karl (1818–1883) 248, 292
Massachusetts 215
Matthäus (Apostel) 13f.
Matthäus (Evangelist) 13f., 134
Matthäus Parisiensis 9
Matthäuspassion 218
Maurice, F. D. 248, 292
Mauriner 222
Maximilian 41, 44
Mayflower 216, 291
Mechthild von Hackeborn (um 1210–um 1290) 169
Medellin, Bischofskonferenz von 293
Melanchthon, Philipp (1497–1560) 203ff.
Meletius (gest. nach 325) 35
Melito (Bischof von Sardis, gest. vor 190) 45, 47
Menno Simons (1496–1561)/Mennoniten 35, 213
Menologion 8
Mercedarier 242
Messias 218, 291
Methodisten 120, 241, 263, 279
Mexiko184f., 192, 263–266
Michael (Erzengel) 120, 238, 243, 257
Michelangelo (1475–1564) 28f., 65, 90, 177f., 290
Millais, John, Everett (1829–1896) 244f.
Milton, John (1608–1674) 40f.
Milvische Brücke 287
Mindszenty, József (Kardinal 1946–1972) 258, 293
Minoriten s. Franziskaner
Mirakelspiele 150
Mithras 21, 99
Mitra 62, 97, 161
Modernistenstreit 292
Mönche 70–76, 96, 154, 164f., 173f., 186, 197, 204f.
Monophysiten 119, 288
Monreale 47
Montanus (gest. vor. 179)/Montanisten 286 s.a. Tertullian
Montecassino 38, 77, 288
Montesinos, Antonio 189f.
Montserrat 184
Moral Majority 272f.
Morrison, Robert 259
Mosaiken 111
Moskau 19, 115, 118, 240, 249f., 270, 291
Münster 213, 290
Muratori, Lodovico (1672–1750) 48
Mutter Teresa (geb. 1910) 262, 293
Mystik 123–126, 166, 169

Nachfolge Christi 162–166
Nag Hammadi 55
Nantes, Edikt von (1598) 226, 291
Napoleon Bonaparte (1769–1821) 45, 105, 181, 240, 256, 263, 291
Nartex 66
Nationalsozialismus 10, 251–255, 293

Neri, Filippo (1515–1595) 218
Nestorianer 87, 192, 288, 289
Neu Delhi 263, 293
Neuengland 213, 215
Neujahr 92
Neuseeland 257, 292
Newman, John Henry (Kardinal 1879–1890) 239, 292
Nicäa, Erstes Konzil von = Erstes Ökumenisches Konzil (325) 61, 76, 287
–, Zweites Konzil von = Siebtes Ökumenisches Konzil (787) 90
Nicänisches Glaubensbekenntnis 287
Nicaragua 266f.
Niederlande 208, 236, 263, 291
Niemöller, Martin (1892–1984) 253
Nigeria 274, 281, 292
Nikephoros (Patriarch von Konstantinopel 806–815) 120
Niketas Byzantios (9. Jh.) 128
Nikodemus 126
Nikolaus (hl., Bischof von Myra, 4. Jh.) 82, 120, 122
Nikolaus I. (Papst 858–867) 288
Nikolaus V. (Papst 1447–1455) 189
Nikon (Patriarch von Moskau 1652–1681) 291
Nitria 71, 74
Niza, Marcos de 192
Nonnen 70f., 79, 97, 112, 169, 222
Normannen 289, s. a. Monreale
Norwegen 96, 103, 289, 290
Novatian (gest. 258) 156, 158f., 286
Nürnberger Bibel 11

Obando y Bravo (nicaraguanischer Erzbischof) 267
Oberammergau 150
Observanten 164
Ökumenische Bewegung s. Edinburgh, Amsterdam, Neu-Delhi
Ökumenischer Rat der Kirchen 256, 263, 277, 293
Oratorianer 218
Oratorium 218
Ordericus Vitalis (1075–1143) 9
Orgeln 207f.
Origenes von Alexandria (um 185–254) 44, 53, 286
Orthodoxe Kirche 59 s. a. Konstantinopel, Athos, Sinai, Rußland, Serbien
Orthodoxie 34, 112
Ostern (Datierung) 34, 92, 96
Otto I., der Große (dt. Kaiser 962–973) 130, 289
Oxfordbewegung 239, 292

Pachomius (292–346) 73
Pacioli, Luca 132
Padua 25, 151
Palermo 47, 73
Palme als Symbol 56
Pantokrator 45ff., 111, 118, 154
Paphnutius (Anfang 4. Jh.) 76
Papinianus (um 150–212) 111
Päpste 58, 60, 130f., 290
Paraguay 190f.
Parthenon 32
Paten 102
Patmos 20, 120, 284
Patrick (hl., um 385–um 460) 96, 288
Paul III. (Papst 1534–1549) 190
Paul IV. (Papst 1555–1559) 200
Paul VI. (Papst 1963–1978) 108, 266
Paulinus von Nola (253–431) 287
Paulus 14f., 29, 33f., 47f., 58, 61, 124, 136, 166ff., 286
Paulus von Samosata (Bischof von Antiochia, um 270) 33, 286
Pazifisten 41, 44f., 213, 256f., 267
Pelikan als Symbol 56f.
Penn, William (1644–1718)/Pennsylvania 213, 242, 291
Perugino (um 1448–1523) 178
Peter d. Große (Zar 1682–1725) 291
Petersdom 65f., 90, 180, 227, 229, 287, 290
Petrus 15, 33, 41, 44, 58, 60, 70, 233
Petrus Lombardus (um 1095–1160) 289
Petrus Venerabilis (Abt von Cluny 1122–1156) 129
Pfau als Symbol 16f., 54, 57
Pfingstler 268, 270, 293
Philipp II. (span. König 1556–1598) 190, 224
Philipp IV. der Schöne (franz. König 1285–1314) 174
Philokalia 126
Phoenix 57
Phos hilaron 22
Photius (Patriarch von Konstantinopel 859–886) 288
phrygische Mütze 24, 106
Piero della Francesca (um 1415–1492) 39
Pietà 90
Pietisten 240f., 291
Pilgerreise zur seligen Ewigkeit 216f.
Pius IX. (Papst 1846–1878) 89, 248, 292f.
Pius V. (Papst 1566–1572) 160, 219
Pius VI. (Papst 1775–1799) 240
Pius XI. (Papst 1922–1938) 254, 293
Pizarro, Francisco (um 1475–1541) 184
Platina 9, 131
Platon (428–348 v. Chr.) 52, 61, 69, 123f., 166
Plinius d. Ältere (23–79) 52
Plinius d. Jüngere (61–um 113) 286
Plymouth-Brüder 20
Polen 226f., 254f., 258, 289, 292
Polygamie 186, 191, 213, 279, 281
Polykarp (Bischof von Smyrna, gest. um 155) 79, 286
Pontormo, Iacopo da (1494–1557) 153
Popiełuszko, Jerzy (gest. 1982) 258, 293
Prämonstratenser 289
Präraffaeliten 246f.
Predigten s. Gebet
Presbyterianer 214f.
Preußen 290, 292
Priesterseminare 218f.
Priscillianus (um 340–385) 64
Protestanten 97, 147, 161, 165, 181ff., 198, 202ff., 207f., 226f., 290
Prozessionen 143, 146, 148, 188, 196
Psalmen 10, 15, 126, 243

Quäker 213, 242, 256, 291
Quirinalspalast 66

Räder, Johann Friedrich (1815–1872) 242
Raffael (1483–1520) 29, 50f., 65, 87, 178, 180, 182
Ravenna 24, 30, 55f., 107f., 110
Reduktionen 190f., 291
Reims 93f., 105, 288
Reliquien, Reliquiare 41, 78, 81, 97, 102, 115, 173, 204, 235, 250ff.
Rembrandt (1606–1669) 212, 229, 233
Remigius (Bischof v. Reims, gest. um 533) 93f.
Rhodos 154
Ricci, Matteo (1552–1610) 194f., 259, 291
Richard II. (engl. König 1377–1399) 26f.
Richard Löwenherz (engl. König 1189–1199) 84, 145
Risorgimento 292
Robert von Ketton 129
Romanos Melodos (6. Jh.) 113
Romero, Oscar (Erzbischof von San Salvador) 268, 270, 293
Romuald (952–1027) 289
Rosenkranz 90, 188, 196, 265
Roswitha von Gandersheim (10. Jh.) 150
Rousseau, Jean-Jacques (1712–1778) 291
Rubens, Peter Paul (1577–1640) 229, 232f.
Rumänien 34, 115, 258, 292
Rußland 108f., 111, 115f., 118, 126, 226f., 242f., 248ff., 289, 292f.

Sabatier, Paul 165
Sachsen 101f.
Sainte-Ampoule 105
Sainte-Chapelle 250ff.
Sakrament 17
Salerno 133, 154
Salomo 104
Salzburg 104
San Diego 192
San Francisco 192
Sandinisten 266f.
Santa Fe 192
Santiago di Compostela 143, 158, 184
Schall, Johann Adam von 195
Scheidung 156, 237, 262
Schisma des Papsttums (1378–1415) 176
Schleier 71
Schleiermacher, Friedrich (1768–1834) 292
Schongauer, Martin (um 1450–1491) 8

Schottland 94, 96, 202, 214f., 292
Schriftrollen vom Toten Meer 70
Schulen 197f., 207
Schutz, Roger (geb. 1915) 284, 293
Schweden 96, 291
Schweitzer, Albert (1875–1965) 280
Schweiz 96, 211
Selbstmord 35, 52
Seneca (um 4 v. Chr.–65 n. Chr.) 51f., 159
Serapistempel 69f.
Serbien 112, 239, 120, 292
Sergios (hl.) 19
Serra, Juniper 192
Servetus, Miguel (1511–1553) 290
Seuse, Heinrich (1295–1366) 169, 222
Sibyllen/Sibyllinische Bücher 28f., 178
Siebenten-Tags-Adventisten 20
Silos, Santo Domingo de 49, 172f.
Silvester I. (Papst 314–335) 58, 287
Sinai-Klöster 120, 123
Siricius (Papst 384–399) 76
Sirmium, Konzil von (359) 239
Sixtinische Kapelle 176ff., 290
Sixtus IV. (Papst 1471–1484) 131, 176ff.
Sklaverei 188f., 242f., 274, 292
Smyrna 79
Smyth, John 213
Sokrates (um 470–399) 54
Sonne 22, 69, 84
Sozialismus 247–250, 292
Spener, Philipp Jakob (1635–1705) 240, 291
Spirituals 243
St. Albans 9, 96
St. Andrews 96
St. Bartolomew's 82
St. David's 97
St. Denis 150
St. Gallen 96
St. Ignazio 228
St. Maria Maggiore 87, 89
St. Paolo fuori le Mura 58
St. Pauls Cathedral 229f.
Stalin, Jossif W. (1879–1953) 248f., 293
Stephan (ungar. König 1001–1038) 289
Stephanus (hl.) 78f.
Stepinac, Aloysius (kroat. Kardinal) 258
Stierkampf 160
Stigmata 164
Stoiker 21, 51f., 123
Stola 93, 122
Styliten 74
subintroducta 71
Sudan 281
Syllabus of Errors 292
Symeon Metaphrastes (10. Jh.) 7

Tabennisi 73
Taizé 284, 293
Taube als Symbol 57
Taufbecken 102
Taufe 40, 60, 66, 102, 156, 187, 275
Täufer 211, 213, 256, 284, 290
Te Deum 210
Telemachos 159f.
Templer 136, 173f., 289
Tertullian (um 160–220) 35f., 44, 286
Theodor von Tarsus (Erzbischof v. Canterbury 668–690) 101
Theodoret von Khyrros (393–466) 159
Theodosius I. (röm. Kaiser 379–395) 58, 69f., 287
Theodosius II. (röm. Kaiser 408–450) 111, 288, 287
Theresia von Ávila (1515–1582) 222f., 226, 291
Thomas (hl.) 192
Thomas von Aquin (1225–1274) 290
Thomas von Celano (1190–um 1260) 7, 28f., 164
Thomas von Kempen (1379–1471) 165
Thomaschristen 288
Tintoretto (1518–1594) 239
Tischgebet 212
Todsünden 126, 138f.
Tonsur 97
Tordesillas, Vertrag von (1494) 184
Torres Restrepo, Camilo (1929–1966) 267f.
Totenglocke 98
Trajan (röm. Kaiser 98–117) 286
Transepte 65
Trappisten 267
Traum des Gerontius 239
Traum vom Kreuz 101
Traunkirchen 227
Trient, Konzil von (1545–1563) 218–220, 290
Trier 64
Trondheim 96
Tschaikowskij, Pjotr I. (1840–1893) 249
Tschechen 104
Tutu, Desmond (1931–) 277, 279, 293
Tyndale, William (1490–1536) 208, 290
Tyrus 65

Uccello, Paolo (um 1397–1475) 86f.
Ulfilas (um 311–383) 93, 287
Ungarn 289
Universitäten 133, 135, 197, 289
Uppsala 96
Urban II. (Papst 1088–1099) 289
Urban VI. (Papst 1378–1389) 176

Valens (oström. Kaiser 364–378) 287
Valentin (2. Jh.) 54, 286
Valentinian (weström. Kaiser 364–375) 287
Vasari, Giorgio (1511–1574) 166
Vasco da Gama, Dom (1468–1524) 184
Vatikanische Bibliothek 9, 131
Vatikanisches Konzil, Erstes (1869–1870) 292
–, Zweites (1962–1965) 293
Vatikanstaat 131, 293
Venedig 134, 155, 157
Veni Creator 210
Vereinigte Staaten von Amerika 192, 213, 215f., 242f., 270–273, 291, 293
Vergil (70–19 v. Chr.) 140
Veronese, Paolo (1528–1588) 155
Veronika (hl.) 65, 67, 143, 285
Vézelay 144f.
Vicarius Christi 130
Vigilantius 74ff.
Vision des hl. Paulus 136
Völkerbund 256
Voltaire (1694–1778) 235, 237f., 291
Vulgata 208 s. a. Hieronymus

Waldenser 219, 289
Wallfahrten 71, 96, 128f., 143, 145f., 154, 158, 162, 164, 173, 246, 278
Wehrdienstverweigerer aus Gewissensgründen s. Pazifisten
Weihnachten 22–25, 243, 246
Weiße Väter/Weiße Schwestern 275, 292
Wenzel (böhm. König 921–935) 288
Wesley, Charles (1707–1788) 241
Wesley, John (1703–1791) 241f., 270f., 291 s. a. Methodisten
Wessobrunn 93
Weyden, Roger van der (1400–1464) 23
Wheatley, Francis 209
Whitby 101
Synode von (664) 97
Wien 78, 104
Wilberforce, William 242, 292
Wilhelm II. (dt. Kaiser 1888–1918) 248
Wilhelm II. (König von Sizilien 1166–1189) 170
Wilhelm von Malmesbury 9
Wilhelm von Tyrus (um 1130–1186) 129
Williams, Roger 213
Wilton, Diptychon von 26f.
Winthrop, John 216
Witwen 35f.
Wladimir (Fürst v. Kiew 980–1015) 108, 111, 289
Worms, Reichstag zu (1521) 202
Wren, Christopher (1632–1723) 229, 233
Wunder 36, 51, 53, 187f., 282f.
Wyclif, John (um 1320–1384) 176, 290
Wyszyński, Stefan (Kardinal 1953–1981) 258
X-P-Monogramm s. Chi-Rho-Monogramm

Zadok 104
Zaïre 281
Zehnter 148, 196f.
Zeugen Jehovas 20
Zisterzienserorden 147, 169, 289 s. a. Trappisten, Bernhard v. Clairvaux
Zölibat 76, 174f., 191, 197f., 242, 289
Zwingli, Ulrich (1484–1531) 207f., 290

BILDNACHWEIS

Seite 3: Ospedale del Ceppo, Pistoia (The Bridgeman Art Library)
8: Unterlindenmuseum, Colmar (The Bridgeman Art Library)
10: National Gallery of Art, Washington, D.C. (The Bridgeman Art Library)
12: The National Gallery, London
13: Bible Society, London (The Bridgeman Art Library)
15: Museo Cathedralicio, Cuenca (The Bridgeman Art Library)
16–17: Museo di San Marco dell' Angelico, Florenz (The Bridgeman Art Library)
18: British Library, London: Add 34 890f.114v (The Bridgeman Art Library)
19: Privatbesitz (The Bridgeman Art Library)
21: National Gallery, London
23: Alte Pinakothek, München (Scala)
24: Sant' Apollinare Nuovo, Ravenna (Sonia Halliday, Buckinghamshire)
25: Arenakapelle, Padua (The Bridgeman Art Library)
26–27: National Gallery, London
28: The Mansell Collection, London
29: Weidenfeld Archives, London
30: The Mansell Collection, London
30–31: Santa Costanza, Rom (E. T. Archive)
36: Louvre, Paris (The Bridgeman Art Library)
37: Louvre, Paris (The Bridgeman Art Library)
38: Klosterbibliothek Montecassino (E. T. Archive)
39: National Gallery, London
42: British Museum, London
43: National Gallery, London (The Bridgeman Art Library)
46–47: Kathedrale, Monreale (E. T. Archive)
48: Museo Nazionale, Florenz (Alinari)
49: British Library, London: Add 11 695 f.240r (The Bridgeman Art Library)
50–51: Victoria and Albert Museum, London (The Bridgeman Art Library)
52: Louvre, Paris (The Bridgeman Art Library)
54: Biblioteca Medici Laurenziana, Florenz (Weidenfeld Archives)
55 oben: Priscilla-Katakomben, Rom (Weidenfeld Archives)
55 unten: Mausoleo di Galla Placidia, Ravenna (The Bridgeman Art Library)
56 oben: Katakomben von Marcus und Marcellianus, Rom (Weidenfeld Archives)
56 unten: Santi Giovanni e Paolo, Ravenna (Mansell Collection)
57: Museo Civico, Pavia (E. T. Archive)
59: Palatinische Bibliothek, Parma (E. T. Archive)
62–63: Scuola di San Giorgio degli Schiavoni, Venedig (The Bridgeman Art Library)
64: Biblioteca Medici Laurenziana (Weidenfeld Archives)
66: Oberkirche, San Francesco, Assisi (E. T. Archive)
67: Museum von Santa Cruz, Toledo (E. T. Archive)
68: A. F. Kersting, London
70: Lambeth Palace Library, London (The Bridgeman Art Library)
73: Palatinische Kapelle, Palermo (Alinari /Weidenfeld Archives)
74–75: Uffizi, Florenz (Scala)
77: National Gallery, London
78: Weltliche und Geistliche Schatzkammer, Hofburg, Wien (Photo Meyer/ Weidenfeld Archives)
80: Privatbesitz (Weidenfeld Archives)
81: Louvre, Paris
82: British Library, London: Roy 10 EIV f.209v (The Bridgeman Art Library)
83: Fitzwilliam Museum, Cambridge: MS 60f.175r (The Bridgeman Art Library)
85: Pinakothek, Dresden (The Mansell Collection)
86–87: National Gallery, London
88: National Gallery, London
89: A. F. Kersting, London
90: St. Peter, Rom (The Mansell Collection)
91: Museo Catedralicio, Cuenca (The Bridgeman Art Library)
93: Staatsbibliothek, München (E. T. Archive)
94–95: A. F. Kersting, London
98: Trinity College, Dublin: Book of Kells f.29r (The Bridgeman Art Library)
99: British Library, London: Add 39 943 f.2v (The Bridgeman Art Library)
100: British Library, London: Cotton ms. Aviii f.2v (The Bridgeman Art Library)
102: Nationalmuseum Kopenhagen (E. T. Archive)
103: Stavkirke, bei Hyllesad (E. T. Archive)
104: Weltliche und Geistliche Schatzkammer, Hofburg, Wien (Kunsthistorisches Museum)
105: Stadtarchiv Domremy (E. T. Archive)
106: Kirche in Assiut (Weidenfeld Archives)
107: San Vitale, Ravenna (Scala)
109: A. F. Kersting, London
110: Kapelle des bischöflichen Museums, Ravenna (E. T. Archive)
112: A. F. Kersting, London
113: A. F. Kersting, London
114: Marc Fiennes / Arcaid, London
116–117: A. F. Kersting, London
118: Uspenskij-Kathedrale, Moskau (The Bridgeman Art Library)
119: Louvre, Paris (The Bridgeman Art Library)
120: A. F. Kersting, London
121: British Library, London: Add 19 352 f.27v (The Bridgeman Art Library)
122: Andrej-Rubljow-Museum, Moskau (The Bridgeman Art Library)
123 oben: Palestine Exploration Fund, London
123 unten: Katharinenkloster, Berg Sinai (Sonia Halliday)
124: Sonia Halliday, Buckinghamshire
124–125: A. F. Kersting, London
127: A. F. Kersting, London
128: A. F. Kersting, London
129: A. F. Kersting, London
131: Ospedale di San Spirito, Rom (Alinari)
132: Museo Capodimonte, Neapel
133: British Library, London: Roy 16GVI f. 568v (The Bridgeman Art Library)
134: British Library, London (The Bridgeman Art Library)
135: Fitzwilliam Museum, Cambridge
136: A. F. Kersting, London
137: Baptisterium, Florenz (Alinari)
138–139: Prado, Madrid (The Bridgeman Art Library)
140: Tate Gallery, London (The Bridgeman Art Library)
141: A. F. Kersting, London
142: Cathedral Gifts Limited, Canterbury
143: Koninktijk Museum voor Schone Kunsten, Antwerpen (The Bridgeman Art Library)
144: Kloster, Vézelay (Giraudon)
145: Kathedrale von Canterbury (E. T. Archive)
146: Privatbesitz (Sonia Halliday)
146–147: Prado, Madrid (Index/ The Bridgeman Art Library)
148: Victoria and Albert Museum, London (The Bridgeman Art Library)
149: Kathedrale von Chartres (Sonia Halliday)
150: National Gallery (London)
151: Arenakapelle, Padua (The Bridgeman Art Library)
152–153: Accademia, Florenz (Scala)
154: A. F. Kersting, London
155: Louvre, Paris (Réunion des Musées Nationaux)
157: Uffizi, Florenz (The Bridgeman Art Library)
161: The Mansell Collection, London
162: Louvre, Paris (Giraudon/ Bridgeman Art Library
163 unten: British Library, London: Cott. Dom. A XVII f. 74v (The Bridgeman Art Library)
163 oben: National Gallery, London
166–167: Museo di San Marco dell' Angelico, Florenz (The Bridgeman Art Library)
168: Niedersächsisches Landesmuseum, Hildesheim (E. T. Archive)
169: British Library, London: Cott. Claud BII f.341v (The Bridgeman Art Library)

170: A. F. Kersting, London
171: Bibliothèque Nationale, Paris: Add 1537 f.53v (The Bridgeman Art Library)
172–173: Kloster Santo Domingo, Silos (E. T. Archive)
174: Angelo Hornak, London
175: The Royal Collection © 1995 Her Majesty the Queen
177: Scala, Florenz
178–179: Vatikan, Rom (Alinari)
180: National Gallery, London
181: Santa Maria dell Grazie, Mailand
182: Galleria Palatina, Florenz (Scala)
183: Gemäldegalerie, Dresden (Eric Lessing / AKG London)
184: links und rechts: Privatbesitz (Weidenfeld Archives)
185: Museo de America, Madrid (The Bridgeman Art Library)
187: Kirche von San Isidoro Chinchero, Peru (E. T. Archive)
188: Privatbesitz (The Bridgeman Art Library)
189: Natalie Tepper © 1993 / Arcaid, London
190: Philamena Guillebaud
193: Nationalmuseum Indiens, Neu-Delhi (The Bridgeman Art Library)
194: Christopher Tadgell, Canterbury
195: The Royal Collection © 1995 Ihre Majestät die Queen
197: Museo Capodimonte, Neapel (The Bridgeman Art Library)
199: Louvre, Paris (Réunion des Musées Nationaux)
200: Privatbesitz (Weidenfeld Archives)
201: Kurpfälzisches Museum, Heidelberg (Giraudon / Bridgeman Art Library)
202: Bible Society, London (The Bridgeman Art Library)
204: Albertina, Wien
205: Kirche Sankt Marien, Wittenberg (The Bridgeman Art Library)
206: British Museum, London
207: Privatbesitz (Weidenfeld Archives)
208: Michael Gillingham Collection (The Bridgeman Art Library)
209: York City Art Gallery (The Bridgeman Art Library)
210: Privatbesitz (Weidenfeld Archives)
211: Victoria and Albert Museum, London (Weidenfeld Archives)
212: Rijksmuseum, Amsterdam
213: Privatbesitz (E. T. Archive)
214: The Mansell Collection, London
215: Privatbesitz (Weidenfeld Archives)
216: The Mansell Collection, London
217: The Mansell Collection, London
219: Gesellschaft der Freunde der Musik, Wien (E. T. Archive)
220: Privatbesitz (E. T. Archive)
221: Château de Versailles (Giraudon / Bridgeman Art Library)
223: Cornarokapelle, Santa Maria della Vittoria, Rom (Alinari)
224–225: Royal Geographical Society, London (The Bridgeman Art Library)
227: Weidenfeld Archives, London
228: San Ignazio, Rom (Alinari)
229: Hulton-Deutsch Collection, London
230: A. F. Kersting, London
231: A. F. Kersting, London
232: Kathedrale von Antwerpen (The Bridgeman Art Library)
234: National Gallery, London
236: Johnny van Haeften Gallery, London (The Bridgeman Art Library)
237: The Mansell Collection, London
241: National Portrait Gallery, London
244–245: Tate Gallery, London (The Bridgeman Art Library)
246: The Mansell Collection, London
247: National Portrait Gallery, London
249: The Mansell Collection, London
250: Privatbesitz, London
252: A. F. Kersting, London
253: AKG, London
254: Bert Hardy / Hulton-Deutsch Collection, London
257: Hulton-Deutsch Collection, London
259: The Mansell Collection, London
260: India Office Library, London (E. T. Archive)
261: Privatbesitz (E. T. Archive)
262: Carlos Reyes-Manzo / Andes Press Agency, London
264: Alonso Rojas / Andes Press Agency, London
267: Carlos Reyes-Manzo / Andes Press Agency, London
268: Tove Tomic / Andes Press Agency, London
269: Carlos Reyes-Manzo / Andes Press Agency, London
270: J. Filochowski / Andes Press Agency, London
271: Library of Congress, Washington D. C. (Weidenfeld Archives)
272: Carlos Reyes-Manzo / Andes Press Agency, London
273: Richard Bryant / Arcaid, London
275: Kelibia (Weidenfeld Archives)
276: British Museum, London
277: Carlos Reyes-Manzo / Andes Press Agency, London
278: Privatbesitz (E. T. Archive)
280: Weidenfeld Archives, London
281: Privatbesitz (The Bridgeman Art Library)
282: Carlos Reyes-Manzo / Andes Press Agency, London
283: Carlos Reyes-Manzo / Andes Press Agency, London
284: Alain Pinoges / Andes Press Agency, London
285 links und rechts: The London Oratory School